W0039848

Hans-Peter Mengele

Palais Biron
Baden-Baden

verlag regionalkultur

Für MPA

Titel:	Palais Biron – Baden-Baden
Untertitel:	Eine Zeitreise durch zwei Jahrhunderte
Autor:	Hans-Peter Mengele
Herausgeber:	IHK Karlsruhe, Palais Biron –
	Tagungshaus der Wirtschaft GdbR
Herstellung:	verlag regionalkultur
Satz:	Jochen Baumgärtner (vr)
Layout:	Ilona Mengele
Umschlaggestaltung:	Verena Mayer (Helden & Mayglöckchen)
Lektorat:	Jürgen Zieher (vr)
Endkorrektorat:	Katja Leschhorn (vr)

ISBN 978-3-89735-435-7

Bibliographische Information der Deutschen Bibliothek
Die Deutsche Bibliothek verzeichnet diese Publikation in der Deutschen Nationalbiblio-
graphie; detaillierte bibliographische Daten sind im Internet über http://dnb.ddb.de
abrufbar.

Diese Publikation ist auf alterungsbeständigem und säurefreiem Papier (TCF nach
ISO 9706) gedruckt entsprechend den Frankfurter Forderungen.

Alle Rechte vorbehalten.
© 2009 verlag regionalkultur

verlag regionalkultur
Ubstadt-Weiher · Heidelberg · Neustadt a.d.W. · Basel

Korrespondenzadresse:

Bahnhofstraße 2 · D-76698 Ubstadt-Weiher
Tel.: 07251 36703-0 · Fax 07251 36703-29
E-Mail kontakt@verlag-regionalkultur.de · *Internet* www.verlag-regionalkultur.de

HANS-PETER MENGELE

PALAIS BIRON
Baden-Baden

Eine Zeitreise durch zwei Jahrhunderte

verlag regionalkultur

Inhaltsverzeichnis:

Die Kaufmanns-Villa von Ernst und Johanna Merck (1859–1867)

Habsburgische Respräsentanz der Familie Merck-Pfusterschmid (1867–1879)

Französischer Geheimdienst
und Wiederaufbau der Wirtschaft (1945-1955)

Die Wirtschaft als Mieter: IHK und BBUG (1955-1987)

Palais Biron – Tagungshaus der Wirtschaft (seit 1990)

Literatur

Abbildungsnachweis

Personenregister

Sach- und Ortsregister

Dank

sei von »strategischer Bedeutung«, schrieb eine Pariser Zeitung, denn Baden sei nun nicht mehr als Ausland zu betrachten.

Die neue Eisenbahn veränderte das Reiseverhalten völlig. War ein Goethe nur bis Valmy gekommen, nicht mal nach Paris – oder fuhr man als Mitglied der Oberschicht zur antiken Bildung nach Italien, als Angehöriger der Mittelschicht zur Sommerfrische an die Nord- und Ostsee, nach Bad Ems, Wiesbaden, Bad Homburg und in die Schweiz, vielleicht noch an die oberitalienischen Seen – so änderte sich nun alles. Mit der Eisenbahn brach die »Englische Krankheit« aus: Das Reisen wurde zur Gewohnheit.

Reisen war nicht mehr dem Adel und Bildungsbürgertum, den Kaufleuten, Handwerksburschen, Scherenschleifern, Künstlern und Abenteurern vorbehalten. Jetzt konnten breite Schichten der Bevölkerung ihre Neugierde auf Kunst stillen, Romantiker die unberührte Natur suchen. Wer aus den gesellschaftlichen Konventionen ausbrach, der fuhr zur Kur. Und wer alles auf einmal wollte, an einem einzigen Ort, der nahm die Bahn nach Baden-Baden!

Schnurgerade führte die neue Eisenbahn durchs Rheintal. Die staatliche Eisenbahn-Anstalt des Großherzogtums Baden hatte mit dem Bau in Mannheim begonnen und zunächst die Kurpfalz mit Frankfurt verknüpft. Dann folgten 1840 die ersten 18 Kilometer bis nach Heidelberg, weitere 54 Kilometer bis nach Karlsruhe (1843) und nochmals 73 km über Baden-Baden nach Kehl und Offenburg (1844). Freiburg im Breisgau erreichte die badische Eisenbahn 1845 und den *Badischen Bahnhof* in Basel 1853. Von dort ging es am Hochrhein entlang bis nach Konstanz am Bodensee (1863). Wenn die Züge über das Staatsgebiet der Schweizerischen Eidgenossenschaft fuhren, musste man bei Truppentransporten aufpassen: »[...] ungeladenes Gewehr, abgelegte Munition, keine aufgepflanzten Bajonette, keine fliegenden Fahnen und klingendes Spiel!«

Die Eisenbahntechnik bezog man aus England, allerdings baute die Firma Kessler in Karlsruhe schon bald eine eigene Lokomotive, die *Badenia*. Die Passagiere reisten in vier Klassen: Die erste Klasse hatte verglaste Fenster und ähnelte in ihrer luxuriösen Ausstattung mit Plüsch und Polstern den Kutschen des Adels. Die zweite Klasse besaß nur Rouleaus, welche die Zugluft kaum abzuhalten vermochten; die dritte Klasse war seitlich offen, so dass der Dampf der Lokomotive die Abteile durchdrang. In der vierten Klasse fehlte das Dach, sie bot lediglich Stehplätze und war für Personen- und Viehtransport gleichermaßen geeignet.

Ernst Merck war als international tätiger Kaufmann von der neuen Transporttechnik hellauf begeistert. Welch eine Erleichterung für seine vielen Reisen, und welch eine Gelegenheit für lukrative neue Geschäfte. Das sich ausbreitende Schienennetz veränderte alle Lebensbereiche: Landwirtschaft, Industrie, Handel, Gewerbe, Politik, Militär, Gesellschaft, Kultur ...

Das 19. Jahrhundert wurde zum »Jahrhundert der Eisenbahn«. Es dürfte als ähnlich revolutionär empfunden worden sein wie am Ende des 20. Jahrhunderts die Neuerungen der Informationstechnologie. Der Wirtschaftstheoretiker und überzeugte Anhänger des Freihandels *Friedrich List (1789–1846)*, dessen Schrift *Das nationale System der politischen Ökonomie* den Kaufmann Merck stark beeinflusste, erkannte früh die umfassende Wirkung der Eisenbahn: «Sie beschleunigt und erleichtert die Distribution aller Literaturprodukte und aller Künste und Wissenschaften, es bringt Talente, Kenntnisse und Geschicklichkeit jeder Art in Wechselwirkung.«

Und Heinrich Heine schrieb 1843 zu Beginn des Eisenbahn-Booms: »Welche Veränderungen müssen jetzt eintreten in unsrer Anschauungsweise und in unseren Vorstellungen! Sogar die Elementarbegriffe von Zeit und Raum sind schwankend geworden.«

Die lärmende, kraftstrotzende Technik weckte natürlich auch Ängste: Mancher Arzt befürchtete sogar, dass Reisende durch die Geschwindigkeit – damals rund 40 Stundenkilometer – an *Delirium furiosum*, einer Art geistiger Unruhe, erkranken würden. Vielen Streckenanrainern waren die zischenden und fauchenden, schwarzen Rauch ausstoßenden Lokomotiven unheimlich. Bauern befürchteten, dass ihre Kühe in der Nähe der Bahn keine Milch mehr geben würden.

Ankunft in »Baden im Großherzogtum Baden«

Die Bahnfahrt von Ernst und Johanna Merck wurde in Straßburg unterbrochen, da es noch keine Eisenbahnbrücke über den Rhein gab. Also fuhr man mit der Kutsche weiter bis Offenburg und dann mit der badischen Bahn weiter bis nach Baden-Oos. Die Strecke führte entlang der Hügelkette des Schwarzwalds, der sich an einer malerischen Stelle dem Oos-Tal öffnete. Hier war man am Ziel: *Die Stadt Baden im Großherzogtum Baden.*

In eine zauberhafte Landschaft eingebettet, mit einem bemerkenswert milden Klima, das der mediterranen Warmluft zu verdanken war, die seit Menschengedenken durch die Burgundische Pforte ins Rheintal strömte. Sie brachte einen zeitigen Frühling – und auch einen langen, farbenprächtigen Herbst ins Oos-Tal.

Mit der Stichbahn ging es das letzte Stück zum Stadtbahnhof. Seit man die vierspännigen Pferdebusse abgeschafft hatte, fuhr eine fauchende Dampfeisenbahn vom Rheintal hinein in die Innenstadt. Der Stadtbahnhof war eines der touristischen Aushängeschilder des Großherzogtums Baden. Sein Architekt *Friedrich Eisenlohr (1805–1854)* hatte ihn besonders sorgfältig und liebevoll gestaltet. Der Professor am Karlsruher Polytechnikum war nicht umsonst ein Schüler der beiden großen Baumeister Badens, Friedrich Weinbrenner und Heinrich Hübsch. Eisenlohr durfte sämtliche Bahnhofsbauten

entlang der badischen Bahnstrecken planen, durch das Rheintal ebenso wie über den Schwarzwald.

Er verwendete viel Ornamentik und Zierrat im »Schweizerhaus-Stil« und brachte reichlich Holzarbeiten in den Giebeln an. Zum Stadtbahnhof gehörten auch Wohnungen, »Restauration«, Waschküche, Wagenhalle, Maschinenhaus, Kohlenmagazin und ein Pferdestall mit Eilwagenremise. Auf dem Dach befand sich ein kleiner Turm mit der Glocke für den Fahrbetrieb.

Ernst und Johanna Merck traten in das repräsentative Empfangsgebäude ein, zu dem auch der *Fürstensaal* für die Mitglieder regierender Häuser gehörte, die regelmäßig unter großem Publikumsandrang an- und abreisten. Seit Neuestem gab es sogar einen Bahntelegrafen, den auch Privatpersonen benutzen durften, sofern es die Dienstgeschäfte erlaubten. Ernst Merck machte davon gerne Gebrauch, denn seine vielen internationalen Geschäfte ließen ihn zu keiner Zeit ruhen, schon gar nicht in Baden-Baden.

In einer der zahlreichen Pferdekutschen, die vor dem Stadtbahnhof warteten, ging es das letzte Stück der langen Reise bis zum Hotel:

Nun sind wir glücklich in Baden angelangt und es lässt sich nicht beschreiben, wie wunderschön es jetzt hier ist in dem herrlichen Frühlingsschmuck; alles steht in voller Blüte und der ganze schöne Ort wie in Duft getaucht; das frische Grün steht in seiner zarten Farbe reizend gegen die dunklen ernsten Tannenwälder ab, die Baden-Baden umgeben.

Oben: Bahnhof Baden-Baden, um 1845. Lithographie nach C. Pausch.

Unten: Bahnhofsarchitektur von Friedrich Eisenlohr (1805–1854).

Man kann all die Pracht und Herrlichkeit des hiesigen Frühlings gar nicht genug bewundern und genießen. Ganz entzückend ist auch das Blühen des Flieders, den ich in solchen Massen und solcher Üppigkeit wohl noch nie gesehen habe; man kann sich kaum eine Vorstellung machen, der ganze Weg von Karlsruhe hierher war von Flieder und anderem Blütenduft erfüllt, man glaubt wirklich, in einem Frühlingstraum zu leben, und möchte jeden Tag festhalten und alles immer mehr genießen. (Adele Gräfin zu Dohna, Hofdame der häufig in Baden-Baden weilenden Königin Augusta von Preußen)

Was zog die Mercks nach Baden-Baden?

Im *Europäischen Hof* wohnten Ernst und Johanna Merck standesgemäß. Das Hotel lag direkt an der Oos und in Sichtweite des Conversationshauses. Hier traf sich, was Rang und Namen, Macht und Geld hatte. Jeden Sommer quoll Baden-Baden über, alle Hotels waren überfüllt und die vielen Villen, die ausschließlich zum Vermieten an Gäste gebaut waren, für die ganze Saison belegt. Die einheimischen Hausbesitzer verkrochen sich unter ihre Dächer und vermieteten jedes verfügbare Zimmer an Fremde, die in den zahlreichen Hotels keinen Platz mehr gefunden hatten.

HÔTEL DE L'EUROPE

OTTO KAH, PROPR. BADEN-BADEN.

Der Einzugsbereich der *Capitale d'été* reichte von Paris im Westen bis nach Sankt Petersburg im Osten. Merck brauchte nur nach dem *Badwochenblatt für die Großherzogliche Stadt Baden-Baden* zu greifen, der örtlichen Zeitung, und wusste sofort Bescheid, wer alles in der Stadt war. Es stand in mehreren Sprachen zu lesen: *Liste des étrangers – Stranger`s diary – Spisok inostrancev.*

Sobald man sich in Baden zu Tisch setzt, und sobald die Suppe serviert ist, erscheint auch schon der Verkäufer des Badeblattes im Speisesaal und bietet es den Tischgästen zum moderaten Preis von 6 Kreuzern an. Jeder beeilt sich, die ersten Seiten zu lesen, auf denen die vom Vorabend bis zum Morgen angekommenen Fremden aufgeführt sind; sie rangieren fein ordentlich jeweils unter dem Namen des Hotels, in dem sie abgestiegen sind.

BADEBLATT.
Amtliche Fremdenliste
für die
Grossherzogliche Stadt Baden.
Liste officielle des Etrangers.

Russische Adelige nahmen schon seit Jahren eine Kutschfahrt von vier Wochen auf sich, um nach Baden-Baden zu gelangen. Sie reisten mit großem Gefolge, mit Kindern und Lehrern und strömten im Laufe der Jahre in so großer Zahl an die Spieltische des Casinos, dass man sich in Moskau, wo das Glücksspiel verboten war, besorgt fragte: »Wer war noch nicht in Baden?«

Manche dehnten ihren Aufenthalt über Monate aus. Andere ließen sich gar für Jahre oder Jahrzehnte in Baden-Baden nieder und schufen neue Viertel mit Villen in den verschiedensten Architekturstilen des Historismus.

Johanna Merck faszinierte das bunte, französische Treiben in der Europäischen Sommerhauptstadt, wo in Kultur und Lebensart der ihr vertraute französische Einfluss dominierte. Der französische Spielbankpächter Jean Jacques Bénazet und sein Sohn Edouard gaben in der Stadt den Ton an. Sie organisierten glanzvolle gesellschaftliche Ereignisse, förderten das kulturelle Leben und prägten sogar die städtebauliche Entwicklung Baden-Badens.

> Wein vom Rhein ..., Schinken aus Westfalen ..., Forellen aus Baden ..., österreichische Musik, ein englisches Publikum und ein französischer Koch! ... Entzückend! ...

Ernst Merck war vor allem auf die vielen hochrangigen Gäste aus ganz Europa und Übersee neugierig. Hier waren sie alle versammelt, die Majestäten, Diplomaten, Politiker, Militärs, Geschäftsleute, Spitzen der Wirtschaft, Vertreter von Kunst und Wissenschaft ... Jeden Sommer lagen große Geschäfte und Entscheidungen in der Luft.

An der Spitze der Baden-Badener Gesellschaft stand das preußische Kronprinzenpaar Wilhelm und Augusta – der künftige preußische König und seine Königin. Als Generalgouverneur für die Rheinprovinz und Westfalen residierte Wilhelm zwar offiziell in Koblenz, doch er machte das Hotel Maison Messmer in Baden-Baden zu einer Art »Nebenresidenz«, von der aus er die Regierungsarbeit in Berlin lenkte und wo er die anreisenden Minister, Staatssekretäre, Generäle, Gesandten und Künstler empfing – so auch den Maler Franz Xaver Winterhalter zum Porträtieren.

In diese pulsierende, glitzernde Welt tauchten Ernst und Johanna Merck nur allzu gerne ein – und dies nicht zum ersten Mal. Deshalb trugen sie sich auch mit dem Gedanken an eine eigene Villa in Baden-Baden.

Vorgeschichte

W ie konnte Baden-Baden zu einer solchen Blüte gelangen? Wie konnte eine kleine, romantische Stadt zwischen Schwarzwald und Rhein zum touristischen Glanzpunkt eines Jahrhunderts und eines Kontinents aufsteigen?

Weil der Oberrhein das Grenzgebiet zu Frankreich war – Kriegs- und Friedensterritorium, todbringend und fruchtbar.

Die »Badekästen« verbrennen

Straßburg war die dominierende mittelalterliche Metropole am Oberrhein. Seine Bürger schätzten das in »Baden« aus der Erde quellende heiße Wasser, in dem schon die Römer badeten, als Straßburg noch *Argentorate* hieß. Richtige mittelalterliche Badekuren dauerten mehrere Wochen. Angehörige aller Stände saßen dann bis zu zehn Stunden am Tage in den mit heißem Wasser gefüllten Badezubern. Entweder versagte der Kreislauf oder man war wieder gesund. »Chirurgen, auch Bader oder Scherer genannt«, beaufsichtigten dieses strapaziöse Treiben; Männer und Frauen badeten gemeinsam, nackt und ungeniert. »Die heißen Wasser von Badin aber sind vollkommener als alles andere« (Paracelsus, 1526). Prüde Autoren des 19. Jahrhunderts behaupteten, es habe in den Bädern ausschweifende Liebesfreuden gegeben.

Die große Zeit des Kurwesens in Baden-Baden endete mit dem 30-jährigen Krieg. Im Jahr 1689 richteten französische Truppen dann ein weiteres Zerstörungswerk an, als der Sonnenkönig im Pfälzischen Erbfolgekrieg seine Erbansprüche durchsetzen wollte. Zu einer Zeit, als Markgraf *Ludwig-Wilhelm von Baden-Baden (1655–1707)*, der »Türkenlouis«, im Auftrag des Kaisers das Deutsche Reich im Osten gegen die Türken verteidigte, überfiel Ludwig XIV. das schutzlose Land am Rhein. Französische Soldaten zerstörten und verwüsteten die kleine Markgrafschaft des *Türkenlouis* und brannten Baden-Baden nieder. Alle Wirtshäuser und »Badekästen« fielen in Schutt und Asche. Mit dem heißen Wasser brühte man nur noch geschlachtete Schweine ab oder heizte die Stiftskirche.

Baden-Baden und Baden-Durlach ordnen sich neu

BAADEN

in der Marggrafschaft mit seinen

Bädern und Umgebungen

Die evangelische *Markgrafschaft Baden in Durlach* und die katholische *Markgrafschaft Baden in Baden* mussten neu aufgebaut werden. So entstanden neue Residenzstädte nach geometrischen Grundrissen: Im Süden Rastatt (1705) und im Norden Karlsruhe (1715). An den Höfen vergaß man den Krieg

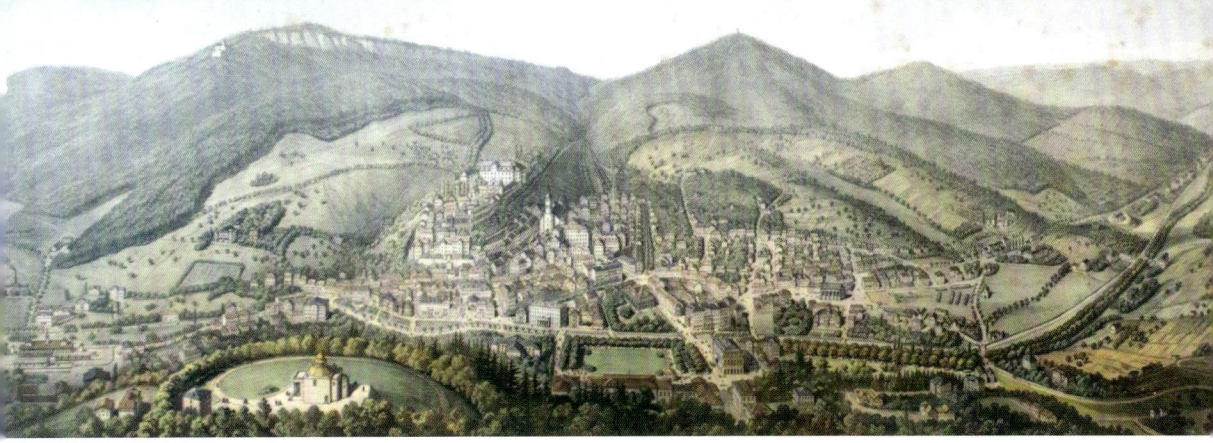

wieder und sammelte neuerdings sogar französische Gemälde. *Markgräfin Karoline Luise (1723–1783)* aus Karlsruhe löste damit bei dem französischen Philosophen Voltaire große Begeisterung aus:

> Keine Französin gibt es, die so viel Geist, Wissen und Höflichkeit besäße wie sie. Ihre Conversation hat mich entzückt. Hätte ich sie nur schon früher kennen gelernt.

In der südlichen Markgrafschaft Baden baute Markgräfin Sibylla Augusta, die Witwe des verstorbenen *Türkenlouis*, ihr Land mit dem Vermögen wieder auf, das sie aus Böhmen mitgebracht hatte. Ihr Regierungsstil galt als »penetrant« und war in einem »alles durchdringendem Geist«.

In Baden-Baden entstanden 1765 außerhalb der Stadt, auf der gegenüberliegenden Seite der Oos, auf der noch Holz geflößt wurde, »auf freiem Felde für gesellige Zusammenkünfte ein *Promenadehaus*« sowie Kleingärten, als Keimzelle des späteren Kurgartens. Das Haus war durch eine schöne Kastanienallee mit der wieder aufgebauten Stadt verbunden. Früher befanden sich hier der *Tummelplatz* und *Stechplatz*, wo Volksfeste und Ritterturniere abgehalten worden waren.

In den wiederhergestellten Gasthäusern badete man auch wieder – und ab 1748 luden die Wirte außerdem zum Glücksspiel ein, das zum *Bäderprivileg* dazugehörte.

Die beiden badischen Markgrafschaften fielen 1771 durch Erbfolge zusammen. Künftig wurden die 73.000 Katholiken im Süden von Karlsruhe aus mitregiert, wo Markgraf Karl Friedrich herrschte. Dieser setzte eine Badekommission ein, die sich mit den Perspektiven des neuen Wirtschaftszweiges befasste.

Als die Französische Revolution 1789 losbrach, kamen französische Adelige über den breiten, ungebändigten Strom. Sie flohen vor der Schreckensherrschaft Robespierres und vor der Guillotine – anstatt Kopf und Kragen zu riskieren, vergnügten sie sich lieber beim Glücksspiel. Schon bald folgten Angehörige des Klerus, Handwerker und Bauern.

Stadtpanorama aus der Vogelperspektive, entstanden um 1869. Farblithographie nach einer Zeichnung von Thomas Müller.

Dann marschierten fremde Heere am Oberrhein auf: Österreicher, Preußen – und Napoléons siegreiche Armeen. Nach einem blutigen Gefecht gegen die Österreicher plünderten die Franzosen Rastatt, wo wenig später der europäische Friedenskongress von 1799 zusammentrat. Dabei wurden Erinnerungen an den *Rastatter Frieden* von 1714 wach, mit dem der spanische Erbfolgekrieg zwischen Frankreich und Kaiser Karl VI. beendet worden war – und wie schon damals entdeckten auch jetzt die Kongressteilnehmer den Luxus der heißen Quellen von Baden-Baden.

Napoléon bringt Krieg und Größe

Als die Truppen Napoléons den badischen Markgrafen aus seinem neuen Karlsruher Residenzschloss vertrieben und ihm alle linksrheinischen Besitzungen in der Pfalz wegnahmen, begriff man in Baden schnell, was die Stunde geschlagen hatte. Man schloss mit Napoléon einen Separatfrieden und verließ die anti-französische Koalition der Österreicher, Engländer und Russen.

Eine kurzzeitige Verstimmung der Verwandtschaft in Sankt Petersburg nahm man dafür in Kauf, zumal der Lohn aus Paris üppig ausfiel: Im Frieden von Lunéville (1801) und im Reichsdeputationshauptschluss von Regensburg (1803) erhielt Baden für die verlorenen linksrheinischen Gebiete großzügigen Ersatz: die kirchlichen Erz- und Hochstifte Konstanz, Basel, Straßburg und Speyer, die im Zuge der Säkularisation enteignet worden waren. Außerdem die bisherigen freien Reichsstädte Überlingen, Pfullingen, Gengenbach und Offenburg. Zuletzt auch noch die rechtsrheinischen Gebiete der in Personalunion mit dem Kurfürstentum Bayern regierten Kurpfalz: die Residenzstädte Heidelberg und Mannheim.

Baden gehörte an der Seite Napoléons nicht nur einmal zu den Siegern. Die Allianz aus Österreich, England, Russland, Bayern und Württemberg unterlag dem Korsen in Austerlitz – und Napoléon belohnte Karlsruhe mit den habsburgischen Besitzungen im *Oberland* des deutschen Südwestens. Bei allen Verhandlungen hatte der badische Staatsminister *Sigismund von Reitzenstein (1766–1847)* die Finger im Spiel. Durch jahrelanges Taktieren mit Napoléon und dessen Außenminister Talleyrand erreichte er, dass Karlsruhe zum großen Gewinner der napoléonischen Ära wurde.

Die Eheschließung von Napoléons Adoptivtochter Stéphanie de Beauharnais, einer Nichte seiner Gemahlin Josephine de Beauharnais, mit dem Karlsruher Kronprinzen Karl war auch ein Teil des – nicht ganz freiwilligen – französisch-badischen Geschäfts. Napoléon musste die Angelegenheit am 20. Januar 1806 persönlich in Karlsruhe bei Markgräfin Amalie durchsetzen. Der Kaiser erklärte sich zur Adoption von Stéphanie »in allen

Großherzogin Stéphanie von Baden (1789–1860).

Ehren« bereit, denn die Markgräfin hatte nicht umsonst alle ihre Töchter in höchsten Adelskreisen verheiratet – mit dem Zaren von Russland, dem König von Schweden und dem König von Bayern.

Als Napoléon bei den deutschen Fürsten die Gründung des Rheinbundes durchsetzte, war das *Heilige Römische Reich Deutscher Nation* beendet. Kaiser Franz II. von Österreich legte 1806 die römisch-deutsche Kaiserkrone nieder. Und ein weiteres Mal gab es für die Badener eine kräftige Belohnung aus Paris: Im Zuge der Mediatisierung erhielten sie die enteigneten Besitzungen kleinerer reichsunmittelbarer Fürsten und Ritter.

Seinen 77-jährigen neuen Verwandten, den badischen Kurfürsten Karl Friedrich, beförderte Napoléon allerdings nur zum Großherzog. Obwohl dieser auf eine Königskrone gehofft hatte, wie sie Napoléon dem benachbarten Württemberger verlieh. Aber selbst Reitzenstein hielt ein »Königreich Baden« für abwegig:

> Ein Königreich, das aus zwei ausgestreckten Flügeln besteht, aber dessen Hauptgebäude nur vier bis fünf Wegstunden breit ist, die Hauptstadt eines Königreiches, deren einzige Hauptstraße zum größten Teil aus Hütten besteht, [...] ein Zustand der Finanzen, der einem die Haare zu Berge stehen lässt, [...] der traurige Ehrgeiz nach einem Titel, der uns dem Gespött von ganz Europa aussetzen wird, es ist zum Erbarmen!

Also musste man sich im Karlsruher Schloss wohl oder übel mit der Anrede »Königliche Hoheit« begnügen.

Aus dem ehemaligen Kleinstaat Baden, mit 256.000 Einwohnern und 3.600 Quadratkilometern, wurde in der napoléonischen Ära ein vierfach größerer Mittelstaat, der sich vom Main bis an die Schweizer Grenze erstreckte. Als modernisierungsfähiges Staatswesen entsprach Baden ganz den strategischen Vorstellungen Napoléons, der nur die Schweiz vor dem Karlsruher Zugriff bewahrte, obwohl Reitzenstein sie zu gerne ebenfalls vereinnahmt hätte.

Das Großherzogtum Baden überstand dann auch den Sturz Napoléons unbeschädigt. Als der Eroberer Europas ins Straucheln geriet, wechselte man 1813 im Karlsruher Schloss in letzter Minute wieder die Seite – und erklärte dem fallenden Schutzherrn und französischen Verwandten den Krieg! An der Seite von Österreich, Russland, England und Preußen gehörte Baden auf diese Weise erneut zu den Siegern.

Napoléon Bonaparte (1769–1821) und Großherzog Karl Friedrich von Baden (1728–1811).

Der Wiener Kongress macht Baden-Baden berühmt

Beim Wiener Kongress 1814/1815 ordneten die Mächte Europas den Kontinent neu. Das in alle europäische Himmelsrichtungen gut verheiratete

Großherzogtum Baden (nach Russland, Schweden, Bayern, Braunschweig-Wolfenbüttel, Hessen) überlebte nicht nur sämtliche Turbulenzen und politisch-diplomatische Bedrohungen, es wurde auf wundersame Weise von der feinen Gesellschaft aus ganz Europa entdeckt.

> Die Verbündeten hatten im Frühjahr Paris eingenommen, sie wollten sich im Spätsommer in Wien zum großen Kongress treffen. Was in Europa einen Namen hatte, mitspielte, enger mit den Ereignissen verbunden war, bewegte sich von West nach Ost. Ungefähr auf halbem Wege lag Baden. Die Zarin Elisabeth, Karl Friedrichs Enkelin, ließ sich in diesem Sommer hier nieder, im renovierten Schloss. Stéphanie (de Beauharnais) in ihrem Landhaus auf dem Rettig repräsentierte die Besiegten – als einzige Verwandte Napoléons hatte sie ihren Thron behaupten können. (Otto Flake)

Hohe Militärs aller Armeen, erschöpft von den schrecklichen Schlachten, zog es seltsam einträchtig nach Baden-Baden. Hier versuchten sie die Kriegsgräuel – Austerlitz, das brennende Moskau, die Völkerschlacht von Leipzig – bei Glücksspiel, Kur und Musik wieder zu vergessen. Während eines einzigen Sommers hielten sich allein 16 »kaiserlich russische Generale« in Baden-Baden auf. Die russische Zarin Elisabeth, eine Tochter aus dem Badischen Herrscherhaus und in Sankt Petersburg mit Zar Alexander I. verheiratet, besuchte 1814 ebenfalls ihre alte Heimat:

Zarin Elisabeth (1779–1826), Gattin von Zar Alexander I., geborene Prinzessin Luise von Baden.

> Ich bin hier seit vier Wochen an einem der schönsten Orte der Welt; das ist eine Landschaft, die sogar diejenigen beeindruckt, die schon die schönsten Gegenden gesehen haben. Das ist mein zweiter Aufenthalt hier: schon im Monat Juni waren wir für kurze Zeit hier, aber ein ganzes Jahr würde nicht ausreichen, um wirklich alle Schönheiten der Gegend kennen zu lernen. Ich habe die Freude, in einem alten Schloss zu wohnen, dessen sämtliche Etagen mit Familienportraits geschmückt sind. Dieses Schloss liegt auf einem Berg, und über unseren Köpfen, auf einem noch höheren Berg, sieht man die Ruine von einem anderen Schloss, das ist die wahre Wiege meiner Familie! Felsen und uralte Eichen umgeben es. Zu unseren Füßen breitet sich die kleine Stadt Baden wie in einem Amphitheater im Tal aus, und wir schweben auf den Dämpfen seiner heißen Quellen und denen, die das leichte Leben der Badegesellschaft verursacht, an dem wir so

wenig wie möglich teilnehmen, da hier die Familie Beauharnais eine große Rolle spielt.

Die Residenzstadt Karlsruhe wuchs über die Jahrhundertwende hinweg von 4.500 (1771) auf 15.000 Einwohner, womit sie annähernd die Größe der kurpfälzischen Residenz Mannheim erreichte. Karlsruher Kaufleute gründeten 1813 eine *Vereinigte Handelsstube*, sie bezogen im repräsentativen *Weinbrenner'schen Eckhaus* am Marktplatz »das Eckzimmer eine Stiege hoch«, neben der 1784 eingerichteten Karlsruher Lesegesellschaft.

Der Klassizismus des Friedrich Weinbrenner

Bei den Reformen in Verwaltung und Finanzwesen im badischen Staat geriet auch das Bäderwesen mit seinen heißen Quellen und dem angegliederten Glücksspiel ins Blickfeld. Ein Mann mit umfassenden Kompetenzen begann das Stadtbild von Baden-Baden zu verändern, wie auch jenes von Karlsruhe: *Friedrich Weinbrenner (1766–1826)*.

Der *Baudirektor* des Großherzogs in Karlsruhe leitete 25 Jahre lang das Bauamt und überzeugte seinen Herrscher, dass ihm »jedes Bauvorhaben, sei es auch noch so gering, zur Begutachtung vorgelegt werden musste.«

Weinbrenner kontrollierte, änderte und plante mit ungeheuerem Fleiß. Er versah viele hunderte Bauten mit seiner Handschrift, einem strengen Klassizismus, der auf einen längeren Italienaufenthalt zurückging und zu einer eindrucksvollen architektonischen Einheitlichkeit in dem jungen Großherzogtum führte. Die Residenz Karlsruhe verlor das dröge Image eines »souveränen Nests [...] mit viel Wald, viel Sumpf, viel Mücken« – und Baden-Baden begann seinen Aufstieg zum *Weltbad*.

Aus Baden-Baden formte Weinbrenner ein klassizistisches Schmuckstück, wie es auch Schinkel in Berlin und Klenze in München machten. Als Erstes nahm sich Weinbrenner das Promenadenhaus vor, das er 1802 um einen Tanzsaal im klassizistischen Stil erweiterte. Dann errichtete er die Antiquitätenhalle beim Marktplatz unterhalb des Neuen Schlosses (1803), gefolgt vom Armenbad (1809) und vom Pferdebad (1810). Sein Blick fiel auch auf das ehemalige Jesuitenkolleg, das er teils abriss, teils zum ersten *Conversationshaus* umbaute (1810), mit Tanzsälen, Leseräumen und Spielsalons. Die Konzession für das Glücksspiel erhielten zwei französische Offiziere. Weinbrenner schuf außerdem ein Dampfbad (1816), das so gut ankam, dass es durch einen Neubau von Heinrich Hübsch ersetzt werden musste. Eine Freizeitindustrie wuchs heran, aus Glücksspiel, Kur und Kultur.

Auch private Bauten, Villen und Landhäuser in Baden-Baden trugen schon bald Weinbrenners klassizistische Handschrift: das Hotel *Badischer Hof*, das *Haus des Landphysikus Dr. Mayer* (1808), später *Palais Hamilton*

Antiquitätenhalle von Friedrich Weinbrenner.

genannt, der *Pavillon Stéphanie* (1809), das *Haus Chevilly* und das *Haus Wagner* (1812), das *Haus von Ende* (1818) und das *Haus der Königin von Schweden* (1820), später *Internationaler Club* genannt.

Weinbrenners Häuser waren ganz auf das adelige und wohlhabende Publikum der Kurstadt ausgelegt. Auf jeder Etage bildete ein Salon den Mittelpunkt, in dem die Herrschaften speisten, Gäste empfingen und ihren gesellschaftlichen Verpflichtungen nachkamen. Den Salon umgaben mehrere kleinere Räume. Die Salonwände waren bis Brüstungshöhe der Fenster holzvertäfelt, ebenso die Laibungen der Fenster und Türen in den dicken Bruchsteinwänden. Ein Gesims zierte den Übergang der Wände zur Decke. An den Wänden fanden sich Stuckornamente mit reichlich Platz für Gemälde. Dem Salon war ein Balkon vorgesetzt, weniger zum Verweilen, sondern zum Repräsentieren.

Wer sich keine Villa leisten konnte oder kein Hotelzimmer, der wählte eine der möblierten Wohnungen, die von Baden-Badener Bürgern angeboten wurden. Die Anreise erfolgte in der eigenen Kutsche oder mit den zahlreich verkehrenden Postkutschen. Die Pferde versorgte ein Posthalter in seinen Stallungen, die mitten in der Stadt lagen.

Der Fremdenverkehr wurde zum maßgeblichen Wirtschaftsfaktor, frühe Versuche einer Industrialisierung schlugen fehl. Etwa die Etablierung einer Steingutfabrik, die trotz hochwertiger Weißerdevorkommen aus einem weitverzweigten unterirdischen Stollennetz nicht wie in Durlach und Straßburg gedeihen konnte. Auch eine Lichter- und Seifenfabrik, die Anfang des 19. Jahrhunderts bei der Kettenbrücke in der Lichtentaler Allee bestand, hielt sich nicht lange und wurde zur *Brauerei Stephan* umgewandelt.

Der Verleger Cotta gründet die erste Hotelanlage der Welt

Hotel Badischer Hof, Speisesaal.

Der Stuttgarter Verleger Johann Friedrich Cotta gab Weinbrenner 1807 den Auftrag, das vor der Stadtmauer gelegene ehemalige Kapuzinerkloster in ein Hotel umzubauen. Der Inhaber des bedeutendsten Literaturverlags seiner Zeit und Verleger von Goethe und Schiller wollte ein Hotel für höchste Ansprüche, mit 100 Zimmern und Salons, Bädern nach dem neuesten Stand von Hygiene und Komfort, mit Thermalwasser direkt aus den Quellen am Schlossberg, mit Rauch- und Lesezimmern sowie einem großen Park.

Weinbrenner baute das bescheidene Kloster (seit der Gegenreformation besaß Baden-Baden drei Klöster) zum Luxushotel *Badischer Hof* um. Die »erste nahezu autarke Hotelanlage der Welt« entstand, lange vor Hotelpalästen wie dem *Le Grand* in Paris, die erst im Zuge der Weltausstellungen von London (1851) und Paris (1855) aufkamen. Zum Blickfang des Hotels machte Weinbrenner den ehemaligen Kreuzgang des Klosters. Der Architekt stockte dort zwei Geschosse auf, schuf mit 18 dorischen Kolossalsäulen und einem Tonnengewölbe einen überdachten Innenhof, der als Speisesaal genutzt wurde.

> Es ist etwas Bekanntes, dass man in Baden in jedem Hotel eine ausgezeichnete Tafel findet. Der »Badische Hof« steht darin keinem anderen Gasthof nach, und seine Tafelrunde ist auch eine der gewähltesten. Der Speisesaal des genannten Hotels ist, nebenbei gesagt, einer der Schönsten, die sich denken lassen, und er soll in diesen Blättern wahrhafter Geschichten nicht näher beschrieben werden, da ein jeder von den Lesern ihn entweder schon gesehen hat oder wenigstens noch sehen wird, weil doch einmal Baden das europäische Mekka aller Badelustigen und Badebedürftigen und überhaupt aller Touristen, d. h. aller jetzt lebenden Menschen ist.
> (Carl Spindler, Meister Kleiderleib)

Hotel Badischer Hof, ca. 1850.

Durch Cotta fiel »ein Abglanz der Weimarer Klassik auf Baden-Baden«. Er warb auf dem Wiener Kongress für Pressefreiheit und gründete das *Morgenblatt für gebildete Stände*, das seinen Lesern *Korrespondenz-Nachrichten* über internationale gesellschaftlich-politische Ereignisse brachte, sowie ein *Kunstblatt* und ein *Literaturblatt*. Mit allen seinen Blättern rührte Cotta geschickt die Werbetrommel für Baden-Baden.

> Das jährliche Verhältnis der Fremden, die aus allen Teilen Europas hier zusammenströmen, kann man so annehmen, dass zwei Fünftel Deutsche, ebenso viele Engländer und Franzosen, und ein Fünftel

Niederländer, Italiener, Russen, Polen, Amerikaner usw. sind. Die vorherrschende Sprache während des Sommers ist die französische.

Selbst Goethe ließ sich von Cotta zu einem Besuch »nach Baden am Rhein überreden«, für ihn war bereits eine Wohnung im Badischen Hof reserviert. »Ich sehne mich unsäglich ins Wasser, und zwar diesmal ins Schwefelwasser: Denn weder Gelenke noch Haut wollen mehr dem Willen gehorchen und spielen ihr eigenes unbequemes Spiel«. Der Dichterfürst wollte wissen: »Schreibe mir, ob sonst ein Bekannter und sonstiger Badegast sich da selbst befindet [...]«.

Doch auf dem Weg nach Baden-Baden brach am 20. Juli 1816 an seiner Kutsche bei Münchholzen die Achse. Sie fiel um und sein Begleiter verletzte sich. Goethe wertete dies als ungünstiges Zeichen und disponierte nach Tennstedt um, weshalb nicht er, sondern ein französischer Gast die wohl schönsten Dichterworte über Cottas Hotel hinterließ:

Der Badische Hof im schönen und glücklichen Tale von Baden ist in Wirklichkeit eine Oase inmitten eines irdischen Paradieses, ein reizender Punkt, versunken in Herrlichkeit.

Das »Conversationshaus« von Friedrich Weinbrenner

Das mit Abstand wichtigste Projekt Weinbrenners war das *Maison de conversation*. Dabei handelte es sich um einen ganz neuen Typus eines Gesellschaftshauses mit Glücksspiel – ein »Kurhaus«, wie es im weiteren Verlauf des 19. Jahrhunderts zur Ausstattung jedes größeren Kurorts in Europa gehörte.

Dieses Gebäude errichtete Weinbrenner von 1821 bis 1824 gegenüber der Stadt und der Oos beim Promenadenhaus, wo der Pächter François Chévilly seit 1807 einen Spielsalon betrieb.

Weinbrenners Gebäudekomplex war 140 Meter lang und orientierte sich an Palladios Villen sowie am ersten Wiesbadener Kurhaus von Christian Zais. Das bisherige Promenadenhaus wurde zum linken Flügel, wo ein Restaurant einzog, das schon bald den Ruf erwarb, eines der exquisitesten in ganz Europa zu sein. In den gegenüberliegenden rechten Flügel kam ein Theater. Der neue Mitteltrakt Weinbrenners erhielt eine äußerst mar-

Glücksspiel im Conversationshaus.

kante, klassizistische Vorhalle aus acht korinthischen Säulen mit Architrav. Dahinter befanden sich Räume für Bälle und Privatgesellschaften, Speisesäle und Lesekabinette. Das neue Vergnügungszentrum wurde ein großer Erfolg. Kurorchester und Militärkapelle spielten morgens, nachmittags und am Abend Konzerte, es gab regelmäßige Bälle und das Marx'sche Lesekabinett mit europäischen Zeitungen. Aber der absolute Renner wurde das Glücksspiel.

Der Spielbankpächter Antoine Chabert bezahlte für seine 15-jährige Lizenz jedes Jahr 29.000 Gulden Pacht. Er leitete das Restaurant und das gesamte kulturelle Rahmenprogramm. Ihm folgte sein Sohn und Teilhaber Joseph Antoine Chabert. Als dieser 1838 tödlich verunglückte, vermittelte der Karlsruher Hofbankier von Haber in Paris, wo König Louis-Philippe das Glücksspiel verbot, *Jacques Bénazet (1778–1848)* nach Baden-Baden. Der 60-jährige Mitpächter von zehn Pariser Spielsalons hatte reichlich Erfahrung im Glücksspielgeschäft und zog einen Strom französischer Spieler nach sich.

Wenn sich ein neu angereister Gast nach den Spielsälen erkundigte, dann hieß es: »Sie meinen wohl das Conversationshaus.« So war es auch über der großen Eingangstür zu lesen – und jeder wusste, was mit *conversieren* gemeint war. Viele Gäste verbrachten ihre gesamte Zeit in der Conversation, »Schlafenszeit abgerechnet«. Es gab Räume für die *Spiel-Conversation*, die *Tanz-Conversation* und für die *schweigende Conversation*.

Conversationshaus von Friedrich Weinbrenner, um 1830.

Die Franzosen beherrschen das Glücksspiel

Schon bald wurde die mittelalterliche Stadtmauer niedergerissen, mitsamt Toren und Türmen. Die Gräben schüttete man zu, Baden-Baden sprengte sein jahrhundertealtes städtebauliches Korsett. Die Vororte begannen nach und nach mit der Stadt zu verschmelzen, neue Wohnviertel wuchsen. Wo bisher schlichte Gutshäuser gelegen hatten, entstanden prächtige Villen und Hotels: Der *Badische Hof* aus dem Umbau eines Kapuzinerklosters, der *Darmstädter Hof* aus einer Jesuitenkirche, das *Atlantic-Hotel* aus einer Mühle, und der *Grüne Winkel* (»Bellevue«) aus einer Porzellanfabrik.

Bénazet sorgte für einen kräftigen Aufschwung. Seine Konzessions-zahlungen, Pachten und die Überschüsse des Glücksspiels flossen in den *Großherzoglichen Badfonds* und wurden vom Vorstand der staatlichen Bad-kommission wieder in den Ausbau der Infrastruktur investiert. Der Bahnhof, die evangelische Stadtkirche, das Kur-Orchester, die vielen kulturellen Ver-anstaltungen, selbst das Kanalisationsnetz der Altstadt profitierten von den Spielbankgewinnen. Und natürlich das neue Vergnügungszentrum rund ums Conversationshaus, einschließlich der Parkanlagen. Die Lichtentaler Allee wandelte sich vom schlichten, eichengesäumten Weg zu einem herrlichen Landschaftsgarten entlang der Oos.

Eine neue breite Allee verbindet jetzt die Rastatter Chaussee vor dem Hotel »Badischer Hof« unmittelbar mit dem im vorigen Jahr erbauten Komödienhaus, dem Promenadenhaus und der großen Eichenallee, die zu dem Kloster Lichtental führt. Diese neue Allee zieht von dem »Badischen Hof« am linken Ufer der Oos über die Wiesen bis hinauf durch das liebliche Tal. Dadurch ist der oft geäußerte Wunsch einer unmittelbaren Verbindung des oberen Tales mit dem unteren auf das Vollkommenste erfüllt.

Wo sonst einsame Spaziergänger oder trauliche Gruppen zu Fuße wanderten, begegnet man jetzt lu-xuriösen Equipagen, hübschen Mietwagen, eleganten Reitern und Reiterinnen, teils auf kostbaren Pferden, teils auf Eseln, die besonders für Kinder und schüch-terne Frauen gewählt werden.

Stadtdirektor Kuntz vom Badfonds ließ sich auch nicht vom Karlsruher Innenminister ausbremsen, als dieser ihm vorhielt, er habe beim Ankauf von Weinbrenners *Palais der Königin von Schweden* für 200.000 Gulden zu viel ausgegeben. Kuntz

Edouard Bénazet (1801–1867). Spielbankpächter.

drohte seinem Minister, er werde das Geschäft auf eigene Rechnung machen, denn er wollte das Palais an Bénazet verpachten und die Grünflächen zur Erweiterung des Englischen Parks nutzen.

Die »Trinkhalle« von Heinrich Hübsch

Weinbrenner hatte auf dem Florentinerberg auch eine Trinkhalle errichtet, für die *Trinkkur*, die man seit dem Ende des 30-jährigen Krieges (1648) kannte. Das Thermalwasser sprudelte aus Leitungen, die vom Florentinerberg her unter der Oos hindurch geführt wurden. Im Zuge des Aufschwungs entfernte der Karlsruher Oberbaumeister *Heinrich Hübsch (1795–1863)* dieses Gebäude wieder und errichtete zwischen 1833 und 1842 einen Neubau im Stile der Romantik.

Palais der Königin von Schweden.

Trinkhalle von Heinrich Hübsch, um 1845.

Heinrich Hübsch löste sich von Weinbrenners klassizistischer Strenge, denn mit Schriftstellern wie Victor Hugo, Alfred de Musset und Théophile Gautier zog in Baden-Baden die Romantik ein – ganz nach dem Motto von Rousseau: *Zurück zur Natur – retour à la nature*. Hübschs Trinkhalle erhielt eine 90 Meter lange Wandelhalle, die zum höchst stilvollen Bummeln und Verweilen einlud. An den Wänden sah man 14 bunte Fresken von Jakob Götzenberger, die allegorisch einige romantische Geschichten aus der oberrheinischen Märchenwelt erzählten. Sie standen ganz in der Tradition der *Nazarener*, auf die Hübsch zu seinen Studienzeiten in Rom gestoßen war. Der Betrachter sollte die Bestimmung des Gebäudes erkennen und einen Beitrag zur »vaterländischen Erziehung« erfahren.

»Savoir-vivre« in Baden-Baden

Der Besucherstrom schwoll unentwegt an, im Jahr 1838 kamen 19.000 Touristen, viele gaben ihre Begeisterung in leidenschaftlichen Botschaften weiter:

> Die Lage der Stadt ist herrlich. Die Geschäfte, der Ballsaal, das Theater, alles liegt in einem Garten [...] Ich lebe jetzt in dem berühmten Kurort Baden-Baden. Ich wollte nur drei Tage bleiben, und schon drei Wochen kann ich mich nicht losreißen. Ich habe ziemlich viele Bekannte getroffen. Es gibt hier niemanden, der ernsthaft krank wäre. Alle kommen nur hierher, um sich zu amüsieren. [...] Am heitersten lebt es sich`s während des Sommers in Baden-Baden. Es ist die Datschia ganz Europas. Aus Paris, aus England, aus Spanien, aus Petersburg strömen für den Sommer die Menschen herbei. In seinem Hotelzimmer hält sich fast niemand auf, alle sitzen den ganzen Tag an kleinen Tischen unter Bäumen. [...] (Nikolaj Gogol)

> Eine breite Eichenallee mit großen prächtigen Schaufenstern: Sächsisches Tuch, englische Spitzen, böhmisches Glas, Porzellan, indische Vasen – alles Herrlichkeiten, die uns versagt sind, deren Reiz die Damenwelt Straßburgs zu politischen Vergehen bringt, die der französische Grenzzoll eifrigst unterdrückt.
> (Gérard de Nerval)

Bis zur Revolution 1848 stieg die Zahl der Gäste auf 30.000. Selbst einen kurzzeitigen Einbruch während der Badischen Revolution von 1849, als »nur« 15.000 Besucher an die Oos kamen, machte man bereits im Jahr darauf durch einen neuen Besucherrekord wieder wett: 34.000 Gäste bevölkerten nun die kleine Stadt an der Oos.

Auch der plötzliche Tod des umtriebigen Spielbankpächters Jacques Bénazet im Revolutionsjahr 1848 in Paris tat dem Geschäft keinen Abbruch. Sein Sohn Edouard Bénazet übernahm die Konzession und startete eine gewaltige Investitions- und Marketingoffensive. Sein Marketing-Experte, der Pariser Schriftsteller Eugène Guinot, rührte mit einem lyrischen Reiseführer *L' été à Bade* in ganz Europa die Werbetrommel:

> Baden! Den Vereinigungspunkt Europas im Sommer, die Stadt der Feste, den bezaubernden Aufenthalt aller Vergnügungen. Hier zeigte sich die Welt in ihrer ganzen Pracht, in ihrem ganzen aristokratischen Glanze! Hier war eine Gesellschaft großer Herren, blendender Frauen, glänzender Charaktere, Fürsten, Millionäre. Hier waren jeden Abend prächtige Konzerte, Réunions, Bälle.

Das Conversationshaus von Weinbrenner entsprach nach 30 Jahren nicht mehr dem Zeitgeist, weshalb Bénazet den französischen Architekten und Bühnenbildner Charles Séchan 1855 mit einer grundlegenden Modernisierung beauftragte. Dieser entfernte im Südflügel das Theater und baute an derselben Stelle ein prunkvolles Spielcasino im neobarocken Stil ein. Französische Kunsthandwerker statteten es mit Marmor, Gold und Seide aus. An der Decke des Grünen Saals prangten die Wappen der badischen Städte, als eine kluge Referenz an die spielbankfreundlich gesonnene Regierung des Großherzogtums Baden.

Die Eröffnung der neuen Räume am 11. August 1855 war ein gesellschaftliches Ereignis ersten Ranges – ein Höhepunkt in Edouard Bénazets Laufbahn als Spielbankpächter. Es war Hauptsaison, Baden quoll vor Gästen über, der Herr der Bank konnte gleich mehrere Bälle und Wohltätigkeitskonzerte ansetzen. Im Roten Saal brachte eine Pariser Truppe eine extra für Baden-Baden komponierte Operette zur Uraufführung (Antoine-Louis Clapisson, »Les Amoureux de Perrette«). Auch der Kurgarten wurde modernisiert. Edouard Bénazet stiftete einen Musikpavillon für die Promenadenkonzerte; die Boutiquen »unter den Kolonnaden« verwandelten sich in eine elegante Ladenstraße, die die Pariser Besucher an die Passagen im Umkreis der Großen Boulevards erinnerte – bei Mellerio kaufte man den schönsten Schmuck der Welt.

Den Ballsaal konnte man für geschlossene Gesellschaften mieten. Dann sah man »Frauen, Seide, Blumen, Diamanten, Lichter, Vergoldungen – all das aus den Spiegeln durch tausend Prismen gebrochen zurückstrahlend, wirbelnd und rauschend wie ein phantastisches elektrisches Kaleidoskop«.

Bénazet verpasste der ganzen Stadt einen allgegenwärtigen französischen Anstrich: Französische Kleidung, französischer Haarschnitt, französische Menükarten in den Hotels, französische Croupiers im Casino, Künstler aus der *Grande Opéra* und aus der *Comédie Française*, Maskenbälle und Gesellschaftsabende, Soiréen und künstlerische Salons. Sogar französische

»Florentiner-Saal« des Conversationshauses.

BAINS STÉPHANIE (STEPHANIEN-BAD)
A BADEN-BADEN (à l'entrée de l'allée de Lichtenthal).
Concession spéciale de la source **FETTQUELLE** contenant le lithium.
FONTAINE RÉSERVÉE DE CETTE MÊME SOURCE POUR LES BUVEURS.

Bains sulfureux et alcalins. — Bains thermaux. — Bains médicamenteux de toutes espèces. — Bains ferrugineux. — Bains de bourgeons de sapin. — Bains de rivière. — Eaux-mères de Kreuznach (Mutterlauge). — Douches de toutes espèces. — Cabinets spéciaux pour les dames. — Bains électriques de Pennès.

HOTEL OFFRANT TOUT LE COMFORT DÉSIRABLE. — RESTAURANT FRANÇAIS.

Predigten konnte man hören, jeden Sonntag »nach der 11 Uhr Messe« in der katholischen Stiftskirche.

Die Hotels entlang der Lichtentaler Allee trugen allesamt französische Namen – *Hôtel de la Cour de Bade, Hôtel de France, Hôtel de l'Europe, Cour d'Angleterre, Stéphanie-les-Bains, Hôtel de l'Ours.* Sie versprachen internationalen Spitzenstandard und »konnten vor der Eröffnung des Pariser *Grand-Hotels* in der *rue Scribe* im Jahr 1861 mit jedem Haus der Welt konkurrieren«.

Das zweite französische Kaiserreich von Napoléon III. exportierte alles ins *Weltbad* Baden-Baden, »was Glanz und Schein, Traum und Zauber war, die ganze *Monde* und *Demimonde* [...].«

Wer kein Französisch sprach, wie etwa Theodor Storm, dem empfahl der russische Dichter Iwan Turgenjew, er möge wenigstens »französisch murmeln«. *Tout Paris* fand sich nun an der Oos ein – und machte aus Baden-Baden einen *Faubourg* von Paris. »Ich habe Paris wieder gefunden hier im freundlichen Städtchen, ganz Paris fand ich hier, spielend, flirtend und plaudernd«, schwärmte der Dichter Armand Silvestre.

Unter den Gaskandelabern im Kurpark, die seit 1845 nach Pariser Vorbild leuchteten, versammelten sich die »großen Damen der *Tuilerien* und betraten Bénazets Casino mit den *Habitués* der Theater-Premieren«.

Charles François Gounod komponierte eigens 1860 *La colombe* (Die Taube). In einem solch märchenhaften Ambiente konnte es nicht lange dauern, bis der Spielbankpächter Bénazet zum ungekrönten *Roi de Bade* ausgerufen wurde.

Auch die Allee war nicht mehr die hausbackene Kastanienallee der Chabert-Zeit, sondern ein mit seltenen Bäumen und Sträuchern raffiniert ausstaffierter englischer Garten, mondän wie der untere Teil der Champs-Elysées. Eine Naturillusion für reiche Müßiggänger, die ihren neuen Wagen vorführen wollten.

Unter einer bestimmten Platane trafen sich die Russen, weiter nach Lichtental hin ergingen sich, die Eichhörnchen fütternd, die Preußen, die süddeutschen Fürsten bevorzugten den neuen Stadtkern um den ehemaligen »Graben« – der König von Württemberg etwa stieg gern im Hotel »Victoria« am Leopoldsplatz ab, das anschließende Haus bewohnte seine Geliebte, Fräulein von Stubenrauch.

Edouard Bénazet wiederum betrachtete das Areal zwischen Kurhaus und Kunsthalle [...] als sein Privatreich. Sein Vater hatte zwei Herrschaftsvillen hinter dem Haus (heute: Kaiser-Wilhelm-Straße 3 und 5) bewohnt und sein Anwesen durch Zukäufe so abgerundet, dass es den ganzen ehemaligen »Lindenbuckel« umfasste. In seinem Reich überließ Bénazet Freunden wie dem Porträtmaler Franz Xaver Winterhalter, der gute Beziehungen zu Kaiserin Eugenie hatte, oder Emile de Girardin, dem Zeitungsmagnaten, der in den 30er Jahren die moderne Massenpresse geschaffen hatte, Villengrundstücke zu Vorzugspreisen.

In Richtung Lichtental ließen sich viele Protestanten nieder. Sie führten einen schier endlosen Kampf um die Errichtung einer eigenen Kirche. Als ihnen endlich mit dem ehemaligen Schindanger ein Bauplatz zur Verfügung gestellt wurde und die Baupläne genehmigt waren, fehlte es an Geld. Bénazet stellte der Gemeinde eine größere Summe zur Verfügung. Die evangelische Stadtkirche am Ludwig-Wilhelm-Platz dürfte die einzige aus Spielbankmitteln mitfinanzierte Kirche in ganz Europa sein [...]

Nur Augusta mag kein französisches Roulette

Allerdings teilte nicht jeder die Begeisterung über das florierende französische Glücksspiel-Imperium an der Oos. Eine Dame aus dem Hochadel, welche das Flair von Baden-Baden durch ihre intellektuell-moralische Präsenz stark beeinflusste, beobachtete vom Balkon ihrer Suite im Hotel *Maison Messmer* das Leben im Kurviertel mit Argwohn: Augusta von Preußen.

Die Gemahlin des preußischen Thronfolgers und späteren deutschen Kaisers Wilhelm I. konnte sich mit dem Prunk und den oberflächlichen Vergnügungen auf der »Klatschallee im Kurgarten« nicht anfreunden, sie lehnte das Glücksspiel ab. Doch Bedenken wegen möglicher Gefahren der Spielleidenschaft wehrte das französisch-großherzogliche Spielbankmanagement ab. Bisher hätten sich lediglich eine süchtige Engländerin, ein vorbestrafter Franzose und ein geisteskranker Fabrikarbeiter aus Ettlingen das Leben genommen, Letzterer aber wohl kaum im exklusiven Kurhaus.

Die aus aller Welt anreisenden Gäste liebten eben den kultivierten Nervenkitzel: die Angst, alles zu verlieren, gepaart mit dem Traum vom ganz großen Gewinn. Dazu die Illusion, den Zufall mit einem sicheren System überlisten zu können. Und das einfache Volk von Baden-Baden durfte sich ohnehin nicht zeigen.

Nicht einmal auf dem Platz vor dem Conversationshaus, geschweige denn in den mondänen Sälen der Spielbank.

Ernst Merck zieht es zu den Reichen, Schönen und Mächtigen

Die kleine Stadt an der Oos war zu einem prosperierenden Dienstleistungszentrum geworden, mit einflussreichen Geschäftsleuten aus der Unterhaltungsindustrie, Service-Personal aus der heimischen Bevölkerung – und vielen Reichen, Schönen und Mächtigen. Diese brachten jeden Sommer viel Geld in die Stadt und verschwanden im Herbst wieder spurlos.

Auf der seligen Insel Baden-Baden traf sich die auserlesene Gesellschaft, die alljährlich von Paris und St. Petersburg, von Wien und London, von Neapel und Madrid, von Berlin und Lissabon, von Bern und Brüssel hier zusammenströmt. (Leipziger Illustrierte Zeitung, 1857)

Zu dieser Gesellschaft zählten sich auch Ernst und Johanna Merck aus Hamburg, die bei ihren Vergnügungen immer recht wählerisch waren und dies auch zu erkennen gaben. Bei ihrem zurückliegenden Besuch in Paris etwa, als sie der Präfekt und Gemeinderat der Hauptstadt zum Konzert mit Ball am 5. August 1851, um 20.30 Uhr, ins Rathaus von Paris einlud. Die Mercks sagten ab, »weil wir keine Lust auf das prachtvolle *Hotel de ville* verspürten« und weil sie die unangenehmen Begleiterscheinungen eines solchen Ereignisses von früher kannten: Das große Gedränge, die Überfüllung, die große Hitze durch die Gasflammen, die unerträglichen »republikanischen Manieren der Herren am Buffet«, das stundenlange Warten, »ehe man aussteigen kann, und ehe man seine Kutsche wieder erreicht«.

Und was ihre künftigen Aufenthalte in Baden-Baden anbelangte – Ernst und Johanna Merck waren nun zu dem Entschluss gekommen, sich eine eigene Villa zuzulegen.

Ernst Freiherr von Merck (1811–1863). Hamburg.

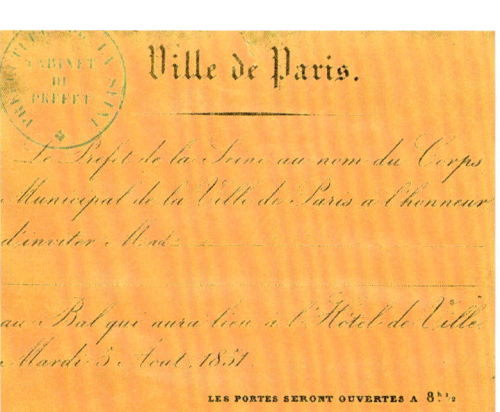

Ernst und Johanna Merck aus Hamburg

Ernst und Johanna Merck stammten beide aus wohlhabenden Kaufmanns-familien. Im 19. Jahrhundert strebten die Angehörigen des Bürgertums – angespornt durch ihren wirtschaftlichen Erfolg –zunehmend danach, den Vertretern des Adels auf gleicher Augenhöhe zu begegnen.

Die Hamburger Kaufmannschaft gab sich inzwischen nicht mehr mit einem Landsitz in der unmittelbaren Umgebung Hamburgs zufrieden, etwa einem Landhaus in Blankenese. Die reichen Familien erwarben sich vielmehr »Güter in Holstein, in Mecklenburg oder sogar noch weiter weg«. Dort verheirateten sie ihre Kinder mit dem benachbarten Landadel und interessierten sich für Pferdezucht und Rennsport.

Baden-Baden mit seinem französisch beeinflussten, sich ständig neu konstituierenden Publikum bot den idealen Rahmen für eine zwanglose Vermischung von altem Adel und neuem Reichtum. Das Bürgertum baute prächtige Villen und löste damit den Schlösserbau der Fürsten ab. Die Nachfrage nach Villengrundstücken stieg mit der wachsenden Popularität der Stadt. In einem einzigen Jahr kamen zwei Kaiser, eine Kaiserin, drei Könige, eine Königin, ein Großherzog, vier Großherzoginnen, ein Großfürst, eine Großfürstin, ein regierender Fürst, sechzehn Prinzen und zwölf Prin-zessinnen – plus 50.097 weitere Gäste. Nach und nach verschwanden die Bauernhöfe, Hofgüter und Gewerbebetriebe entlang der Talsohle, rund um das Vergnügungszentrum der Stadt waren bis zur Jahrhundertmitte bereits 27 neue Villen und Landhäuser entstanden.

Die Borgnis – Hoflieferanten von Perlen und Juwelen

Johanna Mercks Vater war *Carl Hieronymus Borgnis (1795–1861)*, der Spross einer aus Italien eingewanderten Gründerfamilie, die wie die Bolongaros, die Brentanos, die Guaitas und andere italienischstämmige Familien in Frankfurt am Main kapitalkräftige Geschäfte aufbauten.

Die Borgnis stammten aus dem *Valle Vigezzo*, auch das *Tal der Maler* genannt, oberhalb des *Lago Maggiore*. Auf dem Friedhof des Gebirgsdorfes *Santa Maria Maggiore* trug beinahe jedes zweite Grab den Namen Borgnis.

Der Begründer der reich gewordenen Frankfurter Borgnis-Dynastie war *Franz Anton Balthasar Borgnis (1758–1819)*. Er kam aus Mainz über Mannheim (1805) nach Frankfurt (1812) und erwarb für 800 Gulden *Anzugsgeld* das Bürgerrecht. Borgnis handelte mit Spezereien und Juwelen unter dem Namen »Gebrüder Borgnis«, außerdem übernahm er von sei-nem Vetter ein Bank-, Speditions- und Tabakgeschäft unter dem Namen

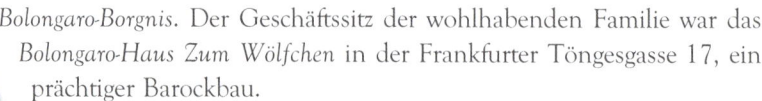

Bolongaro-Borgnis. Der Geschäftssitz der wohlhabenden Familie war das *Bolongaro-Haus Zum Wölfchen* in der Frankfurter Töngesgasse 17, ein prächtiger Barockbau.

Franz Anton Balthasar Borgnis heiratete *Catharina Fontaine (1775–1859)*, eine Tochter des Buch- und Kunsthändlers Charles Fontaine in Mannheim. Fontaine besaß seit 1742 eine französische Buchhandlung und belieferte ein weites Netz meist adliger Kunden. Der Kunsthändler trug wesentlich zur Verbreitung französischen Schrifttums unter der deutschen Leserschaft bei.

Das Handelshaus Borgnis stieg zum *Hoflieferanten von Perlen und Juwelen* an mehreren deutschen Höfen auf. Am kurpfälzisch-bayerischen Hof in Mannheim galt Franz Anton Balthasar Borgnis sogar als »Freund des Herrscherhauses«, dem man höchstes Vertrauen entgegenbrachte. Man rief ihn 1806 in die Schatzkammer, weil Steine für die Kroninsignien des von Napoléon berufenen neuen Königs von Bayern, Maximilian I., benötigt wurden: »Für zwei königliche Kronen, einen Zepter nebst einem Reichsapfel und dem Reichsschwerte für unsere feierliche Krönung in Paris [...].«

Carl Hieronymus Borgnis (1795–1861) und seine Ehefrau Philippina Elisabeth, geb. Thurneysen (1799–1880).

Auch das badische Herrscherhaus in Karlsruhe schätzte den Rat von Franz Anton Balthasar Borgnis. Besonders anlässlich der Eheschließung von Napoléons Adoptivtochter Stéphanie de Beauharnais mit dem Karlsruher Thronfolger Karl. Diese fand 1806 in der *Galerie der Diana* in den Pariser *Tuilerien* statt und erregte riesiges Aufsehen bei der Pariser Bevölkerung. Obwohl die 16-jährige Französin ihren unbeholfenen Bräutigam in der Hochzeitsnacht angeblich aussperrte, erhielt sie von ihm ein Medaillon aus der Werkstatt der Pariser Niederlassung der *Gebrüder Borgnis* – Karls Bildnis, mit 20 großen Brillanten verziert.

Borgnis stellte dafür 30.000 Livres in Rechnung, und zwar dem mächtigsten Mann in Baden, Sigismund von Reitzenstein, der die Karlsruher Hochzeits-Delegation anführte. Reitzenstein vergaß auch nicht, noch eine Reihe wichtiger französischer Würdenträger mit Schmuck und Juwelen aus dem Hause Borgnis zu beschenken, vor allem Außenminister Talleyrand mit Gefolge, der die französisch-badische Hochzeit schließlich eingefädelt hatte. Für Franz Anton Balthasar Borgnis wurde das Ganze ein wirklich lohnendes Geschäft, es summierte sich auf insgesamt 118.152 Livres (54.000 Gulden). Reitzenstein trieb das Geld trotz der chronisch leeren badischen Staatskasse auch irgendwie auf – und Napoléon bekam einen weiteren Wutanfall wegen der notorischen Misswirtschaft im Karlsruher Schloss.

Nach dem Tod von Franz Anton Balthasar Borgnis übernahm 1819 dessen 24-jähriger Sohn *Carl Hieronymus (1795–1861)* die Führung des väterlichen Unternehmens im Frankfurter *Bolongaro-Haus* und machte in den folgenden Jahren »riesige Gewinne«.

Er heiratete im Jahr 1820 *Philippina Elisabetha Emma Thurneysen (1799–1880)*, die einer Schweizer Familie von Handwerkern und Gewerbetreibenden entstammte. Das Paar hatte vier Kinder, die zwischen 1820 und 1838 im Haus *Zum Wölfchen* das Licht der Welt erblickten. Eines davon war *Johanna Rachel Borgnis*, geboren am 16. Oktober 1820. Im Alter von knapp 19 Jahren heiratete sie 1839 den Kaufmann Ernst Merck aus Hamburg.

Carl Borgnis jüngerer Bruder *Mathias Borgnis (1798–1867)* war Mitglied der Bürgerschaft in der Gesetzgebenden Versammlung des Frankfurter Freistaats und saß in der Handelskammerkommission für den Bau des Börsengebäudes an der Paulskirche. Er machte sich beim Frankfurter Senat für den Anschluss Frankfurts an das entstehende deutsche Eisenbahnnetz stark: »Die Eisenbahnen von Hamburg, Leipzig, Augsburg, Nürnberg, Basel, Mainz müssen in Frankfurt zusammentreffen. Ist dies erreicht, so ist auch der Wohlstand unserer Stadt aufs Neue gesichert.« Nach seiner Heirat mit Louise von Bethmann wurde Mathias Borgnis von 1838 bis 1847 Teilhaber des Bankhauses Gebrüder Bethmann und konnte sich bereits mit 49 Jahren ins Privatleben zurückziehen. Mathias Borgnis übergab seine Bank-Anteile an einen Neffen und baute 1860 in Königstein im Taunus eine Villa im *Schweizer Stil* (1860), womit er eine Tradition wohlhabender Frankfurter Bürger begründete. Die Stadt Königstein erwarb 1927 die *Villa Borgnis* und wandelte sie zum Kurhaus um.

Johanna Rachel Borgnis (1820–1906), Erbauerin der Villa Merck, mit ihrem Bruder Alexander Borgnis (1827–1914).

Die Familie Borgnis pflegte einen großen familiären Zusammenhalt, der ihrem katholischen Glauben und ihrer italienischen Abstammung entsprang. Sie stiftete den Mutter-Gottes-Altar der Frankfurter *Leonhards-Kirche*, dessen Marienbild bis heute die Taufkapelle ziert, und beschäftigte namhafte Künstler aus dem Kreis der *Nazarener*, darunter die Maler Eduard von Steinle und Philipp Veit, den Direktor des Städelschen Instituts in Frankfurt. Auch mit dem Direktor der Großherzoglich-Badischen Kunstgalerie in Karlsruhe, dem Maler und Kupferstecher Carl Ludwig Frommel, stand die Familie Borgnis in Verbindung, was für die Grundstückssuche in Baden-Baden schon bald bedeutsam werden sollte.

Die Mercks – ein mächtiger Clan in Hamburg

Ernst Merck kam aus der Hamburger Linie des erfolgreichen Geschlechts der Merck. Die Familie Merck stammte ursprünglich aus dem Fränkischen, wo sich im kaiserlichen Reichsvogt von Schweinfurt, *Johann Merck (1573–1643)*, der gemeinsame Ahne mehrerer berühmter Linien findet.

Die Darmstädter Linie erwarb 1668 das Privileg für die Führung der *Engel-Apotheke* und legte den Grundstock für das älteste pharmazeutisch-chemische Unternehmen der Welt. Dieser Linie entstammte auch der Literaturkritiker Johann Heinrich Merck, der enge Kontakte mit Goethe und Herder pflegte. Einen anderen Zweig bildeten die *Privatbankiers Merck, Fink und Co.* in München.

Heinrich Johann Merck (1770–1853) begründete die *Hamburger Linie*. Er wurde in Schweinfurt als Sohn des dortigen Stadtsyndikus geboren, machte in Straßburg eine Kaufmannslehre und kam 1794 während der Revolutionskriege über Speyer nach Hamburg. Kaum in Hamburg angekommen, trat Heinrich Johann Merck der Freimaurerloge *Absalom* bei, der ältesten Loge Deutschlands, die sich zum Protestantismus bekannte. Außerdem erkannte er rasch, dass die Elite von Kaufleuten in der Hansestadt weitgehend miteinander verwandt oder verschwägert war.

Der kleine Ernst Merck (1811–1863), später Hausherr der Villa Merck, zusammen mit seiner Schwester Molly (1812–1897).

Also heiratete Heinrich Johann Merck in die reiche Familie seines ersten Dienstgebers *J. Ch. Danckert* ein und machte sich selbstständig. Als seine Frau *Maria Catharina (1771–1809)* früh starb, heiratete er in ein anderes der alteingesessenen Hamburger Geschlechter ein, in die Familie *Rohlffs*, die sich von mittelalterlichen Ratsfamilien herleitete und bedeutende Bürgermeister gestellt hatte. Der Braut-Vater *Johann Friedrich Rohlffs (1738–1819)* war Kaufmann und Inhaber eines Kupferwerks im Sachsenwald. *Marianne Rohlffs (1780–1853)* brachte drei Kinder zur Welt. Das älteste war *Ernst Merck*, der am 20. November 1811 geboren wurde.

Um die »sich vergrößernden Geschäftsmöglichkeiten wahrnehmen zu können«, beteiligte Heinrich Johann Merck 1815 seinen ältesten Sohn Heinrich Johann Merck jr., der aus erster Ehe stammte, sowie Johann Christian Dürbig und Florentin Theodor Schmidt an der Firma *H. J. Merck & Co.*, außerdem wirkte er an der Gründung der Firma *Merck, Dürbig & Co.* in Leipzig und Manchester (1817) mit, dem Zentrum des Baumwollhandels. *H. J. Merck & Co.* befasste sich mit Waren-, Bank-, Reederei- und Versicherungsgeschäften, der Firmensitz war das

Hamburg vor dem Brand von 1842.

1810 erworbene *Mortzenhaus am Alten Wandrahm*, vom Goldschmied Jakob Moers 1622 erbaut.

In der linken Haushälfte war reichlich Platz für Wohnung und Kontor, die rechte Seite gehörte dem Kaufmann Gossler. In direkter Nachbarschaft befand sich auch das Haus von Johann Cesar Godeffroy, dem Präses der Handelskammer Hamburg und späteren *Südseekönig* in den deutschen Kolonien, mit dessen beiden Söhnen Ernst aufwuchs.

Als Merchant-Banking Haus verkoppelte *H. J. Merck & Co.* Handels- mit Bankgeschäften, die Firma betätigte sich als Assekuradeur, Konsortialpartner bei der Platzierung von Anleihen oder dem Verkauf von Aktien, sie war Teilhaber von Fabriken, aber auch Reeder und teilweise Schiffseigner. Grundlage aller Geschäfte war jedoch der Handel mit Waren verschiedener Art – und aus aller Herren Länder: Baumwolle aus Afrika, Zink aus dem Rheinland, Seide aus China ...

Der Firmengründer wurde 1820 zum Senator ernannt und berief 1831 seinen ältesten Sohn Heinrich Johann Merck jr. als Nachfolger in die Firma. Der technische Aufschwung nach dem Ende der Napoléonischen Kriege ließ in Europa viele Menschen vom Land in die Städte strömen. Dort wollten sie an dem neuen Wohlstand teilhaben, den die beginnende Industrialisierung versprach. Die Warengeschäfte zwischen den überseeischen Lieferanten und den Abnehmern in der Mitte des Kontinents boomten.

Doch der designierte Nachfolger des Senators starb schon nach wenigen Jahren, so dass der Patriarch sein Familienunternehmen neu ordnen musste. Merck nahm 1836 seinen Schwiegersohn Justus Carl Wilhelm Ruperti als

Ernst Merck (1811–1863), 28 Jahre alt, später Hausherr der Villa Merck in Baden-Baden.

Teilhaber auf, den Ehemann seiner Tochter Maria Pauline aus erster Ehe. Justus Ruperti war der Sohn eines Superintendenten im benachbarten Stade, hatte Lehrjahre in London und Mexiko verbracht und verfügte über ansehnliches Kapital sowie kaufmännische Weitsicht.

Der zweitälteste Sohn des Senators, *Carl Merck (1809–1880)*, fühlte sich zum Staatsdienst hingezogen, er wurde ein »scharfzüngiger Außenminister« und Senatssyndikus Hamburgs, was der Familie Merck »Glanz und Einfluss« verlieh. Carl Merck heiratete *Louise Godeffroy*, Tochter einer der einflussreichsten Familien Hamburgs.

Außerdem nahm der Firmengründer seinen Sohn Ernst aus zweiter Ehe in die Pflicht, der sich seit fünf Jahren im Ausland aufhielt und nun vom Vater nach Hamburg zurückgerufen wurde.

Ernst Merck (1811–1863) – ein Weltbürger

Der junge Ernst hatte seine Lehrjahre im väterlichen Unternehmen begonnen und die Handelsschule in Bremen besucht. Wie es sich in Hamburg gehörte, lernte er frühzeitig, »sich ungezwungen zu benehmen und *den Namen* zu vertreten«.

Der Senator hatte den 20-jährigen Ernst 1831 ins Ausland geschickt, in die Niederlande (Antwerpen), nach England (Manchester) und zuletzt nach Südamerika (Rio de Janeiro), was den jungen Mann entscheidend prägte. Der neugierige Ernst sog förmlich den wirtschaftlichen und technischen Wandel der ersten Hälfte des 19. Jahrhunderts in sich auf. Sein Blick für die politischen und gesellschaftlichen Umbrüche schärfte sich, auch soziale Phänomene der beginnenden Industrialisierung blieben ihm nicht verborgen. Er sah in London »Wasch- und Badehäuser für die ärmeren Klassen«.

Zurück in Hamburg stürzte sich Ernst Merck ins gesellschaftliche Leben. Er trat 1840 als Teilhaber in die Firma ein, zwischen ihm und seinem 20 Jahre älteren Schwager Ruperti entwickelte sich rasch ein freundschaftliches Verhältnis. Zusammen mit seinen Jugendfreunden vom *Alten Wandrahm*, den Gebrüdern Adolph und Gustav Godeffroy, besuchte er das erste *Hamburger Pferderennen*. Hier vereinte sich »die neue Elite der großen Kaufleute mit der alten Elite des Adels«, stellte der junge Merck fest. »Man darf wohl dreist behaupten, dass das frühzeitige Erlernen der edlen und ritterlichen Reitkunst viel zur Entwicklung des Selbstvertrauens und der Unabhängigkeit des englischen Charakters beiträgt«.

In die gleiche Richtung zielte die Gründung des *Hamburger Ruder-Clubs HRC* auf der Alster durch Merck und seine Freunde, dem »wohl ältesten Wassersportclub auf europäischem Festland«, wie man später sagte. Cesar Godeffroy führte die *Jeunesse dorée* an, und als *Clubuniform* trugen die jungen Männer lange weiße Hosen, weiße Hemden mit plissierter Brust, rot-weiße Jacken, und blaue Mützen mit grün-weiß karierten Seidenbändern.

Ernst Merck war als *Weltbürger* von der »kosmopolitischen Bedeutung Hamburgs« überzeugt und suchte ständig den Vergleich mit den Weltstädten London und Paris, worüber er Zeitungsartikel und ein Buch veröffentlichte. Nach dem verheerenden Brand von 1842 beteiligten sich die Handelshäuser auch maßgeblich am Wiederaufbau ihrer Stadt, das Bürgertum strotzte vor Energie und Selbstbewusstsein.

Das fortschrittliche England war sein großes Vorbild. Dort hatte er die Ideen von *Adam Smith (1723–1790)* kennengelernt, dem Pionier der modernen Volkswirtschaftslehre und Stammvater der liberalen Ökonomie. Der schottische Moralphilosoph und Ökonom beeinflusste seit seinem *Wohlstand der Nationen* von 1776 das ökonomische Denken: Die Triebfeder des Wohlstands sei der gegenseitige Vorteil bei jeder Art von Geschäft. Der Mensch habe eine natürliche Neigung, Tauschhandel zu betreiben (*truck, barter and trade*). Geschäfte kämen aber nicht aus Nächstenliebe zustande, sondern weil beide Partner sich einen Vorteil versprachen.

London beeindruckte Merck als »eine unermessliche Stadt, kolossal, prachtvoll, einzigartig«. In der Stadt mit dem reichen Leben im großen Stil entwickelte er eine »grassierende Liebhaberei für internationale Ausstellungen«. Mit solchen musste man dem Spießertum begegnen, »das breite Schichten Deutschlands als Erbe der Kleinstaaterei noch an sich hatten«.

Merck kritisierte, dass der Deutsche Bund in der »Hauptstadt des Weltreichs Großbritannien« nicht mit der besten diplomatischen Vertretung aufwartete: »Wer da weiß, was ein großer Name in London gilt, und einen Alexander von Humboldt zu seiner Verfügung hat, der sollte keine ›nobodies‹ senden.«

Der Hamburger Kaufmann war kein Freund der aalglatten Galanterie des 18. Jahrhunderts, die im In- und Ausland noch überwog, Pathos und Gefühlüberschwang waren ihm fremd. Ernst Merck galt als ein »Mann des Scharfblicks«, der sich nie verrechnete.

Oben: Ernst Merck (1811–1863) mit seinen Freunden im Hamburger Ruderclub, zweiter von rechts am Ufer liegend.

Unten: Reiseerinnerungen des Ernst Merck von 1851 (Hamburg 1900).

Johanna Rachel Borgnis (1820–1906), Erbauerin der Villa Merck (Philipp Veith, 1839).

Auch Mercks Heiratspläne nahmen Gestalt an. Die Hochzeit mit der 18 Jahre alten *Johanna Rachel Borgnis* aus Frankfurt am Main fand am 29. Mai 1839 im Frankfurter Dom statt.

Die jungen Mädchen sind unter fester Aufsicht. Schwimmen, reiten, jagen, rudern, segeln, das alles dürfen junge Damen nicht, wer sollte sie begleiten. Für die Eltern, besonders für die Mütter, ist das sehr anstrengend: Sie müssen dafür sorgen, dass ihre Kinder mit den richtigen Partnern zusammenkommen – auf den großen Bällen im Winter, auf den Badereisen im Sommer, bei Pferderennen, Ruderausflügen und Geselligkeiten in den Landhäusern. Denn der Sinn der Ehe ist für Kaufmannskinder unverändert geblieben: money and connections, Geld und Geschäftsverbindungen.

Ein Liberaler und Anhänger des Freihandels

Merck gehörte zu den Kaufleuten und Unternehmern, die mit dem wirtschaftlichen Aufschwung zunehmend unter den Defiziten des politischen Systems litten. Vor allem unter der Zersplitterung des Landes in viele Kleinstaaten, die hartnäckig an ihren zahllosen Zollschranken festhielten. Die aus England kommende Freihandelsidee wurde Mercks großes Ziel für Deutschland. Erste Ansätze hierfür gab es, das Großherzogtum Baden war 1835 dem Süddeutschen Zoll- und Handelsverein beigetreten:

> Mögen die Regierungen Süddeutschlands in der durch eine freie Bewegung des Verkehrs herbeigeführten Vermehrung der inneren Kräfte ihrer Staaten sich bald eines beglückenden Erfolges erfreuen. (Karlsruher Zeitung)

Der Reutlinger Ökonom Friedrich List veröffentlichte 1841 sein *Nationales System* und die *Theorie der produktiven Kräfte,* den »ersten international erfolgreichen deutschen Klassiker der politischen Ökonomie«. Nur ein allgemeiner, freier, unbeschränkter Handelsverkehr könne den Völkern der Erde den »höchsten Grad des physischen Wohlstands« bringen, lautete seine These, die auch von Merck hätte sein können.

Das wachsende politische Bewusstsein und die Politisierung der Unternehmerschaft drückten sich zunehmend in Vereinsgründungen aus. Die Zeit für politische Parteien war noch nicht gekommen. Ernst Merck wurde also Vorstandmitglied des *Vereins für Handelsfreiheit* in Hamburg – und als sich die Freihandelsidee über ganz Deutschland ausbreitete, als sich in 30 deutschen Großstädten ein »Direktorium der Zentralverwaltung für Handelsfreiheit« gründete, wurde Merck Vorsitzender des in Hamburg ansässigen Präsidiums.

> Kurz und straff tritt er auf, das über dem Scheitel und den Schläfen schon entfliehende hellblonde Haar sauber gebürstet, sein Hemd glatt gefältelt, in allem das Abbild eines reinlichen Handelsbuches, von lauter wohlberechneten Zahlen strotzend. Sein fein rasiertes Gesicht schaut keck und klar in die Welt, es sucht mit klugem Auge beständig nach den Kanälen, wo ihr Geld fließt, und auch seine Vorträge sind scharf kalkulierte Exempel. (Hamburger Nachrichten)

Hamburg-Amerikanische Packetfahrt-Aktiengesellschaft (HAPAG)

Ernst Merck war Mitte 30, wie auch sein Freund Adolph Godeffroy, als sie mit einigen anderen Kaufleuten die *Hamburg-Amerikanische Packetfahrt-Aktiengesellschaft* gründeten. Am 27. Mai 1847, mitten in einem Rezessionsjahr, fand um 14.30 Uhr im Konferenzzimmer der Hamburger Börsenhalle die Gründungsversammlung der Hapag statt. Die Initiatoren wollten »einer sich für Bremen abzeichnenden Marktführerschaft auf dem Gebiet der Auswandererbeförderung in die USA entgegenwirken«.

Aber nur wenige brachten tatsächlich Geld und Mut auf, darunter der Hauptaktionär August Bolten sowie die drei Direktoriumsmitglieder Ferdinand Laeisz, Ernst Merck und Adolph Godeffroy, der zugleich Direktoriumsvorsitzender wurde.

Erster Dampfsegler der HAPAG: »Adler«.

Die Hamburg-Amerikanische Packetfahrt-Aktien-Gesellschaft bezweckt die regelmäßige Verbindung Hamburgs mit Nord-Amerika mittelst Segelschiffe unter Hamburger Flagge und werden zu diesem Zweck, soweit das Kapital der Gesellschaft reicht, die erforderlichen Schiffe gebaut und gekauft, nötigenfalls auch gechartert. Die Schiffe sind zunächst für die Fahrt von und nach New York bestimmt.

Während in Deutschland nur Holzschiffe gebaut wurden, wusste Merck aus England, wo chronischer Holzmangel herrschte, dass dort bereits auf Seen, Flüssen und Kanälen mit dampfgetriebenen Schiffen experimentiert wurde. »Nichts ist besser geeignet, den Handel und Industrie empor zu bringen, als regelmäßige Dampfschifffahrtsverbindungen mit Übersee«, sagte Merck vorausschauend und sorgte dafür, dass die HAPAG ab den 60er Jahren Schiffe mit Schraubenantrieb einsetzte.

Ernst Merck wandte sich immer mehr dem Merchant Banking und den Assekuranzgeschäften zu. Er beteiligte sich 1856 an der Gründung der *Norddeutschen Bank*, deren Aufsichtsratsvorsitzender der andere der beiden Godeffroy-Brüder wurde – Gustav Godeffroy. Merck wollte mit mutigen Finanzierungsgeschäften zu den aufstrebenden Bankhäusern des Kontinents aufschließen, zu den Pionieren der Industriefinanzierung und des Eisenbahnbaus. Er knüpfte Verbindungen zu Simon Oppenheim im Rheinland, dem Sohn des Gründers Salomon Oppenheim, und zum Hofbankier Salomon von Haber, dem größten Geldgeber des Großherzogtums Baden und Finanzier dreier großer Aktiengesellschaften: der Spinnerei und Weberei Ettlingen, der Zuckerfabrik Waghäusel und der Maschinenfabrik *Keßler und Martiensen*.

Der Liebling der Hamburger

Fast zwangsläufig wuchs Ernst Merck in eine führende Rolle in der Hamburger Politik hinein. Er konnte ernsthafte Projekte einfach nicht ablehnen – »das ist noch schwerer als Geschäfte zu machen«, gab er zu. Überall musste er dabei sein, selbst in der Uniform des Bürgermilitärs, im Rang eines Rittmeisters und Chefs der Kavallerie. »Es gab kein irgendwie bedeutsames Unternehmen in seiner Vaterstadt, welches nicht mit Mercks Namen verknüpft war«.

Merck war von einer unermüdlichen Aktivität und verwirklichte immer neue gemeinnützige Projekte: Er rief einen Verein für die Rettung Schiffbrüchiger ins Leben; er setzte sich für eine Kunsthalle ein, deren Bau im Jahre 1863 begonnen werden konnte; er dachte an eine Musikhalle; er saß seit längeren Jahren im Comité für das Stadttheater und hatte sich seiner finanziellen Sorgen angenommen – jetzt plante er die Gründung eines Vereins von Kunstfreunden, der zu den bestehenden Bühnen noch eine dritte übernehmen und dadurch das Hamburger Theaterwesen von den unwürdigen Miet- und Zuschussverhältnissen befreien sollte.

Merck erwarb bei den Hamburgern einen solchen Kredit, »dass ihm auch die Zaghaftesten folgten, wenn er sich an die Spitze einer Sache stellte«. Mit seiner gewinnenden Art verstand er es, »jeder Sache eine volkstümliche und eine gewissermaßen vornehme Seite zu verleihen.« Er schaffte es immer wieder, »in Gemeinschaft mit anderen ungeheure Wechsel auf die Zukunft auszustellen: die Zukunft löste sie alle ein.«

Ein Zoo für Hamburg

In London besuchte Merck das Museum der *Zoological Society* und sah ein »Kabinett wunderbar ausgestopfter Kolibris und gefiederter Grazien«, die ihm von Brasilien her vertraut waren. Im *Zoological Garden* des *Regent Park* und in *Surrey Garden* fragte er sich dann, wieso eigentlich Hamburg keinen Zoo besaß.

Das Gemisch aus Musik, Feuerwerk, »lauernder Unruhe« der Reptilien, »Gebrüll« und »Toben« der Raubtiere, die Flusspferde und Orang-Utans – das alles wären doch »schrecklich schöne Schauattraktionen« für die Hamburger

Ernst Merck (1811–1863), Karikatur von Eduard Schramm.

Bevölkerung. Außerdem war man diesbezüglich in Frankfurt und Köln schon weiter. Also nahm Ernst Merck die Sache in die Hand, trommelte am 28. Januar 1860 einen »vorbereitenden Ausschuß« zusammen und gründete den *Hamburger Zoologischen Garten.* Merck wollte »ein für volkstümliche Belehrung gegründetes, auf wissenschaftlicher Grundlage beruhendes Institut«, das auf solider wirtschaftlicher Grundlage stand und »außer freiem Wasserbezug« keiner staatlichen Unterstützung bedurfte! Die Leitung sollte *Alfred Brehm (1829–1884),* der Verfasser von *Brehms Tierleben,* übernehmen.

Es wird behauptet, Merck habe seinem Plan dadurch die nötige Resonanz verschafft, dass er in den Zeitungen eine kräftige Polemik über das Für und Wider in Beiträgen unter »Eingesandt« durchführte, die alle von ihm selbst verfasst waren.

Eine glänzende und vornehme Hofhaltung

Merck war ein schwergewichtiger Mann: »Am 19. Januar 1859 wog ich 239 Pfund.«

Sein umgebautes »Mortzenhaus« am Alten Wandrahm bot Platz für rund 300 Gäste. Er war stolz auf seine kulturelle Bildung, besaß eine umfangreiche Bibliothek, gab viel auf Goethe und sammelte Aquarelle.

Ernst Merck hat ein großes Geschick, mit den unterschiedlichsten Menschen umzugehen. Der Senatorensohn genießt Gesellschaft, Reisen und Feste, sprudelt über vor Ideen und Projekten – ein dicker Mann mit gewaltigem Doppelkinn und blitzenden Augen.

Der Unternehmer liebte auch das häusliche Theaterspiel, vor allem Komödien, bei denen er sich »auch selbst als vortrefflicher Darsteller hervortat«. Da er mehrerer Sprachen mächtig war, gelang es ihm, bei *französischen Konversationsstücken,* »nicht wenige Schauspieler vom Fach durch die Leichtigkeit seines Vortrags und der *Tournure* zu beschämen«. Die größten Berühmtheiten unter den Opernsängerinnen, Schauspielern und Musikern kannte Merck persönlich.

Einmal lud er zum »orientalischen Maskenball« in sein Haus ein, worüber dann die ganze Stadt sprach, weil angeblich die Kostüme über 1.000 Mark kosteten, eines sogar über 2.500 Mark. Der Schwager und Teilhaber Justus Ruperti, einer anderen Generation angehörend, warnte vor dem Hochmut des Reichtums, doch der Luxus in den Villen der Hamburger Patrizierfamilien näherte sich »in Hausausstattung, Diners, Bällen und Equipagen« seinem Höhepunkt.

Oben: Glas mit Initialen »Carl Merck« und Ansicht des »Mortzenhauses« in Hamburg.

Unten: Englisches Tafelgeschirr des Ernst Merck mit Familienwappen.

Eine Tasse Bouillon, oder Chokolade mit Gebackenem macht den Anfang, dann folgt etwas Lachs, Chesterkäse, Cervelatwurst, frische Butter und Brot zum Imbiß. Portwein und Madeira, auch Malaga und Muskat erwecken Appetit, von den kräftigen Beefsteaks, dem frisch gesottenen Hummer, den eigelben Carbonaden zu genießen.

Nun macht man Pause: Man läuft in dem Garten umher, beriecht die Blumen, benascht die Obstbäume, raucht Cigarren, trinkt Selterbrunnen mit Mosel und folgt dann willig dem Ruf der Tischglocke. Das ist so gegen halb fünf.

Nach einer vierstündigen Sitzung zu Tisch gibt es bei Mondschein im Garten Kaffee.

Ehe die Gäste aufbrechen, prangen auf dem weiß gedeckten Tisch zierliche Butterbrötchen in allerlei Gestalten und in der Mitte steht die dampfende Bowle mit silbernem Deckel.

Wappen des Ernst Merck mit »Almosensäckchen« in blau-weiß gewechselten Farben, aus den Ursprüngen der Merck in Schweinfurt stammend.

Mercks ausgeprägter Hang zur »glänzenden und vornehmen Hofhaltung« verlangte eine zehnköpfige Dienerschaft, reichlich Pferde und Wagen sowie eine Villa außerhalb Hamburgs. Es hieß, dass sich Mercks Dienstboten »für ihn totschlagen« ließen. Er war ein Mann, der sich »in Hamburg mit Leichtigkeit die Herzen« eroberte, der zum »Liebling der Hamburger« aufstieg.

Er war bei Alt und Jung beliebt durch seine Bonhomie: Er wusste wie ein kluger Fürst immer ein angenehmes Wort zu sagen und seine errungene äußere Vornehmheit vergessen zu machen. Gegen Damen gab es keinen galanteren, gewandteren Cavalier, als Merck es war – er benahm sich wie ein Gentilhomme unter Ludwig XIV. und unterhielt sich auch geistreich, witzig, lebhaft wie diese. In seinem Privatleben herrschte feiner Anstand, aber auch die angenehmste Zwanglosigkeit.

In der Frankfurter Paulskirche

Kein Wunder, dass Merck für seine Heimatstadt im Mai 1848 in das erste deutsche Parlament einzog, in die Frankfurter Paulskirche. Natürlich zusammen mit zwei Freunden seines Ruderclubs, darunter Gustav Godeffroy.

Die *Deutsche Nationalversammlung* trat zusammen, weil nach dem Sturz der Monarchie in Frankreich im März Unruhen und blutige Straßenkämpfe in Berlin, Wien und anderen Städten mit vielen Toten ausgebrochen waren.

Freiheitliches Gedankengut hatte sich schon länger ausgebreitet durch den *Press- und Vaterlandsverein* von 1832, durch den Turnvater Friedrich Ludwig Jahn oder durch Dichter wie Ludwig Uhland, Ernst Moritz Arndt und Georg Büchner.

In der Paulskirche gehörte Merck zu 586 Vertretern aller deutschen Staaten. Er sah sich umgeben von »einer Masse von Advokaten, Professoren, Pfaffen, Beamten etc.« Der badische Abgeordnete Friedrich Hecker bezeichnete sich selbst als Sozialdemokrat und verlangte »die Freiheit, die ganze Freiheit, für alle, gleich viel in welcher Staatsform sie zu erreichen ist.«

Eines Tages, es war der 16. September 1848, drangen durch einen Nebeneingang Revolutionäre in die Paulskirche ein und stießen bis zum Sitzungsraum der Nationalversammlung vor. »Keine jungen Stutzer mit Spazierstöcken, sondern ganz famose Kerle mit Knütteln, Baumästen und sonstigen Werkzeugen bewaffnet, die mit Kaltblütigkeit ihr Ziel verfolgten.« Der schwergewichtige Merck stemmte sich so lange gegen die Tür, bis preußische Soldaten zu Hilfe kamen. »Wäre die Bande eingedrungen, so wären wir die ersten, aber nicht die letzten Opfer gewesen«, vermutete Merck.

Am Abend kam es vor seinem Hotel, dem *Römischen Kaiser*, zu einem weiteren Zwischenfall, als preußische Soldaten unter Beschuss gerieten. Ein preußischer Unteroffizier hielt Merck für den Übeltäter und wollte ihn aus dem Fenster seines Zimmers in der obersten Etage auf die Straße werfen. Noch am selben Abend wurden an einer anderen Stelle in Frankfurt zwei von Mercks Parlamentskollegen ermordet.

Die Nationalversammlung war in drei Lager eingeteilt: Konservative, Liberale und Sozialdemokraten. Man diskutierte über Grundrechte, die künftige Staatsform einer Monarchie oder Republik, über Verfassungsfragen von Zentralismus oder Föderalismus und über die Grundsatzfrage eines *Kleindeutschlands* ohne Österreich oder eines *Großdeutschlands* mit Österreich.

Ernst Merck gehörte zur Parlamentariergruppe *Café Milani*, so benannt nach deren Versammlungslokal. Ihm ging es in erster Linie um den Freihandel – unter Einbeziehung Österreichs. Er fiel durch »geschliffene Rhetorik« auf und streute »als Glanzlichter ein paar schöne, oft fremdsprachige Zitate« ein. In das »Parlaments-Album« schrieb er:

Revolutionäre versuchen in die Nationalversammlung in der Paulskirche einzudringen.

Ich gehöre durch meine Familie, durch meine Erziehung, durch meine Neigungen dem Kaufmannsstande an. Erfahrung und Studium haben mich zu einer und derselben Schlussfolgerung geführt: Dass die Freiheit des Handels den Reichtum, das Wohlergehen, die Sicherheit und den Einfluss unseres Vaterlandes unfehlbar vermehren muss und wird. Die Erfahrung lehrt, dass die unterrichtetsten Staatsmänner, die berühmtesten Gesetzgeber im Allgemeinen die Wohlfahrt der Völker durch ihre Gesetze nicht gefördert haben, sobald sie den Weg der systematischen Beschränkungen, mögen dieselben in Schutz- und Differenzialzöllen oder in hemmenden Gewerbegesetzen bestehen, einschlugen. Der einfache Grund davon ist der, dass die Fähigkeiten keines Einzelnen hinreichen, die Wohlfahrt vieler Millionen zu sichern, sobald der Pfad der natürlichen Entwicklung verlassen wird. Die öffentliche Meinung wird auch in Deutschland den kurzsichtigen Staatsmännern, die da vermeinen, durch ihre Organisationspläne das Volk beglücken zu können, früher oder später Brillen schenken.

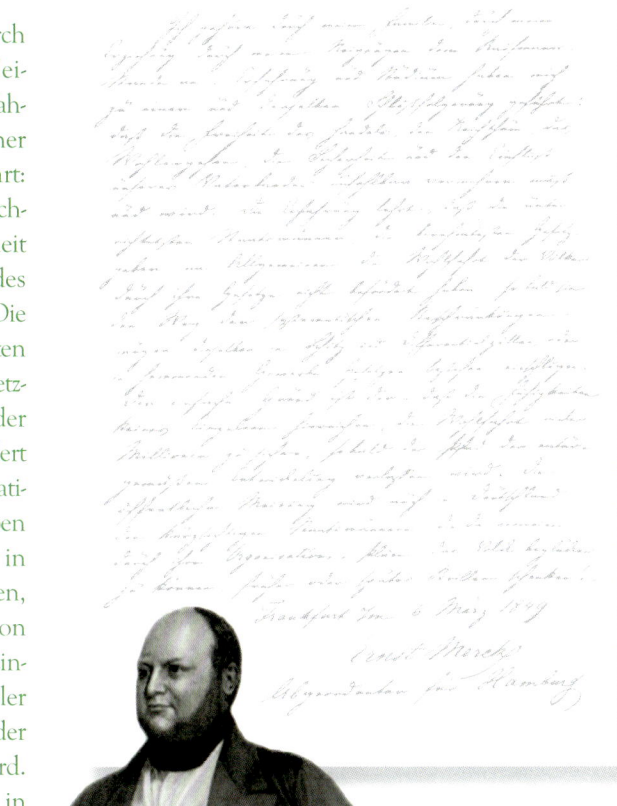

Ernst Merck (1811–1863), Abgeordneter der Nationalversammlung, und sein Eintrag ins Parlamentsalbum.

Die Nationalversammlung verabschiedete im März 1849 eine Verfassung mit *kleindeutscher Lösung*. Merck gehörte als Vertreter der Hansestädte der kleinen *Kaiserdeputation* des Parlaments an, die den preußischen König Friedrich Wilhelm IV. im Berliner Schloss aufsuchte, um ihm die deutsche Kaiserkrone (*Kaiser der Deutschen*) anzutragen. Der preußische König »von Gottes Gnaden« lehnte jedoch ab. Es handle sich um eine »Schweinekrone« mit dem »Ludergeruch der Revolution«, hielt er Merck und seinen Kollegen entgegen. »Gegen Demokraten helfen nur Soldaten.«

Merck war bedient. Er »zog mit einer langen Nase von Berlin ab«, wie sein Vater, der *Senator* feststellte.

Ernst Merck wird Reichsfinanzminister und Marineminister

Der Deutsche Bund blieb was er war: ein loses Bündnis der deutschen Fürsten, die souveränen Staaten vorstanden, mit Erzherzog Johann von Österreich als *Reichsverweser* an der Spitze. Dieser wollte von Merck, er solle *Reichsfinanzminister* werden. Aber der Hamburger Unternehmer »lehnte ehrfurchtsvoll ab«. Ein Ministerium stelle für ihn als unabhängigen Mann und Teilhaber eines der größten Handelshäuser auf dem Kontinent »keine Verlockung dar«, ließ er die Presse wissen.

> Er kannte die Welt aus eigener Anschauung und hatte eine feste Meinung darüber, was in England, in Frankreich, in den USA nachahmenswert war und was nicht. Männer solchen Schlages lebten aus der Praxis, aus der Erfahrung, aus den Nachrichten, welche die Zeitungen brachten.

Aber Erzherzog Johann ließ nicht locker, bis Merck doch einwilligte, sehr zur Verwunderung seiner Hamburger Verwandten und Kollegen. Aber er wollte den *Reichsverweser* nicht im Stich lassen, außerdem dachte er an die vielen Vorteile für die Hamburger Handelshäuser, weshalb er das *Reichsmarineministerium* mit übernahm. In Hamburg befand sich die

Deutsche National-versammlung in der Paulskirche Frankfurt. (Eduard Meyer nach einer Zeichnung von Paul Bürde).

deutsche Flotte im Aufbau. Merck konnte sich nur zu gut ausmalen, dass die 30 Dampffregatten und Korvetten, soweit man sie nicht militärisch einsetzte, als Handelsschiffe unterwegs waren: mit Auswanderern, Post und Fracht – auf den lukrativen Routen nach Südamerika und nach Kalifornien, das seit dem Mexikanisch-Amerikanischen Krieg zu den USA gehörte und mit Goldfunden Furore machte.

Die Badische Revolution 1849

Viele der Auswanderer kamen aus Baden, wo die Enttäuschung über das Scheitern der Paulskirche besonders groß war. Der im März 1848 in Offenburg geträumte Traum von einer Badischen Republik war dahin. Die Hoffnungen der Badener auf die Frankfurter Nationalversammlung zerstoben. Nun breiteten sich Unruhen aus.

Baden besaß seit dem Wiener Kongress 1814/1815 eine liberale landständische Verfassung, »die erste tatsächlich freiheitliche konstitutionelle Verfassung in Deutschland«. In Karlsruhe stand außerdem das erste deutsche Parlamentsgebäude, *Ständehaus* genannt, bei dessen Einweihung der Dichter Johann Peter Hebel die Festrede gehalten hatte.

Am 14. Mai 1849 gaben die enttäuschten Revolutionsführer in Baden-Baden den *Befehl zur Volkserhebung*. Aufständische bestiegen im Bahnhof Baden-Oos einen »extra Zug« nach Karlsruhe. Die neue Eisenbahn erwies sich schnell als »die beste Revolutionsmacherin«. Der Revolutionszug passierte Rastatt, wo der Deutsche Bund eine *Bundesfestung* unterhielt (eine weitere befand sich in Ulm), die unter preußischem und österreichischem Kommando stand und in »kleiner Kriegsbesatzung« mit über 5.000 Mann besetzt war, darunter zwei Drittel badische Soldaten, die sich der Revolution anschlossen. Unterstützt von geflohenen preußischen, sächsischen und pfälzischen Revolutionären.

Der Badische Großherzog floh in der Nacht aus seinem Schloss in die Rheinpfalz. *Gustav von Struve (1805–1870)* und *Friedrich Hecker (1811–1881)*, die seit dem Freiheitsfest von 1846 im Offenburger Gasthaus *Zum Salmen* die Umstürzler anführten, riefen die Republik aus und bildeten eine Revolutionsregierung. Dies obwohl sie als Mitglieder der Zweiten Kammer dem Badischen Ständehaus angehörten.

Beim Deutschen Bund in Frankfurt läuteten die Alarmglocken. Preußische Truppen marschierten nach Baden, unterstützt durch württembergische Kontingente – auch sie kamen mit der neuen Eisenbahn. Befehligt wurden sie von Prinz Wilhelm, Militärbefehlshaber der preußischen Rheinprovinz in Koblenz. Drei Wochen belagerten die Preußen die Rastatter Bundesfestung, dann ergaben sich die 5.500 Soldaten »auf Gnade und Ungnade«.

Badische Soldaten und Freischärler, 1848.

Dann trabten, rasselten und polterten die Feinde herein. Sie stellten sich auf der Allee in gewaltigen Reihen auf, und Prinz Wilhelm nahm, an der Oos heraufreitend bis in die Gegend des »Allee-Hauses«, die Parade ab. Auch der überzeugteste Revolutionär musste sich darüber klar werden, dass wenigstens jetzt Vorsicht am Platze war. Hatten sich die Ooser doch erfrecht, den Mecklenburgern eine Haubitze zu nehmen und sie als Siegeszeichen durch den Schwarzwald zu schleppen, dem Süden des Ländchens zu, wohin sich die letzte Hoffnung der Freischärler flüchtete. Es regnete von Verfügungen und Strafen: Sie waren streng und mit dem psychologischen Unverstande behaftet, der nun einmal zu erwarten ist, wenn Militär regiert.

Die dritte badische Volkserhebung war zu Ende: »Nirgendwo sonst in Deutschland wurde so lange auch gewaltsam um Einheit und Freiheit der Deutschen gekämpft. Baden war das Land, in dem die deutsche Revolution 1848/49 begann und in dem sie endete«.

Preußische Standgerichte, Todesurteile und Festungsstrafen verbitterten das Volk – und machten aus Prinz Wilhelm, dem künftigen König von Preußen, einen *Kartätschen-Prinzen*. Viele Badener flohen ins Ausland und suchten ihr Glück in Amerika. In badischen Familien sangen die Mütter ein neues *Wiegenlied*:

> Schlaf, mein Kind, schlaf leis!
> Dort draußen geht der Preuß.
> Deinen Vater hat er umgebracht,
> Deine Mutter hat er arm gemacht,
> Und wer nicht schläft in stiller Ruh,
> Dem drückt der Preuß die Augen zu.

Der badische Großherzog Leopold durfte aber in preußischer Generalsuniform in sein Schloss nach Karlsruhe zurückkehren, an die Spitze eines Landes, das bis 1852 von Preußen besetzt blieb.

Ernst Merck war kein Freund der preußischen Politik. Noch Jahre später witterte er »überall und stets die perfide Politik Preußens.« Als Österreich und Preußen die Rechtsnachfolge des Reichsverwesers antraten, gab der 38-jährige Ernst Merck sein ungeliebtes Ministeramt auch schnell wieder auf. Wien ehrte ihn mit dem *Österreichisch-Kaiserlichen Leopold-Orden*, was ihn »vor aller Welt als Gegner Preußens abstempelte«. Aber Merck störte dies nicht, auch wenn er nun offen als Parteigänger Österreichs galt.

Der Unternehmer hatte die Grenzen der Einflussnahme des Bürgertums auf die Politik kennengelernt. Er schaute »mit komischem Entsetzen« auf den Politikbetrieb im ersten deutschen Parlament zurück und ging mit vielen

Abgeordneten-Kollegen hart ins Gericht. Abschätzig bezeichnete er sie als »Abgeordnete Oberpiepmeier«. Womit er den »wichtigtuerischen Typ des eitlen, geschwätzigen Parlamentsmitglieds« meinte, »das nur an den eigenen Vorteil, nicht an das Gemeinwohl dachte«.

Mit dem Reiseschreibtisch unterwegs

Die in der Bundespolitik in Frankfurt geknüpften Verbindungen erwiesen sich von unschätzbarem Wert. Zumal Merck ständig auf der Suche nach neuen Geschäften war. Er und seine Geschäftspartner waren auf die Gültigkeit eines Handschlags des »ehrbaren Kaufmanns« angewiesen, wer sein Wort brach, und sei es nur ein einziges Mal, war aus dem Geschäft. Seine Korrespondenz geht in die ganze Welt: London, Manchester, Breslau, Prag, Budapest, Riga, Sankt Petersburg, New York, New Orleans, Buenos Aires, Valparaiso, Cuba, Sydney, ... und für wichtige Geschäftsabschlüsse macht sich Ernst Merck selbst auf die Reise.

Reiseschreibtisch des Ernst Merck, Firma Breul und Rosenberg, Wien (1860).

Besonders nach Schweden, zu seinem »Gönner«, König Karl XV. Oder nach Russland und ins Baltikum, wo er in Moskau, Riga und Sankt Petersburg riesige Aufträge an Land zog und »den Grund zu einem dauerhaften Geschäft für die ganze Zukunft« legte. Kein Wunder schwärmte Merck von den »ehrlichen, nie schickanierenden, orthodoxen Russen«, die nicht den Krämergeist hatten, »mit dem man sich in der Heimat herumschlagen muss«. Als jemand, der selbst ein ausgesprochener Genussmensch war, erzählte Merck von »Saufgelagen mit der besten Kundschaft, die ich je besaß«.

Wegen seiner guten Verbindungen nach Russland bat ihn der Wiener Hof sogar, als Sondergesandter des Österreichischen Kaisers zur Krönung von Zar Alexander II. zu fahren, zusammen mit Fürst Esterhazy. Ernst Merck lehnte allerdings wegen einer Erkrankung seiner Frau Johanna ab.

Auf seinen Reisen hatte Merck stets einen kleinen Reiseschreibtisch dabei. Gewissermaßen ein *Laptop* in Kofferform, den er eigens in Wien hatte anfertigen lassen. Er liebte es, seine Erlebnisse und Erfahrungen niederzuschreiben, je nach Empfänger in Deutsch, Englisch oder Französisch. Besonders viele Briefe richtete er an seine Tochter Maria, manchmal sogar täglich. Außer seinen Reiseerfahrungen aus London und Paris schrieb er noch ein Buch über einen berühmten Vorfahren seiner Mutter, einen Hamburger

Bürgermeister, der die Interessen der Hanse gegenüber dem englischen Staatsmann Oliver Cromwell vertreten hatte. In dessen Familiennachlass entdeckte Merck die *Briefe des Hamburgischen Bürgermeisters Johann Schulte an seinen in Lissabon etablierten Sohn Johann Schulte, geschrieben in den Jahren 1680–1685* – und veröffentlichte sie als »einmaligen Einblick in ein Stück reichsstädtischen Familienlebens«.

Österreichischer Konsul

Die in Frankfurt geknüpften Verbindungen nach Wien zahlten sich aus. Der Wiener Hof ernannte Ernst Merck 1852 zum *Honorargeneralkonsul*, zuständig für die Hansestadt und für die *hannoveranischen, schleswig-holsteinischen und oldenburgischen Häfen an Elbe und Nordsee.* Sitz des Konsulats wurde sein Hamburger Wohn- und Geschäftshaus am *Alten Wandrahm.*

Wien verlangte von Merck, er solle »alle Aufsehen erregende freihändlerische Wirksamkeit aufzugeben bereit sein.«

»Wollen Sie keinen Freihändler zum Konsul, dürfen sie auch keinen Hamburger Kaufmann dazu nehmen«, gab dieser zurück.

Die *Habsburgische Präsidial-Gesandtschaft beim Deutschen Bundestag* in Frankfurt wurde für Merck zum Dreh- und Angelpunkt seines Geschäfts. Dort traf er auf zwei neugierige Diplomaten aus Wien, von denen der 30-jährige Legationssekretär Karl Georg von Pfusterschmid-Hardtenstein der jüngere war.

Herr von Pfusterschmid bewährte sich als Meister des Walzerspiels mit solchem Zauber, dass wir uns kaum enthielten, die engen Räume da oben in einen Ballsaal umzuwandeln. [...]

Sitz des Deutschen Bundes (Bundestag) in Frankfurt a. M. (1815–1866).

Was Pfusterschmid da gespielt hatte, war der *Réveil du lion*, eine Komposition des beliebten polnischen Komponisten Anton de Kontski.

Es schien, als atme ein liebenswürdig harmloses Wesen durch das Frankfurt jener Zeit. Die Beratenden (im Bundestag) häuften einen ungefährlich-unaufhörlichen Hader in vergilbenden Protokollen, die Erwerbenden besuchten mit gesichertem Erfolg die Börse und wuchsen wie im Schlaf zu einer Gemeinde von Millionären empor, während Marssöhne und künftige Botschafter, noch ahnungslos solcher Zukunft, ihre Gegenwart sonnten am Augenlicht schöner lebensvoller Frauen. (Frankfurter Zeitung)

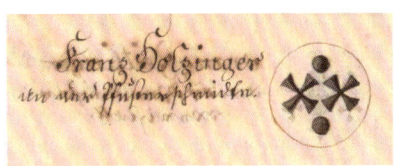

Der charmante Pfusterschmid entwickelte sich schon bald zum angehenden Schwiegersohn Mercks. Er entstammte einer Familie aus Micheldorf an der Krems in Oberösterreich, wo eine ehemalige Sensenschmiede mit einem geschmiedeten eisernen Kreuz, *Pfuster-Kreuz* genannt, an seine Vorfahren erinnerte. Seine Eltern waren *Mathias Pfusterschmid (1795–1864)* und *Magdalena, geb. Nagl (1807–1874)*. Der Vater hatte als anerkannter Wirtschafts- und Agrarfachmann Karriere gemacht, er beriet viele Angehörige des österreichischen Hochadels bei der Verwaltung ihres Vermögens, auch den einflussreichen Staatskanzler Fürst Metternich. So stieg er bis zum *Direktor der kaiserlichen Fideikommisse Familien und Fondgüter* in Wien auf. Kaiser Franz Joseph I. erhob ihn 1854 als Ritter von Pfusterschmid-Hardtenstein sogar in den Adelsstand.

Mathias von Pfusterschmid-Hardtenstein (1795–1864) und seine Ehefrau Magdalena (1807–1847), geb. Nagl (Alois von Anreiter, 1839).

Sein Sohn Karl Georg war als Jurist in den diplomatischen Dienst eingetreten und kam über die Kabinettskanzlei des Wiener Außenministeriums sowie die Botschaften in Bern und Berlin an die habsburgische Präsidial-Gesandtschaft beim Deutschen Bundestag in Frankfurt.

Dort war auch der 35-jährige *Adolph Braun (1818–1904)* tätig, der als erster in die Familie Merck einheiratete. Braun ehelichte 1858 Johanna Mercks 18-jährige Schwester Luise Friederike Borgnis. Ihm war eine steile Karriere als *Leiter der Kabinettskanzlei*

Adolph Braun (1818–1904).

von *Kaiser Franz Joseph I.* in Wien beschieden, er stieg zum einflussreichsten Beamten in der Hofburg auf. Sämtliche »dem Kaiser und König vorzulegenden staatlichen Agenden der K.u.K.-Monarchie« gingen 34 Jahre lang vertrauensvoll über von Brauns Schreibtisch, bis zu seinem 81. Lebensjahr! Der Kaiser erhob ihn 1873 in den Freiherrenstand.

Österreich gegen Preußen

In Frankfurt, beim Deutschen Bund, prallten die habsburgischen und preußischen Interessen immer härter aufeinander. Der Berliner Gesandte Otto von Bismarck sorgte für ununterbrochenen Hader mit Österreich. Er wollte die Habsburger aus Deutschland hinausdrängen, um die mittleren und kleinen Territorien der Vorherrschaft Preußens zu unterwerfen. Pfusterschmid und Braun konzentrierten sich deshalb auf den zwischen Österreich und Preußen liegenden Gürtel der süddeutschen Staaten – Baden, Württemberg, Bayern und Sachsen. Dort hofften sie auf eine alte Verbundenheit mit dem Kaiser in Wien, als dem *primus inter pares* des fragilen Deutschen Bundes.

Otto von Bismarck (1815–1898), preußischer Gesandter (Jakob Becker, 1855).

Bismarcks Idee eines deutschen Nationalstaats fand das aufstrebende liberale Bürgertum durchaus sympathisch. Wenn die Schlagbäume zwischen den deutschen Staaten fielen, dann würden die Grenzpfähle bald von selbst fallen. Ein Nationalstaat versprach größere und geöffnete Märkte mit weniger Zöllen, Abgaben und Regelungen, außerdem mehr Schutz nach außen.

Als Bismarck bei der Verfolgung seiner Pläne immer unangenehmer wurde, schickte ihn sein König Anfang 1859 als preußischen Gesandten nach Sankt Petersburg – was ihn in gereizte Stimmung versetzte. Den österreichischen *Präsidialgesandten* und späteren Außenminister Graf Johann Bernhard von Rechberg zu Rothenlöwen forderte Bismarck sogar zum Duell: »Nein, nicht erst draußen im Bockenheimer Wäldchen, vielmehr hier, im Garten.« Und gegenüber Mercks Schwager Adolf Braun stichelte er, Österreich erreiche im Augenblick alles, was es wolle, einschließlich seiner Versetzung nach St. Petersburg: »Österreich ist nunmehr Trumpf in Berlin.«

Die Österreicher wussten Bismarck richtig einzuschätzen: »Er würde, wenn ein Engel vom Himmel herabgestiegen wäre, ihn ohne preußische Kokarde nicht eingelassen haben und würde dagegen dem Satan selbst, zwar mit Verachtung, aber doch die Hand gereicht haben, wenn dieser dem preußischen Staate ein deutsches Dorf zugeschanzt hätte.«

Bevor Bismarck mit seiner Frau und seinen drei Kindern an die Newa aufbrach, geriet er mit Karl Pfusterschmid richtig aneinander, der darüber ausführlich nach Wien berichtete:

Legationssekretär K. v. Pfusterschmid an Graf Buol. Eigenhändig. WA. Frankfurt a. M. 21. Februar 1859:

Einem Befehle Seiner Exc. des Herrn Grafen von Rechberg gehorchend, erlaube ich mir, E. E. den Inhalt einer Unterredung ehrfurchtsvollst und möglichst getreu wiederzugeben, die sich gestern nach einem von dem kaiserl. Russ. Gesandten Herrn von Fonton dem Herrn von Bismarck gegebenen Abschieds-Diner zwischen Letzterem und mir in folgender Weise entspann:

Herr von Bismarck kam auf mich zu und sagte mir: »Sie kaufen faule Eier und als mehrjähriger Freund mache ich Sie darauf aufmerksam, damit Sie in zwei Jahren daran denken, daß ich es Ihnen vorausgesagt habe.« Ich erwiderte dem Herrn Gesandten, daß ich ihn bitten müßte, sich deutlicher zu erklären, da mir der Sinn seiner Worte nicht faßlich sei. Er wiederholte nun die ersten Worte mit der Umschreibung, daß, wenn man zu wohlfeil kaufe, man sich bald werde überzeugen müssen, daß man nur Schlechtes gekauft habe.

Ich bestand nochmals auf einer deutlicheren Erklärung, mit dem Beisatze, daß ich sein persönliches Vertrauen gewiß dankbar annehmen und dasselbe mit einer streng persönlichen Ansicht zu erwidern nicht anstehen werde; bezöge aber seine Anspielung sich auf die Tagesfrage, so wäre meine Überzeugung, daß man am stärksten ist, wenn man sich auf sich selbst verlassen kann.

Karl von Pfusterschmid (1826–1904). Legationssekretär.

»Wenn Sie dieses sagen, dann nehme ich meine Worte zurück«, erwiderte Herr von Bismarck.

»Sollte mein Vaterland einem Angriffe zu widerstehen haben«, fuhr ich fort, »so wird es an Kraftentwicklung nicht fehlen und der Ausgang liegt in Gottes Hand; die Unterstützung, die wir bei nachbarlichen Freunden finden werden, ist eine natürliche und daher an einen Kauf nicht zu denken«.

»Doch nicht«, fiel Herr von Bismarck mir ins Wort, »Ihr zahlt zu wenig; Ihr seid breit und groß und werdet gehörige Kraft entwickeln, aber (kam er deutlicher heraus) wenn Österreich und Frankreich ihre Kräfte messen, könnte Preußen ebenso gut ein Interesse haben, es mit Letzterem zu halten; was man sich jetzt bei Fest- und Zweck-Essen verspricht, bedeutet nichts. Ihr bezahlt zu wenig; mag Preußen auch für den ersten Anfang mit Ihnen gehen, später kommen die Interessen klarer zum Vorschein, und dann entscheiden nur diese, und welches Interesse wird Preußen haben, für Österreich länger einzutreten?«

»Ich kenne Ihr Vaterland und Viele Ihrer Freunde so genau«, erwiderte ich Herrn Bismarck, »daß ich über den Preis, von dem Sie sprechen, nicht den geringsten Zweifel habe; aber selbst das Bedürfnis dieses Preises zuzugeben, nennen Sie mir den Mann, der mit seinem Gewissen es vereinbar findet, ihn auszusprechen!«

»Das kann man schon«, antwortete Herr von Bismarck, »il y a des arrangements avec Dieu, et il y en a avec le diable, et si on n'en fait pas, le diable s'en mêle. Sehen Sie zurück nach dem 16. Jahrhundert: hätte Kaiser Carl V. sämmtliche Bisthümer eingezogen, so wäre er Herr des ganzen ›Schlammes‹ geworden.«

Ich antwortete hierauf dem Königl. preußischen Bundestags-Gesandten: »Indem Kaiser Carl V. dieses nicht that, hat er ein Prinzip gewahrt, welches heute der Wille meines Allergnädigsten Herrn und Kaisers und dasjenige meiner Überzeugung ist, und wofür ich mit Gut und Blut einstehe.«

»Ich will Sie nicht zum Proselyten machen«, erwiderte Herr von Bismarck.

»Und ich«, war mein Schluß, »will nur die Größe des Contrastes in der Frage über den Preis hervorheben.«

Hiermit fand die Unterredung ihre natürlichen Gränzen. Ich glaube eine weitere Pflicht zu erfüllen, indem ich E. E. nicht mit meinem eigenen Urtheile über dieselbe behellige; nur bedauere ich tief, daß ich sie, um möglichst getreu zu sein, so gar ohne Gewand lassen mußte. Mag eine erregte Stimmung (die Unterhaltung fand nach Tische statt), mag eine aus den Privatbeziehungen überkommene Vertraulichkeit Herrn von Bismarck Maß und Kleid der Worte haben vergessen lassen, mich trafen sie ganz unvorbereitet.

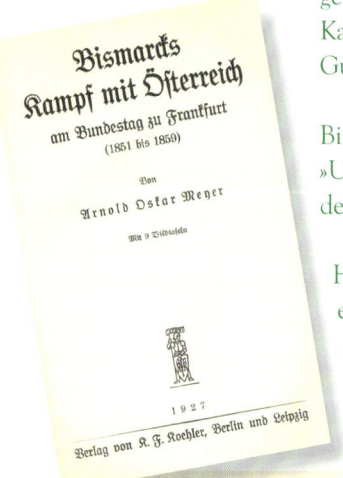

Doch gebe es in Berlin zwei Parteien, und Bismarck zähle zu den leidenschaftlichsten Gegnern Österreichs. B. „hat Herrn Legations-Secretair Pfister-schmid in einer offenen Nachmittagsstunde nach einem copiösen Diner Geständnisse gemacht, die wohl kaum einen anderen als den Zweck haben dürften, Mißtrauen zwischen Wien und Berlin zu säen. Ich habe jedoch geglaubt, Herrn Pf. beauftragen zu sollen, E. E. direct den Inhalt seiner Unterredung mit Herrn von Bismarck mitzutheilen. Er ist zu bezeichnend, um der Kenntniß des kaiserlichen Kabinetes vorenthalten zu werden.“

Die österreichische Westbahn

Ernst Merck verhielt sich gegenüber beiden Seiten – Berlin und Wien –
pragmatisch, denn er musste an seine Geschäfte denken. Seine große
Chance kam denn auch in Wien, wo man schon lange mit dem Bau des
»hauptsächlichsten und kürzesten Weges des Welthandels zwischen dem
Osten und Westen von Europa« rang. Kaiser Franz Joseph wollte für seine
Westbahn, von Wien über Linz nach Salzburg und Passau, kein preußisches
Kapital. Merck griff zu: »Ehe man den Vogel nicht unterm Hut hat, darf
man nicht krähen!«

Jetzt erwies sich sein künftiger Schwiegersohn Pfusterschmid als ausgespro-
chen hilfreich, denn dessen Schwester *Sophie (1831–1910)* war mit *Viktor
Ofenheim von Ponteuxin (1820–1886)* verheiratet, einem der weitsichtigsten
Pioniere des Eisenbahnnetzes der Habsburger Monarchie.

»Die Geschichte dieses Geschäfts ist ein Melodram in fünf Akten [...]
düster oder heiter, je nachdem, aber immer amüsant«, gab Merck zu. Über
Konkurrenten sagte er nur, »sie müssten mir doch noch alle aus der Hand
fressen«. Im Jahr 1856 war er tatsächlich am Ziel. An der Aktiengesellschaft
Mercks und seines Mitgründers H. D. Lindheim beteiligten sich die Großen
der Geldbranche: der Gründer der Darmstädter Bank Gustav Mevissen,
Salomon Rothschild und die Österreichische Creditanstalt für Handel und
Gewerbe, eine Gründung der Rothschilds, die im Habsburgerreich eine
der größten Banken der Welt wurde. Merck gewann auch den königlich-
preußischen Kommerzienrat Simon Oppenheim aus Köln. Das Bankhaus
von Simon und Abraham Oppenheim wirkte außer in Österreich-Ungarn
auch an der Gründung und Finanzierung von Eisenbahngesellschaften in
Deutschland, Italien, Frankreich, Rumänien und Russland mit.

> [...] die Fabriken werden glühen und Deutschland wird erfahren,
> was der Binnenhandel vermag: Dann wird man einsehen, wie viel in
> jedem Jahre für das wirtschaftliche und geistige Leben verloren ward,
> wo der Verkehr aus Wien und Österreich nach dem südwestlichen
> Deutschland, nach Frankreich und England, statt auf der kürzesten
> Linie, nur auf ungeheuren Umwegen über die nördlichen Verbin-
> dungslinien ermöglicht wurde.

Simon von Oppen-
heim (1854).

Das Finanzierungsgeschäft brachte Ernst Merck auf einen Schlag in eine
Reihe mit jenen Großen der Finanzwelt, die an allen Börsen und in allen
Ministerien etwas galten. Von der Finanzkraft der Privatbankhäuser hing
der wirtschaftliche Fortschritt ab, der Eisenbahnbau, der Bau des Suezkanals
(1859), die Finanzierung aller möglichen Kriegslasten. Nach Einschätzung
der Zeitgenossen bestimmten sechs Großmächte die Weltpolitik: England,

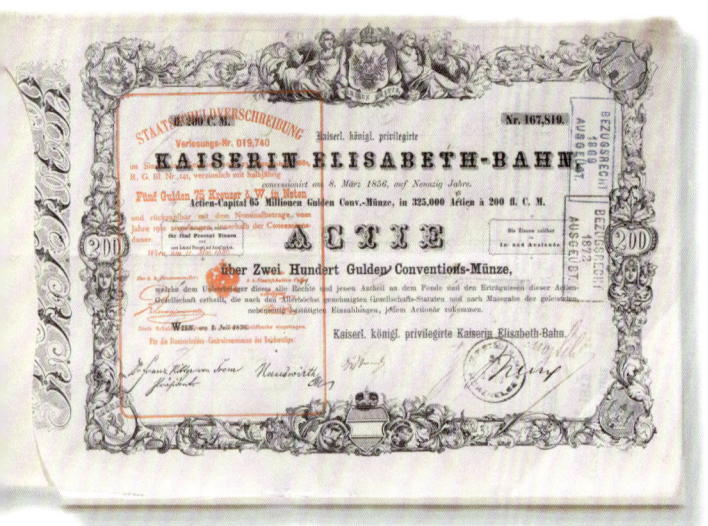

Frankreich, Preußen, Österreich, Russland – und die Rothschilds. In diesem Strom schwamm Merck nun mit.

Durch drei der gesegnetsten Kronländer der Monarchie, Unterösterreich, Oberösterreich und Salzburg, durchzog die Bahn Gegenden, die in ihrem Reichthume an landwirthschaftlichen und gewerblichen Erzeugnissen, durch ihren ausgedehnten Waldstand, ihre mächtigen Erz-, Kohlen- und Salzlager, durch die Verschiedenheit der Erzeugnisse der Ebene und der Bergländer nicht nur alle Bedingungen des regen Verkehres, sondern auch die alte Gewohnheit seines Zuges durch das Donauthal, ihr entgegen bringen. Eine Hauptschlagader wurde dem Herzen des deutschen Handels und Wandels zugeleitet. Eine eiserne Straße für das geflügelte Rad zwischen Wien und Paris in möglichst gerader Linie, über München, Augsburg, Ulm, Stuttgart, Bruchsal und Kehl angebahnt, eine Straße eröffnet, die nur noch zwischen Kehl und Straßburg, wo sie aber auch in kurzer Frist über die Wogen des herrlichen Rheines hinwegsetzen wird, unterbrochen ist.

Zur Krönung des ganzen Vorhabens fiel Merck auch noch ein passender Name ein: *Kaiserin-Elisabeth-Bahn*. Die Magistrale durch Europa war komplett. Sie reichte von Wien bis Paris – und weit im Westen, am Rhein, da lag an diesem neuen Schienenstrang die *Sommerhauptstadt Europas:*

Kaiserin-Elisabeth-Bahn
von Wien nach Linz.

Eisenbahnkarte von Wien bis Linz.

Kauf von Gut Falkensteeg

1851–1859

In der Talsohle von Baden-Baden war ein großes Villengrundstück – wie Ernst und Johanna Merck es sich vorstellten – nur schwer zu finden. Die Suche erforderte viel Geduld und gute Beziehungen. Zum Glück gab es jemanden, der sich in Baden-Baden wie kaum ein anderer auskannte: *Carl Ludwig Frommel (1789–1863)*, ehemaliger Galeriedirektor in Karlsruhe – und seit langem mit dem Hause Borgnis verbunden.

Der bald 70-jährige Frommel lebte in einem *Schweizerhaus* im hinteren Teil der Lichtentaler Allee, etwa auf halbem Weg zwischen der *Kettenbrücke* und dem *Kloster Lichtental*. Sein Freund und Kollege Friedrich Eisenlohr baute es für ihn attraktiv um, hob das Gebälk hervor, brachte Holzvertäfelungen und Holzverzierungen an. Jeder kannte die Stelle, direkt an der Gemarkungsgrenze von Baden und Beuern, wo am Rande der Klosterwiese unter den Bäumen der Lichtentaler Allee der *Kropfbrunnen* stand. Frommel selbst hatte das Motiv durch einen seiner Stahlstiche berühmt gemacht.

> Lichtental ist ein Vorort von Baden. Es ist der Name eines Klosters, dessen Nonnen wunderbar singen. Ihre Gebete sind wie Gesänge, ihre Messen wie Opern. Dieser romantische Zufluchtsort, diese prachtvolle Klause soll eine Herberge für leidende Herzen sein [...]

Galeriedirektor Frommel – ein Kenner der Lichtentaler Allee

Der Maler und Stahlstecher Frommel hatte den Aufstieg Baden-Badens seit 1819 miterlebt und mitgestaltet. Seine *Malerischen Ansichten von Baden und seinen Umgebungen* von 1823 trugen maßgeblich zur Verbreitung des Bildes der Stadt in der Öffentlichkeit bei – in zweiter Auflage (1843) ergänzt um eine *historisch-topographische Beschreibung* des Hofraths Schreiber.

Sein Handwerk hatte Frommel bei einem Kollegen von Johanna Mercks Vater in Mannheim gelernt, dem Kunsthändler D. Artaria. Über Studienaufenthalte in Paris und Italien sowie beim badischen Hofkupferstecher *Christian Haldenwang* war Frommel zu *Copley Fielding*

Baden-Baden im Jahr 1810 (Carl Ludwig Frommel).

Stadtplan von 1808
mit Gut Falkensteg
(Kreisausschnitt).

in London gekommen. Dort erlernte er die neue Kunst des Stahlstichs, verbreitete danach sein Wissen in ganz Deutschland und bildete nahezu alle bedeutenden Stahlstecher aus.

Als Professor und Direktor der Großherzoglichen Gemäldegalerie in Karlsruhe erhielt er vom Großherzoglichen Baudirektor Heinrich Hübsch (Architekt der Baden-Badener Trinkhalle) in der Residenzstadt eine neue Kunsthalle. Dort besaß Frommel einen eigenen Verlag mit Atelier und angestellten Künstlern, der kolorierte Stahlstiche vertrieb. Vorwiegend Motive aus dem Großherzogtum: Heidelberg, Straßburg, Freiburg, Baden-Baden ...

Die Härte der neuen Stahlplatten ermöglichte es, Drucke in großer Zahl und gleichbleibender Qualität herzustellen, was in Zeiten des aufkommenden Massentourismus und der steigenden Nachfrage nach illustrierter Reiseliteratur für Frommel zu einem lukrativen Geschäft wurde.

In Frommels Nachbarschaft an der Lichtentaler Allee gab es große Veränderungen. Innerhalb kurzer Zeit starben mehrere seiner Nachbarn. Zunächst der Landwirt Michael Schmauder (1852), dann der *Fortunawirt* Joseph Jung (1853) und schließlich auch Franz Xaver Degler, der langjährige Besitzer von *Gut Falkensteg* (1854).

Der pensionierte Galeriedirektor nutzte die Gelegenheit und erwarb von den Erben des *Fortunawirtes* bei *Sankt Wolfgang* fünf Morgen Acker und Wiese für 5.000 Gulden. Außerdem lenkte er den Blick der Mercks auf das *Gut Falkensteg* mit den umliegenden Grundstücken, das noch viel Platz für den Bau einer großen Villa bot.

Das Gut »am großen Falckhensteeg«

Das Gut *am großen Falckhensteeg* war einer der ältesten Bauernhöfe im Oostal, der allerdings im Laufe der Jahrhunderte viele seiner Äcker und Wiesen eingebüßt hatte, auch seine sonnigen Rebhänge. Es lag im Gewann »Falkenhalde«, an der Gemarkungsgrenze zwischen Baden-Baden und dem Dorf Beuern, das sich 1864 in »Lichtental« umbenannte. Die Wiesen rund um das Gutshaus zählten zum Gebiet »Höllacker« (früher Spital Baden) und »Altmatt« (ehemals Kloster vom Heiligen Grab).

Die Straße nach Beuern führte am Gutshaus vorbei. Auf ihr transportierten die Beuerner ihre Holzgewerbeprodukte nach Straßburg, Hagenau und Speyer. Über den Falkenbach führte ein hölzerner Steg. Franz Xaver Degler war seit 1824 der *Bauer zu Falkensteg,* er arbeitete als Fuhrmann und beförderte mit seinem Ochsengespann Langholz, damit er 1832 seinen Hof umbauen konnte.

Das Falkensteggut lag idyllisch inmitten von Büschen und Bäumen, es war mit Ackerland, Garten und Grasboden noch drei Viertel Morgen groß. Das Bauernhaus war ein geräumiges, zweistöckiges mittelbadisches Fachwerkhaus – mit Traufendächern zwischen den Stockwerken. Zum Anwesen gehörten außerdem Stallung, Scheuer, Schopf, Holzremise und Schweineställe.

Von dem leicht erhöhten Standort des Gutshofes ging der Blick hinunter zur Oos, dann hinüber zur *Lichtentaler Allee* und zur *Aumatt* (Klosterwiese), einem Ackerland des Klosters. Man sah bei der *Kettenbrücke* die *Brauereiwirtschaft Stephan,* früher eine Seifen- und Kerzenfabrik, wo ein hübscher

Gut Falkensteg im Jahr 1827 (Kupferstich von C. Obach).

Biergarten auf einer gemauerten Terrasse über der Oos einlud. Weiter stadteinwärts lag die Wirtschaft *Grüner Winkel*:

> [...] unten am Oosbach erblickt man die ländliche Wirthschaft zum Grünen Winkel, in reizender Lage und mit den herrlichsten Gruppen alter Eichen, und weiterhin das Haus an der Kettenbrücke, eine Bierbrauerei.

Bei Nacht muss man sich mit der Laterne zurechtfinden

Der *Grüne Winkel* lag weit ab von der Stadt, dort wo der Mühlkanal von der Oos abzweigte – im *Wickhel*. Eine Gegend, in der man sich bei Nacht mit der Laterne zurechtfinden musste. In dem Roman *Meister Kleiderleib* aus dem Jahr 1847 von Carl Spindler und Wilhelm von Chezy wird eine *Sitzung im grünen Winkel* beschrieben. Es geht dabei um den »berüchtigten Max Cäsar Heigl«, die spanische Tänzerin Lola Montez und um ein »Trinkgelage bei dem Engländer Mr. Turnbull«:

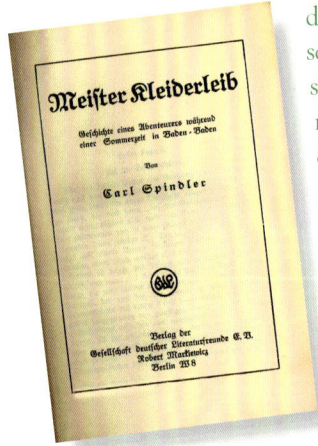

> »Der grüne Winkel« ist ein Gasthaus, gelegen dort, wo die letzten Häuser der Lichtentaler Vorstadt stehen. Eine Gruppe von wunderschönen schattigen Bäumen, unter denen Tische und Stühle für die Gäste bereit sind, dicht daneben. Ein artiger Fußweg führt vom »grünen Winkel« nach der Lichtentaler Allee. Ein anderer über frische Wiesen zieht nach der Stadt. Ein dritter Weg bringt den »grünen Winkel« in Verbindung mit der Kettenbrücke. Also Zugang von allen Seiten her.
>   Vor Zeiten hatte die vornehme Welt den reizenden Punkt oft besucht, unter den grünen Bäumen oder im Garten des Hauses Kaffee getrunken; – die Zeiten sind vorbei. Die Wirtschaft ist zwar immer noch artig besucht, aber von weniger vornehmen, vielleicht um so lustigeren Leuten. Neben dem Wirtshause steht ein Anbau, bestimmt an Fremde vermiethet zu werden [...]

Bis 1855 gehörte der *Grüne Winkel* dem Großherzoglichen Hofalmosenfonds in Bruchsal, dann erwarb ihn der Karlsruher Gastwirt Christian Silberrad für 14.125 Gulden, ein Mann mit »stadtbekannt behaglichem Humor«. Silberrad beantragte 1859 die Namensänderung von *Hôtel au coin vert* in *Hotel Bellevue*, oder *Zur schönen Aussicht*. Während des Bau-Booms in den 1860er Jahren verkaufte er Baugrundstücke an die Londoner Kaufleute Kilian und Philipp Mahler sowie an Henri Eduard Vicomte de Bouyin aus Versailles und an Freiherrn Carl von Maltzahn aus Mecklenburg, der das Grundstück bei der Kettenbrücke erwarb. Eine Wiese auf der gegenüberliegenden Seite der Oos ging an den Badfonds.

Stadtauswärts bis zum Kloster Lichtental

Wenn man von Gut Falkensteg stadtauswärts schaute, dann ging der Blick über einige Wiesen des Landwirts Michael Schmauder und das *Schweizerhaus* Frommels hinweg bis zum *Kloster Lichtental*. Den Erben des wohlhabenden *Fortunawirts* Joseph Jung gehörten die »auf der so genannten Altmatt in hiesigem Banne gelegenen« Grundstücke der profanierten *Wolfgangskapelle*. Diese war vor Jahren dem Frauenkonvent des *Klosters zum Heiligen Grab* »aus freier Hand« abgekauft worden – »mit höherer Genehmigung des hochpreislichen Ministeriums des Innern, Katholische Kirchensektion«.

> Nun erscheint im Grunde des Thales das liebliche, viel besuchte Lichtenthal und sein ehrwürdiges Frauenkloster, mit seinen Fürstengräbern und seiner Todtenkapelle, und fast düngt es uns, als vernähmen wir den melodischen Hohegesang der frommen Büsserinnen. Sechs Jahrhunderte sind fast verflossen, seitdem die Markgräfin Irmengard, aus dem mächtigen Hause der Welfen und eine Enkelin Heinrichs des Löwen, diese Abtei gestiftet.

Oben: Klosterwiese mit Kropfbrunnen und Kloster Lichtental, um 1840 (Carl Ludwig Frommel).

Unten: Carl Hieronymus Borgnis (1795–1861), Erwerber von Gut Falkensteg.

Carl Borgnis erwirbt Gut Falkensteg

Im Herbst 1856 war sich der 60-jährige Carl Borgnis aus Frankfurt mit allen Erbengemeinschaften einig. Johanna Mercks Vater, ein *Particulier* und wohlhabender Ruheständler, brachte die nötige Zeit und Geduld auf, und er brachte auch das nötige Geld mit. Nun erwarb er durch den Rechtspraktikanten Xaver Schaller ein großes Baugelände für die geplante Villa der Familien Merck und Borgnis.

> Am 14. Oktober 1856: Kauf von drei Morgen Wiese bei St. Wolfgang von Galeriedirektor und Maler Carl Frommel, Karlsruhe, für 5.600 Gulden (Grundbuch Band 39, Seite 135b, Nr.44).
> Am 11. November 1856: Kauf/Versteigerung des Guts am Falckhensteg von den Degler-Erben mit eineinhalb Morgen Grund und Boden für 4 700 Gulden, »ausschließlich Gebäulichkeiten, diese werden den Verkäufern zum Abbruch vorbehalten« (Grundbuch Band 39, Seite 200, Nr. 63).

Am 31. Oktober 1856: Kauf in öffentlicher Versteigerung von ungefähr 1 ¼ Acker beim Falckhensteeg von den Schmauder-Erben für 587 Gulden und 30 Kreuzer (Grundbuch Band 39, Seite 309, Nr. 65).

Pläne des Architekten Auguste de Meuron

Auf dem »beherrschenden Punkt eines großen Geländes« ließ sich besonders herrschaftlich bauen – vorausgesetzt der Architekt war eine Berühmtheit. Der aus Neuchâtel in der Schweiz stammende *Auguste de Meuron (1813–1898)* war in Hamburg eine solche Berühmtheit. Dort hatte er nach der großen Brandkatastrophe des Jahres 1842 – als ein Viertel des Stadtgebiets, 1.749 Gebäude und 120 Speicher zerstört waren – eine steile Karriere gemacht. Auguste de Meuron baute das neue *Thalia-Theater* am Pferdemarkt (1843) und Villen für Familien aus der vornehmen Hamburger Gesellschaft – so zum Beispiel für Gustav Godeffroy das Schloss *Beausite* an der Elbchaussee. Hoch über dem Fluss ahmte er mit seinen Bauten durch Türme, gotischen Spitzbogen und Zinnen die Landsitze der englischen Aristokratie nach. Für Mercks anderen Jugendfreund Gossler, der mit Merck Tür an Tür in der rechten und linken Hälfte des *Mortzenhauses am Alten Wandrahm* aufgewachsen war, baute de Meuron eine Villa in der Hoheluft-Chaussee. Diesmal plante der Schweizer, der stets kultiviert auftrat und mit seinen Kunden nur französisch sprach, im Stil der Neorenaissance. Fast zwei Jahrzehnte beherrschte dieser Baustil praktisch alle öffentlichen Bauaufträge, insbesondere Banken und Bildungseinrichtungen, aber er war eben auch bei besonders repräsentativen Bürgerhäusern beliebt.

Auch in Hamburg war Auguste de Meuron für Ernst Merck tätig – er plante für die von Merck initiierte *Landwirtschaftliche Ausstellung* und den *Hamburger Zoo*: Raubvogelvolière, Bärenzwinger, Stelzvogelhaus, Aquarium, Affenhaus, Antilopenhaus, Eingangsbau und Restaurationsgebäude.

Wo eine Villa gebaut wurde, da musste auch ein Park angelegt werden. Dies oblag dem Hamburger Gartenarchitekten *Friedrich J.C. Jürgens (1825–1903)*. Wieder war die *Villa Gossler* beispielgebend, mit alten Bäumen, einem Teich, Obstgärten, einer Kuhweide und einer Storchenwiese. Außerdem sah man in den Parks reicher Hamburger Kaufmannsfamilien zunehmend Rhododendronwäldchen, Springbrunnen, Rosengärten, Obelisken und Statuen.

Hamburg vor dem Brand von 1842. Jungfernstieg (Peter Suhr).

Auguste de Meuron hatte als Schüler von Achille François René Leclerc an der Pariser *École des Beaux-Arts* studiert, der – neben der *Bauakademie* von Friedrich Weinbrenner in Karlsruhe – einflussreichsten Ausbildungsstätte für die europäische Architektur jener Zeit. Das Ehepaar Merck hatte klare Vorstellungen: Um das Vestibül herum gruppierte de Meuron große Räume in Form eines Hufeisens – ohne Korridore, sondern durch Flügeltüren zentral erschlossen und untereinander verbunden. So verlangten es die Bewegungsabläufe in einer zur Repräsentation gedachten Villa: Die Gäste gelangten von einem als Windfang fungierenden *Entrée* zunächst in das Vestibül – von dort geradeaus weiter in einen nach Süden gerichteten großen Salon – und von dort seitlich in die Bibliothek oder ins Musikzimmer.

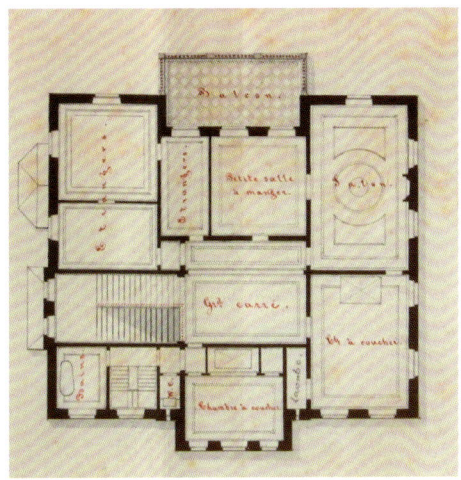

Vor dem großen Salon plante de Meuron für die Villa Merck eine überdachte Terrasse mit dorischen Doppelsäulen. Von dort konnte man über eine mit halbrunden Mauern abgesetzte Freitreppe auf einen großflächigen gekiesten Vorplatz hinabgehen – und dann nach Belieben durch den Park spazieren ...

Bei offiziellen Anlässen war es üblich, die Gäste nicht sofort ins Speisezimmer zu bitten, sondern ihnen vor dem Diner Gelegenheit zu geben, sich in kleinen Gruppen zwanglos zur Konversation zusammenzufinden, sei es in der Bibliothek, die als Raucherraum der Herren diente, oder in einem geräumigen Musikzimmer. Das Speisezimmer plante de Meuron neben der Bibliothek, auf Höhe des Vestibüls. Vom Vestibül führte eine Treppe zu den im Obergeschoss gelegenen Privaträumen, was dem gängigen Muster für repräsentative Bürgerhäuser entsprach. Die Küche und die Hauswirtschaftsräume befanden sich im Keller.

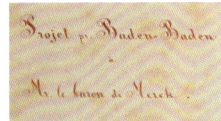

Plan des Architekten Auguste de Meuron für die Villa Merck, 1857.

Die Finanzkrise von 1857

Mitten in die Planungen für die Villa in Baden-Baden platzte eine riesige Finanz- und Wirtschaftskrise. Merck war schockiert: »Die grauenhafte Brandzeit von 1842 war im Vergleich zu den letzten Tagen eine höchst gemütliche. Gott schütze Hamburg!«

Die Weltwirtschaftskrise war die erste ihrer Art und begann im August 1857 in Ohio durch den Zusammenbruch einer nicht einmal bedeutenden Bank. Sie erreichte über England kommend im Oktober in einem Dominoeffekt auch die großen Hamburger Häuser. Deren Geschäftsprinzip war es, zwischen weit entlegenen Märkten Warengeschäfte zu vermitteln (Getreide,

Baumwolle, Colonial- und Manufaktur-Waren) und dafür bereitwillig Kredite zu gewähren. Diese Kredite wurden nun reihenweise notleidend. Merck galt als einer der Hauptbeteiligten an den »maßlosen Warenspekulationen«, die nun eine »Verheerung unter den Kaufleuten« anrichteten.

> Mit unserem Fallen würden sofort einige 20 Millionen [Bancomark] auf die Schultern der noch übrig stehenden Häuser fallen und nicht eins von ihnen würde den Schock aushalten. Grenzenlose Verwirrung würde nach allen Weltgegenden und zunächst nach London, woselbst der Sturz vieler der ansehnlichen Handlungshäuser erfolgen würde, verpflanzt werden und das Ende für uns alle wäre nicht abzusehen.

Friedrich Engels schrieb am 17. Dezember 1857 aus Manchester an Karl Marx über den *Großkapitalisten*: »Mercks sitzen total fest, hier wie in Hamburg, trotz der starken zweimaligen Subvention. Man erwartet, dass sie dieser Tage fallen. Nur außerordentliche Zufälle können sie retten.«

Die Hamburger Öffentlichkeit kannte mit ihrem »Liebling« kein Mitleid, sondern schüttete Hohn und Spott über Merck und seine unglücklichen Geschäfte aus. Der solchermaßen Gedemütigte wollte sich am liebsten zurückziehen – nach Baden-Baden in die Villa seiner Frau.

Johanna Merck übernimmt 1857 Gut Falkensteg

Johanna schrieb ihrem von der Krise geschüttelten Mann im Herbst 1857 einen Brief, den ihre Mutter zusammen mit einem Paket frischer italienischer Trauben nach Hamburg überbrachte. Dabei ging es auch um die Frage des künftigen Eigentums an der Baden-Badener Immobilie, die vor einem Jahr von Johannas Vater Carl Borgnis gekauft worden war. Ernst Merck antwortete am 24. September 1857:

> Liebe Johanna, Mama ist zurück und überbrachte mir Brief und Trauben, für letztere Aufmerksamkeit meinen besten Dank. Sie schmecken herrlich und auch viel besser wie die Treibhaustrauben. Ich bin nun mit allem einverstanden und freue mich unendlich über die Sache. Wenn nur das Oekonomiegebäude so ist, dass man es nächstes Jahr bewohnen kann, denn dann würde man doch bedeutend an Geld sparen.

Nachdem Johanna dies gelesen hatte, begab sie sich unverzüglich, zusammen mit ihrem Vater Carl Borgnis, zum Notariat in Baden-Baden.

Geschehen Baden, 3. Oktober 1857, vor dem Gemeinderat:

Herr Karl Borgnis, Partikulier zu Frankfurt am Main, verkauft heute aus seiner Hand an seine Frau Tochter Johanna, geborene Borgnis, Ehegattin des Herrn Ernst Merck, kaiserlich-königlich-österreichischer Generalkonsul aus Hamburg, und allda wohnhaft, seine sämtlichen hier erworbenen Liegenschaften beim so genannten Falkensteg an der Straße nach Beuern mit den darauf angefangenen Gebäulichkeiten, ca. 8 Morgen groß und angrenzend vorne die Straße nach Beuern, hinten Michael Stefan und Oosbach, einerseits das Falkenbächlein, andererseits Galeriedirektor Frommel, um den Preis von 8.000 Gulden, schreibe achttausend Gulden.

Die Kaufbedingungen und andere Nebenerfordernisse sind folgende:

1. Der Kaufschilling ist bereits bezahlt und wird hiermit vom Verkäufer hierfür quittiert.
2. Maß wird nicht gewährt.
3. Für Grundlasten wird keine Gewähr geleistet.
4. Frau Käuferin zahlt alle Kauflasten.
5. Bestehende Bedingungen, die Frau Käuferin, welche mit ausdrücklicher Ermächtigung ihres Ehegatten handelt, tritt sogleich in den Besitz und Genuss des Kaufobjektes.
   (Grundbuch Band 41, Seite 58, Nr. 15).

Johanna Merck, geb. Borgnis (1820–1906), Erbauerin der Villa Merck in Baden-Baden (F. Bernard, 1871).

Einige Tage später erteilte Ernst Merck in Hamburg seine notarielle Zustimmung, die später im Falz des Baden-Badener Grundbuchs nachgetragen wurde. Obwohl er seine Frau gebeten hatte, »nicht mehr Land zu kaufen, als unumgänglich notwendig ist, denn sonst geht es zu weit«, ergriff Johanna die nächste Gelegenheit zur Parkvergrößerung. Sie wusste eben, wie sehr ihr Gatte große Parks schätzte, seit er sie beim englischen Adel kennengelernt hatte, vor allem beim Herzog von Devonshire.

Am 8. Oktober 1857: Kauf einer rund viereinhalb Morgen große Wiese von Galeriedirektor Frommel (Grundbuch Band 41, Seite 58, Nr. 15).

»Wenn das Oekonomiegebäude fertig ist«

Das Bauernhaus von Gut Falkensteg konnte nun abgetragen werden. Die Degler-Erben nahmen Steine und Ziegel mit, sie bauten damit gegenüber, an der Straße nach Lichtental, wieder ein neues Haus. Mercks Architekt ließ auf den Fundamenten und Kellergewölben ein *Ökonomiegebäude* mit Stallungen für Pferde, einer Remise für Kutschen und Wohnräumen im Obergeschoss errichten. In Baden-Baden war es durchaus üblich, neben eine große Villa auch noch eines jener modischen *Schweizerhäuser* zu bauen. Auch Johannas Onkel Matthias Borgnis war gerade dabei, in Königstein im Taunus ein solches zu bauen.

Die *Schweizerhäuser* waren in Baden-Baden durch Frommel und den Eisenbahn-Architekten Eisenlohr in Mode gekommen. Sie suggerierten mit romantischen Formen, gotischen Stilelementen, Fachwerkkonstruktionen und Ornamenten aus Holz eine eigentümliche Landschaftsverbundenheit. Obwohl sie mit dem originalen schweizerischen Baustil genauso wenig zu tun hatten wie mit dem des Schwarzwalds.

Die Schweiz galt vielmehr als Innbegriff von Naturschönheit. Romantische Seelen sahen im Oos-Tal von Baden-Baden ein Spiegelbild der Alpentäler und schwärmten: Die ganze Landschaft um Baden sei ein Abbild der Schweiz im Kleinen, einer Schweiz ohne Gletscher und Seen, ohne Kälte, Nebel und raue Gebirge. »Die Schweiz sollte man gesehen haben, aber leben muss man in Baden.«

Die *Schweizerhäuser* waren also eine Art Illusionsarchitektur. Sie drückten »eine Harmonie mit der Landschaft aus, und zugleich etwas bäuerlich Poetisches«.

So wie Marie-Antoinettes »Hameau« im Park des Versailler Schlosses, wo der Ursprung dieser ganzen Idee lag: Im bäuerlichen Dorf der *kleinen Schweiz* neben den luxuriösen *Trianon-Schlössern*.

Nach Baden-Baden ins Asyl?

Ernst Merck war angeschlagen, er wirkte wie gelähmt: »Der sonst so geistesfrische Mann bot einen wirklich betrübenden Anblick dar«. Die »Monstre-Crisis« hatte seinen Traum von Reichtum, glänzendem Leben und dem Hinterlassen eines Vermögens für seine Kinder fast zum Platzen gebracht. Dabei wollte er doch niemals in seinem Leben »der Sklave anderer werden«.

Er konnte sich von den großen Selbstzweifeln, die ihn befallen hatten, nicht wieder befreien. Mercks Vertrauen in seine eigene Leistungsfähigkeit »sank unendlich«, er wollte sich am liebsten nach Baden-Baden »ins Asyl« zurückziehen, in die im Entstehen begriffene Villa seiner Frau. Am höchsten Punkt des Geländes war ein großes Plateau aufgeschüttet worden, von dem aus sich eine noch schönere Aussicht auf die Lichtentaler Allee bot als zuvor. Der Park wurde immer größer, denn Johanna kaufte fleißig hinzu:

Am 18. Dezember 1858: Kauf von etwa eineinhalb Morgen Acker beim Falckhensteeg für 1.000 Gulden von dem Landwirtsehepaar Xavier und Franziska Reich (Grundbuch Band 43, Seite 51, Nr. 14).

Aber die Familie setzte alles daran, dass sich das Clan-Oberhaupt Ernst Merck wieder fing. Seit dem Tod des *Senators* und Unternehmensgründers H. J. Merck im Jahr 1853, der als »vermutlich reichster Kaufmann Hamburgs« seinen Kindern 3,6 Millionen Bankomark hinterlassen hatte, war Ernst Merck die treibende Kraft bei *H. J. Merck & Co.* Sein jüngerer Bruder *Theodor Merck*, zuvor *associé* in Manchester, kam zwar für den Vater als Teilhaber hinzu, besaß aber als mehr passive Natur nicht den Unternehmergeist von Ernst Merck.

Der ältere Halbbruder Carl Merck erinnerte daran, dass Ernst die Pflicht habe, »den Teil des Tadels, welcher die Hamburgische Kaufmannschaft mit Recht trifft, von der Vaterstadt abzuwenden«. Und Justus Ruperti, der erfahrene Schwager und Teilhaber, schrieb Ernst Mercks Ausstiegsgedanken überhaupt nur dessen Gutmütigkeit gegenüber seiner Ehefrau Johanna zu. Deshalb schaltete sich auch Carl Borgnis ein, Johannas Vater, und verlangte: »[...] in solchen Verhältnissen hilft kein Parlamentieren mit dem Schicksal«.

Oben: Conversationshaus in Baden-Baden.

Unten: Dr. Carl Merck (1809–1880). Hamburger Stadtsyndikus.

Die Rettung durch Österreich

Merck stemmte sich verzweifelt gegen den Untergang seines Unternehmens. Aber selbst Preußen sah sich außerstande, der angeschlagenen Hansestadt unter die Arme zu greifen. Schließlich wandte sich Merck an Wien, unterstützt von seinem rothaarigen Stiefbruder, dem Hamburger Stadtsyndikus Carl Merck, einem »gewieften und taktvollen Diplomaten«.

Ein ehemaliger Parlamentskollege aus der Nationalversammlung, Karl L. Freiherr von Bruck, war österreichischer Finanzminister. Dieser war daran interessiert, für die Habsburger in Deutschland Sympathien zu gewinnen, und brachte mit einem großen Kredit der Österreichischen Nationalbank »die glückliche Wendung zu Wege.« Ernst Merck war »Hauptnutznießer« und Retter Hamburgs in einem. Ganz Hamburg bejubelte den »unermesslichen Dienst der Kaiserlichen Regierung in Wien« – und reichlich Glanz fiel auf den österreichischen Konsul Merck.

Das Handelshaus *H. J. Merck & Co.* passte sich dem Weltmarkt an. Da Bremen den Baumwollhandel beherrschte, konzentrierte man sich mit reduzierter Kapitalbasis auf den *Import* von Kaffee und Reis, afrikanischem Palmöl, Guano- und Chile-Salpeter. Das Handelshaus *H. J. Merck & Co.* nahm, was es bekommen konnte, auch wenn es »ein kunterbuntes Durcheinander« war.

Mal der Handel mit Kaffee, Palmöl oder Tabak, mal ein Assekuranzgeschäft mit einem ausländischen Reeder, hier eine Industriebeteiligung, dort der Import amerikanischen Hopfens, daneben der Kauf von Aktien oder Anleihen, eine Lieferung türkischer Zwetschgen nach New York und so fort.

Die Villa Falkensteg wird 1859 fertiggestellt

Im Jahr 1859 war bei *H. J. Merck & Co.* wieder alles im Reinen. Mit vereinten Kräften wurde die Liquidität der Firma Schritt für Schritt wieder aufgebaut, Kredite wurden zurückbezahlt – und eine Verbindung mit anderen Häusern erhobenen Hauptes abgewendet. Ernst Merck war wieder die treibende Kraft, er stieg wie Phoenix aus der Asche auf. Merck wollte zurückholen, was ihm die Krise geraubt hatte – er fuhr nach London, Paris, Stockholm und Wien, wo er Projekte initiierte oder sich daran beteiligte und das österreichische Eisenbahnprojekt vorantrieb. In Schweden und Russland kümmerte sich auch Alexander Borgnis, Johanna Mercks Bruder, um die Geschäfte; neu hinzu kam jetzt auch der Sohn von Justus Ruperti, *Oscar Ruperti*, der sich schon bald als eine »Seele des Geschäfts« erwies.

Das Unternehmen *H. J. Merck & Co.* war wieder »voll und ganz rehabilitiert« und »von Dank erfüllt gegen die Vorsehung, welche so gnädig uns geleitet hatte«. Die Verluste infolge der Krise entsprachen in etwa den Gewinnen der beiden vorangegangenen Jahre: »Ärgerlich genug, sich drei Jahre umsonst abzuquälen, doch vielen tausend anderen ist es weit schlimmer ergangen!«

Zur gleichen Zeit gingen die Arbeiten in Baden-Baden zu Ende. Die letzten Handwerker verließen das Anwesen, das die *Badener* inzwischen *Villa Falkensteg* nannten. Für einen umbauten Raum von 7.608 Kubikmetern bezahlten die Mercks 127.655 Courantmark, das Honorar des Architekten Auguste de Meuron betrug 8.936 Courantmark, also sieben Prozent der Baukosten. Johanna Merck begab sich zum Notariat, damit die *Villa Falkensteg* als ihr Eigentum beurkundet wurde.

Die Villa Merck,um 1860 (Aquarell, Marie Valerie von Fichard).

Geschehen Baden, den 8. Juni 1859:

Vor dem unterschriebenen Gemeinderat erscheint heute Herr Adolf Haldenwang, Bankier darhier, als Bevollmächtigter der Frau Johanna, geborene Borgnis, geehelichte Merck, und ihres Ehegatten Herrn Ernst Merck, kaiserlich-königlich-österreichischer Generalkonsul zu Hamburg, vortragend:

Frau Johanna, geborene Borgnis, verehelichte Merck, hat laut Eintrag im Grundbuch der Stadt Baden, Band 41, Nr. 15 vom 3. Oktober 1857, und Band 41, Nr. 16 vom 8. Oktober 1857, ungefähr 7 ½ Morgen Wiesen durch Kauf zu Eigentum erworben. Das ganze Terrain ist nun zu Bauplatz, Garten und Anlagen verwendet worden und die Eigentümerin hat hierauf folgende Gebäulichkeiten errichtet, welche auch bereits zur Brandversicherung eingelegt sind.

a. Ein 2-stöckiges von Stein erbautes Wohnhaus, das Hauptgebäude, Brandversicherungsanschlag 41.300 Gulden.

b. Ökonomiegebäude, 2-stöckig, Brandversicherungsanschlag 8.050 Gulden, und einstöckiges Portierhaus 1.150 Gulden, zusammen 50.500 Gulden.

Das Ganze grenzt nun einteils an das Falkenbächlein, andererseits an Galeriedirektor Frommel, vorne an den Oosbach und Michael Stefan, hinten an die Straße nach Beuern.

Bitte nun die errichteten Gebäulichkeiten auf den Namen der Frau Johanna Merck, Eigentümerin des Grund und Bodens, eintragen zu wollen. In Ansehung nun, dass der Eigentumserwerb des Grund und Bodens, wie oben bemerkt, auf die Frau Johanna Merck, geborene Borgnis, im Grundbuch eingetragen ist, in Anbetracht, dass es nicht nur notorisch ist, dass genannte Frau die oben bezeichneten Gebäulichkeiten darauf erbaute, sondern auch dieselbe zur Brandversicherung eingeschätzt und unter Nr. 44, Band 2 des Brandversicherungsbuches, aufgenommen sind und dass somit genannte Frau Eigentümerin des Grund und Bodens durch Zuwachsrecht Eigentümerin der darauf stehenden Gebäulichkeiten ist, werden dieselben hiermit auf ihren Namen im Grundbuch eingetragen und dieser Eintrag auch verlesen, genehmigt und unterzeichnet vom Gemeinderat. (Grundbuch Band 43, Seite 428, Nr. 123).

Noch im gleichen Jahr wuchs der Park durch mehrere Zukäufe:

Am 17. September 1859: Kauf von zweiviertel und 30 Ruten »Wiesen, Boden und ödes Feld mit den darauf befindlichen Quellen in der Falkenhalde«, von den Erben des geheimen Finanzrats Bürklin, angrenzend an den Badener Stadtwald, für 600 Gulden (Grundbuch Band 39, Nr. 142).

Am 14. Dezember 1859): Kauf von einviertel Acker beim Falkensteg von den Beile-Erben für 1.000 Gulden (Grundbuch Band 45, Seite 36b, Nr. 14).

Am 28. Dezember 1859: Kauf von einviertel Acker beim Falkensteg vom Ehepaar Frietsch (Schmied in Baden) für 1.000 Gulden (Grundbuch Band 45, Seite 39b, Nr. 15).

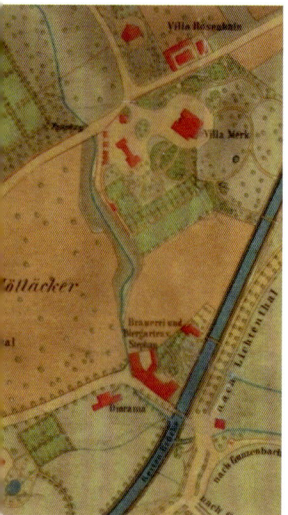

Stadtplan von 1864 mit neuerrichteter Villa Merck und Schweizerhaus.

Die Kaufmanns-Villa von
Ernst und Johanna Merck

1859–1867

Der Einzug in die Villa Merck

Es war ein Sommer, wie ihn alle liebten. Das Sonnenlicht brach sich in den Bäumen der Lichtentaler Allee. Am 17. Juli 1859 zogen die Mercks in ihre neue Villa ein, wie das *Badeblatt* meldete.

Die Villa Merck nach
ihrer Fertigstellung
im Jahr 1859.

Auch das kleinformatige *Adressbuch der Stadt Baden-Baden* nahm das Ehepaar in deutscher und französischer Sprache auf:

Einwohner der umliegenden Höfe und Zinken: Falkensteg. Merck, Ernst (daneben klebte ein Zettelchen: »Frau«).

In der neuen Villa warteten Haushälterinnen und Zimmermädchen, Parkgärtner, Gemüsegärtner, Landwirtschaftshelfer und Kutscher. Die Möbel aus Hamburg und Frankfurt standen an ihrem Platz. Man hatte sich am

Neuen Wall großzügig eingedeckt, in der »fashionabelsten« Straße des neuen Hamburg. Ernst Merck liebte es englisch: Mahagonimöbel, Standuhren, Tafelgeschirr, eine hohe Porzellanglocke für den Stiltonkäse (der wochenlang in einer feuchten Serviette nachreifen musste), ein Glas mit »Pickles«, der silberne *plât de ménage* mit Essig, Öl, Senf, Salz und Pfeffer. Der Weinkeller des Hausherrn versprach ebenso Hochgenuss wie die Zigarrenmagazine in der Bibliothek, wo in den Mahagoni-Regalen die Gesamtausgaben der Deutschen Klassiker standen. Auch die üblichen *articles du luxe* durften nicht fehlen: Teppiche, Kristall, Gold, Silber, Glas, Messing, Seide, Schals, Tücher, Pelze und so mancher *Nippes* aus Porzellan.

Das Essen kam mit dem Speiseaufzug aus dem Keller in die Hauptanrichte. Von dort brachten es Diener ins Speisezimmer. Wenn Ernst Merck wichtige Gäste empfing und mit »den Geladenen wirtschaftliche und politische Geschäfte erledigte«, dann bestand sein *Herrendiner* aus sechs bis acht Gängen.

Nach dem Tischgebet holt der livrierte Diener das Essen aus einer Klappe in der Wand. Die Küche ist im Souterrain, und Hausmädchen haben die Schüsseln über eine verborgene Wirtschaftstreppe hochgetragen. Wenn die Kerzen auf den Kronen und Wandleuchtern brennen, sieht der Saal freundlich und festlich aus. Zu großen Essen decken die Diener Tischtücher aus schlesischem Leinen auf, das Tafelservice aus englischer Fayence und das Silberzeug aus Paris.

Oben: Karaffe und Glas der Familie Merck mit Initialen.

Unten: Hochzeit in der Familie Merck, dargestellt als »Hochzeit von Kanaan« (Eduard von Steinle, ca. 1860).

Rechte Seite: Englischer Tafelaufsatz aus Minton-Porzellan; Gästeliste des Eröffnungsdiners in der Villa Merck.

Im Musikzimmer hingen nach guter Tradition der Mercks und Borgnis alte Gemälde aus Familienbesitz, darunter ein ungewöhnlich großes Aquarell des österreichischen Malers *Eduard von Steinle*, einem Vertreter der Nazarener, der seit 1850 Professor am Städelschen Institut in Frankfurt war. Das Gemälde des »frommen Steinle«, wie Merck ihn nannte, zeigte die *Hochzeit von Kanaan*. Man konnte in der biblischen Geschichte aber auch die Hochzeit von Louise Borgnis und Adolph von Braun im Vorjahr dargestellt sehen: So portraitierte Steinle neben dem Brautpaar (Johanna Mercks Schwester und der Kabinettsdirektor des österreichischen Kaisers) auch die Brauteltern Borgnis, viele Mitglieder der Frankfurter Gesellschaft – und sich selbst.

Das erste Diner

Die Kutschen fuhren im Juli 1859 nacheinander vor und brachten die ersten Besucher zur Villa Falkensteg. Merck erwartete sie am Portal der Villa. Es kamen die engsten Verwandten und wichtigsten Freunde zum *Eröffnungs-Diner*: Carl Borgnis, Kommerzienrat Simon Oppenheim aus Köln, Alexander Ruperti aus Hamburg, Herr und Frau Dufay, Fräulein Mumm, Fräulein Vassentrop, Madame Beyfuß, Madame Metzler (alle aus Frankfurt), Baron Arthur Pawlowitsch von Mohrenheim (von der Russischen Botschaft in Berlin) sowie Herr Aignan aus Baden-Baden.

> Merck liebte es, fröhliche Menschen in prachtvoller Umgebung um sich zu scharen. Auch im Alltag hob sein Haushalt sich mit Pferd und Wagen sowie einer zehnköpfigen Dienerschaft von dem ab, was unter Hamburger Patriziern gemeinhin als angemessen galt. Er war sich seiner Großspurigkeit bewusst und gelobte wiederholt, sich zu zügeln. Sei es aus finanziellen Erwägungen oder aus protestantischer Ethik. In seinem Notizbuch hielt er 1855 fest, er wolle die größte Sparsamkeit und Mäßigung in allen Dingen einführen, und es sei sein fester Vorsatz, seine furchtbaren Ausgaben zu beschränken: Gott gebe mir Mut und Kraft dazu, dass ich denselben ausführe.

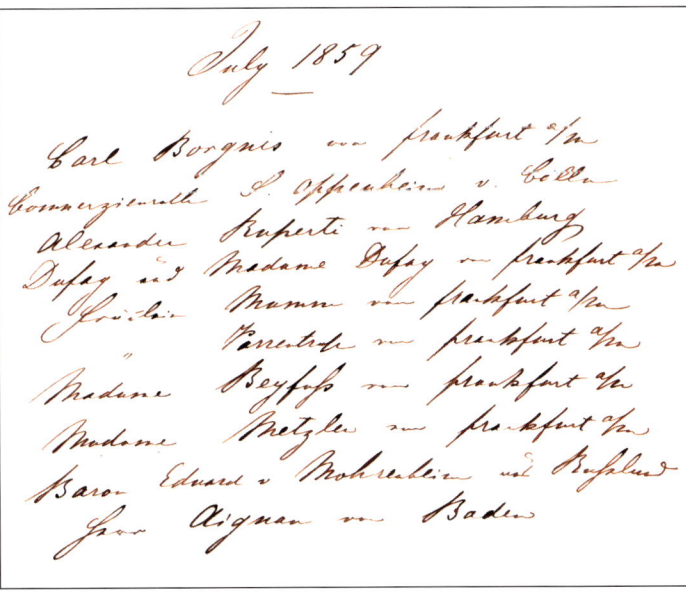

Das Gästebuch: 800 Besucher in drei Jahren

Visite

Ernst und Johanna Merck führten vom ersten Tage an ein Gästebuch, teils in deutscher und teils in französischer Sprache. Darin notierten sie in nur drei Jahren nahezu 800 Personen! Es waren Gäste, die zu »Besuch« kamen, zum »Diner« oder als »Visiteur« – die »eintrafen und bei uns wohnten« oder »im Laufe des Frühjahres das Haus besuchten, ehe wir da waren«.

Gästebuch der Villa Merck:

Links: Carl Merck, Fürst und Fürstin Stourdza, Le Chevalier d'Aranjo, Envoyé extraordinaire et ministre plénipotentiaire de Sa Majesté l'Empereur du Brésil.

Rechts: Madame Metzler aus Frankfurt a. M., Herr v. Bismarck Schönhausen.

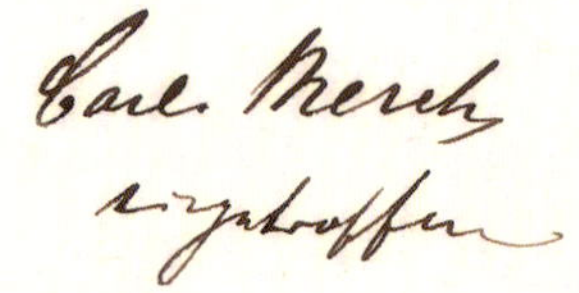

Sommer für Sommer sammelten Ernst und Johanna Merck Verwandte und Freunde aus Hamburg, Frankfurt und Paris um sich. »Alex Borgnis trifft ein und wohnt bei uns«, notierte Johanna Merck zum Besuch ihres Bruders. Die Angehörigen der einflussreichen großbürgerlichen Familien in Hamburg und Frankfurt waren untereinander familiär verbunden, die Godeffroy, Ruperti, Busse, Schramm, Borgnis, Bolongaro, Bethmann ... Häufig blieben sie für mehrere Tage.

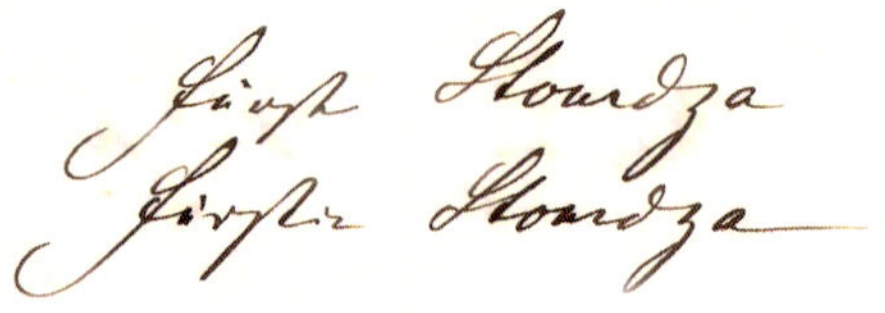

Für den Weg in das zunächst *Villa Falkensteg* genannte Haus – erst später wurde daraus die *Villa Merck* – scheuten die Besucher weder Entfernungen noch Mühen. Ein jeder war geschäftlich, persönlich oder familiär von Bedeutung. Wenn eine Einladung aus Baden-Baden kam, reisten sie aus Rio de Janeiro ebenso an wie aus London, Wien, Sankt Petersburg, Moskau und Finnland (»Herr Törngren aus Finnland, wegen Abschluss einer Anleihe [...]«).

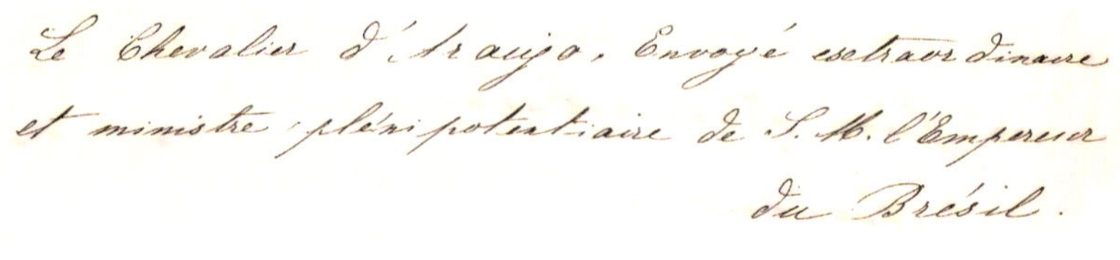

Es kamen ranghohe Politiker und Diplomaten aus Belgien, Brasilien, Frankreich, Portugal, Spanien und Großbritannien – der regierende Fürst von Liechtenstein, der Gesandte Königin Viktorias am kaiserlichen Hof in Wien, Generäle und Kommandeure, Geschäftspartner aus aller Herren Länder.

Besonders häufig tauchten die Repräsentanten *Preußens* und *Österreichs* in der *Villa Falkensteg* oder *Villa Merck* auf: Graf und Gräfin Flemming (preußischer Gesandter in Karlsruhe), Freiherr und Freifrau von Otterstedt (preußischer Legationsrat), Graf und Gräfin Trauttmannsdorff (österreichischer Gesandter in Karlsruhe), Friedrich Edler von Pilat (österreichischer Legationssekretär in Karlsruhe).

Auch der *Stadtdirektor Kuntz* aus Baden-Baden stattete regelmäßig einen Besuch ab, er wusste stets interessante Neuigkeiten aus dem Stadtgeschehen zu berichten. Natürlich kamen auch viele Russen – und nicht zu vergessen – die moldawische *Fürstenfamilie Stourdza*, die durch eine vom prominenten Münchner Architekten Leo von Klenze entworfene rumänisch-orthodoxe Grabkapelle auf dem Michaelsberg von sich reden machte.

Hin und wieder wurden auch *Künstler* von den Mercks eingeladen: Galeriedirektor Frommel aus der Nachbarschaft sowie der Maler Otto Speckter, der Kammersänger Julius Stockhausen – und eine geheimnisvolle junge Dame: »Mademoiselle Bido, artiste.«

»L'Illustration de Bade«

Besondere Ereignisse und Vorkommnisse wurden ebenso im *Gästebuch* festgehalten wie Unternehmungen des Ehepaares: »Partien nach dem Jagdhause« und »nach Rotenfels«, große Jagden und Fischpartien, Konzert- und Ausstellungsbesuche.

Jeder Sommer war ausgefüllt von Einladungen und Besuchen, Bällen, Diners, Ausflügen, kulturellen und sportlichen Vergnügungen. Die *Illustration de Bade* lockte die Mercks und ihre Gäste auch zu einer Top-Attraktion, die erst im Vorjahr eröffnet worden war.

Rennbahn in Iffezheim.

Die Rennbahn des Spielbankpächters Bénazet war seit 1858 in Iffezheim in Betrieb und konnte es beim Wettstreit um den Titel der stilvollsten Rennbahn in Europa mit *Auteuil* und *Longchamp* bei Paris aufnehmen. Auf den Rennplatz-Tribünen fanden mehr als 1.200 Besucher Platz. »Ebenso wie bei den Rennen von Chantilly waren Damen von höherer oder niederer Herkunft auch ohne Ehegatten zugelassen.« Die Großherzogliche Familie verfolgte die Rennen und das bunte Treiben von Logenplätzen aus, ihre Tribüne ähnelte einer deutschen Burg, mit dicken Mauern aus rotem Schwarzwald-Sandstein.

Die Auffahrt der Equipagen, die durch die Allee gen Iffezheim trabten, voran König Wilhelm von Preußen in seinem Rennwagen mit Trakehner-Bespannung, die Mail-coach des Großherzogs mit Lakaien- und Fanfarenbläsern in prächtigster Livrée, die vielen Viktoria und Landauer, besetzt mit Damen in eleganten Pariser Roben, die Herrn im Renncut und Zylinder, mit Offizieren in bunten Uniformen, bestaunt von einer dicht gedrängten, am Rande der Allee sitzenden oder stehenden Menge: Es war ein Schauspiel, wie es kein anderer Kurort zu bieten hatte.

Es fand sich im Merckschen *Gästebuch* aber auch nach drei leer gebliebenen Herbsttagen – ohne Ausflüge oder Gäste – das resignierende Resümee: »Unaufhörliche Regentage.«

Und wenn im späten Herbst das Laub der Allee-Bäume auf dem Weg zum Kloster einen dicken gelben Teppich bildete – wenn die offenen Kamine in der Villa nicht mehr gegen die von den Schwarzwaldhöhen herabströmende Kaltluft ankamen, dann ging die Saison in Baden-Baden zu Ende: »Abreise von Baden-Baden den 29. Oktober.«

Otto von Bismarck kommt zu Fuß von Lichtental her

Im September 1859 war Bismarck zu Gast. Er kam seit 1845 nach Baden-Baden, meist wegen des preußischen Kronprinzen Wilhelm. Diesmal war er krank, wollte eigentlich seine Ruhe, und beklagte, dass aufgrund des Pferderennens alles so überfüllt sei und er »nur einen schrägen Alkoven, ohne Tisch mit einem Stuhl«, bekommen habe. Doch Bismarck fand in der Stadt auch »viele nette Leute aus Sankt Petersburg, meine schöne Obolensky, die Kalergis, Menschikow, *auch Merck hier!*« Bismarck hatte den Eindruck: »Ich lebe hier ganz in Russland.«

Er ging zu Fuß zum Alten Schloss hoch und zurück, was seinem Schlaf gut tat. Überhaupt bewegte er sich viel. »Das Wetter ist reizend, und ich könnte ganz behaglich einige Tage bleiben, wenn nicht so viele Menschen wären, so viele Bekannte, die ich nicht ignorieren kann. Gestern ganzen Tag Dienst, Diner, Ball.«

Otto von Bismarck (1815–1898). Gesandter in Sankt Petersburg.

Auch Ernst Merck gab zu Ehren des »Baron von Bismarck-Schönhausen, Sankt Petersburg« ein Abendessen im kleinen Kreis. Bismarck sagte, er sei »[...] von Lichtenthal zu Fuß hergegangen«. Merck begrüßte ihn zusammen mit Konsul Schepeler aus Riga, Konsul Völkel aus Sankt Petersburg, Graf Broussel aus Karlsruhe, dem »königlich preußischen Legationsrat Freiherr von Otterstedt«, General Josef

Ritter von Schmerling als »Präsidierenden der Bundes-Militair-Commission in Frankfurt« sowie dem österreichischen Diplomaten beim Deutschen Bund in Frankfurt und angehenden Schwiegersohn Karl von Pfusterschmid.

Bismarck war ein Bär von einem Mann, 1,85 Meter groß, breitschultrig. »Seine Größe nahm ihm nichts von seinem munteren Schwung.« Die Stimme Bismarcks war dünn, fast schüchtern – er galt aber als hervorragender Redner. Mit zunehmendem Alter wurde er schwergewichtig, klagte häufig über Appetitlosigkeit, aß und trank trotzdem ungeheure Mengen.

An diesem Abend war die Niederlage Österreichs im Krieg gegen Frankreich das Thema. Was Bismarck dem jungen Pfusterschmid in Frankfurt, vor seiner Abreise nach Sankt Petersburg, vorhergesagt hatte, war eingetreten. Frankreich und Piemont hatten in den Schlachten südlich des Gardasees, bei Magenta und Solferino, die Österreicher geschlagen. Kaiser Franz Joseph I. musste im Vorfrieden von Villafranca die Lombardei an Kaiser Napoléon III. abtreten. Preußen und der Deutsche Bund hatten sich rausgehalten, obwohl in der Bundesfestung Rastatt ein Heer aus österreichischen, preußischen und badischen Soldaten unter preußischem Kommando bereitstand.

Bei Merck hatte sich für die nächsten Tage bereits Feldmarschall von Hess angesagt, der Generalstabchef in der verlorenen Schlacht von Solferino; und auch Feldmarschallleutnant Graf Coudenhove, der Kommandant der Bundesfestung in Rastatt.

Wenn es nach Bismarck gegangen wäre, dann hätte er diesen Krieg dazu genutzt, Österreich los zu werden! »In unserem Bundesverhältnis lag ein Gebrechen Preußens, welches wir früher oder später *ferro et igni* werden heilen müssen, wenn wir nicht bei Zeiten in günstiger Jahreszeit eine Kur dagegen vornehmen.« Bismarck hätte »das im Dunkel dieser Schicksalsstunde schlafende Deutschland durch den Donner der preußischen Kanonen geweckt«.

> Die gegenwärtige Lage hat wieder einmal das große Los für uns im Topf, falls wir den Krieg Österreichs mit Frankreich sich scharf einfressen lassen und dann mit unserer ganzen Armee nach Süden aufbrechen, die Grenzpfähle im Tornister mitnehmen und sie entweder am Bodensee, oder da, wo das protestantische Bekenntnis aufhört, wieder einschlagen, [...] besonders wenn der Prinzregent ihnen den Gefallen tut, das Königreich Preußen in Königreich Deutschland umzutaufen.

Die deutschen Fürsten wären in die Knie gezwungen und ihre »Kleinstaaterei« beendet worden. Zu machtlosen Standesherren hätte er sie degradiert, das Heer und das Zollwesen in preußische Hände gegeben.

Ernst Merck jedoch stand ganz und gar auf der Seite Österreichs. Während des Österreichisch-Französischen Krieges hatte er einen Hilfsverein für verwundete Österreicher ins Leben gerufen und sogar versucht, für Wien einen Kredit zu organisieren. Aber »die jammervollen hiesigen Politiker« wollten Österreich nicht helfen, empörte er sich. Überall und stets dominiere »die perfide Politik Preußens«, die am Ende auf einen Krieg zwischen Preußen und Österreich zusteuere. »Die schwachsinnige preußische Politik wird bis in den Himmel gehoben. Ich habe nur einen Gedanken: Gott schütze Österreich und verleihe ihm den Sieg!«

Merck befürchtete eine Radikalisierung in Deutschland, wie er sie schon 1848 am eigenen Leib erlebt hatte. Vielleicht kam es sogar zu einer Revolution. Er sah jedenfalls keinen Mann, »welcher der Sache gewachsen wäre« – dabei war dieser Mann an jenem Abend sein Gast in der Villa Merck.

Bismarck und das »Hôtel d'Angleterre«

Bismarck brach zu seinem Hotel auf, dem *Englischen Hof*. Er versprach, am 20. September 1859 wiederzukommen, zu einem Treffen im kleinsten Kreis mit den Mercks und *Madame Metzler*, einer Freundin des Hauses aus der Frankfurter Bankiersfamilie.

Das 1836 eröffnete *Hôtel d'Angleterre* am Eingang der Lichtentaler Allee war Bismarcks bevorzugtes Domizil und galt als das schönste Hotel in Baden-Baden. »Sein Speisesaal ist eleganter als alle Speisesäle von Paris«, schrieb der Dichter Gérard de Nerval. Vor allem aber hatte Bismarck das gegenüberliegende Hotel *Maison Messmer* im Visier, mit den dort wohnenden preußischen Majestäten Wilhelm und Augusta.

Regierende Monarchen pflegten nicht in Hotels abzusteigen, schon gar nicht im überlaufenen Baden-Baden, also nannte man das Hotel einfach *Maison Messmer*. Normalsterbliche durften dort nur mit Empfehlungsschreiben wohnen, es sei denn das Herrscherpaar war anwesend, dann war das *Maison Messmer* ganz gesperrt.

Hotel Englischer Hof, um 1840.

Was Bismarck im Maison Messmer beobachten konnte, gefiel ihm überhaupt nicht – und sollte im Laufe der Zeit zu lautstarken Streitgesprächen im königlichen Hofstaat führen. Bismarck glaubte, dass sein Herrscher in Baden-Baden »feindlich gesinnten höfischen Einflüssen ausgesetzt« sei, die er nicht kontrollieren konnte, womit er Königin Augusta meinte, die sich während der Revolution von 1848 erdreistet hatte, »politisch Stellung zu nehmen«. Sie erlaubte sich sogar, die Parlamentsdelegation der Paulskirche zu empfangen, Merck eingeschlossen, um über die dem preußischen König angebotene Reichskrone zu sprechen. Der Gipfel waren für Bismarck aber Augustas Vorträge, die sie ihrem Gatten regelmäßig beim gemeinsamen Frühstück hielt. Über die politische Lage, und je nach Bedarf mit Tageszeitungen und Briefen ihrer ausgedehnten Korrespondenz unterlegt. So verwunderte es nicht, dass Bismarck in Augusta zeitlebens seine »ernsteste Gegnerin« sah.

König Wilhelm (1797–1880) und Augusta von Preußen (1811–1890).

Wilhelm und Augusta von Preußen

Augusta brachte nicht nur Bismarck gegen sich auf, sondern auch preußische Generäle. Die Gegner der Königin hielten ihr alles Mögliche vor, Neigung zum Katholizismus und die Bereitschaft zu konvertieren, eine »ultramontane Haltung«, die Geringschätzung des preußischen Nationalstolzes ...

Ihr Gatte Wilhelm hatte 1858 für seinen geistig behinderten Bruder die Regentschaft in Berlin übernommen und wurde 1861 König von Preußen. Seine Ehe mit Augusta war der Staatsräson geschuldet, er verzichtete dafür auf eine »große Liebe«, war aber trotzdem Augustas »treuester Freund« und hielt allen Angriffen zum Trotz zu seinem »Feuerkopf«. Auch Augustas Auftreten während des Fürstenkongresses von 1860 geriet in die Kritik, als Wilhelm den französischen Kaiser Napoléon III. und Zar Alexander aus Russland wegen der Gefahr eines Krieges zwischen Österreich und Frankreich auf deutschem Boden zu sich nach Baden-Baden einlud. Der auf Schloss Arenenberg nahe Konstanz aufgewachsene und fließend Deutsch sprechende Napoléon III. stieg im Hotel Stéphanie-les-Bains ab, wo die französische Hoteldirektion im Erdgeschoss ein großes Porträt der Kaiserin Eugénie

aufhängen ließ, das Franz Xaver Winterhalter gemalt hatte. Die entscheidenden Verhandlungen fanden dann in der *Maison Messmer* statt, gegenüber der Baustelle für das neue Theater, geplant als »intimes Gespräch« des Königs – bei dem Königin Augusta wie selbstverständlich zugegen war!

Augusta nahm rege am gesellschaftlichen Leben teil, hatte eine Vorliebe für die französische Sprache und ließ sich von einem französischen Vorleser unterhalten. Nur die Spielsäle des französich geführten Conversationshauses betrat sie aus Prinzip nicht. Sie war die Tochter des Großherzogs von Sachsen-Weimar und der Zarentochter Maria Paulowna. Goethe geriet angesichts der 18-jährigen »wirklich in Verwunderung« und verspürte »ein gemischtes Gefühl von Hochachtung und Neigung«. Ihre Mutter lehrte Augusta schon als Kind, wie man Unterhaltungen in Gang brachte – indem sie an langen leeren Stuhlreihen üben musste. In jungen Jahren stellten sich bei Augusta körperliche Beschwerden ein, weshalb sie von 1850 bis 1889 zweimal im Jahr für jeweils vier Wochen zur Kur nach Baden-Baden kam, begleitet von mehr als 30 Personen.

Die Tochter des preußischen Herrscherpaars, *Prinzessin Luise von Preußen*, eine energische junge Frau, durfte ihre Eltern häufig nach Baden-Baden begleiten. Dort lernte sie den badischen Thronfolger Friedrich I. kennen, einen »studierten, modernen und weltoffenen« jungen Mann aus Karlsruhe, den sie am 20. September 1856 heiratete. Dieses Datum wurde fortan zum *Badischen Hochzeitstag*, und die Ehe des großherzoglichen Paares sollte 51 Jahre Bestand haben. Friedrich wurde noch im gleichen Jahr neuer Großherzog von Baden. Obwohl er die Abneigung seiner Schwiegermutter Augusta gegen das Glücksspiel in Baden-Baden teilte, rang er sich zu keinem Verbot durch.

Augusta auf der Allee – das Kloster Lichtental

Eines Tages verließ Augusta nach dem Frühstück die Maison Messmer und brach ohne ihren Gemahl zum Kloster Lichtental auf. Wilhelm wollte noch von seinem Sommerdomizil aus die Regierungsarbeit in Berlin kontrollieren – Minister, Staatssekretäre, Generäle und Gesandte empfangen.

Der Weg zum Kloster Lichtental war zweieinhalb Kilometer weit, er führte unter schattigen Bäumen durch die Lichtentaler Allee. Auf halbem Weg, bei der Kettenbrücke und in Sichtweite der Villa Merck, konnte Augusta eine Rast im *Hirtenhäuschen* einlegen. Ihr Gatte Wilhelm hatte diese kleine Schutzhütte 1859 den Gunzenbacher Bauern zum großzügigen Preis von 2.000 Gulden abgekauft. Nur zu diesem Zweck! Das einstöckige Gebäude mit einer Stube, Küche, Stallung und Dachboden war 1793 für Hirten errichtet worden, die Vieh zum Füttern in die umliegenden Wälder trieben.

Nach einer kleinen Pause setzte Augusta ihren Weg fort. Sie ging an den Getreidefeldern der Aumatte (Klosterwiese) entlang, unter langen Reihen

König Wilhelm und Augusta von Preußen, darunter Großherzog Friedrich I. (1826–1907) und Luise von Baden (1838–1923).

von Ahorn und Pappeln, die mit Einwilligung des Klosters gepflanzt worden waren. Von einer leichten Anhöhe grüßte die ihr vertraute *Villa Merck*.

Dann betrat Augusta durch einen Torbau aus dem Jahr 1680 den spätmittelalterlichen Innenhof von Kloster Lichtental. Friedlich plätscherte der Marienbrunnen. Augusta liebte das klösterliche Leben und den Gedankenaustausch mit der Äbtissin *Sophia Schell (1858–1875)*, die sie ins ehrwürdige Konvent- und Abteigebäude geleitete.

> Die Königin ging mit mir in das Kloster [...] Die Nonnen tragen weißwollene Kleider mit schwarzen Schürzen und schwarzen Kopftüchern, die weiß eingefasst sind. Die Königin stellte mich der Oberin vor, die sehr freundlich war und mich einlud, wiederzukommen, um das Kloster und die Kirche zu besehen. Es war sehr still und friedlich dort [...] (Adele Gräfin zu Dohna, Hofdame der Königin)

Die Zisterzienserinnen-Abtei war im Jahr 1245 am Wasserlauf der Oos als Hauskloster der badischen Markgrafen gegründet worden und in der Tradition des Urklosters von Cîteaux aus dem Jahr 1098. Die ersten Nonnen waren mitsamt Äbtissin aus Wald bei Sigmaringen in das Oos-Tal gekommen und lebten von der Welt abgekehrt nach der Ordensregel des heiligen Benedikt unter der Devise: *ora et labora*.

Mit Gottes Hilfe blieben dem Kloster über die Jahrhunderte schlimme Zerstörungen erspart, selbst im August 1689 während des Pfälzischen Erbfolgekrieges, als die französischen Truppen Baden-Baden und alles am Oberrhein in Schutt und Asche legten. Es geht die Sage, dass die Nonnen von Lichtental »gar schlaue und gescheidte Frauenzimmer und muthig wie

Männer« gewesen seien und die brandschatzenden Franzosen in die Irre führten: Während die Soldaten des *Sonnenkönigs* Baden-Baden niederbrannten, deckten die Nonnen eigenhändig das Dach ihres Klosters ab und verließen es. Den Schlüssel zur Abtei hängten sie einem »kunstvoll geschnitzten Madonnenbilde vertrauensvoll an den Arm«. Bei diesem Anblick schreckten die französischen Soldaten angeblich in »heiliger Scheu« zurück – und zogen unverrichteter Dinge weiter.

Seit dem 15. Jahrhundert wurde Kloster Lichtental von einem klösterlichen Oberschaffner verwaltet, weshalb die Amtleute und das Gesinde des Klosters dem badischen Herrscherhaus verantwortlich waren. Die Grundstücke in der unmittelbaren Umgebung des Konvents bewirtschafteten die Nonnen selbst, auch die angrenzende Aumatte (Klosterwiese) an der Allee. Den weiter entfernten Besitz – zwischen Bühl, Weißenburg, Speyer und Pforzheim gelegen – verlieh das Kloster als *Erblehen*. Mit Wein und anderen Handelsgütern, die aufgrund kaiserlicher Zollprivilegien auf dem Rhein vermarktet werden konnten, erzielten die fleißigen Nonnen Überschüsse mit denen sie klug wirtschafteten. Bis zur Säkularisation im Jahr 1803.

Dann verschenkte Napoléon mit einem Federstrich alle Besitz- und Herrschaftsrechte an das Großherzogtum Baden und an das badische Herrscherhaus in Karlsruhe. Das Meiste, was über Jahrhunderte durch wohltätige Stiftungen, Schenkungen, Mitgiften und Leibrenten an das Kloster gefallen war oder von diesem durch Ankauf von Liegenschaften und Gerechtsamen mit eigenen Mitteln erworben und vermehrt worden war, ging unwiederbringlich verloren. Die Leibeigenschaft der Bauern auf dem klösterlichen Grund und Boden wurde allerdings ebenfalls aufgehoben.

Kloster Lichtental
(C. Guise).

Der Konvent behielt als *Hauskloster des badischen Herrscherhauses* eine Sonderstellung. Dazu gehörten das Wohnrecht in den bisherigen Gebäuden, die Äcker auf der Lichtentaler Allee und das Recht zur Einrichtung einer *Mädchenschule* als Nachweis der Gemeinnützigkeit *im Jahre 1815*. Zum 600-jährigen Jubiläum des Klosters ließ Großherzogin Stéphanie 1845 ihr prächtiges Brautkleid, das sie in Paris getragen hatte, in einen Ornat umarbeiten und stiftete es dem Orden. Seit 1854 war die Verbindung zum Zisterzienserorden von Cîteaux wieder erlaubt, und das Kloster durfte auch wieder Novizinnen aufnehmen.

Fürstenkapelle im
Kloster Lichtental
(H. Schönfeld).

Die Königin wohnte der Schleiernahme einiger Nonnen bei. Die Feier währte von 10:00 bis 13:00 Uhr und war sehr schön und eigentümlich. Die drei Geistlichen, zwei Kirchendiener, zwei Chorknaben und alle Nonnen waren fast unausgesetzt in Bewegung, während die schleiernehmenden Nonnen beständig ihre Gebete hersagten und auf verschiedene Fragen des Priesters antworteten. Aus der Hand desselben erhielten sie dann den Schleier in Form eines wollenen Gewandes und wurden von den anderen Nonnen sogleich damit bekleidet; dann legten sie sich vor den Altar auf den Boden nieder, um wieder zu beten, worauf die Feier beendet war. Sie waren nun unwiderruflich und für ihr ganzes Leben Nonnen und in die Mauern des Klosters gebannt, was trotz des großen Friedens, der darin liegt, doch etwas Beängstigendes und Schreckliches hat. Diese drei Nonnen aber dachten wohl anders; sie traten strahlend glücklich vor die Königin, die sie begrüßte und ihnen einige sehr schöne Worte sagte, welche ihnen sicher wohl taten. (Adele Gräfin zu Dohna, Hofdame der Königin)

»Gegenüber unserer Brücke« – Attentat auf König Wilhelm

Auf der Allee fielen Schüsse, die man in der Villa Merck gut hören konnte. Die Familie saß beim sonntäglichen Frühstück. Alle rannten zum Fenster. Die Sonne stand bereits hoch über dem Kloster Lichtental. Ungeheuerlich! Ernst Merck trug das Ereignis in sein Gästebuch ein:

Handschriftliche Notiz
von Ernst Merck.

Attentat auf König
Wilhelm von Preußen
nahe der Villa Merck
am 14. Juli 1861.

Sonntag ~~Montag~~ 14 July
Um 9 Uhr morgens vis-à-vis unserer Brücke, Attentat auf seine Majestät den König von Preußen.

Vor Aufregung verwechselte Merck »Sonntag« zunächst mit »Montag«.
Sein Freund, der preußische Botschafter Graf Flemming, war Augenzeuge
des Attentats und kam noch am gleichen Tag in die Villa Merck zusammen
mit Bankier Haldenwang, Stadtdirektor Kuntz und Oberst von Glasenapp,
um Einzelheiten zu berichten:

[...] wir schreiben den 14. Juli 1861, und heute morgen ist Unerhörtes
geschehen: draußen an der Klosterwiese, zwischen dem Hirtenhäuschen und der Abtei der Ehrwürdigen Cisterzienserinnen, als die
Majestät, auf dem gewohnten Spaziergang, eben dem preußischen
Gesandten Graf Flemming begegnet war und ihn eingeladen hatte,
sich ihm anzuschließen, kam ein junger Mann hinter den Herren her.
Er war ihnen schon eine Zeit lang gefolgt, unbemerkt von den beiden
Sicherheitsbegleitern des Königs wechselte er die Straßenseite. Statt
sie zu überholen, blieb er höflich grüßend am Wege stehen. Dann
feuerte er zwei Schüsse auf Deutschlands wichtigsten Monarchen ab.
Eine Kugel drang in einen Alleebaum ein, die andere streifte Wilhelm
am Kragen, riss die immer sorgfältig angelegte Binde weg, verursachte
aber zum Glück nur ein Hämatom am Hals.

Auf die etwas sonderbare Frage des Grafen Flemming, wer geschossen
habe, antwortete der junge Mann, der sich keine Mühe gab, seine
Pistole zu verbergen: »Ich, auf den König!« Im Hirtenhäuschen konnte
der nur leicht Verletzte verbunden werden.
(Reinhold Schneider, Der Balkon)

Mehrere Personen, die zugegen waren, halfen ihm den Elendigen in eine Kutsche zu verfrachten und lieferten ihn an die Polizei aus. Der König, den die Vorsehung beschützt hatte, empfand nur einen leichten Schmerz, bedingt durch eine leichte Prellung der Halsmuskeln, was durch eine gewissenhafte Untersuchung der Verletzung festgestellt wurde; er setzte deshalb ruhig seinen Spaziergang fort und traf auf die Königin, die von ihm selbst über den Vorfall unterrichtet wurde und wenigstens die Beruhigung hatte, dass ein ihr so teures Leben aus so naher Gefahr gerettet worden war.

Beim Maison Messmer am Abend des Attentats auf König Wilhelm von Preußen.

Bei seiner Rückkehr wurde der König von Personen umringt, die ihn mit Glückwünschen und Freundschaftsbeweisen überschütteten und deren Zahl sich stetig vergrößerte, bis er in der Maison Messmer angekommen war, wo der Großherzog und die Großherzogin versammelt waren, um ihm Ihre Anteilnahme auszudrücken. Am Abend versammelte sich die gesamte Bevölkerung Badens in einem Fackelzug unter den Fenstern seiner Majestät, um ihn für den glücklichen Ausgang des finsteren Ereignisses zu beglückwünschen. (Begleittext des Bildes vom Attentat auf Wilhelm im Palais Biron)

Der Attentäter war ein junger, ungeduldiger Jura-Student aus Leipzig namens Oskar Becker. Er traute dem König von Preußen nicht zu, die Einigung Deutschlands schnell genug herbeizuführen. Welch ein aberwitziges Motiv! Bismarck dachte doch an nichts anderes als an die Deutsche Einheit – und wenn sie mit *Blut und Eisen* herbeigeführt werden musste.

Seine Majestät steht auf dem Balkon, aufrecht, mit einem leichten Verband um den Hals statt der korrekten Binde. Ihre Majestät Königin Augusta steht daneben, als müsse sie den Gatten schützen, stolz, bleich und schmal und nicht gewillt, ihre Empörung zu verbergen. Ein jeder Rechtschaffene, und dazu gehören die 48er gewiss, hat eine Fackel ergriffen, und der Gerettete dankt mit dem Lächeln reiner Menschlichkeit, das kein Schauspieler der Macht und Herrschaft nachahmen kann [...]

Der *Kartätschenprinz* aus dem Revolutionsjahr 1849 war vergessen. Rufe erschallten: »Vive le roi!«

Schon bald errichtete die Stadt Baden-Baden am Ort des Attentats, nahe beim *Hirtenhäuschen*, aus Dankbarkeit für den glücklichen Ausgang eine *Dreifaltigkeitskapelle*. Dafür verwendete man einen alten *Bildstock*, der vor langer Zeit von einem Bauern aus dem Gunzenbachtal zur Abwehr von

Viehseuchen gestiftet worden war. Aus dem Alleebaum mit der eingedrungen Kugel des Attentäters schnitzten Souvenirjäger immer wieder Stücke heraus, bis er mit einem Schutzgitter versehen wurde.

Als Jahre später auch der Kanzler Bismarck in Berlin beim Spaziergang *Unter den Linden* von einem Attentäter attackiert wurde, reagierte er auf seine Weise: »Er griff ihm an den Hals, fasste die rechte Hand, die die Waffe hielt, und würgte ihn. Noch hatte der Unglückliche die Kraft, mit der Linken zweimal zu schießen, dann brach er zusammen unter der gewaltigen Körperkraft seines Gegners [...]«

> Der Kanzler kennt seine Feinde, er glaubt sie zu kennen. Und wenn er sie in der Gewalt hat, so wird er sie vernichten [...] Die Heiligen sollen scharfe Schwerter in ihren Händen haben, dass sie Rache üben unter den Heiden, Strafe unter den Völkern. (Reinhold Schneider)

Österreichischer Adelstitel für Ernst Merck

Ein großes Ereignis im Leben von Ernst Merck wurde die Fertigstellung der österreichischen Eisenbahnverbindung zwischen Wien und Salzburg. Die Strecken aus Wien und München trafen 1860 im Bahnhof von Salzburg zusammen. Der Salzburger Erzbischof segnete den Schlussstein im Bahnhofsgebäude – und Merck strich einen Gewinn von 240.000 Gulden ein. Beim anschließenden Festessen brachte er als Vorsitzender des Kommitees ein *Hoch!* auf Kaiser Franz Josef und König Maximilian II. von Bayern aus. Der österreichische Kaiser erhob die Hauptfinanziers Simon Oppenheim

Bahnhof Salzburg – Einweihung der Kaiserin Elisabeth Westbahn. 1860.

und Ernst Merck zum Dank für das Zustandebringen der Finanzierung als *erbliche Freiherren* in den Adelsstand. Merck wählte für sein neues *Familienwappen* die Inschrift: *Ohne Kampf kein Sieg.*

Gerade das Neue, das anfangs unmöglich scheinende lockte ihn, und es war ihm ein Bedürfnis, sich mit Rivalen herumzuschlagen, um schließlich doch durch seine Geschicklichkeit im Unterhandeln und Disponieren zum Ziel zu kommen. (Percy Schramm)

Freiherr Ernst von Merck, Wappen von 1860.

Als frisch gekürter *Freiherr Ernst von Merck* lud er seine Konsortialpartner schon bald nach Baden-Baden ein, um den Erfolg gebührend zu feiern. Alle konnten auf dem Dach seiner Villa einen gusseisernen *Adler* mit weit gespannten Flügeln sehen, bereit sich in die Lüfte zu erheben. Wie der Adler auf der *Wiener Hofburg* ...

In Hamburg war man über den österreichischen Adelstitel für den Hanseaten einigermaßen pikiert. Obwohl jeder wusste, dass Merck als aristokratischer Typ »für äußere Ehren und hohe Beziehungen empfänglich« war. Doch schon bald ahmten andere Mercks Vorbild nach. Die reichen Kaufleute entfalteten ein Standesbewusstsein und eine »Adelssehnsucht«, was schon bald zur Herausbildung eines »Hamburger Adels« führte. Ausgerechnet in einer Zeit, als »der Pöbel unruhig zu werden begann«. Die Arbeitszeit wurde nämlich von dreizehn Stunden am Tag auf vierzehn erhöht – bei gleichem Lohn; und während einer Choleraepidemie starben im Sommer 1859 in den Armenvierteln der Hansestadt 1.300 Menschen, weil es für sie kein sauberes Trinkwasser gab. *Demokraten* und *Linke* kritisierten offen die »Cliquenwirtschaft der mächtigen Herren der Stadt« und den Dilettantismus in der Verwaltung.

Maria Merck heiratet Karl Pfusterschmid

Die Verbindungen nach Wien wurden noch enger, als Mercks Tochter Maria den österreichischen Diplomaten *Karl von Pfusterschmid-Hardtenstein (1826–1904)* heiratete. Sie trat dank der Adelserhebung ihres Vaters als *Maria Freiin von Merck (1840–1921)* im Februar 1861 in Hamburg vor den Traualtar. Ernst Merck richtete sich nach dem Motto der Habsburger: »Bella gerant alii, tu felix Austria nube« – was die Haltung zum Ausdruck bringt, dass man Macht und Einfluss nicht durch Kriege, sondern durch kluges Heiraten vermehrt.

Die Vorgeschichte der Heirat war nicht unkompliziert. Pfusterschmid hatte zunächst bei Merck in einem sehr persönlichen Brief um Marias Hand angehalten, wobei er deutlich über die üblichen Höflichkeiten hinausging. Der 35-jährige Wiener brachte »eine von Herzen kommende Wertschätzung für die Braut« zum Ausdruck und versprach »eine echte Liebesheirat«. Da er aber »in Diplomatischen Diensten stand«, brauchte Pfusterschmid für die Eheschließung eine Genehmigung seines Kaisers in Wien. Und für diese hätte der Diplomat zumindest den Rang eines *Gesandten* haben müssen – was nicht der Fall war.

In dieser misslichen Lage konnte nur noch der Brautvater helfen. Immerhin kannte man Ernst Merck in der *Wiener Hofburg* als »notorisch einen der reichsten Banquiers in Hamburg«. Also machte der Freiherr eine schriftliche Zusage, dass er sich verpflichte, dem Paar ein gemeinsames jährliches Einkommen von 6.000 Gulden zu garantieren – und *Erzherzog Rainer* erteilte im Namen von Kaiser Franz Joseph die Zustimmung zur Eheschließung.

Dem genannten subalternen diplomatischen Beamten wird durch diese Verbindung sonach ein ganz besonderes Glück zu Teil. So dürfte sich der vorliegende Fall zu einer ausnahmsweisen Behandlung wohl eignen.

Maria war der ganze Stolz des vielbeschäftigten Unternehmers. Über ihre behütete Kindheit im Hamburger *Mortzenhaus* am *Alten Wandrahm* schrieb sie Tagebücher nach dem Vorbild der Autorin Margarete Wulff: *52 Sonntage oder Tagebuch dreier Kinder*. Die Gabe hierzu verdankte Maria ihrem Vater, der ihr auf seinen Reisen durch Europa regelmäßig liebevolle Briefe schrieb.

Das frisch vermählte Paar kam im Sommer 1861 nach Baden-Baden, als Merck ein Diner zu Ehren des *Duc de Bauffremont* und des *Baron de Bourqueney* gab. Im Musikzimmer bewunderte man ein neues Ölgemälde des renommierten Hamburger Malers *Otto Speckter (1807–1871)*, es zeigte Vater und Tochter bei einer Kutschfahrt auf der Lichtentaler Allee.

Auf der Lichtentaler Allee

Ernst Merck liebte es, seinen schnellen *Zweispänner* eigenhändig über die Lichtentaler Allee zu lenken. Wie immer hatte er den entschlossenen Blick nach vorne gerichtet. Maria saß behütet in der Kutsche und hielt einen reizenden Sonnenschirm in der Hand, mehr zur Zierde, denn zum Schutze. Staub wirbelte vom ausgetrockneten Fahrweg auf, dem offenbar eine Schicht frischen Sandes fehlte. Mercks Kutscher Völker durfte hinten auf dem Trittbrett mitfahren, für alle Fälle. Sein Blick war zur Villa Merck gewandt,

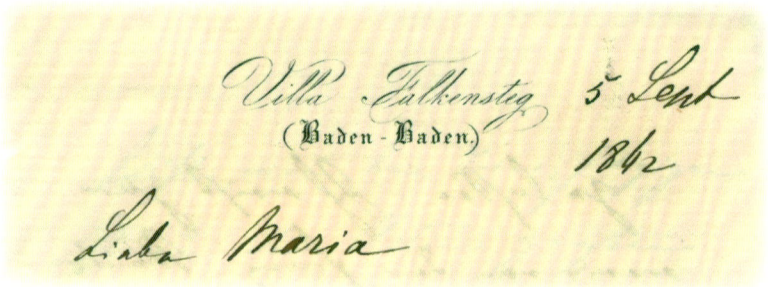

deren herrlicher Park mit der Lichtentaler Allee verschmolz. Das viele Grün und die geschwungenen Wege, reiche Planzen und blühende Sträucher, die kleine Holzbrücke über die Oos und der große runde Pavillon mit Aussicht – alles ging in einem weiten, offenen und einladenden *Englischen Park* nahtlos ineinander über. Der Weg »vom städtischen Markt hinaus nach Lichtental« war längst nicht mehr die bescheidene Fuhrstraße entlang der friedlich plätschernden Oos, gesäumt von Äckern, Wiesen und gemächlich weidenden Schafen.

> Es wird in dieser schönen Allee so fürchterlich gefahren und geritten, dass man an den Stellen, an welchen Fahrweg und Fußweg zusammentreffen, seines Lebens nicht sicher ist. Die Landstraße nach Lichtental ist stets von Wagen, Spaziergängern, Reitern belebt, mit der ganzen Bewegung, dem ganzen Luxus und der ganzen Pracht einer Pariser Promenade.

Begonnen hatte es schon im 17. Jahrhundert mit einer Eichenallee gegenüber der Stadt. Nach dem Bau des *Promenadehauses* und später des *Conversationshauses* wurde aus der Allee nach und nach ein großer englischer Landschaftspark, der sich vom *Badischen Hof* bis zum *Kloster Lichtental* erstreckte. Nach dem großen Hochwasser von 1825 regulierte der Karlsruher Ingenieur *Johann Gottfried Tulla (1770–1828)* den Oos-Bach, so wie er ab

1817 auch den Rhein begradigte, um zusätzlichen Raum in der Talsohle zu schaffen. Die alte *Eichenallee* zwischen Conversationshaus und Hirtenhäuschen wurde zu einem prächtigen *Flanierboulevard*, der sich als *Ahornallee* bis zum Kloster fortsetzte. In diesem Abschnitt entstand am Uferweg der Oos noch eine frisch angepflanzte zweite Allee.

Ernst Merck und seine Tochter Maria Pfusterschmid vor ihrer Villa (Otto Speckter, 1860).

Der Promenadenbesuch ist nur anständig gekleideten Personen gestattet. Dienstboten, welche mit kleinen Kindern die Promenade besuchen, dürfen sich nicht auf der oberen Promenade (vor dem Conversationshaus) oder unter den Buden, sondern nur in den Seiten-Alleen aufhalten. Das Befahren der Promenadenwege mit zwei oder mehreren Kinderwagen nebeneinander ist verboten. (Großherzogliches Bezirksamt)

Unter all den vielen herrlichen Bäumen promenierte, wer sehen und gesehen werden wollte: Fürsten und Financiers, Künstler, Kavaliere und Kokotten. Gäste aus der ganzen Welt bewunderten die Fülle von Pflanzen, die üppige Blütenpracht, Brunnen mit tanzenden Fontänen, verspielte Pavillons: »Kommen Sie doch nach Baden! Da sind die herrlichsten Bäume, die ich je gesehen habe [...]«, schrieb der russische Dichter *Iwan S. Turgenjew* 1865 an Gustave Flaubert, »[...] das tut dem Auge und der Seele gut [...] alle Welt hält es für seine angenehme Pflicht, hier gewesen zu sein.«

Rund um den »Russischen Baum«

Als *Fürst Alexander Sergejewitsch Menschikow (1787–1867)* die Mercks besuchte, eilte ihm der Ruf des schlimmsten »Rasers« auf der Allee voraus. Der ehemalige russische Generalgouverneur von Finnland, Marineminister des Zaren und Oberbefehlshaber von Armee und Kriegsflotte im verlorenen Krim-Krieg von 1854–1856 gab sich als richtiger Draufgänger. Menschikow jagte mit seiner Kutsche über die Lichtentaler Allee und hatte höllischen Spaß, wenn seine wilde *Schimmel-Troika* die Spaziergänger in Angst und Schrecken versetzte. Einem örtlichen Polizisten, der ihn mit »20 Mark« bestrafen wollte, warf der Russe kühn eine Hand voll Goldrubel zu: »Das ist für alle Fälle.«

Nach dem wirtschaftlichen und militärischen Fiasko Russlands hatten Alexander und Leonie Menschikow in der Nähe der Villa Merck eine Villa aus den 1830er Jahren von einem Amerikaner gekauft, wo Menschikow auf einem Plateau sogar eine Pferde- und Hunderennbahn anlegen ließ.

Auf der gegenüberliegenden Talseite der Villa Merck, auf der *Leisberghöhe*, gehörte Menschikow zusammen mit seinem Schwager *Fürst Nikolaj Gagarin* auch noch ein zweistöckiges Wohnhaus mit 41 Morgen Weideland für Kühe und Pferde – und eine *Schmiede-Werkstatt*. Wenn Besuch kam, stellte er sich mit rußgeschwärztem Gesicht an den Amboss und hämmerte wild darauf los, bis alle sich amüsierten. Als großer Pferdeliebhaber konnte Menschikow aber nicht nur Hufe beschlagen: Mit seinem Schwager Gagarin beteiligte er sich an der Gründung des *Internationalen Club* Baden-Baden, der 1872 das Palais der Königin Friederike von Schweden an der Lichtentaler Allee bezog und die Pferderennen in Iffezheim ausrichtete.

Das glatte Gegenteil des lärmenden Fürsten war die elegante *Gräfin Marie von Mouchanoff-Kalergis*. Über sie gab es neun Eintragungen im Gästebuch von Ernst und Johanna Merck: »Madame Kalergis aus Sankt Petersburg«, »de Calergis« oder »Gräfin Kalergis«. Sie war eine »gescheite und anziehende Frau« – die Lieblingsschülerin von Chopin, und überhaupt »die beste Chopin-Spielerin« ihrer Zeit. Der Komponist bescheinigte ihr höchst persönlich, sie habe »in jeder Beziehung ungeheuren Erfolg in der großen Pariser Welt«.

Fürst Alexander Sergejewitsch Menschikow (1787–1867).

Durch Abstammung ist sie Deutsche,
eine Nesselrode, durch Geburt Polin,
durch Erziehung Russin – Graf Nesselrode,
der Reichskanzler, dürfte ihr Vetter sein – und
durch Heirat Griechin. Chopin sah in ihr die Frau, die
am besten Chopin spielte, und Bülow hat es bestätigt. Liszt
spielt mit ihr, und Wagner hätte das Defizit seiner Pariser Konzerte
ohne sie nicht zahlen können. Napoléon machte ihr den Hof, und man
glaubte sie schon an der Stelle zu sehen, die dann Eugenie einnahm.
Temperament: eine Mischung aller Nationen, am liebenswertesten der
slawische Einschlag; sie ist ganz weiblich. (Otto Flake)

Kein Wunder, dass der deutsche Dichter Heinrich Heine ihr ein Huldigungsgedicht widmete. Er nannte das 1849 entstandene Werk »Die schöne Kalerchi« und bezeichnete es als »Spaßgedicht auf eine wohlbekannte Dame des hiesigen Hofes, das in Paris gewiss viel Aufsehen« machen werde. Offensichtlich löste Heines Gedicht in den Salons der Pariser Bohème delikate Befindlichkeiten aus, denn er änderte den Titel in »L'éléphant blanc« und nannte die begehrte Dame »Gräfin Bianca«.

[...] die Lilje, die ihre Hand erfaßt,
vergilbt durch Eifersucht oder Kontrast.
Gräfin Bianca ist der Name
von dieser großen weißen Dame;
sie wohnt zu Paris im Frankenland,
und diese liebt der Elefant.
durch wunderbare Wahlverwandtschaft,
im Traume machte er ihre Bekanntschaft,
und träumend in sein Herze stahl
sich dieses hohe Ideal.
Sehnsucht verzehrt ihn seit jener Stund,
und er, der vormals so froh und gesund,
er ist ein vierfüßiger Werther geworden,
und träumt von einer Lotte im Norden [...]

Marie von Mouchanoff-Kalergis (1822–1874).

(Heinrich Heine)

Kein Wunder, dass Ernst Merck Kalergis Gesellschaft suchte und sie in seine neue Villa lockte.

Beim ersten Besuch kam sie an der Seite von Staatsrat Dimitri Graf Nesselrode in die Villa Merck, wo sich viele der russischen Geschäftspartner Mercks ein Stelldichein gaben: der Bankier Baron Stieglitz aus Sankt Petersburg – die Damen und Herren Koudriaffsky und Mukianoff – Michail Chreptowitsch – Fürst Menschikow – Staatsrat und Kammerherr von Stolipine – der russische Geschäftsträger Baron von Mohrenheim ...

Marie Kalergis war in zweiter Ehe mit dem Russen Mouchanoff verheiratet und besaß eine Villa in der Schillerstraße beim *Hotel Stéphanie-les-Bains*. »Dieses Tal ist der einzige Ort auf der Welt, den ich wirklich liebe und in dem ich mich in der Heimat fühle.« Die Künstlerin wusste »über alles Bescheid, was durch Baden durchkam«:

> Jetzt haben wir alle Augenblicke königliche oder herzogliche Abende!
> Wie lange waren Kaiserin Eugenie und die Großherzogin in der Stadt?
> Wie sehr litt Bismarck unter seiner »Verbannung« nach Sankt Petersburg?
> Wieso sprach er am liebsten über Österreich?
> Wie lange blieb Brahms?
> Wann gab es festliche Aufführungen bei der Herzogin von Hamilton in deren Palais?
> Traten Rubinstein und der göttliche Wieniavsky auf?
> Musizierte man wieder bei den Flemmings?

Ja, man musizierte und die Gespräche drehten sich um Liszt, Schubert, Brahms und Clara Schumann, Rubinstein, Gounod, Meyerbeer und Richard Wagner! Ihn kannte Marie Kalergis aus Paris von seinem »Tannhäuser«-Debakel, als ein Jockeyclub bei der Premiere lärmte und pfiff. Jetzt war der Meister auf der Suche nach einem eigenen Festspielhaus. Marie Kalergis nahm ihn mit zu Pauline Viardot und Iwan Turgenjew – wie auch Johanna Merck: »Madame Viardot hatte gestern mir zu Ehren etwas Musik arrangiert.«

Die französische Sängerin Pauline Viardot kam mit ihrem Gatten 1863 nach Baden-Baden und veranstaltete in einer eigens dafür errichteten *Orgelhalle* vielgerühmte Hauskonzerte und Musik-Matinees. Alles was Rang und Namen hatte in der Baden-Badener Gesellschaft traf sich im Garten ihres Anwesens im *Tiergartenviertel*: Komponisten, Musiker, Dichter.

> Die Orgelhalle, die im Garten lag, war ein Fachwerkbau in Basilikaform. Die Dächer der Seitenschiffe stiegen schräg von den ovalen Fenstern des Mittelschiffes an. Zwischen den Fenstern hing die Gemäldesammlung Viardots. Das Ende des Raumes schloß die große Orgel ab, davor standen zwei Flügel. Oben in der Orgel hatte Ary Scheffer ein Medaillon angebracht, das Frau Viardot als Cäcilia darstellte.

Orgelhalle von Pauline
Viardot mit Ehrengästen:
Bismarck, König von
Preußen, Turgenjev,
Theodor Storm,
Rubinstein.

Organi   Rubinstein   Biardot   Turgenjew   Storm   König v Preußen   Bismarck

Matinee in der Orgelhalle von P. Biardot in Baden-Baden 1865

Die Bälge der Orgel brauchten nicht getreten zu werden; ein Hebel, den man mit der Hand auf und nieder drückte, tat denselben Dienst. Turgenjew machte sich ein Vergnügen daraus, ihn zu bedienen, wenn Frau Viardot eine Händel'sche Arie sang und sich selbst begleitete. Unter einer Kopie nach Velasquez stand der Sessel der Königin Augusta.

Pietsch, der für die Vossische Zeitung schrieb und von Hause aus Maler war, setzte sich unauffällig auf einen Stuhl im Hintergrund und zeichnete die Gäste: die Königin, ihre Tochter, die zierliche, energische Großherzogin; den Großherzog; die Prinzessin von Hessen, den preußischen Gesandten in Karlsruhe, Graf Flemming; die anderen Diplomaten, die dem Großherzog nach Baden-Baden zu folgen pflegten; die Herzogin von Hamilton, Tochter Stéphanie Beauharnais, und den Herzog von Leuchtenberg, durch Gnade des Zaren Kaiserliche Hoheit.

Theodor Storm, der Freund Turgenjews, war dieses Jahr nicht anwesend; dafür hörte Herwegh zu, der einst die klirrende Lerche gewesen war und jetzt in Baden-Baden wohnte. Rosenhayn saß neben Rubinstein, dessen Löwenmähne ganz Europa kannte. Es war eine bedrückende Enge, aber man beachtete sie nicht.

Die Frauen trugen auf schweren Frisuren leichte Gebilde aus Stroh und fliegenden Bändern, die phantastisch und überaus malerisch wie die hellen Toiletten waren. Die Sonne warf Gold durch das Oberlicht-

Russische Gäste beim
Kurhaus, um 1880
(Georg Gimbel).

fenster. Die Schülerinnen sangen Rossini, Mozart, Gounod, Gluck
nach den strengen Grundsätzen der italienischen Schule.
(Otto Flake, Hortense oder die Rückkehr nach Baden-Baden)

Der russische Schriftsteller Iwan Turgenjew war ein enger Freund des
Ehepaares. Vor allem war er unsterblich in Pauline Viardot verliebt – und
wich nicht mehr von ihrer Seite. Turgenjew zog deshalb auch aus dem *Haus
Anstett* beim Hotel *Stéphanie-les-Bains (heute: Brenner's Park-Hotel)* aus und
baute sich im *Tiergartenviertel* eine teure Villa im französischen Stil.

Zu den Russen, die in der Villa Merck ein- und ausgingen, gehörte auch
Michail Chreptowitsch, der mit einer Tochter des russischen Staatskanzlers
und Außenministers Nesselrode verheiratet war. Von Mercks Freund Baron Joachim Friedrich von Otterstedt, preußischer Gesandter in Karlsruhe,
kaufte Chreptowitsch 1854 eine herrlich gelegene Villa auf der *Helenenhöhe*
außerhalb der Stadt. Dort, am Fuße des Schwarzwalds, mit weitem Blick
auf das Oos-Tal und bis zum Rhein, schuf er einen solch glanzvollen gesellschaftlichen Mittelpunkt für die russische Kolonie Baden-Badens, dass der
Volksmund das Anwesen respektvoll *Schloss Seelach* nannte.

Jahr für Jahr kamen bis zu 5.000 Russen nach Baden-Baden, die Stadt an
der Oos wurde zum wichtigsten Reiseziel neben Paris. Zur russischen Kolonie
gehörten Fürstinnen und Grafen, schöne Frauen, Höflinge und hohe Beamte,
Militärs und Diplomaten, Schriftsteller und Künstler. Auch *Zar Alexander II.
(1818–1881)* kam höchst persönlich. Ein jeder fand seinen Platz in diesem
»paradiesisches Eckchen«, wie der Dichter *Nikolai Gogol* schrieb. Die Russen
fühlten sich wohl in einer »angenehmen, friedlichen Gesellschaft mit großem
Zusammenhalt, voller Gemütlichkeit«.

Die einen erwarben eigene Güter und Villen oder »ein kleines Chalet« in der Lichtentaler Allee; andere wohnten in Hotels und Privatquartieren. Notfalls machten sie es sich auch in einem kleinen Zimmer irgendwo »im vierten Stock bequem«. *Johannes Brahms* brachte die Gefühlslage auf den Punkt: »Nirgends fällt das Leben leichter als hier, der Streit geht nur um die Jahreszeit, in der Baden-Baden sich am schönsten gibt.«

Baden-Baden war längst die »dritte russische Dichterhauptstadt« – neben Moskau und Sankt Petersburg. Das Glücksspiel im Conversationshaus schien wie für die Russen gemacht, dort suchten alle großen russischen Schriftsteller ihr Glück. Mit Ausnahme Turgenjews, der es im Tiergarten bei Pauline Viardot fand und der seinen Landsleuten in Moskau und Sankt Petersburg riet: »Kommt nach Baden! Seit ich hier bin, sind alle meine früheren Gebrechen verschwunden!«

In Turgenjews Baden-Baden-Roman *Rauch* reisten russische Adelige als Sommergäste an die Oos und trafen sich beim *russischen Baum*, am Ende der *Kolonnaden*, in Sichtweite des Conversationshauses. Dort langweilten sie sich, »die lachlustige Fürstin Sisi, und die zum Weinen neigende Fürstin Soso [...]«. Mit einer solch satirischen Beschreibung einer dekadenten russischen Aristokratie handelte sich Turgenjew natürlich großen Ärger ein, Dostojewski riet seinem Landsmann, er solle sich ein Teleskop kaufen, damit er von Baden-Baden aus die ferne Heimat Russland überhaupt noch erkennen könne ...

Fjodor Michailowitsch Dostojewski (1821–1881) war 1863 spielsüchtig aus dem Wiesbadener Casino nach Baden-Baden gekommen. Im Zarenreich, wo er jahrelang in Sibirien im Arbeitslager unter Schwerverbrechern in Haft war, hatte er quälende Erfahrungen gesammelt, sogar eine grauenvolle *Scheinhinrichtung* mitgemacht. Nun erforschte er die Extremsituationen der menschlichen Seele im Conversationshaus. Als pathologischer Suchtspieler setzte Dostojewski alles aufs Spiel und verlor alles: Kleidung, Ehering und seine Ehre.

Der Schriftsteller fühlte sich von der *Badenerei* zutiefst erniedrigt, und seine Frau verachtete Baden-Baden als einen *teuflischen Ort*: »In Baden, in dieser Hölle, quälten wir uns volle sieben Wochen lang.« Diese Badener seien nicht einmal in der Lage, »dem unsterblichen Schiller« ein ordentliches Denkmal zu setzten. Als echte Geizhälse hätten sie zu Ehren des großen deutschen Dichters lediglich einen ziemlich unnützen und unbehauenen Stein auf der Lichtentaler Allee aufgestellt und gerade mal mit Flieder bepflanzt.

Der Autor von *Schuld und Sühne*, der Vater vieler unsterblicher Romanfiguren Russlands, diktierte im Jahr 1866 seiner Frau innerhalb weniger Wochen einen autobiografisch geprägten Roman: *Der Spieler*. In der erfundenen Geschichte musste ein hoch verschuldeter General hilflos mit ansehen, wie seine Großmutter in *Roulettenburg* – unschwer als Baden-Baden zu erkennen – ihr gesamtes Vermögen verspielte ...

Von oben nach unten:
Fjodor Michailowitsch
Dostojewski (1821–1881),
Iwan Turgenjew
(1818–1883),
Leo Tolstoj (1828–1910).

So wie Turgenjew und Dostojewski kamen auch *Jasenski, Goncarow, Shukovskij* und *Leo Tolstoj (1828–1910)* nach Baden-Baden. Alle fuhren achtlos an Karlsruhe vorüber, obwohl ihre Bücher an diesem liberalen Verlagsort wie kaum anderswo unzensiert erscheinen konnten. Ihr Weg führte sie direkt ins Conversationshaus. Leo Tolstoi, dessen Erzählung *Eheglück* teilweise in Baden-Baden spielte, kapitulierte am 14. Juli 1857 wie seine Kollegen vor der rollenden Kugel: »Roulette bis sechs Uhr abends. Alles verloren.« Der berühmte Autor von *Krieg und Frieden* war fertig. Mit Baden-Baden – und mit sich selbst: »Von lauter Lumpen umgeben! Und der größte Lump bin ich!« Aber sein Landsmann Turgenjew, der einzige *Nicht-Spieler*, zeigte Mitleid und löste den Unglücklichen aus der Schuldhaft aus.

Faszinierendes England – Lord Spencer Loftus

Neben Russland übte vor allem England auf Ernst Merck eine große Faszination aus. England war die seelige Insel des technischen Fortschritts! Wo auch Merck hinkam, immer wieder traf er auf *Lord Augustus William Frederick Spencer Loftus!*

Zunächst in Sankt Petersburg, dann als Botschafter beim Deutschen Bund in Frankfurt und in Wien – und nun in Baden-Baden. Loftus war ein Diplomat ihrer Königlichen Majestät, der so peinlich genau auf die äußeren Formen achtete, dass man ihn *Lord Pompus* nannte. Er ließ sich fast gleichzeitig mit den Mercks in Baden-Baden nieder, im Eckhaus Luisenstraße-Inselstraße.

Lord und Lady Loftus waren der Mittelpunkt der englischen Gesellschaft in Baden-Baden. Wenn sie in die Villa Merck zu Besuch kamen, dann ging es meist um die rasante ökonomische Entwicklung auf der Insel. Man sprach über gemeinsame Bekannte auf dem *Kontinent*, über Adolphe Fourier de Bacourt, den ehemaligen Sekretär des Fürsten Talleyrand – oder über den russischen Fürsten *Alexander Gortschakow*, der zur gleichen Zeit wie Loftus Botschafter beim Deutschen Bund in Frankfurt und in Österreich war, russischer Außenminister und Kanzler wurde – und der sich vor allem bestens mit Bismarck verstand.

Lord Spencer
Loftus (1817–1904).

Die Engländer hatten eine Schwäche für Baden-Baden, weshalb 1850 das Londoner *Athenaeum*, eine der einflussreichsten Zeitschriften für Literatur und Wissenschaft, über die *HOT SPRINGS OF BADEN* berichtete:

> Die reizende Lage in einem verschwenderisch fruchtbaren Tal zwischen hochaufragenden Bergen, die romantisch-schönen Burgruinen, die dunklen Tannen und balsamischen Düfte des Schwarzwaldes zauberten die Kulisse zu einem wahren Paradies für Gesunde und Kranke. In herrlich reiner Luft atmete man tief und frei; Wechselfie-

ber, Hypochondrie und hysterische Anfälle waren wie weggeblasen, Brustübel durch die Dämpfe der Quellen beseitigt, rheumatische Beschwerden durch äußerliche Wasseranwendungen geheilt.

Den zur Trinkkur verweilenden Fremden erwartete ein Mineralwasser, vollkommen klar, angenehm im Geschmack, in der grandiosen Trinkhalle geruhsam zu genießen. Geringe Lebenshaltungskosten und komfortabel ausgestattete Hotels ergänzten die lange Liste der Empfehlungen; nicht zuletzt aber waren es die gesellschaftlichen Veranstaltungen von anspruchsvollem Niveau, die Baden-Baden den Spitzenrang unter den europäischen Badeorten sicherten: die ununterbrochene Kette brillanter Bälle, Feste und Konzerte in den prachtvollen »Salons de Conversation«, die Aufführungen des konkurrenzlosen Orchesters, das im Großen Salon und auf der Promenade Perlen der berühmten Meister hinreißend spielte, ganz besonders die so schwungvoll dargebotenen Walzer. Für die laufende Saison stand mit den großartigen Jagdpartien Ende Oktober noch ein Höhepunkt bevor.

Für die Engländer gehörte Baden-Baden neben *Bad Kissingen, Bad Wildbad, Wiesbaden, Karlsbad, Marienbad, Spa, Evian-les-Bains* und *Vichy* zu den bevorzugten Kurorten auf dem Kontinent. Viele kamen nur als *Visitors* zum vorübergehenden Kur- und Ferienaufenthalt, andere blieben als *Residents* für Jahre und bildeten eine eigene Kirchengemeinde mit einem Geistlichen und Gottesdiensten – aber leider zunächst ohne Kirche. Obwohl Baden-Baden bereits fünf Kirchen für verschiedene Konfessionen besaß.

Lord Loftus legte deshalb 1863 ein *Secretary's Book for the Proposed English Church* an und übernahm persönlich den Vorsitz eines *Building Committee*. Er stiftete 400 Pfund und nahezu die gesamte Innenausstattung: Das *Munich Window* an der Ostseite, den Mosaikfußboden, die verzierte Rückwand des Altars, die Kanzel aus geschnitztem Eichenholz, die Messinggeländer und andere Verzierungen sowie die Bibel und Gebetsbücher für Altar und Lesepult. So konnte die *All Saints Church* im Jahr 1867 geweiht werden und war fortan der sonntägliche Treffpunkt der englischen Kolonie im Oostal. Für Lord und Lady Loftus hatte die *All Saints Church* aber noch eine ganz andere, sehr persönliche Bedeutung: Die unglücklichen Eltern gedachten mit dem Gotteshaus ihrer 11-jährigen Tochter, die in Baden-Baden verstorben war.

Englische Kirche in Baden-Baden, erbaut 1864–1867.

Die Kirche, nicht groß, aber für die Bedürfnisse der hiesigen Gemeinde völlig ausreichend, ist im echt englischen Style erbaut, das Langhaus im Innern einfach aber geschmackvoll, der Chor, welcher zugleich ein von Lord Loftus errichtetes Denkmal enthält, verhältnismäßig sehr reich ausgestattet. (The Builder)

Das Gästebuch schweigt ...

Der letzte Eintrag der Mercks in ihr Gästebuch betraf die Abreise des Malers Speckter und des Ehepaars Pfusterschmid aus Baden-Baden am 24. Oktober 1861. Die Saison ging zu Ende, ein Jahr mit schmerzlichen Verlusten: Johannas Vater Carl Borgnis war gestorben, und auch Justus Ruperti, der Teilhaber und ältere Partner von Ernst Merck. Das Ehepaar legte kein neues Gästebuch mehr an.

Bevor Johanna Merck in ihr Winterdomizil abreiste, kaufte sie noch von ihrem Nachbarn an der Kettenbrücke ein Grundstück zur Verbesserung der Zufahrt von der Villa Merck zur Lichtentaler Allee:

> Am 12. Oktober 1861: Kauf von »eineinviertel Acker und eineinhalb Rutenacker, Boden all da« vom Bierbrauer Michael Stephan und dessen Ehefrau Friedericke für 3.000 Gulden (Grundbuch Band 48, Nr. 33).

»Béatrice et Bénédict« im neuen Theater

Zu den Höhepunkten des folgenden Jahres gehörte zweifellos die Eröffnung des neuen Theaters in Baden-Baden. Der Bau war zeitgleich mit der Villa Merck in Angriff genommen worden. Ernst Merck, den das Thema brennend interessierte, wusste von Stadtdirektor Kuntz, dass der Spielbankpächter Edouard Bénazet die treibende Kraft hinter dem Theaterbau war. Als die ersten Pläne des Pariser Architekten Charles Séchan der großherzoglichen Regierung zu teuer erschienen, handelte Bénazet mit Hilfe des Badfonds-Direktors einen lukrativen Deal aus. Er stellte einen Teil des Baugeländes beim Kurhaus zur Verfügung und bekam dafür im Tausch schöne Villenbauplätze ganz in der Nähe, die er an Interessenten aus Paris verkaufte.

Bénazet trat als Bauherr des Theaters auf und leistete eine Vorfinanzierung. Er beauftragte den Architekten Charles Derchy mit neuen Plänen und holte nach dessen überraschendem Tod 1859 den Pariser Architekten Charles Couteau nach Baden-Baden, der die Bauarbeiten abschloss. Der Spielbankpächter war mit seinem Theater schneller als die Wiener, deren *Staatsoper* im Bau war, oder die Pariser, deren *Opéra Garnier* erst 1875 eröffnete. Nur im

Theater Baden-Baden, erbaut 1858–1862.

Sankt Petersburger *Mariinski* wurde schon seit 1860 gespielt. Am 8. August 1862 wurde das Baden-Badener Theater mit der von Hector Berlioz eigens für diesen Anlass komponierten Oper *Béatrice et Bénédict* eröffnet. Ernst und Johanna Merck ließen sich dieses große Ereignis nicht entgehen. Als großer Bühnen-Liebhaber war Merck mehr als gespannt, was das neue Haus künftig an Opern, Konzerten, Singspielen und Theatervorstellungen aufbieten würde. Schon bisher war das Baden-Badener Programm sehr reichhaltig; als Vorpremiere hatte das Badische Hoftheater von Konradin Kreuzer das »Nachtlager von Granada« aufgeführt.

Nun saß alles was Rang und Namen hatte im neuen Theater – Königin Augusta und das badische Herrscherhaus in der großherzoglichen Loge – und wartete, dass sich der Vorhang zum ersten Mal hob. Über der Bühne hing das Wappen des Badischen Großherzogtums und auch die Portraits der deutschen Dichterfürsten Goethe und Schiller durfte nicht fehlen. Die französische Innenausstattung schwelgte im Prunk der Rokokotheater des 18. Jahrhunderts. Mit Rücksicht auf die Umgebung war das Äußere im schlichteren Stil der französischen Renaissance gehalten.

Hector Berlioz erfüllte, wie schon bei seinen Konzerten in den Jahren 1859 und 1861, auch bei der *Premiere* seiner neuen Tragikomödie *Béatrice et Bénédict* die Erwartungen des verwöhnten internationalen Publikums. Ergriffen lauschten alle seinem Duett-Notturno »O Nacht, von Zauber erfüllt«.

Es sollte nicht lange dauern, bis die Operetten des quicken Rheinländers *Jacques Offenbach (1819–1880)* ihren Siegeszug im neuen Theater antraten. Musikalische Schwänke, Fabeln und Satiren, die den Geschmack des verwöhnten internationalen Publikums trafen.

Die Landwirtschaftliche Ausstellung in Hamburg

Die Idee zu einer großen Ausstellung brachte Merck aus London mit. Wenn es nach ihm ging, dann gab es bald auch in Hamburg ein großes »Volksfest, das alle Veranstaltungen in den Schatten stellte, an die sich die Hamburger bisher herangewagt hatten«. Im ganzen Land würde man davon sprechen – weil »es sonst nirgendwo in Deutschland so etwas gab«. Und es ging nach ihm!

Ernst Merck übernahm den Vorsitz im Trägerverein der *Landwirtschaftlichen Ausstellung*, er richtete einen Garantiefonds ein, rang dem Senat das Ausstellungsgelände auf dem Heiligengeistfeld ab, organisierte Verkehrserleichterungen, setzte Ermäßigungen durch – und übernahm sogar die Pressearbeit, da er sich »seit 1848 auf solche Dinge verstand«. Außerdem ließ er seinen Architekten Auguste de Meuron und dessen Schüler Martin Haller das Festgelände planen, mit Portalen, Springbrunnen, Gaststätten und Zieranlagen.

Merck wollte mit einer Ausstellung die »Vermittlung von landwirtschaftlichen Erzeugnissen« an Gartenbauer, Landhausbesitzer, Gärtner und Händler aus ganz Europa ankurbeln: Neueste Züchtungen von Weintrauben, Ananas, Pfirsichen, Kohl, Spargel, Dünger ... Auch Blumen, »die in jüngster Zeit in fernen Weltgegenden entdeckt wurden«: Orchideen und Passionsblumen aus Südamerika, Drachenlilien aus Neuseeland, buntblättrige und feurige Pelargonien. Zusätzlich sah seine Planung eine *Gewerbeausstellung* vor, einen *Internationalen Tierärztliche Kongress* und eine *Hundeausstellung*, als »die erste ihrer Art in Deutschland«.

Seine Vaterstadt war voll des Lobes über den rührigen Unternehmer. Der Senat beschloss, im Rahmen einer Feierstunde am 7. Juli 1863 eine *Straße* nach Ernst Merck zu benennen. Der rastlose Unternehmer war von großem Stolz erfüllt.

Plötzlich stirbt Ernst Merck

Noch während Merck die Landwirtschaftliche Ausstellung und vieles andere plante – neue *Wandelhallen* für den Hamburger Zoo, einen Umbau seiner Villa in Baden-Baden – erkrankte er. Die Pläne von Auguste de Meuron *Projet pr. Baden-Baden à Mr. le baron de Merck*, ausgearbeitet im Mai 1863 als Varianten »A« und »B«, blieben liegen. Zwei Wochen nach Beginn seiner Erkrankung starb Ernst Merck. Am 6. Juli 1863, »früh Morgens 3 1/2 Uhr, im 52. Lebensjahre erlag der

Kaiserlich Königlich Österreichische General-Consul, Commandeur, etc. etc. etc.,« einer Infektion, einem »Karbunkel im Nacken«, wie es hieß.

Die Hamburger waren schockiert über den Verlust ihres »populärsten Mannes«. Ebenso das »österreichisch gesonnene Lager«. Selbst der preußische Gesandte attestierte dem Verstorbenen: »Wir verlieren also in ihm einen gewichtigen Gegner.«

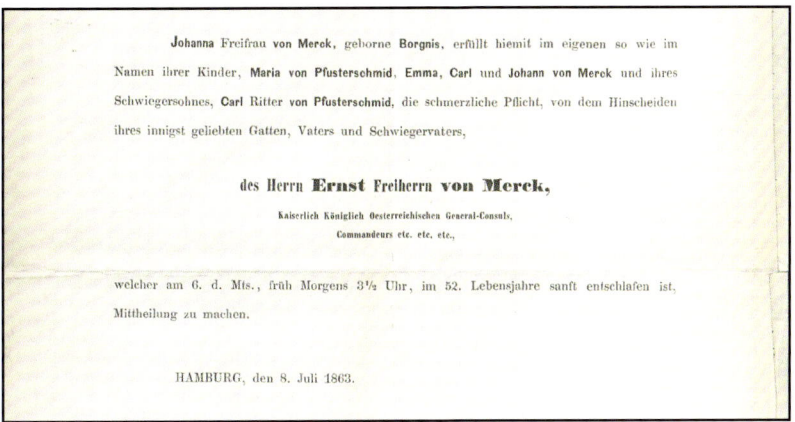

Johanna Freifrau von Merck, geborne Borgnis, erfüllt hiemit im eigenen so wie im Namen ihrer Kinder, Maria von Pfusterschmid, Emma, Carl und Johann von Merck und ihres Schwiegersohnes, Carl Ritter von Pfusterschmid, die schmerzliche Pflicht, von dem Hinscheiden ihres innigst geliebten Gatten, Vaters und Schwiegervaters,

des Herrn **Ernst Freiherrn von Merck,**

Kaiserlich Königlich Oesterreichischen General-Consuls,
Commandeurs etc. etc. etc.,

welcher am 6. d. Mts., früh Morgens 3½ Uhr, im 52. Lebensjahre sanft entschlafen ist. Mittheilung zu machen.

HAMBURG, den 8. Juli 1863.

Alle Schiffe im Hafen und zahlreiche Häuser in der Stadt und der Umgebung zogen Flaggen auf, mit Trauerflor auf Halbmast. Natürlich auch der Hamburger Zoo. Viele Läden wurden geschlossen, die Glocken läuteten – und in der Sankt-Georg-Vorstadt benannte man am Tag nach seinem Tode die *Ernst-Merck-Straße* nach ihm.

Die Strecke vom Merckschen Wohn- und Geschäftshaus am *Alten Wandrahm* bis zum *St. Jacobi-Friedhof* säumte eine »unübersehbar dichte Menschenmenge«. Es war der »größte Leichenzug, welchen Hamburg bis jetzt erlebt hat«, schrieben die *Hamburger Nachrichten*. Er bewegte sich eineinhalb Stunden lang durch das dichte Gedränge.

Mercks langjähriger Freund Adolph Godeffroy, der sein politischer Gegenspieler auf preußischer Seite war, sprach am Grab über die Ideale des »innersten und feinsten Kreises« der Hamburger Kaufleute. Was es für Merck bedeutet hatte, ein *hanseatischer Bürger* zu sein. Bürger sein heiße, »niemals seine Privatinteressen zu berücksichtigen, ohne gleichzeitig bestrebt zu sein, dem großen Ganzen Nutzen zu bringen«.

Er erkannte seine Zeit; er stand nicht nur auf der Höhe derselben, sondern er eilte ihr auch oft voraus, ihre Richtung antizipierend. Aber nicht nur die seltene Begabung besaß Ernst Merck, neue, dem Zeitgeist entsprechende Ideen zu erfassen und anzuregen, er wusste ihnen auch Gestalt und Wesen zu verleihen und sie mit einer eigentümlichen Tatkraft und Ausdauer durchzuführen und zur praktischen Geltung zu bringen.

Die Hamburger Zeitungen überboten sich in Nachrufen und forderten zu Spenden für ein Merck-Denkmal auf – für »ein recht volkstümliches Monument, wie er es gerne hatte, das Schönheit mit einem nützlichen Zweck verbindet«. Das *Merck-Comité* sammelte dafür »60.000 Mark Banco«. Man benannte im Zoo ein von Merck geplantes, zentral gelegenes, aber noch nicht fertiggestelltes Wintergebäude beim Konzertplatz nach dem Verstorbenen. Später, nach Fertigstellung der *Ernst-Merck-Halle*, wurde dort ein in Sandstein gemeißeltes *Relief* angebracht und eine *Büste* aufgestellt. Die *Ernst-Merck-Halle* im Zoologischen Garten fiel leider im Zweiten Weltkrieg dem Bombenhagel zum Opfer, aber als dort in der Nachkriegszeit ein Messegelände entstand, wurde eine der neuen Hallen wieder nach dem populären Hamburger benannt. In der neuen *Ernst-Merck-Halle* fanden 100 Jahre nach dem Tod des Namensgebers die umjubelten Auftritte der *Beatles* statt.

Ernst-Merck-Halle im Hamburger Zoo, um 1920.

Nach dem Tode Ernst Mercks verblieben sein Bruder Theodor und Oscar Ruperti als geschäftsführende Teilhaber in der Firma. Johanna von Merck und ihr Bruder Alexander Borgnis traten zum Jahresende als neue Teilhaber bei H. J. Merck & Co. ein. Damit waren die finanziellen Bedürfnisse der *Baronin* abgesichert, auch wenn sie 1869 ihren Anteil an den älteren Sohn *Carl Freiherr von Merck* weitergab, nachdem dieser volljährig war.

Das Unternehmen *H. J. Merck & Co.* betätigte sich unverändert als Merchant-Banking-Haus und handelte mit Zink, Kupfer, Zucker, Kaffee und anderen Waren. Oscar Ruperti setzte um, was er von Ernst Merck in den zurückliegenden Jahren gelernt hatte, auch hinsichtlich Ansehen und Popularität. Ruperti knüpfte auf Reisen neue Verbindungen und entdeckte zusätzliche Geschäftsquellen. Nur in Skandinavien war Merck nicht zu ersetzen. Dafür tat sich ein anderes lukrativeres Geschäftsfeld auf: Der Import von Düngemitteln für die Landwirtschaft – Guano, Chile-Salpeter und Rohphosphate.

»Toujours gaillard et sans souci«

Die *Baronin* ging viel auf Reisen, vor allem nach Paris, Nizza und zur Kur nach St. Moritz. Ihren jüngsten Sohn, den 13-jährigen Johannes, nahm sie mit, obwohl er dadurch keinen Beruf erlernte, sondern sich auf ein leichtes und vergnügliches Leben einstellte. Sein verstorbener Vater hatte die ungute Entwicklung bei Johannes kommen sehen, seine Frau auch entsprechend gemahnt, geholfen hat dies allerdings nichts.

Johanna Merck folgte auch dem Rat ihrer Mutter Elisabeth Thurneysen nicht, die aus einer sparsamen schweizerischen Familie stammte und zum Verkauf der Villa Merck riet, wie auch die in Dresden lebende Tochter Maria Pfusterschmid. Baden-Baden verlor für die *Baronin* nichts von seiner Attraktivität, die Villa Merck blieb ihre Sommerresidenz, in die sie Bekannte, Freunde und Familienangehörige einlud. Dort feierte man 1864 auch eine große *Familienhochzeit*: Alexander Borgnis, der Bruder der *Baronin*, heiratete deren Tochter *Emma Merck (1842–1935)*, die kirchliche Trauung fand in der Baden-Badener *Stiftskirche* statt.

In der *Europäischen Sommerhauptstadt* Baden-Baden trieb die *Franzosenzeit* ihrem Höhepunkt zu. Romantische Dichterseelen aus Frankreich liefen förmlich über, *Hugo, Musset, Gautier, Dumas, Scribe, Flaubert* und viele andere schwärmten vom unbeschwerten Leben im Oos-Tal:

Nichts haben die Bäder eingebüßt von ihrem glückspendenden Ruf seit den Tagen Martin Luthers, seit den alten Zeiten, in denen der elsässische Franziskanermönch Thomas Murner, von der Kanzel herunter, gegen den Höllenpfuhl wetterte, wo Kardinäle, Geldleute und Kurtisanen um die Fontänen tanzten.

Eine Phantastik der von warmem, animalischem Blut durchpulsten Sinnlichkeit alter niederländischer Kirchweihfeste wieder auferstanden im liebenswürdigen Dasein hartnäckigen Glückes an den berühmten Quellen dieses Schwarzwaldidylls, ein Zeugnis ewiger sich wiederholender Zeugungskraft der Natur.

Wo im modernen Europa ist noch eine solche bevorzugte Stätte der Lust und der Ungebundenheit, eine Freude zu leben in einer so glückhaften Welt? Der ganze Glanz des Kontinents, die Elite des Adels, des Reichtums und der Schönheit sind hier verschmolzen ohne die geringste Besorgnis um die Etikette. Alle sozialen Nuancen sind verwoben in einer Gleichheit, die sich überall in den verschiedenartigsten Elementen formt.

Franzosenzeit in Baden-Baden

VON HEINRICH BERL

Die großen Damen der Gesellschaft ebenso wie die Priesterinnen der Liebe, sie waren alle so über die Maßen elegant, von einer so graziösen Vornehmheit, dass sie fast einander glichen. Es war ein frohes Sich-Gehenlassen in dieser glückhaften Existenz.

Nicht im geringsten gab es Kastengeist, nicht im geringsten Prüderie. Auf solche und ähnliche Weise wirkte man zusammen, um aus Baden-Baden einen zauberhaften Ort zu machen, wo die Prinzen mit den Bacchantinnen einen farbenglühenden Karneval tanzten, einen Karneval großer Extravaganzen und funkelnder Pracht.

Eine der vielen Bühnen ausgelassenen Daseins war der Speisesaal. Doch die Liebhaber der Roulette kamen hierher nicht einmal so sehr, um ihrer Spielleidenschaft zu frönen, o nein, sie verlangten von den grünen Tischen nur eine betäubende Sensation zu den vielen anderen. Das Spiel war für sie lediglich Ergänzung zu einer Saison unaufhörlicher Freuden.

Waren die Wetten auf dem Rennplatz beendet, so legte man seelenvergnügt seine Napoléon d'ors auf den Spieltisch, man versuchte sich im Trente et Quarante, man wusste, es werde keinem Philosophen einfallen, die Schale des Glückes zu sprengen.
(Marie Colombier, Fin d Empire)

Das »karnevalistische Treiben des Second-Empire« ging vom Casino aus, ein weitläufiges Gebäude von eleganter Bauart und einer sehr einsichtig vorgenommenen Raumaufteilung. Alles hat seinen richtigen Platz: Die Räume der Spielconversation sind durchaus verschieden von denen der Tanzconversation, dem Lesezimmer und der Schweigenden conversation [...]

Conversationshaus und Musikpavillon, um 1870.

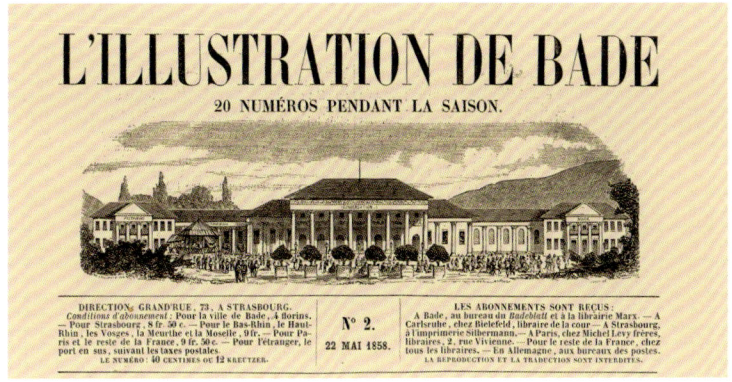

Welch einen blendenden Anblick bietet der Ballsaal an den Ball-
abenden während des Tanzes! – Frauen, Seide, Blumen, Diamanten,
Lichter, Vergoldungen, all das aus den Spiegeln durch tausend Prismen gebrochen zurückstrahlend, wirbelnd und rauschend wie ein
phantastisches elektrisches Kaleidoskop [...]

Die Leute, die in Baden ihr Gold einsetzen, sehen aus, als läge ihnen
nicht viel am Gewinn – was den Verlust anbetrifft, so spricht man
gar nicht darüber.
(Léon de Marancourt, Rien ne va plus, 1865)

Ich habe Paris wiedergefunden hier im freundlichen Städtchen, ganz
Paris fand ich hier, spielend, flirtend und plaudernd.
(Armand Sylvestre)

Nichts, wirklich gar nichts kann uns eine Vorstellung geben von den
überschwänglichen Freuden der ersten Septemberhälfte zu Baden. Nur
mit den brausenden Karnevalswochen in Neapel sind sie vielleicht
vergleichbar. (Marie Colombier, Fin d'Empire)

Das Treiben im Tale der Oos ließ sich nur noch mit dem Karneval
von Neapel vergleichen. (Alfred Darjou, Les Plaisirs de Baden)

Der große Umbau – und ein Brand 1865

Schon im Jahr nach Ernst Mercks Tod ließ sich die *Baronin* von Auguste de
Meuron einen *Plan C* für das *Projet pour Baden-Baden* vorlegen. Der Architekt
wollte die herrliche Süd-Terrasse durch einen eigenartigen Erkervorbau ersetzen, ganz im Stil der *Villa Gossler* in Hamburg. Dadurch wäre der Freisitz
im Obergeschoss mit seiner traumhaften Aussicht auf die Lichtentaler Allee

weggefallen. An der Ostseite stellte sich der Architekt einen asymmetrischen Säulenvorbau als Wintergarten mit angeschlossenem Laubengang vor.

Wer immer diese Planung verhinderte, der ursprüngliche Stil der Villa Merck wurde dadurch gerettet. Es war wohl die *Baronin* Johanna Merck selbst, die schließlich 1864/65 einen Total-Umbau ganz anderer Art in die Wege leitete, nur fünf Jahre nach der Einweihung:

Die Villa wurde auf drei Seiten komplett aufgerissen, von den Grundmauern bis zum Dach. Das Gebäude bot ein schauerliches Bild. Nur noch die Südseite des Gebäudes stand unversehrt. Das Dach fehlte völlig, und im Inneren klaffte ein riesiges Loch.

Dann wurden auf der Ost- und Westseite neue Seitenflügel angesetzt, im östlichen für ein großes Speisezimmer mit Blick zum Rosengarten. Die Innentreppe drehte man als repräsentatives dreiläufiges Treppenhaus von der Ostseite auf die Mittelachse. Im durchgängigen Mansardendach richtete die Baronin neue Zimmer für Personal und Gäste ein. Auch in beiden Seitenflügeln entstanden auf zwei Etagen neue Räume – sowie eine viertelkreisförmige Terrasse im Erdgeschoss und eine rechteckige Terrasse im Obergeschoss. Johanna Merck und ihre Gäste konnten sich nun darüber streiten, von welcher der vielen *Terrassen* ihrer Villa der schönste Blick auf die Lichtentaler Allee bot ...

Hinter dem Schweizerhaus erhielten die Bewirtschaftungsgebäude eine Auffrischung und wurden erweitert. Der *Häusersteuerzettel* wies nun die folgenden Bewirtschaftungs-Einrichtungen auf dem Gelände der Villa Merck aus: Treibhaus, Stall- und Remisengebäude mit Gärtner- und Kutscherkammer, Holzschopf, Remise mit Heuspeicher und Stallung, Remise mit Abtritt.

Baden, 13. Nov. 1865, heute früh 4 ½ Uhr wurden die Bewohner unserer Stadt durch Feuerlärm erschreckt. Es brannte in der, durch die Schönheit ihrer Lage, wie durch den Reichthum ihrer Ausstattung allgemein bekannten Villa Merck am Falkensteg, und nur der schleunigen Hülfe

Die Kaufmanns-Villa von Ernst und Johanna Merck

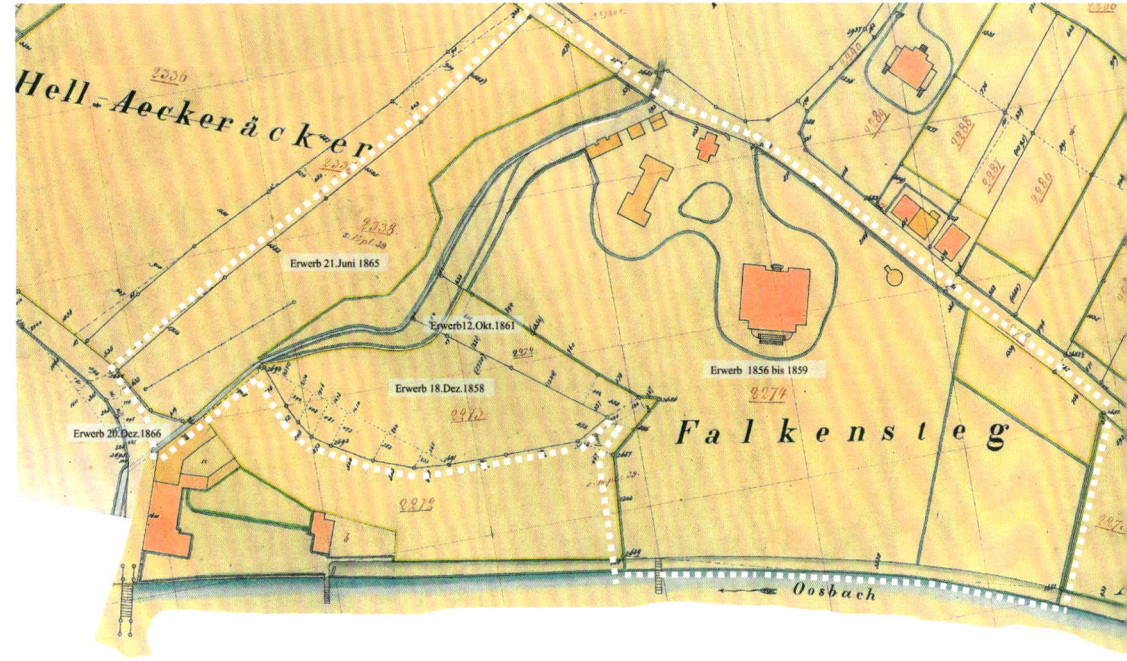

Within the map:

Hell-Aeckeräcker

Erwerb 21.Juni 1865

Erwerb 12.Okt.1861

Erwerb 18.Dez.1858

Erwerb 1856 bis 1859

Erwerb 20.Dez.1866

Falkensteg

Oosbach

Gelände der Villa Merck,
1866 (weiß umrandet).

und angestrengten Arbeit unserer trefflichen Feuerwehr ist es zu danken,
daß der Brand keine größeren Dimensionen annahm, sondern auf das
Innere der Villa beschränkt blieb, und daß, trotz der Gefahr, noch viele
kostbare Gemälde und sonstige werthvolle Fahrnisse gerettet wurden.

Die Entstehung des, zuerst im Souterrain ausgebrochenen Feuers
ist um so räthselhafter, als die Villa zur Zeit nicht bewohnt war. Die
Besitzerin hatte, wegen baulicher Veränderungen im Innern, zeitweilig
ein Nebengebäude bezogen. Jedoch vermuthet man, daß die neu ange-
legten Luftheizungs-Apparate, mit denen man verschiedene Versuche
gemacht hatte, den Brand verursacht haben mögen.
(Badener Wochenblatt, 14. November 1865)

Der Brand änderte nichts daran, dass Johanna Merck den Ausbau ihres
Anwesens entschlossen vorantrieb. Dazu gehörte auch eine nochmalige
Vergrößerung des Parks 1865/66, womit aber der Grunderwerb rund um
die Villa Merck abgeschlossen war:

Am 21. Juni 1865: Kauf durch Bankier Adolf Haldenwang von
2 Morgen 99 Ruten Wiese und Ackerland, für 12.500 Gulden, von
Madame Luise Marie Iswart, Paris, Witwe von Friedrich Iswart.
(Grundbuch Band 54, Seite 36, Nr. 16, Vermessungsplan Nr. 40,
Güternummer 2.338).

Am 20. Dezember 1866: In öffentlicher Versteigerung von der Stadt-
gemeinde Baden-Baden einen Allmendplatz 1.014 Quadratschuh,
56 Quadratruten enthaltend, am Weg nach der Kettenbrücke, ein
Dreieck bildend, angrenzend einerseits an den Weg nach der Kettenbrücke, andererseits das Falkenbächlein, hinten die Frau Käuferin, um
den Preis von 31 Kreuzern für einen Quadratfuß, somit im Ganzen für
524 Gulden 10 Kreuzer. (Grundbuch Band 56, Seite 87, Nr. 29)

Die Wissenschaftlerin Leni Niemann untersuchte im 20. Jahrhundert
alle 60 »Landhäuser und Villen in Baden-Baden von 1800–1870«,
von denen 31 nach der Villa Merck gebaut wurden:

»Die Villa Merck ist in ihrem Äußeren an die Stile der großen Bour-
bonen angelehnt und zeigt die Formen der ersten Hälfte des 18. Jahrhunderts in Frankreich. Der neubarocke Bau erinnert stark an einen
französischen Landsitz. Die Villa Merck sagt sehr viel über die Haltung
und den gesellschaftlichen Anspruch ihrer Erbauerin aus.«

Der Architekt Auguste de Meuron kehrte Hamburg im Jahr 1868 den
Rücken und lebte bis zu seinem Tode 1898 in seiner Geburtsstadt
Neuchâtel. Die Hansestadt widmete ihm den »Meuronstieg«. Sein
Stadthaus am Feenteich blieb erhalten, ebenso die Villa Merck sowie
fünf weitere von de Meuron geplante Gebäude.
    Einer seiner Nachfahren, Pierre de Meuron, erlangte gemeinsam
mit seinem Partner Jacques Herzog Weltruhm – als Träger des Pritz-
ker-Preises, der wichtigsten Auszeichnung für Architekten weltweit,
und als Architekt des Olympiastadions in Peking. Außerdem baut
de Meuron zusammen mit seinem Partner 150 Jahre nach seinem
Vorfahren auch für Hamburg: die neue Elbphilharmonie.

Habsburgische Repräsentanz der Familie Merck-Pfusterschmid

1867–1879

Der große Umbau der Villa Merck war das Vorspiel einer neuen Ära. Sie begann 1867 mit der Versetzung von Karl von Pfusterschmid-Hardtenstein, dem Schwiegersohn der *Baronin* Merck, nach Karlsruhe.

Karlsruher Schloss, 1892. Gemalt im Auftrag des badischen Großherzogs von Max Roman (1849–1910), Leiter der ersten Damenmalschule.

Das junge Ehepaar Pfusterschmid hatte stürmische Zeiten hinter sich. Zunächst war der österreichische Diplomat 1862 von der *Präsidialgesandtschaft* in Frankfurt nach Dresden gewechselt. Dort musste er als *Legationssekretär* am Hof von *König Johann von Sachsen (1801–1873)* am eigenen Leib erfahren, was Bismarcks ständige Drohungen – die er ja schon aus Frankfurt kannte – bedeuteten.

> Nicht durch Reden und Majoritätsbeschlüsse werden die großen Fragen der Zeit entschieden – das ist der große Fehler von 1848 und 1849 gewesen, sondern durch Eisen und Blut.

Der inzwischen zum preußischen Ministerpräsidenten ernannte Bismarck bekam 1864 »den Faden für ein großes Konfliktspiel in die Hand«. Als erstes führte er mit österreichischer Unterstützung einen Erbfolgekrieg gegen Dänemark und dann folgte 1866 der große Bruderkrieg: Preußen *gegen* Österreich!

Adolph Braun (1818–1904), Kabinettsdirektor von Kaiser Franz Joseph I. in Wien. Courtoisie-Buch für die Korrespondenz des Kaisers, Brief nach Karlsruhe.

Pfusterschmid hatte seine Vorgesetzten in Wien zwar rechtzeitig vor den neuen *preußischen Zündnadelgewehren* gewarnt, aber nach Kriegsausbruch blieb ihm nur noch die Flucht. Er brachte sich und seine Familie rechtzeitig nach Wien in Sicherheit, bevor Österreich am 3. Juli 1866 die *Schlacht von Königgrätz* verlor – und damit den Krieg.

Baden hatte zwar an der Seite Österreichs gegen Preußen gekämpft, aber gleichzeitig laviert und »eine effektive Kriegführung gegen Preußen« vermieden. Man wusste in Karlsruhe, dass man sich auf Wien nicht verlassen konnte. Und in der Tat hatte Österreich für den Fall eines Sieges mit dem neutralen Frankreich insgeheim vereinbart, dass Baden zugunsten von Bayern und Württemberg Federn lassen sollte. »Die Bayern machten bei jeder sich bietenden Gelegenheit die badische Frage zum Gegenstand diplomatischer Konfliktspiele und sorgten dafür, dass in allen deutschen Krisen bis 1870 geheime Aufteilungspläne für Baden kursierten.«

Mit Österreichs Niederlage war der Deutsche Bund am Ende, die Habsburger besaßen keine rechtlich abgesicherte Rolle mehr in Deutschland. Die besiegten österreichischen Truppen zogen aus der Bundesfestung in Rastatt ab, wo künftig das Großherzogtum Baden als preußischer Interessensverwalter die Regie übernahm. In Wien musste man mit ansehen, wie die kleineren deutschen Staaten nun immer stärker unter preußischen Einfluss gerieten.

Karl Pfusterschmid – österrreichischer Gesandter in Baden

Als die *österreichische Gesandtschaft am badischen Hof* in Karlsruhe zur Neubesetzung anstand, fiel die Wahl im Wiener Außenministerium auf den 41-jährigen Karl von Pfusterschmid-Hardtenstein. Bei der Auswahl des Diplomaten dürfte auch die Wiener Hofburg ein Wort mitgesprochen haben, denn dort tat Johanna Mercks Schwager Adolph Braun Dienst – als einflussreicher Leiter der Kabinettskanzlei von Kaiser Franz Joseph.

Nach seiner Akkreditierung bezogen Pfusterschmid und seine Familie in Karlsruhe ein großes Haus am *Friedrichsplatz*, in dem auch die Kanzlei untergebracht war. Außerdem richtete die *Baronin* in Baden-Baden in der Villa Merck ihre *Sommerwohnung* ein, was vom *Badeblatt* am 12. Oktober 1867 in der *amtlichen Fremdenliste/Liste officiel des étrangers* der Öffentlichkeit bekanntgegeben wurde. Damit war der Weg der Villa Merck zu einer *habsburgischen*

Residenz vorgezeichnet, und Pfusterschmid begab sich zielsicher auf das hochkarätige diplomatische Parkett Baden-Badens, das bei weitem jenes in Karlsruhe übertraf.

Zusammentreffen der Majestäten im Bahnhof Baden-Oos

Pfusterschmid war kaum im Amt, da wurde auch schon sein ganzes diplomatisches Geschick gefordert. Kaiser Franz Josef I. reiste im Oktober 1867 zur Weltausstellung nach Paris, um einen Besuch von Kaiser Napoléon III. zu erwidern. Etwa zur gleichen Zeit endete der Herbstaufenthalt des preußischen Königs Wilhelm in Baden-Baden. Pfusterschmid und der badische Außenminister Freydorf in Karlsruhe waren sich einig: »Es würde nicht gut aussehen, sollten sich durch die Reise des Kaisers die beiden Herrscher so nahe kommen, ohne sich zu sehen.«

Damit sich die Kriegsgegner von *Königgrätz* »mehr zufällig als geplant über den Weg liefen«, brachte Pfusterschmid Einzelheiten in Erfahrung:

> Der kaiserliche Hofzug aus Wien wird am 21. Oktober 1867 um 05:00 Uhr früh die Grenze Badens passieren.

Nachdem die badische Regierung diese Information nach Berlin weitergegeben hatte, trafen sich am frühen Morgen des genannten Tages tatsächlich die beiden Majestäten von Preußen und Österreich im *Großherzoglichen Salon des Bahnhofs von Baden-Oos*. Genaueres war nicht zu erfahren, selbst der badische Großherzog Friedrich »durfte keine Aufwartung machen«. Auch die pensionierten österreichischen Offiziere aus Baden-Baden, die ihrem Kaiser zujubeln wollten, hielt man vom Bahnhofsgebäude fern.

Oben: Personalverzeichnis des Außenministeriums in Wien.

Unten: Großherzog Friedrich I. von Baden in der österreichischen (!) Generaluniform.

Baden – ein kleines, unruhiges Staatswesen

Der erfahrene Diplomat Pfusterschmid merkte schnell, dass er die badische Regierung kaum daran hindern konnte, sich ganz und gar Preußen zu unterwerfen. Die Idee von Napoléon III., die süddeutschen Staaten sollten neutral bleiben, hatte bei Bismarck keine Chance. Vielmehr verklammerte der preußische Ministerpräsident die norddeutschen Staaten und Hansestädte im *Norddeutschen Bund* mit Preußen – und die süddeutschen Staaten band er durch *Schutz- und Trutzbündnisse* ebenfalls eng an sich, besonders für den Kriegsfall!

Der badische Großherzog stand als Schwiegersohn von König Wilhelm ganz auf preußischer Seite. Er trat die *badische Postver-*

waltung an Preußen ab und wäre am liebsten sofort dem *Norddeutschen Bund* beigetreten. Deshalb lästerte Bayern auch, das Großherzogtum möge ruhig dem Norddeutschen Bund beitreten, denn es sei ohnehin kein existenzfähiger Staat mehr. Aber Bismarck wartete noch, bis er alle süddeutschen Staaten auf einmal einfangen konnte.

Kein Wunder, dass Pfusterschmid über solche »Lieblings- und Beglückungsideen« des badischen Großherzogs ziemlich frustriert war. Er bescheinigte ihm zwar »gute Eigenschaften des Gemüts«, stellte aber zugleich einen »vorherrschenden Hang zum Doktrinismus« fest. Großherzog Friedrich I. wolle einerseits »populär« sein, andererseits erhebe er »sehr hohe Ansprüche auf Vorrechte und Reichtum«.

Pfusterschmid kam zu der Auffassung, dass *Baden* ein »kleines, unruhiges Staatswesen« war, in dem »Starrsinn und die Neigung zur Rechthaberei« vorherrschten. Wenn überhaupt, dann konnte er nur im früher *vorderösterreichischen* Teil des Großherzogtums auf eine gewisse Sympathie für Österreich hoffen. Dort war die Bevölkerung zu zwei Dritteln katholisch und konnte sich noch gut an die Zeit unter den Habsburgern erinnern – ehe Napoléon alles verändert hatte.

Doch selbst die Katholiken brachten nicht genügend Willenskraft auf, um sich der preußen-freundlichen Regierung in Karlsruhe zu widersetzen. Der österreichische Diplomat musste resigniert feststellen, dass die »badische Bevölkerung in der Mehrheit träge und passiv« war: »Sie wartet in gemischter Stimmung darauf, was ihr die geschickte Regierung vorsetzt«.

Das hiesige öffentliche schöne und unschöne Treiben steigert sich von jetzt an Tag für Tag. Ob dieser Wirrwarr manches versteckt? Ich bin nicht frei von Misstrauen, dass preußische Intrigen zur Stunde hier wieder mehr als sonst betrieben werden.

Hinzu kam, dass Pfusterschmid bei seinen Aktivitäten im Lande aufpassen musste, dass er nicht in die Mühlen innenpolitischer Außeinandersetzungen geriet, wie es seinem Vorgänger ergangen war. Dieser hatte sich im Konflikt zwischen Regierung und Katholiken so sehr die Finger verbrannt, dass er abberufen werden musste.

Ständehaus und St. Stefan am Friedrichsplatz, Karlsruhe.

Der regierende *Liberalismus* in Baden mehrte zwar seit 1860 den Ruf als *Reformstaat* – durch Gewerbefreiheit, Verwaltungsreformen, Emanzipation der Juden und den Ausbau des Schulwesens. Andererseits war der katholische Klerus höchst unzufrieden, er störte sich vor allem am staatlichen Zugriff auf die *katholische Schulaufsicht* sowie am neuen *Volksschulgesetz*. Die katholische Kirche organisierte deshalb in den ländlichen Gebieten des *vorderösterreichischen Oberlands* eine Gegenbewegung, die sich zu einem *Kulturkampf* zwischen den *Ultramontanen* und der Regierung steigerte. Dabei spielte auch das wachsende Militärsystem eine Rolle, ebenso die sozialen Probleme der »kleinen Leute«, die in großer Zahl Jahr für Jahr und aus purer Not nach Amerika auswanderten. Der Streit eskalierte im Zusammenhang mit dem *Kulturexamensgesetz* bis zur Blockade der Wiederbesetzung des Amtes des Erzbischofs von Freiburg durch die badische Regierung. Selbst das päpstliche Unfehlbarkeitsdogma in der Glaubens- und Sittenlehre wurde vom badischen Staat in Frage gestellt.

König Wilhelm berichtet Augusta über das siegreiche Gefecht von Weißenburg.

1871 – Krieg und Reichsgründung

Als Berlin einen preußischen Militärbevollmächtigten und *Kriegsminister* nach Karlsruhe entsandte, wurde Pfusterschmid hellhörig. Plötzlich leisteten badische Offiziere ihren Eid nicht mehr auf ihren Großherzog, sondern auf den preußischen König. Sie stellten ihre Truppen nach dem Vorbild der preußischen Armee um, weil sie sich unter Bismarck und Moltke bessere Karrierechancen versprachen. Trotzdem waren nach kurzer Zeit alle wichtigen Kommandos mit preußischen Offizieren besetzt.

»Wird es zum Krieg kommen?« fragte Pfusterschmid besorgt den badischen Außenminister. »Die eigentliche Entscheidung über Krieg und Frieden liegt bei Österreich«, wiegelte dieser ab. Österreich solle aber keinesfalls eine Allianz mit Frankreich eingehen.

Das preußische *Infanterieregiment 34* zog im Sommer 1870 in die Bundesfestung Rastatt ein, als Pfusterschmid gerade einen Bericht über »eine kriegerische Stimmung im ganzen Land« schreiben wollte. Dann überschlugen sich die Ereignisse. Noch während Pfusterschmid nach Worten suchte, empfing während seines Kuraufenthalts in Bad Ems der preußische König den französischen Botschafter. Wilhelm machte dem Franzosen klar, dass er nicht auf hohenzollerische Thronansprüche in Spanien verzichten werde. Über dieses Gespräch informierte er anschließend mit einer Depesche Bismarck. Der Ministerpräsident gab diese *Emser Depesche* verkürzt an die Presse weiter, was dazu führte, dass sich Napoléon III. verletzt fühlte.

Also erklärte Frankreich am 19. Juli 1870 Preußen den Krieg! Das Großherzogtum Baden war als Bündnispartner mit betroffen. In der Villa Merck befürchtete man eine Invasion Frankreichs, in der Ferne waren die Kanonen des Gefechts bei Weißenburg zu hören und in Kehl wurde angeblich die Rheinbrücke gesprengt.

Da sich Österreich aber neutral verhielt, konnte Pfusterschmid mit seiner Familie ruhig in Baden bleiben. Er betreute während des Krieges seine aus Frankreich fliehenden Landsleute, außerdem überwachte er die Transporte französischer Kriegsgefangener, wofür er und seine Frau Maria vom *Roten Kreuz* beider Kriegsparteien ausgezeichnet wurden.

Die siegreichen Preußen nahmen in der Schlacht bei *Sedan* am 2. September 1870 Napoléon III. gefangen. Anschließend belagerten sie Paris, bis Frankreich im Januar 1871 kapitulierte. Bismarck war am Ziel. Die Sieger versammelten sich im *Spiegelsaal* des Versailler Schlosses. Dort las der Kanzler mit hölzerner Stimme etwas Längeres vor – demzufolge sollte König Wilhelm »Deutscher Kaiser« werden, als erster unter den deutschen Fürsten. Doch der Preuße war nicht einverstanden – er wollte »Kaiser von Deutschland« werden und nichts anderes.

»Proklamation des deutschen Kaiserreichs im Jahr 1871« (Anton von Werner, 1885).

In diesem Moment trat der Älteste unter den deutschen Fürsten vor, der Großherzog von Baden, und ergriff das Wort. Neben seinem Schwiegervater stehend rief er mit lauter Stimme in den Saal hinein:

Seine Majestät, Kaiser Wilhelm der Siegreiche, Er lebe hoch!

Ein dreimaliges *Donnergetöse* ertönte unter dem Geklirr der Waffen. Die Streitfrage war auf *badische Art* gelöst – das Deutsche Reich gegründet.

In der Karlsruher Residenz beobachtete Pfusterschmid mit Sorge, wie sehr verschiedenen Leuten in Baden der Sieg über die Franzosen »zu Kopf stieg«. Er berichtete nach Wien über ein von einem Gewährsmann in einer Eisenbahn abgehörtes Gespräch zwischen dem preußischen General Baron Egloffstein und dem General von Tresckow:

Man werde vielleicht das Merkwürdige erleben, dass unter dem großen, erhabenen, glorreichen deutschen Kaiser das Deutsche Reich noch im Jahr 1871 bis zur Leitha vervollständigt werde, bei einer Teilung Frankreichs.

Von der Rückkehr der badischen Truppen nach Karlsruhe berichtete Pfusterschmid, dass ein Feldkaplan Schäfer in schwarzem Anzug mit Reitstiefeln und Uniformmütze auf weißem Schimmel reitend zur Bevölkerung sprach: »Nachdem wir die Franzosen geschlagen haben, wollen wir die unglücklichen Österreicher befreien.«

Jenseits des Rheins gab es hingegen »großen Widerstand der elsässischen Bevölkerung gegen die Deutschen«. Der badische Großherzog vermied es klug, das seit dem *30-jährigen Krieg (1618–1648)* zu Frankreich gehörende Elsass sowie Teile Lothringens zum Großherzogtum zu schlagen. Die französischen Gebiete wurden stattdessen vom Deutschen Reich annektiert. Königin Augusta hatte Friedrich I. in seiner Haltung unterstützt, denn sie sah in ihm »den einzigen Verwandten in Deutschland«, mit dem sie »so viele wichtige Punkte berühren konnte«. Außerdem hatte Augusta ohnehin nicht gewollt, dass die europäischen Monarchien übereinander herfielen, weshalb sie ihren Gatten Wilhelm sogar an das düstere Schicksal der *Stuartkönige* erinnert hatte.

Straßburger Münster, um 1900.

Gesandter für Württemberg, Baden und Hessen

Bismarck ließ die deutschen Fürsten zwar auf ihren Thronen sitzen und ihre Höfe behalten, sie hatten aber nichts mehr zu bestimmen. Preußen gab in einem Maße den Ton an, dass die Minister in Karlsruhe von einer »Farce« sprachen. Das badische Kriegsministerium war überflüssig, weil die sechs badischen Regimenter als *Regimenter 109–114* dem Deutschen Heer zugeschlagen und die badischen Offiziere vom Dienst für das Großherzogtum Baden befreit wurden. Das badische Parlament hielt auch die *Großherzogliche Gesandtschaft in Wien* für überflüssig, sie wurde geschlossen – prompt zog auch Österreich seinen Gesandten Pfusterschmid aus Karlsruhe ab.

Karl von Pfusterschmid-Hardtenstein übernahm 1872 die *Gruppenvertretung für Württemberg, Baden und Hessen* mit Sitz in Stuttgart. Sein Gesandtschaftsgebäude am Karlsruher Friedrichsplatz verkaufte er an die Telegraphenverwaltung des Deutschen Reiches. Da er nicht gleich auszog, setzte ihm die *Reichspostverwaltung* eine letzte Räumungsfrist und drohte damit, den Gesandten und seine Familie auf die Straße zu setzen. Zum Glück fand der österreichische Diplomat im »vormals herzoglich Urach'schen Hause in der Neckarstraße in Karlsruhe« vorübergehend Unterschlupf.

Die Verhältnisse in Deutschland waren durch die Reichsgründung geklärt. Pfusterschmid konnte sich künftig darauf konzentrieren, die politischen Entwicklungen im deutschen Südwesten zu verfolgen und die Kontakte zwi-

Oben: Großherzog Friedrich I. von Baden (1826–1907).

Unten: König Karl von Württemberg (1823–1891).

schen den Höfen zu pflegen. Also pendelte er regelmäßig zwischen seinem Dienstsitz Stuttgart und Baden-Baden hin und her.

Was den badischen Großherzog betraf, so baute Pfusterschmid, wenn überhaupt, allenfalls auf dessen familiäre Beziehungen nach Berlin. In Baden selbst wurde Friedrich I. so schwach, dass sogar das peinliche Gerücht die Runde machte, es sei eine beschlossene Sache, dass er sich von den Regierungsgeschäften zurückziehen und das Großherzogtum Baden in Preußen aufgehen lassen wolle. Alle badischen Domänen sollten demnach verkauft werden, das großherzogliche Haus von den Erlösen drei Fünftel als Entschädigung erhalten und der Rest zur Schaffung eines Provinzialfonds verwendet werden. Es entsprach ganz und gar den neuen Verhältnissen im Reich, dass Friedrich I. zwar die »diktatorische Gewalt des Fürsten Bismarck« beklagte, aber auf Druck der Preußen 1872 in Baden-Baden die lukrative Spielbank schloss.

Pfusterschmid stellte bei Großherzog Friedrich I. »eine spezielle, sein ganzes Handeln bestimmende Eigenschaft fest, nämlich die Furcht«. Er fürchte sich zu regieren, »so dass der, der zuerst zu ihm kommt, Recht und Erfolg hat«.

Ganz anders in Stuttgart. Dort bekam der Österreicher den geballten Ärger der *Württemberger* über Bismarcks Zentralismus zu hören, denn der württembergische Herrscher wehrte sich massiv gegen die »nordische Umklammerung«. König Karl erklärte sich »unter keinen Umständen« bereit, sein Außenministerium und seine diplomatischen Vertretungen im Ausland aufzugeben. Er wolle keinerlei »Einbußen in seiner politischen und militärischen Souveränität hinnehmen«, verkündete Karl trotzig.

In seinen Berichten nach Wien schrieb Pfusterschmid, dass im württembergischen Offizierslager offene Unstimmigkeiten zu Tage getreten seien, »die sich bis zu den größten Gehässigkeiten steigerten, was im gesellschaftlichen Leben von Stuttgart einige Verwirrung anrichtete«. Weil der König unbedingt seine Armee behalten wollte, wandte er sich sogar persönlich an *Kaiser Wilhelm I. (1797–1888)* – allerdings ohne Erfolg: »König Karl möge an den deutschen Kaiser keine Briefe schreiben!«

Die Stuttgarter empfinden die Sprache der Preußen immer strenger und verletzender. Althergebrachte württembergische Traditionen werden rücksichtslos über Bord geworfen.

Trotzdem ließ der Württemberger nicht locker, er schaltete in seiner Verzweiflung den zufällig in Bad Ems weilenden russischen Zar Alexander II. ein:

Welchen Rock sollte der Kommandierende der württembergischen Soldaten im Reichsheer tragen?

Dem Herrscher aus Sankt Petersburg war jedoch nicht danach, sich in diesen innerdeutschen Zwist einzumischen: Wenn der General ohnehin ein *Preuße* sei, dann »erscheine es ihm als völlig gleichgültig«.

Das Ausmaß solcher Kränkungen konnte sich Pfusterschmid leicht ausmalen: »Der württembergische König hält sehr darauf, dass man Ihn besonders respektvoll grüßt, und im Gespräch mit ihm sozusagen von einem ehrfurchtsvollen Bangen befallen wird«.

Auf dem Baden-Badener Parkett

Wie angenehm war im Vergleich dazu das Diplomatenleben des 47-Jährigen in Baden-Baden, der »Visitenkarte des Landes gegenüber dem Ausland«.

Eines Tages kam Kaiser Wilhelm I. zur *Baronin* in die Villa Merck, da er »nochmals seinen Dank für die ihm in Hamburg bei seinem Besuch erfolgte herzliche Aufnahme aussprechen« wollte. Bei dieser Gelegenheit schaute »Seine Majestät« auch bei der Familie Pfusterschmid vorbei und »erwies sich sogar für die Kinder äußerst gnädig«.

Auch Kaiserin Augusta kam zu Besuch in die Villa Merck, weil sie sich bei Pfusterschmid nach dem Befinden »ihrer kaiserlichen und königlichen Hoheit, der durchlauchtigsten Erzherzogin Sophie« erkundigen wollte – der erkrankten Mutter von Kaiser Franz Joseph.

Anlässlich des *Dreikaisertreffens* von Kaiser Wilhelm I. mit Kaiser Franz Joseph I. und Zar Alexander II. im Herbst 1872 ging der deutsche Herrscher auf den österreichischen Diplomaten zu. Er lobte zunächst den Besuch von Kaiser Franz Joseph I. in Berlin, dann sprach Wilhelm I. das künftige Verhältnis der drei europäischen Monarchien zueinander an. Über die neue Rolle von Deutschland, Österreich-Ungarn und Russland bemerkte er gegenüber Pfusterschmid: »Wenn wir drei etwas wollen, wer sollte etwas dagegen tun können?«

Gesandter Karl Pfusterschmid von Hardtenstein (1826–1904), Karlsruhe, Baden-Baden, Stuttgart, Darmstadt.

Ich habe hier seit Jahren die Ehre gehabt, dem Kaiser Wilhelm nahen zu dürfen, Seine Majestät haben früher niemals mit mir solche politischen Gegenstände berührt [...]

Bei anderer Gelegenheit, nach ihrer Rückkehr von der *Weltausstellung* 1873 in Wien, empfing Kaiserin Augusta den österreichischen Diplomaten. Sie war hellauf begeistert und bekannte, dass Wien und Österreich ein völlig neuer Eindruck für sie gewesen seien. Ihr Lob für den Gastgeber, Kaiser Franz Joseph I., »fand keine Grenzen«, wie Pfusterschmid notierte. Die Kaiserin bat den Diplomaten außerdem, er möge ihr aus Wien ein Bild des österreichischen Monarchen besorgen. Pfusterschmid bekam viel Lob von der Kaiserin: »Sie wissen zum Beispiel, dass ich Sie immer gerne gesehen habe, aber seitdem ich in Wien war, erscheinen Sie mir in einem ganz anderen Licht.« Augusta ging sogar so weit, dass sie Pfusterschmid gegenüber bemerkte, es sei ihr Wunsch, »ihn einmal auf dem Berliner Posten zu sehen«.

Oben: Kaiser Wilhelm I. (1797–1888).

Unten: Maria von Pfusterschmid-Hardtenstein (1840–1931).

Kurze Zeit danach fuhr auch Kaiser Wilhelm I. zur Weltausstellung nach Wien. Pfusterschmid verabschiedete ihn am Bahnhof in Baden-Oos und wünschte, »ein klarer Himmel möge den Aufenthalt Ihrer Majestät begleiten.«

»Hoffen wir es, von innen und von außen!«

Aus Wien schrieb Wilhelm I. dann an Augusta: »Sollten sich Österreich und Deutschland zum Zwecke des Friedens in Europa vereinigen, so bildet sich in diesem Wollen eine Macht, der schwerlich eine andere Kraft widerstehen kann.«

Den Inhalt dieses Briefes gab Augusta an Pfusterschmid weiter – und dieser berichtete es nach Wien ...

Das Ehepaar Pfusterschmid wurde auch regelmäßig zur *Hoftafel* in die *Maison Messmer* eingeladen. Dort widerfuhr ihm die besondere Ehre, »neben den Majestäten sitzen zu dürfen«. Als ein Diener der Diplomatengattin versehentlich Speiseeis über den Rücken kippte, zeigte Maria keinerlei Regung, um die hohen Gastgeber nicht in Verlegenheit zu bringen. Maria Pfusterschmid hatte eben viel vom diplomatischen Geschick und vom gewinnenden Wesen ihres Vaters Ernst Merck.

Das *Diplomaten-Paar Pfusterschmid* füllte über Jahre hinweg die Villa Merck mit viel Glanz und Leben. Karl war »der vollendete Typus des Wiener Patriziers, ein durchaus vornehm denkender Mann, von seltener Herzensgüte und einer nie versiegenden Gastfreundschaft«. Die 14 Jahre jüngere Maria war eine »warmherzige Gastgeberin« an seiner Seite, die in der Villa Merck außerdem zwei ihrer vier Kinder zur Welt brachte – die Tochter

Emma (1868) und den Sohn Nikolaus (1875). Vieles aus ihrem Leben als Diplomatengattin hielt Maria Pfusterschmid in ihren *Tagebüchern* fest, die sie schon seit ihrer Kindheit führte:

Oft sind wir auch nur für eine Tageshälfte von einem Ort zum anderen gefahren, um sich dabei in der Bahn zu treffen oder am Abend wieder bei einem Diner. Der gesellschaftliche Verkehr innerhalb des kleinen diplomatischen Korps, der Hofgesellschaft, einschließlich der regierenden Familie und der Regierung, war sehr intensiv und begann oft bereits bei einem Frühstück in der Villa Merck. Ein kleines Spiel im Kasino [Maria spielte gerne und notierte gewissenhaft ihre Verluste], Theaterbesuche, Bälle, Jagden, und gemeinsame Veranstaltungen für die Kinder, gestalteten das tägliche Leben abwechslungsreich. (Maria Pfusterschmidt, geb. Merck, 1869)

Kinder der Familie Pfusterschmid-Hardtenstein (von links nach rechts): Nikolaus (1875–1958), Ernst (1864–1878), Emma (1868–1936), Johanna (1862–1948) – Tagebucheintrag der Mutter vom 28. Oktober 1851.

Politik macht nur Bismarck

Der österreichische Gesandte gab viele typische *Hofnachrichten* aus Stuttgart, Darmstadt und Karlsruhe nach Wien weiter – Geburten, Hochzeiten, Krankheiten, Todesfälle, Jubiläen ...

Das 20-jährige Thronjubiläum von Großherzog Friedrich I. 1876 wurde in Baden-Baden als riesiges Fest gefeiert, mit Glockengeläute, Böllerschüssen, Festgottesdiensten und einem großen Festmahl im illuminierten Conversationshaus. Auf der Kurgartenwiese prangte das großherzogliche Wappen und die Kastanienalleen waren bis in die Gipfel mit Hunderten von leuchtenden Ballons geschmückt. Es gab ein Feuerwerk »mit den neuesten Erfindungen auf pyrotechnischem Gebiet«, begleitet vom 22. Infanterieregiment, welches die »badische Volkshymne« spielte.

Natürlich ließ Pfusterschmid keine Gelegenheit aus, auch politische Dinge anzusprechen, besonders die *Orientalische Frage*. Dabei ging es um die Auflösungserscheinungen des Osmanischen Reichs auf dem Balkan, was den Zusammenhalt des Vielvölkerstaates Österreich-Ungarn gefährdete und zu einer bedrohlichen Rivalität der Großmächte Habsburg und Russland führte (im neuen Jahrhundert sollte daraus der Erste Weltkrieg entstehen). Pfusterschmid sprach das Thema beim badischen Großherzog Friedrich I. auf der Insel Mainau an und bei König Karl von Württemberg anlässlich einer *Soiree* in der Stuttgarter Wilhelma. Er war sich allerdings darüber im Klaren, dass Politik in Deutschland nur noch einer machte: Bismarck.

Der Kanzler des Deutschen Reiches hatte Äußeres, Militär, Wirtschaft, und Recht vereinheitlicht. Inzwischen führte er einen *Kulturkampf* gegen Katholiken, Zentrumspartei und die 1865 in Eisenach gegründete Sozialdemokratische Arbeiterpartei Deutschlands – weil er sie alle als *Reichsfeinde* ansah. Außerdem versuchte Bismarck die Arbeiterschaft mit einer staatlichen *Sozialgesetzgebung* für das neue Reich zu gewinnen.

Mit dem Zusammenschluss der deutschen Kleinstaaten unter preußischer Führung waren die lästigen Zollschranken verschwunden. Lange gehegte Hoffnungen auf einen freien Markt mit ständig wachsendem Wohlstand schienen sich zu erfüllen. Doch eine Mischung aus *Überproduktion und Spekulation* löste *1873* eine *Wirtschaftskrise* aus, mit einer kollabierenden Börse in Wien und einem Finanzkrach in Berlin. Zahllose Unternehmen mussten Insolvenz anmelden, unglückliche Spekulanten erhängten sich, die Löhne sanken und die Arbeitslosigkeit stieg. »Die Verelendung des vierten Standes erreichte seinen Tiefpunkt.« In einer solchen Krise wurde das freihändlerische Denken schnell wieder über Bord geworfen. Industrielle und Agrarier verlangten nun die Einführung von Schutzzöllen.

Umbau des Schweizerhauses bei der Villa Merck

Schweizerhaus
für Frau Baronin von Merck in
Baden
— 1871 —

Die Aufwertung der Villa Merck durch den habsburgischen Diplomaten führte schon bald zu größeren Umbauplänen. Die *Baronin* beauftragte 1871/72 den Architekten Th. Armbruster aus Offenburg mit einer Erweiterung des

Ökonomiegebäudes für die Familie Pfusterschmid. Außerdem wünschte sich ihr Sohn Johannes ein *Billardzimmer*, und zudem sollte ein gewisser *Raimund* untergebracht werden. Der erste Entwurf des Architekten fiel ziemlich großspurig aus, doch die Planung geriet ins Stocken. Im zweiten Anlauf schlug Armbruster vor, dem *Ökonomiegebäude* einen großen dreigeschossigen Mittelbau im *Schweizerhaus-Stil* hinzuzufügen – was ebenfalls verworfen wurde. Schließlich ließ die *Baronin* 1875 einen kleineren Umbau des *Ökonomiegebäudes* durchführen, bei dem einige Zimmer auf den Etagen neu angeordnet wurden und im Keller Platz für die Küche und den Weinkeller geschaffen wurde. Auch das *Portierhaus* an der Lichtentaler Straße erfuhr Veränderungen, man stockte es für zwei zusätzliche Dienstboten-Zimmer auf. Dasselbe geschah mit der *Remise*, außerdem wurde am Stallgebäude noch ein *Schuppen* für die neu angeschafften Kutschen angebaut.

Stadtplan Baden-Baden (1873). Villa Merck mit umliegendem Gelände (Kreis).

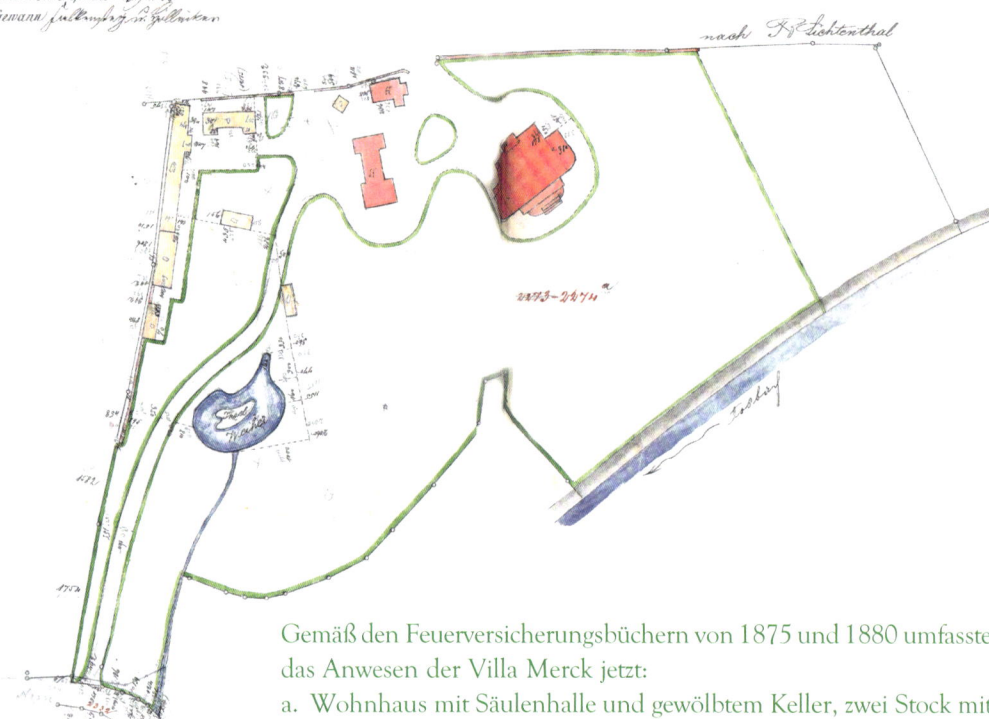

Handriß.

Grundstücksplan No 39 u 49
Gewann Fullenbach in Gollnikan

nach Dr Lichtenthal

Oben: Gelände
Villa Merck, Hand-
riss 1862/69.

Unten: Pförtnerhaus.

Gemäß den Feuerversicherungsbüchern von 1875 und 1880 umfasste das Anwesen der Villa Merck jetzt:

a. Wohnhaus mit Säulenhalle und gewölbtem Keller, zwei Stock mit Mansarden, Stein
b. Freistehendes Wohnhaus, 2 Stock, Steinriegel
c. Freistehendes Portierhaus, Steinriegel
d. Pflanzenhaus, Holz
e. Freistehendes Hühnerhaus, Holz
f. Stall- und Remisengebäude mit Kutscherwohnung, Stein
g. An die Grenzmauer angebautes Pflanzenhaus, Stein (zum Teil abgebrochen)
h. Frei stehendes Treibhaus, Stein
i. Remise mit Abtritt, Steinriegel
j. Remise mit Heuspeicher, Steinriegel
k. An j. angebaute Stallung nebst Pflanzenhaus, Steinriegel
l. An f. angebauter Holzschopf, Holz
m. Hühnerhaus, Holz
n. Pferdestall, ein Stock, Holz
o. Angebauter Kuhstall, Holz
p. Angebaute Holzremise, ein Stock, Holz
q. Frei stehende Eisgrube, ein Stock, Holz

Der Weltstar aus Österreich

Als das Musikgenie *Johann Strauß (1825–1899)* im Sommer 1872 sein Kommen von den USA aus ankündigte, stand ganz Baden-Baden Kopf. Nach dem Riesenmusikfest in Boston, wohl dem ersten *Massenkonzert* der Weltgeschichte, an dem auch Präsident Grant teilnahm, bestieg er die »Donau« für eine acht Tage dauernde Passage über den stürmischen Atlantik.

Die alte und die neue Welt rissen sich um Johann Strauß – die begeisterten Amerikaner hätten den Künstler am liebsten für immer behalten, ihn Europa einfach abgekauft. Ein Jahr zuvor war Strauß schon einmal in Baden-Baden gewesen und hatte das Publikum über Wochen hinweg in Begeisterung versetzt, Kaiserin Augusta hatte sich den Walzer *Tausend und eine Nacht* gewünscht.

Nun musste Pfusterschmid als offizieller diplomatischer Vertreter Österreichs all die nervösen Fragen beantworten: »Ist es auch gewiss, dass er kommt? Trifft er rechtzeitig ein?« Pfusterschmid beruhigte: »Er hat sich in New York eingeschifft, nach Hamburg.«

Doch Wochen vergingen – ehe ein Telegramm aus Southampton eintraf: »Der gefeierte Meister hat die alte Welt wieder betreten.« Das *Badeblatt* verbreitete Zuversicht: »Vom 1. August an ist er der Unsrige. Er hält sein Wort, denn er hat Baden-Baden so wenig vergessen, als wir ihn vergessen konnten.«

Aber normalerweise musste man in eine der »Welt-Metropolen« reisen, nach Paris oder Sankt Petersburg, um den *Walzerkönig* noch eigenhändig am »Direktionsstab« zu erleben. Es hieß, große Bälle dirigiere Strauß unter Rücksichtnahme auf seine Gesundheit nicht mehr selbst – auch in Wien nicht. «Es geschieht jetzt nur noch bei ebenso seltenen, als besonders festlichen Gelegenheiten und unter großartigen Veranstaltungen, dass man seine alle Welt entzückenden Kompositionen unter seiner eigenen Leitung hören kann.«

Aber Johann Strauß hielt Wort. In der *Amtlichen Fremdenliste* des *Badeblatts* vom 1. August 1872 konnte es ein jeder lesen:

Bayrischer Hof: Strauß, Johann, k. k. Hofball-Musik-Direktor, mit Gattin und Bediensteten, 4 Personen, Wien.

Der Künstler beabsichtigte sechs Wochen zu bleiben – er plante mindestens drei Konzerte die Woche sowie einige persönlich geleitete Bälle. Wer hätte ahnen können, dass Baden-Baden ein Triumphzug bis in den Herbst hinein bevorstand, der erst am 12. Oktober 1872 zu Ende gehen sollte? Strauß wechselte in dieser Zeit mehrfach sein Quartier, er zog ins Hotel *Stéphanie-les-Bains*, und dann zum Kaufmann L. Grosholz. Die Musiker waren wie üblich nur bis Ende August verpflichtet worden und die Straßburger Professoren im Orchester strebten zurück zu ihren Studenten – doch alle verlängerten, ein jeder verschob seine Abreise.

Die Strauß-Konzerte fanden den ganzen Sommer über im *Kiosk* statt, auf der Promenade vor dem *Conversationshaus*. Der Eintritt war frei, es sei denn man gab Einladungskarten aus. Wenn Strauß auftrat, richtete sich alles nach ihm, andere Veranstaltungen wurden mangels Zuhörer abgesagt, selbst das Hoftheater in Karlsruhe spielte dann vor leeren Rängen. Der Komponist strapazierte das Kurorchester gewaltig, da er oftmals mehr als das doppelte Programm spielte und seinen Musikern alles abverlangte. Seit der Aufhebung des Glücksspiels unterstand das Orchester dem städtischen *Kur-Komitee* unter Leitung des Kapellmeisters Dr. Könnemann.

Johann Strauß verfügte über annähernd 400 eigene Kompositionen, er spielte aber auch Stücke von Richard Wagner, den er in Wien eingeführt hatte, oder von Beethoven. Mit seinen Werken erreichte der *Kosmopolit* »alle Stände, alle Nationen«. Geschickt folgte er dem Geschmack seines Publikums, das in Baden-Baden allwöchentlich wechselte. Auf Wunsch wiederholte er die besonderen *Lieblinge* seiner Zuhörer auch mehrmals. Der Rekordhalter wurde *An der schönen Blauen Donau* mit sagenhaften 15 Aufführungen, gefolgt vom *Ägyptischen Marsch* mit zehn und der *Pizzicato Polka* mit neun ...

Als mit dem anbrechenden Herbst der Sandboden auf der Promenade feucht wurde, dachte man an eine Verlegung ins Conversationshaus. Aber dort reichte der Platz nicht aus, zudem wurde es unerträglich heiß, wie man von den *Brahms-Konzerten* wusste. Johannes Brahms verbrachte manche Sommermonate »mit besonderer Vorliebe in unserem schönen Oostal« und komponierte in Baden-Baden wertvolle Werke unterschiedlichster Gattungen, sein »Deutsches Requiem«, die beiden ersten Sinfonien und 1877 seine *Zweite Sinfonie in D-Dur*, »*Die Lichtentaler*«, uraufgeführt in Wien.

Johann Strauß
(1825–1899).

Manche glückliche Stunde habe ich da verlebt und manche hübschen Noten geschrieben, traurig und lustig, was auf das Glück der Stunden keinen Einfluß hat. (Johannes Brahms)

Das *Badeblatt* meinte: Der von Robert Schumann berühmt gemachte deutsche Komponist nehme »unter den jüngeren Komponisten der Gegenwart unbestritten den ersten Rang ein«.

Johannes Brahms hatte sich auf Bitten der Kurverwaltung inzwischen zu Auftritten bereitgefunden, aber er versäumte auch angeblich keines der Strauß-Konzerte. Brahms lud den Meister des *Drei-Viertel-Taktes* sogar in sein idyllisches Haus nach Lichtental ein, wo aber zwei Orchestermusiker Johann Strauß den Hang hinaufschleppen mussten, da er eine »Aversion gegenüber Bergen« hatte.

Zu Ehren des stark beanspruchten Kur-Orchesters veranstaltete die »Administration« im *Saal Louis XIII* und im *Sommer-Anbau*

des Conversationshauses ein Benefizkonzert, »für 10 Franken Eintritt, ohne Freikarten«. Die Kasse der Musiker wurde so um 4.000 Franken aufgebessert, plus 5.000 Franken *Gratification* von Seiten der »Administration«. Am Abend zogen die dankbaren Orchestermitglieder zur Wohnung von Johann Strauß und brachten ihm bei Fackelschein eine Serenade dar – eine Ehre, die zuvor nur *Rossini* und *Gounod* zuteil geworden war.

Baden-Baden   Musik-Kiosk im Kurgarten.

Karl Pfusterschmid hatte als österreichischer Gesandter den ganzen Sommer über mit dem Wirbel um seinen Landsmann zu tun. Die *Baronin* lud Johann Strauß natürlich in die Villa Merck ein, wo er sich, umrahmt von Johanna Mercks Freunden, als glänzender Unterhalter zeigte. Der Höhepunkt des gesellschaftlichen Lebens in diesem außergewöhnlichen *Johann-Strauß-Jahr von 1872* fand am 2. Oktober in den *Neuen Sälen* des Conversationshauses statt:

> Se. Majestät der Deutsche Kaiser und König von Preußen hatte den allerhöchsten Wunsch zu erkennen gegeben, ein Konzert unter der Leitung von Johann Strauß zu hören.

Es war eine *musikalische Soiree* – »privat, und zwar im strengeren Sinne, als gewöhnlich«. Um eine drohende Überfüllung zu vermeiden, erklärte die »Administration« alle Saisonkarten für ungültig. Nur 400 Gäste bekamen eine persönliche Einladung, darunter Johanna Merck und das Ehepaar Pfusterschmid. Die Soiree »gehörte zu den glänzendsten Ereignissen, welche diese Säle jemals gesehen haben«, jubelte das *Badeblatt*:

Kaiser Wilhelm I. »geruhte das Programm höchstselbst zu bestimmen«, mit Werken von Gounod, Schubert, Kontsky – und natürlich Strauß. Als erstes erklang vom Meister die *Kaiser-Wilhelm-Polonaise*, dann folgte der Ägyptische Marsch, danach die Pizzikato-Polka – »die auf Wunsch ihrer Majestäten wiederholt wurde«.

Oben: Clara
Schumann (1819–1896).

Unten: Johannes
Brahms (1833–1897).

Für das »allgemeine Publikum« wurde am folgenden Samstag das gesamte Konzert nochmals wiederholt. Dabei strömten 1.500 Zuhörer in alle verfügbaren Säle des Conversationshauses und erlebten ein wahres »Musikfest«.

Inzwischen war es Oktober geworden. Die *Strauß-Festspiele* gingen mit einem Abschiedskonzert zu Ende. Alles, was Rang und Namen hatte, versammelte sich im Conversationshaus – natürlich auch die Baronin und die Pfusterschmids – und sämtliche Säle waren erneut bis auf den letzten Platz besetzt. Das Abschiedskonzert gab Johann Strauß zusammen mit *Hans von Bülow (1830–1894)*, dem Komponisten aus der Schule von Richard Wagner. Sie spielten Werke von Bach, Mozart, Beethoven, Chopin, List – und Wagners Ouvertüre zum »Fliegenden Holländer«.

Das *Strauß-Bülow-Konzert* versetzte das Publikum »so sehr in Verzückung«, dass der Redakteur des *Badeblatts* meinte, »niemals zuvor einen solchen Konzertabend erlebt« zu haben. Noch an Ort und Stelle zeichnete Kaiser Wilhelm I. den Wiener Künstler mit dem preußischen *Roten-Adler-Orden* aus. Bei so viel Anerkennung wollte der badische Großherzog Friedrich I. nicht nachstehen, er verlieh Johann Strauß den *Ritter des Zähringer Löwen-Orden*.

Dem Konzertpartner und Hofkapellmeister Dr. Hans von Bülow eilte der Ruf voraus, dass er als einziger Wagners *Tristan und Isolde* zur künstlerischen Entfaltung bringen könne – »nachdem die Hofopern zu Karlsruhe und Wien das Werk für unausführbar erklärt hatten«. Bülows Abschiedsworte an den österreichischen Komponisten hatten also Gewicht:

Lassen Sie mich ihnen gratulieren, meine Herren, dass Sie in so kurzer Zeit so gut österreichisch geworden sind. Ja, meine Herren, obwohl selbst ein Norddeutscher, ein Preuße, bin ich täglich mehr zur Erkenntnis gekommen, dass man als Musiker nichts Besseres anzustreben hat. Gut österreichisch heißt in der Tonkunst gut Deutsch, und es gibt nur eine Wiener, nicht eine Berliner Schule.

Johann Strauß war in Hochstimmung, er spendierte dem 50-köpfigen Kurorchester einige Fässer *Wiener Bier* als besondere Belohnung und lud es außerdem zur Weltausstellung nach Wien ein – »hernach nahmen sie ihn trotz seines Sträubens auf ihre Schultern«.

Fünf Jahre nach seinem Triumphzug kam Johann Strauß nach Baden-Baden zurück. Pfusterschmied war 1877 noch immer im deutschen Südwesten »auf Posten«, und die *Baronin* erwies sich erneut als eine sehr gastfreundliche Dame von Welt. Vor allem aber erntete Johann Strauß mit seiner *Fledermaus* und seinem 1874 komponierten *Zigeunerbaron* die gewohnten Jubelstürme seines Baden-Badener Publikums.

Kaiserin »Sisi« zu Besuch in der Villa Merck

Es war der wohl glanzvollste Tag in der Geschichte der Villa Merck, ein herrlicher Oktobertag des Jahres 1874:

Die offenen Kutschen fuhren in einer langen Reihe durch die Lichtentaler Allee. Die Hufe der Pferde hallten laut unter den Laubdächern der alten Eichen. Rechts und links reckten die Passanten ihre Hälse, um wenigstens einen kurzen Blick auf die Prominenz zu erhaschen. Im ersten Wagen saß die österreichische *Kaiserin Elisabeth*, zusammen mit Kaiserin Augusta und Großherzogin Luise. Danach folgte der deutsche *Kaiser Wilhelm I.* zusammen mit dem badischen Großherzog und dem Erbgroßherzog. In den nächsten Kutschen saßen Angehörige der österreichischen, preußischen und badischen Herrscherhäuser – die zumindest nicht jedes Kind gleich auf Anhieb kannte.

Oben: Kaiser Wilhelm I. und Großherzogin Luise von Baden (Carl Becker, um 1880).

Unten: Kaiserin Elisabeth von Österreich (1837–1898).

Man fuhr zur Villa Merck, in welcher der österreichische Gesandte für Württemberg und Baden bei seiner Schwiegermutter Frau von Merck wohnt. (Schwäbische Chronik)

Auf der Kettenbrücke überquerten die Gespanne die Oos und bogen von der Maria-Viktoria-Straße in die Auffahrt zur Villa Merck ein. Sie fuhren an dem leise plätschernden Falkenbach bergan, bis sie unter den Tannen des

weitläufigen Parkgeländes verschwanden. Auf dem Plateau angekommen, ging es am *Schweizerhaus* und seinen farbenprächtigen Blumenbeeten vorbei. Dann brachten die Kutscher ihre schnaubenden Pferde unter dem Vordach der Villa Merck zum Stehen. An der Treppe wartete die *Baronin*. Voller Stolz beobachtete sie, wie die aufmerksamen Herren den eleganten Damen beim Aussteigen behilflich waren.

> Ihre Majestät hatte die vom Großherzog angebotene Wohnung im großherzoglichen Schlosse dahier abgelehnt und beschloß, bei Allerhöchstdero Gesandten das Absteigequartier zu nehmen.

Oben: Villa Merck,
um 1880.

Unten: Empfangssalon.

Die 37-jährige Kaiserin von Österreich, im Volksmund »Sisi« genannt, befand sich auf der Rückreise von einem Besuch in England. Dort hatte sie »kräftigende Seebäder« auf der Isle of Wight genommen und war im Wachsfigurenkabinett von Madame Tussaud gewesen, wo sie ihren Gatten in Wachs »entdeckt« hatte. Sie war außerdem auf einem Königsschimmel durch den Hydepark geritten und hatte dem »größten Irrenhaus der Welt« einen Besuch abgestattet. Ihre Rückreise im Sonderzug führte über Paris, »das sie aus politischen Gründen ohne Aufenthalt passierte«, und Straßburg, wo sie im Münster inkognito die Gräber ihrer Habsburgischen Vorfahren besuchte.

In Baden-Baden wollte »Sisi« mit dem deutschen Kaiserpaar zusammentreffen, was Pfusterschmid frühzeitig aus Wien übermittelt worden war. Die Villa Merck bot dafür als habsburgische Residenz den perfekten Rahmen.

Johanna Merck bat ihre Gäste in den großen Empfangssalon, wo die Flügeltüren zum Musikzimmer und zur Bibliothek weit offen standen und helles Sonnenlicht die mit Stuck besetzten hohen Räume durchflutete.

Kaiser Wilhelm schwärmte von seinem Besuch im Vorjahr in Wien – außerdem kam das Gespräch auch auf den verstorbenen Ernst Merck, auf seine Verdienste für Österreich, vor allem beim Bau der Kaiserin Elisabeth Bahn, deren Namensgeberin nun in Mercks Salon saß. Großherzogin Luise äußerte sich entzückt über die Schönheit

der Kaiserin. Bei dieser Bemerkung rieb sich Wilhelm die linke Seite und meinte charmant: »Es ist besser, nicht zuviel hinzusehen. Es wird einem gar zu warm ums Herz.«

Es hieß ja, dass »Sisi« ihre Gesichtshaut mit Zinkoxyd-Schwefel-Salbe mattweiß und geschmeidig hielt und dass ihr volles Haar jeden morgen zwei Stunden lang gebändigt werden müsse.

Nach einer knappen Stunde begab sich die Gesellschaft in die *Maison Messmer*. Von dort ging es zur Großen Tafel in das großherzogliche Schloss von Baden-Baden, wobei die Kaiserin wohl nicht viel gegessen haben dürfte, da sie unter Völlegefühl litt und sehr auf ihr Gewicht achtete. Angeblich nahm sie sogar heimlich zur besseren Verdauung etwas verdünnte Salzsäure zu sich. Jedenfalls sorgte sie mit Filmärschen, Reiten und Fechtunterricht für eine »ranke und schlanke Figur«.

Das Badeblatt vom 5. Oktober 1874 informierte in seinen Politischen Nachrichten die Öffentlichkeit über den hohen Besuch aus Wien:

Links: Kaiserin Elisabeth (1837–1898).

Oben: Kaiserin Augusta (1811–1890).

Unten: Kaiser Wilhelm I. (1871–1888).

Gestern Vormittag 11 ¼ Uhr traf Ihre Majestät die Kaiserin von Oesterreich in Begleitung I. Kaiserl. Hoh. der Erzherzogin Valerie, nebst hohem Gefolge mit Extrazug von Straßburg kommend, in Baden ein.

Ihre Majestät wurde am Bahnhof empfangen von Ihren Majestäten dem Deutschen Kaiser und der Deutschen Kaiserin, Ihren Königlichen Hoheiten dem Großherzog, der Großherzogin, dem Erbgroßherzog, Ihrer Großherzogl. Hoheit der Herzogin von Hamilton,

Hotel Maison Messmer.

Prinzessin von Baden, der Erbprinzessin von Monaco, der Prinzessin Amelie von Fürstenberg, dem Prinzen Eduard von Sachsen-Weimar, dem Fürsten Sturdza, dem diplomatischen Korps, den Oberhofchargen und dem Großh. Stadtdirektor Frhr. v. Böler.

In einem offenen vierspännigen Hofwagen mit Vorreitern geleiteten Ihre Majestät die Deutsche Kaiserin und Ihre Köngl. Hoheit die Großherzogin die Kaiserin von Oesterreich zur Villa Merck, woselbst Ihre Majestät Absteigequartier beim kaiserl. österr. Gesandten Baron v. Pfusterschmidt-Hardtenstein zu nehmen geruhte.

Um 12 Uhr 25 Min. begab sich Ihre Majestät die Kaiserin von Oesterreich zum Besuch der kaiserlich deutschen Majestäten nach dem Meßmer'schen Hause; bei der Verabschiedung geleitete Seine Majestät der Deutsche Kaiser Ihre Majestät bis an den Wagen.

Hierauf begab sich die Kaiserin zum Besuch Ihrer Großh. Hoheit der Herzogin von Hamilton, Prinzessin von Baden, in das Palais Stéphanie, sowie zum Besuche Ihrer Großh. Hoheiten des Großherzogs und der Großherzogin nach dem großh. Residenzschloß.

Um 1 ½ Uhr war daselbst *Déjeuner-Dinatoire* mit 37 Gedecken; die Kapelle des 111. Infanterie- Regiments spielte die Tafelmusik im Schlosshof.

Nach aufgehobener Tafel begaben sich sämmtliche hohen und höchsten Herrschaften nebst Gefolge wieder zum Bahnhof und verabschiedeten sich daselbst von Ihrer Majestät, allerhöchstwelche 3 ¼ Uhr nach München weiterreiste. Ihre Majestät die Deutsche Kaiserin geleitete Ihre Majestät die Kaiserin von Oesterreich bis Oos.

Ein außerordentlich zahlreiches Publikum aller Stände hatte sich bei der Ankunft und Abfahrt am Bahnhofe eingefunden. Se. Majestät der Deutsche Kaiser und Se. Königl. Hoheit der Großherzog wurden von der versammelten Menge mit lebhaften Hochs begrüßt.

»Sisi« verließ Baden-Baden im ungarischen Hofzug, der aus sieben aneinander gekoppelten Salonwagen bestand, in Richtung

München. Dort wollte sie auf keinen Fall ihren Vetter und Jugendfreund, den bayerischen König Ludwig II., treffen. Er ging ihr nämlich auf die Nerven und war ihr schon lange vor seinem rätselhaften Tod im Starnberger See unheimlich.

Beim nächsten Besuch der Kaiserin in Baden-Baden achtete Pfusterschmid sehr darauf, dass »Sisi« als »Gräfin von Hohenembs« den endlosen protokollarischen Pflichten entfliehen konnte. Elisabeth ritt viel lieber inkognito im *Schwarzwald* und *Rebland* aus, wofür sie sich im Jahr 1883 mehrere Wochen Zeit nahm. Bei ihrem letzten Besuch 1888 gestattete »Sisi« dem *Höhenhotel* großzügig eine Umbenennung als *Luftkurhotel-Kaiserin-Elisabeth.*

Orden und Freiherr – Pfusterschmid verlässt Baden

Als offizieller Vertreter Österreichs durfte Pfusterschmid »viele begeisterte Stimmen entgegennehmen, denn ganz Baden-Baden schien im Zeichen Österreichs zu stehen«. Seine allseitige und unermüdliche Präsenz in Baden-Baden führte dazu, dass Kaiser Wilhelm I. ihm 1874 den *Königlich-Preußischen Kronenorden I. Klasse* verlieh. Außerdem zeichnete sich anlässlich des Besuchs von *Reichskanzler Graf Beust* aus Wien, der als *Minister des Gemeinsamen Ministeriums des Äußeren und des kaiserlichen Hauses* in der Villa Merck wohnte, eine Beförderung Pfusterschmids ab. Der 50-jährige Diplomat wurde von Kaiser Franz Joseph I. zum *Außerordentlichen Gesandten und Bevollmächtigten Minister* ernannt. Er übergab am 31. März 1875 im Karlsruher Residenz-Schloss sein Akkreditierungsschreiben an Großherzog Friedrich I.:

Ein Hofwagen in vollster Gala holte mich zur Audienz; bei der Auffahrt am Großherzoglichen Schlosse trat die Schlosswache ins Gewehr und gab mit Trommelschlag die Ehrenbezeugung. In den Vorsälen waren die Oberhof- Hofchargen und die Generaladjudantur versammelt. Ich werde alsbald in den Thronsaal geführt, wo Seine Königliche Hoheit vor dem Throne stehend, an dessen linker Seite der Großherzogliche Herr Minister des Äußeren Stellung genommen hat, mich empfingen. Ich überreichte dem Großherzog mit geziemender kurzer Ansprache das Allerhöchste Beglaubigungsschreiben. Danach begab man sich in die oberen Gemächer zur Galatafel, wo das gesamte Staatsministerium, die Räte des Äußeren Amtes und der übrige militärische Dienst versammelt waren.

Am Tag danach erfuhr die Öffentlichkeit von Pfusterschmids Akkreditierung durch die *Karlsruher Zeitung*:

Seine Königliche Hoheit der Großherzog haben heute Nachmittag dreiviertel fünf Uhr den seitherigen k.u.k. Österreichisch-Ungarischen Geschäftsträger, Herrn Ritter von Pfusterschmid-Hardtenstein, in feierlicher Audienz zu empfangen und aus dessen Händen das Schreiben Seiner Majestät des Kaisers von Österreich und Apostolischen Königs von Ungarn entgegenzunehmen geruht, welches denselben als außerordentlichen Gesandten und bevollmächtigten Minister am Großherzoglichen Hof beglaubigt. Unmittelbar hierauf hatte der Herr Gesandte die Ehre zur Großherzoglichen Tafel zugezogen zu werden.

S. 135: Freiherrnwappen. Rechts: Freiherr Karl Pfusterschmid von Hardtenstein (1826–1904). ca. 1894.

Oben: Kaiser Franz Joseph I. (1830–1916).

Wenige Jahre später endete Pfusterschmids Dienst in Deutschland. Aber zuvor erhob ihn Kaiser Franz Joseph I. im Jahr 1878 taxfrei als Karl Freiherr Pfusterschmid von Hardtenstein in den Freiherrnstand, was ihm die Führung eines persönlichen Wappens erlaubte, einem »schwarzen Doppeladler in gewechselten Tinkturen«. Als Leitspruch wählte Pfusterschmid *signis collatis pugnare* – »in offener Feldschlacht kämpfen«.

Im Jahr danach wurde Pfusterschmid dann *Gesandter* am Hof von *König Oskar II. (1829–1907)* von Schweden und Norwegen. Seine 36-jährige Ehefrau, die 17-jährige Johanna, die 11-jährige Emma und der 4-jährige Nikolaus mussten sich von Baden-Baden verabschieden. Die Trennung fiel ihnen schwer, der Abschied von der *Baronin* und ihrer eleganten Villa, vom großen Park mit den Verstecken der Kinder in Remisen, Ställen und Häuschen schmerzte. So manches ihrer Abenteuer in den vergangenen zwölf Jahren nahmen die Kinder in ihren Erinnerungen mit. Nur, dass ihr älterer Bruder Ernst nicht mehr mitkommen konnte, machte sie unendlich traurig. Der 14-jährige Gymnasiast war zwei Jahre zuvor gestorben und hatte auf dem Baden-Badener Friedhof seine letzte Ruhestätte gefunden.

Der Familienvater begab sich noch auf eine diplomatische Abschiedstour an den Bodensee: Pfusterschmid händigte in Friedrichshafen dem württembergischen König Karl sein *Abberufungsschreiben* aus, gleich am nächsten Tag auf der Insel Mainau dem badischen Großherzog Friedrich I. – und schließlich in Darmstadt dem hessischen Großherzog Ludwig IV.

In Stockholm verbrachte die Familie Pfusterschmid eine ähnlich schöne Zeit, wie in der Villa Merck in Baden-Baden. Der Diplomat blieb in Skandinavien insgesamt 15 Jahre »auf Posten«. Dabei holte ihn sogar seine badische Vergangenheit wieder ein, denn der Thronfolger und spätere *König Gustav V. von Schweden (1858–1950)* heiratete im Jahr 1888 die badische *Prinzessin Viktoria* aus Karlsruhe. Sehr zur Freude der Pfusterschmids zeigte sich die Kronprinzessin und spätere *schwedische Königin* ihnen gegenüber herzlich zugetan. Offensichtlich hatte sich der Diplomat im Großherzogtum Baden ein so hohes Ansehen erworben, dass es in Schweden noch lange und intensiv nachwirkte. Auch in Wien wusste man Pfusterschmids Arbeit zu schätzen, denn Kaiser Franz Joseph I. ernannte ihn 1881 zum *Geheimen Rat*, außerdem verlieh er ihm 1890 den *Orden der Eisernen Krone I. Klasse.*

Oben: Prinzessin Victoria von Baden (1907 Königin von Schweden).

Unten: Stadtplan von 1889, erste Überlegungen zur Parzellierung des Geländes der Villa Merck.

Die Baronin interessiert sich für Aquae Aureliae

Nach dem Weggang der Pfusterschmids war über Nacht eine bedrückende Stille in die Villa am Falkensteg eingekehrt. Die vielen Zimmer des riesigen Hauses wirkten gespenstisch leer. Das glanzvolle Leben in der einstigen *Habsburger-Residenz* schien wie erloschen. Das Personal war entlassen worden, manche Gebäude standen leer und wurden abgebrochen: Pferdestall, Kuhstall, das hölzerne Pflanzenhaus, das steingemauerte Treibhaus und die Holzremise ... Pläne reiften für einen Verkauf mehrerer Bauplätze im weitläufigen Parkgelände, wurden aber wieder fallen gelassen.

Wenn die *Baronin vom Falkensteg* nach Baden-Baden kam, dann musste sie an die blühenden Jahre ihrer Familie in der Villa Merck denken – an ihren Vater Carl Borgnis mit seinen italienischen Vorfahren, an ihren Gatten Ernst Merck mit den Geschäftsfreunden aus aller Welt, an ihre Tochter Maria Pfusterschmid mit dem österreichischen Diplomaten an ihrer Seite und an ihre drei Söhne: den verschwenderischen *Johann* mit seinen Problemen, den gemütliche *Theodor* im Hamburger Familienunternehmen und den eleganten *Carl*, der im Sachsenwald Bismarcks Gutsnachbar war.

Johanna beschäftigte sich auch immer wieder mit den *römischen Scherben*, die man in Baden-Baden fand, anlässlich der vielen Bauarbeiten unterhalb des Neuen Schlosses. Auch Johannas Vorfahren waren ja über die Alpen gekommen ...

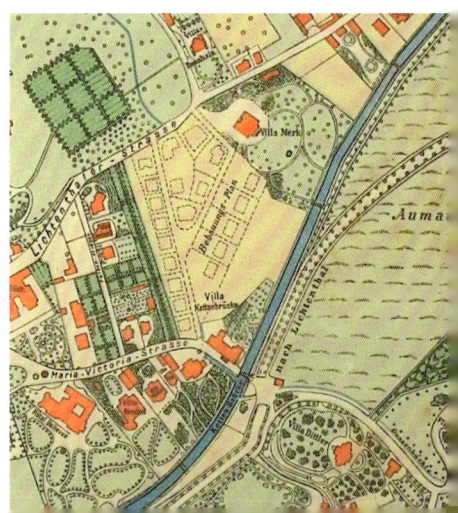

Die Römer besiedelten das Rheintal vor fast zwei Jahrtausenden. Nach der Eroberung *Galliens* durch *Cäsar*, etwa zu Beginn der neuen Zeitrechnung, standen ihre Truppen am Rhein, wo sie sich entlang des linken Ufers niederließen – von *Augst* in der Schweiz bis nach *Xanten*, und weiter bis zur Nordsee.

Vom römischen Legionslager *Argentorate* (Straßburg) aus, wo das Haupt-Truppenkontingent der *Legio VIII. Augusta* lagerte, setzten die Soldaten über den in viele Seitenarme zerrissenen, von Sumpfgebieten durchzogenen Strom und besiedelten das rechtsrheinische Gebiet entlang des Schwarzwalds. Sie bauten Straßen und Siedlungen durch das Kinzigtal über die Schwarzwaldhöhen bis an den oberen Neckar. Militärposten sicherten die neuen Siedlungen, darunter *Aquae* (= Wasser, Quellen), welches ca. 75 n. Chr. unter *Kaiser Vespasian* gegründet wurde.

Aquae lag am engen Einschnitt des Oos-Tales, wo die erfahrenen Soldaten aus den sonnenverwöhnten Provinzen rund um das Mittelmeer sofort eine ins Auge stechende Besonderheit des Ortes erkannten: Aus einem terrassierten Hügel quoll heißes Wasser!

Dampf lag in der Luft und hunderttausende Litter Wasser sickerten in Rinnsalen hinab zu einer sumpfigen Talsohle, die von den Römern als erstes trockengelegt wurde.

Genau dort fand man im 19. Jahrhundert Standbilder, Altarsteine, Weihesteine und Götterbilder. Auch Bruchstücke von rot glänzendem Tafelgeschirr, *Terra-Sigilata-Scherben*, deren Form und Dekor den Fachleuten Rückschlüsse auf den Zeitgeschmack der antiken Besitzer ermöglichten. Weinbrenner errichtete 1804 ein *Museum Palaeotechnicum*, eine *Antiquitätenhalle*, direkt über der Ursprungsquelle. Im rechten Seitenraum des Gebäudes war die Quelle zu sehen, zur Linken trank man aus ihr, und im Mittelteil waren die Zeugnisse der römischen Vergangenheit ausgestellt. Bedauerlicherweise wurde die *Antiquitätenhalle* mit ihren markanten dorischen Säulen schon 1847 im Zuge des Bau-Booms der Stadt wieder abgerissen – doch just bei dieser Gelegenheit kam eine Sensation zum Vorschein: *Die römischen Badeanlagen!* Zwei Plattenbruchstücke aus weißem Marmor überbrachten eine Botschaft aus der Antike:

Der Imperator Caesar Marcus Aurelius Antoninus, der Fromme und Glückliche, der unbesiegte Herrscher, der größte parthische, britannische, germanische Sieger, Oberpriester, im 17. Jahr seiner tribunistischen Gewalt, im vierten Konsulat, Prokonsul, Vater des Vaterlandes, hat gemäß seiner Freigiebigkeit nach Entfernung der Felsen das Badegebäude ausgebaut, die Warmbäder wieder hergestellt und mit Marmorplatten ausgeschmückt.

Aus dem einfachen Militärposten war im Laufe der Zeit ein *Kohortenkastell* mit Milizionären geworden. Sie wurden aus der einheimischen Bevölkerung für die *XXVI. Freiwilligenkohorte römischer Bürger* rekrutiert. Die Legionstruppen bildeten das Rückgrat jeder Provinzverwaltung, ja des ganzen Imperiums, und entsprechend achtete man auf deren Wohlbefinden und Fitness. Ein Kur- und Heilbad leistete dabei unschätzbare Dienste. Erfahrene römische Architekten fassten das knapp 70 Grad heiße Wasser von *Aquae*, das aus einer gekrümmten Bergspalte hervorquoll, in steingemauerten Becken, wobei sie geschickt die Hanglage des Florentinerbergs zur Terrassierung der gesamten Anlage nutzten.

Zu der *Badeanlage* gehörten auch Gymnastik- und Massage-Räume, Einzelbäder mit Ruheräumen sowie Sport- und Erholungsanlagen. Die antiken Badegäste begaben sich stets unter den besonderen Schutz ihrer Gottheiten – Minerva, Merkur, Apollo, Jupiter, Mars, Einobeia und Diana Abnoba (Göttin des Schwarzwaldes) – wenn sie Linderung und Genesung in den Thermen suchten. Die von ihnen ehrfurchtsvoll und dankbar eingerichteten *Weihebezirke* waren reich mit Denkmälern bestückt – die bei Grabungen südlich und östlich des Friedrichsbades wieder ans Licht kamen.

Auf dem gegenüber liegenden Hügel war die Kur- und Bäderverwaltung des aufblühenden *Aquae*, das beständig wuchs, bis es aus militärischer Verwaltung in zivile Hände übergeben wurde, in die *civitas Aquensis*. Der Kaiser Marcus Aurelius Severus Antoninus *Caracalla* besuchte im Jahr 213, nach Feldzügen gegen die Alamannen, ein Bad nördlich der Alpen – vermutlich *Aquae*. Der Imperator wollte in den *Apollo Granus* geweihten Thermen Heilung von seinem Gichtleiden finden, dabei verschaffte er der *civitas Aquensis* den kaiserlichen Ehrennahmen *Aurelia*. Die Blüte des römischen Rheingebiets erfasste natürlich auch Aquae, wo die Bäder-Architekten die Kur- und Bäderanlagen aufwändig umbauten und luxuriös ausstatteten.

Der wachstumsstarke Bezirk *civitas Aurelia Aquensis* umfasste ein Hoheitsgebiet, das von Bretten im Kraichgau, bis nach Offenburg im Süden reichte. Im gesamten Umland entstanden römische Siedlungen, Landgüter (*villae rusticae*) und Straßenverbindungen. An den Straßenkreuzungen draußen in der Rheinebene wiesen zahlreiche *Leugensteine* (»Viergöttersteine« des Jupiterkults) den Weg zur *civitas Aurelia Aquensis* und gaben die Entfernung bis zum Zentrum im Oos-Tal nicht selten mit umgerechnet 38 km an.

Die »Badesaison« im römischen Aquae, in der Provinz *Germania Superior*, dauerte nahezu 200 Jahre. Die Provinz war geschützt durch die Flussläufe von Rhein und Donau und, wo dies nicht möglich

Türsturz in der Villa
Merck, Musiksaal.

war, durch den 550 km langen *Obergermanisch-Raetischen Limes* als eindrucksvolle Grenzanlage.

Dann begannen aber die *Alemannen* den Limes zu überrennen und die römischen Siedlungen rechts des Rheines gerieten in Gefahr, die Grenze des Imperiums ins Wanken. Rom entschloss sich 259/260, seine immer heftiger unter Druck geratenden Truppen auf die Rheingrenze zurückzunehmen, damit waren die rechts des Rheines gelegenen Siedlungen, darunter das wohlhabende *Aquae Aureliae*, den heranstürmenden Germanen preisgegeben.

Die prächtigen Thermen aus Marmor und Travertin wurden noch bis in karolingische Zeit, also bis ins 10. Jahrhundert hinein genutzt. Dann verfielen sie, das wertvolle Mauerwerk wurde abgetragen und anderweitig verwendet. Die römische Siedlung versank langsam im Dunkel der Geschichte und geriet in Vergessenheit. Aber nicht die heißen Quellen – und auch nicht das lateinische Wort *balnea*. Es lebte im Deutschen fort: *Baden*.

Als die *Franken* in das *alemannische* Siedlungsgebiet eindrangen, einigte man sich auf die Oos als Siedlungsgrenze zwischen den beiden Stämmen. Ein Frankenkönig soll im 8. Jahrhundert die zu seinem (nördlichen) Territorium gelegenen heißen Quellen der *Reichsabtei Weißenburg* geschenkt haben – direkt neben den Quellen wurde im 10. Jahrhundert nach Weißenburger Vorbild die *Pfarrkirche St. Peter und Paul* gebaut (die spätere Stiftskirche). Im 12. Jahrhundert gab der fränkische König das *Baduon* umfassende Lehen dann an ein Adelsgeschlecht aus dem Breisgau und aus dem mittleren Neckarraum, unter dem die Siedlung im Oos-Tal erstmals 1288 als mittelalterliche Stadt Erwähnung fand. Im 14. Jahrhundert wurde sie mit einer Stadtmauer versehen: *marchio de Baduon* – Markgrafschaft Baden.

Die Markgrafen von *Baduon* wohnten zeitweise im *Alten Schloss Hohenbaden* mit weitem Blick auf die Rheinebene. Ihre Grablege blieb noch lange das *Kloster Backnang* im Remstal, ab dem 14. Jahrhundert fanden alle fünfzehn regierende *Markgrafen von Baden* im Chor der Stiftskirche ihre letzte Ruhestätte.

Die Probleme des jungen Baron Johannes Merck

Johanna fühlte sich in der riesigen Villa Merck zunehmend einsam und fuhr am liebsten nach Frankreich. Der *junge Baron Johannes von Merck (1850–1891)* wich dabei nicht von ihrer Seite, schließlich lebte er ganz vom Vermögen seiner Mutter, das er beim Glücksspiel immer mehr dezimierte. Selbst als die Baronin 1884 in Heidelberg eine *Stadtwohnung* nahm, in der Bismarckstraße 1, zog Johannes mit ein.

Der jüngste Sohn hatte nie etwas Vernünftiges gelernt oder gearbeitet, sondern lebte seit 1876, obwohl erst 26 Jahre alt, als »Rentner« im Schweizerhaus der Villa Merck. Johannes Merck gehörte zur sogenannten *Badgesellschaft*, die ihre Zeit im und am Conversationshaus verbrachte – sowie im *Internationalen Club*, der die Iffezheimer Pferderennen ausrichtete.

Wiegende klangvolle Weisen, ausgeführt von Wiens berühmtester Kapelle, aus den geöffneten Fenstern flutet ein Meer von Licht und der Duft zarter Wohlgerüche, in dem schattigen Garten ergehen sich die Paare, Damen in kostbarsten Toiletten, Hals und Arme geschmückt mit Perlen und Steinen im Werte von Millionen. In den Sälen der ersten Etage herrscht feierliche Stille, nur unterbrochen von den halblauten Anweisungen der Bankhalter und dem Klingen der Spielmarken aus Perlmutt.

Und das Volk in der lauen Sommernacht, das sich in der Lichtentaler Allee drängt und schiebt, blickt nach den hellerleuchteten Fenstern. Gespanntes Interesse leuchtet aus den Augen; zu gern möchte man wissen, wie und womit die oberen Zehntausend sich amüsieren, die Zehntausend, deren Leben und Treiben märchenhaft sein muss. Werde doch, so geht das Gerücht, von einzelnen dieser durch Geburt und Reichtum Ausgezeichneten an einem Abend Summen ausgegeben, deren Besitz ein Vermögen dünken würde.

Oben: Johannes Merck (1850–1891).

Unten: Tribünen der Rennbahn Iffezheim.

Johannes Merck besaß auch einen Jagdschein und hatte in der Rheinebene ein Jagdgelände gepachtet, das sein Jagdaufseher Franz Manz aus Halberstung verwaltete. Für Jäger war in Baden-Baden ständig etwas geboten, es gab bis zum *St. Hubertustag (3. November)* jeden Tag kleinere Jagden, und zu besonderen Terminen veranstaltete man *große Treibjagden.*

Der vergnügungssüchtige Baron sorgte auch für reichlich Trubel in der Villa seiner Mutter, einmal sagte er dem *Internationalen Club* zu, eine ganze *Jagdequipage* bei der Baronin unterzubringen, mitsamt dem Hundemeister und 35 Jagdhunden.

Zum Leidwesen der Mutter nahm Johannes Hang zum Glücksspiel und zum Alkohol immer mehr zu. Deshalb kam es auch zu einem peinlichen Auftritt beim *Reunionsball* im Sommer 1884, als zwei Saaldiener des Conversationshauses dem leicht derangierten Johannes »wegen unpassender Toilette« den Zutritt verweigerten.

Die beiden Aufseher monierten, dass der Baron gegen die vom Kurkomitee erlassene Kleiderordnung verstieß, da er lediglich eine »kurze braune Jaquette« trug. Darüber kam es schließlich zu einem Handgemenge. Merck wollte sich gewaltsam Zutritt verschaffen und setzte sich gegen die Saaldiener

so lange zur Wehr, bis diese von ihm abließen, »um kein Aufsehen zu erregen«. Hernach beschwerten sich Michael Zähringer und August Bodemer bei Stadtrat Theophil Weih: Merck habe ihnen gedroht, sollten sie ihn nochmals aufhalten, würde er ihnen ins Gesicht schlagen.

Der Stadtrat, sprich der Oberbürgermeister, schrieb daraufhin einen geharnischten Brief an den jungen Baron Merck, der auch prompt auf dem Rathaus erschien und sich entschuldigte. Vor einem der Saaldiener musste er diese nochmals wiederholen: »Tut mir leid, ich war etwas angetrunken.«

So stürzte der junge Johannes Merck sich und seine Mutter im Laufe der Zeit immer mehr ins Unglück. Er war lange krank, blieb erwerbslos – und verschuldete sich immer mehr.

Nur 41 Jahre alt starb der jüngste Abkömmling von Ernst und Johanna Merck in der Heidelberger Wohnung seiner Mutter, wenige Tage vor dem Weihnachtsfest des Jahres 1891. Der Unglückliche hinterließ der *Baronin* ein bitteres Erbe: Sie hatte wegen ihm bei der *Versicherungsanstalt Baden in Karlsruhe, Invaliditäts- und Altersversicherung* 220.000 Mark »Obligationen« aufgenommen!

Die Gutsnachbarn
Carl Merck und Otto von Bismarck

1879–1912

Das Familienunternehmen H. J. Merck & Co.

Das Hamburger Unternehmen des verstorbenen Ernst Merck blieb weiterhin in den Händen der Familie. Teilhaber waren seit 1856 *Theodor Merck (1816–1889)* und seit 1861 *Oscar Ruperti* sowie *Johanna Merck* und deren Bruder *Alexander Borgnis*. Der Sohn der Baronin, *Carl von Merck (1843–1920)*, übernahm 1869 den Gesellschaftsanteil seiner Mutter, nachdem er volljährig wurde. Auf Theodor Merck folgte 1889 dessen Sohn *Ernest Merck*.

Carl Freiherr von Merck (1843–1920).

Die Firma wurde nun von Alexander Borgnis angeführt, Oscar Ruperti war die treibende Kraft, Carl von Merck und Ernest Merck vertraten die Firma mit ihrem Namen nach außen.

Carl Merck bearbeitete in der Firma den Terminhandel und war »Vertreter der Firma in der Spekulation in der Börse«, er führte aber Transaktionen im Ausmaß wie die seines Vaters Ernst Merck nicht durch.

Das Handelshaus *H. J. Merck & Co.* verdiente beim Handel mit Düngemitteln viel Geld, es importierte *Ocean-* und *Nauru-Phosphate* sowie *Guano* aus dem *Damaraland* in *Deutsch-Südwestafrika*. Die neuen deutschen Kolonien in der *Südsee (Marschall-Inseln, Bismarck-Archipel)* waren eine sichere Basis für den Phosphathandel, da hier große Vorkommen des für die Landwirtschaft wichtigen Rohstoffs abgebaut werden konnten. Sie waren ein Aushängeschild des aufstrebenden Reiches und standen deshalb unter dem besonderen Schutz des Staates.

Hinzu kam, dass Bismarck mit der Kolonialpolitik bei den Hamburger Kaufleuten punkten konnte, die der neuen preußischen Führungsschicht aus Agrariern und Industriellen eher skeptisch gegenüberstanden.

Wegen des wachsenden Phosphatgeschäfts reiste Ruperti 1891 zu Verhandlungen mit amerikanischen Minenbesitzern in die USA, was laut seinen *Lebenserinnerungen* die wichtigste Reise seines Lebens war. Besonders hohe Gewinne brachte auch der *Salpeterhandel* mit *Chile*, denn Salpeter konnte direkt an die Landwirtschaft abgesetzt werden und musste nicht in irgendeiner Form be- oder verarbeitet werden.

Als der *Rohphosphathandel* immer größere Formen annahm, stieg die Familie Merck-Borgnis-Ruperti auch in die Weiterverarbeitung ein, sie gründete 1899 die *Merck'sche Guano- und Phosphat-Werke AG*, obwohl man die Rechtsform einer Aktiengesellschaft bisher gemieden hatte. Der Sitz war Harburg, später Hamburg – und die Betriebsstätten lagen in Harburg, Vienenburg und Oker. Als der Stammsitz des Unternehmens am *Alten Wandrahm* zwischen 1896 und 1900 dem Ausbau des Hamburger Hafens und dem Bau der *Speicherstadt* zum Opfer fiel, verlegte die Familie ihr Unternehmen in den nahegelegenen *Dovenhof 6*.

Das Stammhaus H. J. Merck & Co. hat während dem Aufbau und der Gründung der Guano-Werke Aktiengesellschaft seinen alten Charakter bewahrt. Es blieb weiterhin im Warenhandel führend tätig, und es traten in den folgenden Jahren keine großen, besonderen Ereignisse ein. Nachdem die Firma nicht mehr im alten Merck'schen Haus am Alten Wandrahm wegen des Hafenausbaus wohnte, war das Erdgeschoss im Dovenhof eine würdige Kontorflucht.

Zur Jahrhundertwende beackerte das Hamburger Familienunternehmen somit *drei* mehr oder weniger miteinander verknüpfte *Geschäftsfelder*: das Handelsgeschäft, das Bankwesen sowie die industrielle Verarbeitung des Rohphosphates.

Geschäfte in den Südsee-Kolonien

Das boomende Düngemittel-Geschäft in den populären deutschen Kolonien führte 1888 zur Gründung der *Jaluit-Gesellschaft*. Unter dem Schutz des Deutschen Kaiserreichs konnte die *Jaluit-Gesellschaft* auf den *Marshall-Inseln*, den *Karolinen-Gilbert-* und *Ellice-Inseln* herrenloses Land in Besitz nehmen, »Fischerei auf Perlschalen betreiben, soweit solches nicht von den Eingeborenen in herkömmlicher Weise ausgeübt« wurde – und vorhandene »Guanolager ausbeuten«. Aus der Jaluit-Gesellschaft ging 1901 die *Deutsch-Englische Pacific Phosphate-Co.* hervor, mit Sitz in London, aber unter starkem deutschem Einfluss. Den ehemaligen Jaluit-Gesellschaftern, darunter auch die

Merck'sche Guano- und Phosphat-Werke AG, winkte eine lukrative Förderabgabe von 1 Shilling pro Tonne ausgeführten Phosphates.

Zum ungekrönten *König der Südsee* wurde Johann Cesar Godeffroy, der Hamburger Überseekaufmann, Reeder, Werftbesitzer und Jugendfreund von Ernst Merck. In seinen *Frachtseglern* fuhren Tausende von Auswanderern nach Australien – und auf der Rückfahrt aus *Ozeanien* brachten sie Kokosöl, Kupfer und Perlen mit. Godeffroy hielt seine Kapitäne gezielt an, in *Polynesien, Mikronesien* und *Melanesien* völkerkundliches Material und ethnografische Objekte einzusammeln. Dinge wie gepresste Pflanzen, in Spiritus eingelegte Tiere, eigens gefangene Fische, aufgespießte Schmetterlinge und menschliche Skelette ...

Die Museen und Wissenschaftler in ganz Europa waren dankbare Abnehmer, besonders die *Berliner Gesellschaft für Anthropologie, Ethnologie und Urgeschichte.* Und selbst die Medien profitierten von den Südsee-Attraktionen, denn seit den Veröffentlichungen von Darwin und Humboldt wurden naturwissenschaftliche Darstellungen begierig aufgesogen.

»Über die Besitzerin der Villa Merck ist Konkurs ausgebrochen«

Die Hamburger Verwandtschaft der *Baronin* fand kaum Zeit für Besuche in Baden-Baden, vielleicht zu besonderen Anlässen, wie dem 70. Geburtstag von Johanna Merck im Jahr 1890. Das Haus stand für Wochen oder Monate leer oder wurde mitsamt der Einrichtung vermietet. Ansonsten sah ab 1891 der Kutscher Wilhelm Uhlenbecher nach dem Rechten, der auch auf dem weitläufigen Gelände wohnte und dem 1894 der Schreiner Kiesel folgte.

Der Aufwand für die Bewirtschaftung der riesigen Villa Merck mit ihren vielen Zimmern und zahlreichen Nebengebäuden war immens hoch – und

Johanna Mercks Vermögen war inzwischen aufgezehrt. Deshalb sah auch das Ehepaar Pfusterschmid keine Möglichkeit, nach der Pensionierung des 70-jährigen Diplomaten im Jahr 1894 nach Baden-Baden zurückzukehren. Karl und Maria Pfusterschmid zogen von Stockholm in die reizende *Villa Fliederbachhof* im Salzburger Stadtteil Aigen.

Zu dieser Zeit trat in Baden-Baden ein kleineres Problem auf: Die städtische Baupolizei machte dem Bezirksamt eine Mitteilung, wonach der Holzsteg vom Park der Villa Merck über die Oos morsch geworden sei. Die *Großherzogliche Wasser- und Straßenbauinspektion* in Rastatt bestätigte die Einsturzgefahr. Wie viele der Oos-Brücken war auch jene der Villa Merck eine Holzkonstruktion, damit sie bei Hochwasser leichter entfernt werden konnte. Dadurch war sie aber auch recht witterungsanfällig. Die Behörden forderten die Baronin auf, den Missstand zu beheben. Doch die betagte Dame hatte ganz andere Probleme: Der Amtsdiener des Rathauses meldete nämlich am 17. Mai 1894: *Über die Besitzerin der Villa Merck ist Konkurs ausgebrochen.* Es ging um 220.000 Mark »Obligationen« bei der *Versicherungsanstalt Baden in Karlsruhe, Invaliditäts- und Altersversicherung.*

Das Gericht setzte als Konkursverwalter den Rechtsanwalt Beck ein, der mitteilte, dass »sich derzeit in der Aktivmasse kein Geld befindet« – dass aber »in den nächsten Wochen sowohl die Fahrnisse [Möbel] hier als in Heidelberg versteigert werden sollen.« Erst danach könne der Steg über die Oos ausgebessert werden.

Noch im Frühjahr 1894 eröffnete das *Großherzogliche Amtsgericht von Baden-Baden* das Konkursverfahren und ordnete im Herbst des Jahres *die Durchführung der Zwangsversteigerung gegen Frau Baronin Johanna von Merck zu Baden* an.

Danach verstrich fast ein ganzes Jahr und niemand kam der Baronin zu Hilfe, weder der Sohn, noch der Bruder, noch der Schwager in Hamburg. Nur der Holzsteg über die Oos wurde entfernt. Dann führte das Gericht am 25. August 1895 den *ersten Versteigerungstermin* durch, für den es den Wert der Villa Merck auf 672.000 Mark festlegte. Doch so viel wollte niemand bieten: »*Auf die zu versteigernden Liegenschaften wurde nur teilweise der Schätzungswert geboten.*«

Wäre es anders gewesen, was wäre dann mit dem Verteigerungserlös geschehen? Gab es noch weitere Schulden der Baronin – dubiose Spielschulden ihres verstorbenen Sohnes?

Einen Monat später, am 24. September 1895, folgte der *zweite Versteigerungstermin*. Nun galt das Mindestgebot. Dieses gab ein Rechtsanwalt im Namen von *Carl Heinrich Johann Freiherr von Merck* aus Hamburg. Der Sohn der Baronin bekam für 277.500 Mark den Zuschlag und bezahlte: *Für die Wiesen in der Falkenhalde: 2.500 Mark – für Hofreite, Hausgarten, Damm und Weiher: 275.000 Mark.*

Der Versteigerungserlös entsprach auffällig den Schulden der Baronin bei der Karlsruher Versicherung – womit das Problem elegant aus der Welt geschafft war: Die Villa Merck blieb in den Händen der Familie.

Carl Merck und sein Gut Sachsenwaldau

Carl Merck galt als ein »eleganter Mann von großer Herzensgüte und noblem Charakter«. Ihm gehörte zusammen mit seiner Ehefrau *Franziska Freiin von Schröder (1861–1901)*, einer Tochter des Gutsbesitzers Charles Feiherr von Schröder, seit einem Jahrzehnt das *Gut Sachsenwaldau* am Rande des Sachsenwalds. Das auf der Gemarkung *Reinbek*, Ortsteil Ohe, gelegene Gutshaus stand an der Stelle des früheren *Klosters Reinbek* – wo der kleine Bach *Hoibek* in die *Bille* mündete.

> Herr Baron v. Merck-Hamburg, welcher vor Jahren das so romantisch am Billufer des Sachsenwaldes gelegene Gehöft mit dem noch übrigen Landareal ankaufte und zu seinem sommerlichen Wohnsitz erwählte, hat das Herrenhaus und die übrigen Gebäude des Hofes vorteilhaft umgestalten lassen. Die von der Heerstraße nach dem Hofe führende alte Allee ziert das Gehöft mit dem Charakter der Alterthümlichkeit.

Hofgut »Sachsenwaldau« der Familie Merck im Sachsenwald, um 1920.

Carl Merck hatte 1885 zugegriffen, als das *Gutshaus* auf den Markt gekommen war und er es mitsamt Park, Gärten, Mühle, Mühlenteich, Wirtschaftsgebäuden und einer Meierei kaufen konnte. *Gut Sachsenwaldau* im Sachsenwald war seit 1783 als *Hofmühlenbek* bekannt, später hieß es *Gut Hoibeken*. Seine Besitzer wechselten häufig, bis es ein Major von Krieger in den 1860er Jahren erwarb und *Sachsenwaldau* nannte. Krieger verkaufte es später schrittweise, zunächst 1876 die riesigen landwirtschaftlichen Flächen, die an Reichskanzler Otto von Bismarck gingen, der sie seiner *Fideikomissherrschaft Schönau* zuschlug. Dann im Jahr 1885 das Gutshaus an Carl Merck, der somit Bismarcks *Gutsnachbar* wurde.

> Der Reichskanzler hatte seinen neuen Besitz zu dem fürstlichen Hofe Schönau geschlagen und in landwirtschaftliche Kultur genommen, zum größeren Theil aber mit Tannen aufgeforstet, so daß sich mit der Zeit, und, da auch die angrenzenden fiskalischen Heideländereien mit Tannen bepflanzt sind, ein großer, theilweise schon jetzt hochgewachsener Tannenwald von Sachsenwaldau bis Witzhave hinziehen wird.

Bismarck gehörten auf der Gemarkung Reinbek außerdem schon seit den 70er Jahren die Güter *Schönau*, mit einer Kornbrennerei (seit 1874), und *Silk* (seit 1875). Er hatte immer wieder versucht, seinen Besitz noch weiter auszudehnen. Bei einer Gelegenheit, als das nahegelegene, ziemlich heruntergekommene *Schloss Reinbek* versteigert wurde, verpasste er allerdings den Termin, weil seine Hunde auf dem Weg zur Auktion ein Reh hetzten. Er musste sich mit einem Ausflugshotel begnügen, der Gaststätte *Frascati* an der Schwarzenau, nahe der Bahnlinie von Hamburg nach Reinbek.

Als Kaiser Wilhelm II. den unbequem gewordenen Bismarck 1890 entließ, wollte der so schmählich entlassene Reichsgründer zwar nicht *Herzog von Lauenburg* werden, er nahm aber eine beträchtliche Zuwendung im Sachsenwald an: Der Kaier verfügte, dass das Reich »dem Kanzler des Deutschen Reiches, Fürsten von Bismarck, in Anerkennung seiner Verdienste 7.500 Hektar Land im Amt Schwarzenbek im Sachsenwald als eine Dotation zum Eigentum übereignete«.

Der Sachsenwald im *Herzogtum Lauenburg* lag etwa 35 km östlich von Hamburg, seit der Eröffnung der Eisenbahnlinie Hamburg-Berlin im Jahr 1846 erfreute er sich zunehmender Beliebtheit. Nachdem das Naherholungsgebiet durch Bismarcks Kriegs-Politik im Jahr 1865 von Dänemark zu Preußen kam, wurde der Zulauf immer größer. Die Stadt Reinbek stieg mit einer *Kaltwasserheilanstalt* sogar zum beliebten Kurort mit vielen Ausflugslokalen auf. An Sonntagen fuhren eigens Züge von Hamburg nach Reinbek und brachten eine große Schar von Ausflüglern, Naturfreunden und Malern an die Flussläufe der Bille. Wohlhabende Hamburger Bürger bauten sich in der reizvollen Landschaft inzwischen Villen – oder kauften sich, wenn es die Gelegenheit wie im Falle Merck zuließ, ein altes Gutshaus.

Bismarck zog sich mit seiner Frau ins ehemalige Hotel *Frascati* zurück. Diese Lösung war zunächst nur als Provisorium gedacht, wurde dann aber zum festen Wohnsitz der Familie. Das *Frascati* legte den Charakter eines schmucklosen Hotels nicht mehr ab, Bismarck ließ nicht einmal die Zimmernummern an den Türen entfernen.

Otto von Bismarck (1815–1898).

Merck und Bismarck im Sachsenwald

Als Kaiser Wilhelm II. den »eisernen Kanzler« im Jahr 1890 zum Rücktritt zwang, brachte die britische Zeitschrift *Punch* die berühmt gewordene Karikatur »*Der Lotse geht von Bord*« (»*Dropping the Pilot*«). Die fein gesponnene Bündnispolitik Bismarcks mit einem Gleichgewicht der Kräfte in Europa ersetzte der junge Kaiser durch »Drang nach Größe«. Obwohl er zum Liberalismus erzogen worden war, wollte der körperlich behinderte, aber im Ton eines Gardeleutnants daherredende Kaiser »mit Volldampf voraus«. Am deutschen Wesen solle die Welt genesen, dazu gehörten für ihn Schlachtflotte und Kolonien. Nicht mühsam verhandeln, sondern Anweisungen geben, war seine Devise. »Seine Reden, Interviews und Telegramme waren Katastrophen der

Diplomatie. Was Wilhelm von deutscher Größe, von Weltmacht, trockenem Pulver und scharfen Schwertern daherschnarrte, machte das wilhelminische Deutschland gefürchtet und unbeliebt.«

Obwohl sich die Märkte vernetzten und das Kapital die letzten Paradiese besetzte – also die Zeit der globalen Verflechtungen begann –, glich der Gesellschaftsaufbau des Deutschen Kaiserreichs noch immer der mittelalterlichen Ordnung dreier Stände. Die logische Folge dessen war ein Dreiklassenwahlrecht, bei dem Frauen weder wählen durften noch gewählt werden konnten. Den Mädchen wurde überhaupt erst 1892 gestattet, an Jungengymnasien die Reifeprüfung abzulegen, und studieren durften sie erst nach der Jahrhundertwende.

Der entlassene Bismarck saß nun voll Groll im Sachsenwald, studierte gründlich die Zeitungen und räsonierte darüber, wieso er nicht in die Politik zurückgerufen oder wenigstens regelmäßig konsultiert wurde. Außerdem schrieb er seine Memoiren *Erinnerung und Gedanke.* Die Bewirtschaftung seiner Güter überließ der Fürst seinen Verwaltern, weshalb sie angeblich keinen Gewinn abwarfen. Er beobachtete die enttäuschten deutschen Fürsten, die seinen Sturz betrieben hatten, weil sie sich davon mehr Einfluss im Reich versprachen – allen voran der badische Großherzog. Nun zog sich dieser aus lauter Frust die lächerliche Uniform eines einfachen *Obersten* über – weil er partout das badische Wappen am Helm tragen wollte.

Das Leben der Mercks und Bismarcks im Sachsenwald, abseits der geschlossenen Dörfer, entwickelte seinen eigenen Rhythmus. Es entstand ein enges, nachbarschaftliches Verhältnis, man nahm an den beiderseitigen Geschicken Anteil und half sich gegenseitig aus. Besonders gerne verabredeten sich Otto von Bismarck und Carl von Merck zur gemeinsamen Jagd, auch zu winterlichen Drückjagden. Der Sachsenwald bot mit viel Rot- und Schwarzwild »ein einträgliches Jagdvergnügen«. Vier Revierförster schauten in Pirschbezirken von jeweils 250 Hektar nach dem Rechten. Es gab einen 850 Hektar großen *Rotwildpark* mit einem speziellen Südholsteiner Rotwildstamm und einen 450 Hektar großen *Saupark*, welcher schon in dänischer Zeit angelegt worden war, um Wildschäden durch das Rot- und Schwarzwild zu reduzieren.

Carl und Franziska Merck von *Gut Sachsenwaldau* waren »fast tägliche Gäste« in Friedrichsruh, das zu Pferde »eine halbe Wegstunde« entfernt lag. Franziska Merck kam oft schon zur *Frühstückstafel* zu den Bismarcks, selbst wenn ihr Mann noch in Hamburg zu tun hatte und erst zum Mittagessen erwartet wurde. Umgekehrt besuchte Johanna Bismarck »oft des Nachmittags die Baronin Merck«.

Man verstand sich glänzend, Franziska Merck war bei den Bismarcks »ungemein beliebt«. Sie galt als glückliche Gattin und Mutter, war eine »höchst anziehende Frau« und eine »anmutige, reizende Erscheinung«, die

»Der Lotse geht von Bord« (Punch, 1890).

sich außerdem für »geistige und wissenschaftliche Fragen« interessierte, vor allem für Astronomie. Es hieß, wenn Franziska Merck mit ihrem »anmutigen schlichten Benehmen« nach Friedrichsruh kam, dann »weilte dort auch der Frohsinn«. In Gegenwart »dieser bezaubernden Waldelfe« sei sogar so mancher der ansonsten schweigsamen und verschlossenen Herren »zum geistsprühenden Unterhalter« geworden.

> Wollte die Fürstin einen Gast besonders auszeichnen, so meinte sie im Scherz, man habe die Baronin, »die gute Fee des Sachsenwaldes«, extra seinetwegen eingeladen. Aber auch Bismarck, der es sich nie nehmen ließ, sie selbst zu Tisch zu führen und ihr den Ehrenplatz an seiner Seite zu geben, begegnete ihr galant, [...] geschmeidig wie ein junger Leutnant.

Anlässlich des 76. Geburtstags der *Fürstin Johanna Bismarck, geb. von Puttkammer*, gab es 1890 eine *Mittagstafel* für die 20 engsten Verwandten und Freunde, zu denen auch *Baron von Merck nebst Gemahlin aus Hamburg* zählten. Bismarck lud die Mercks auch zu seinen *Frühstückstafeln* mit Delegationen ein, die immer wieder nach *Friedrichsruh* gepilgert kamen – die *Deputation des Lübecker Kampfgenossen-Vereins*, die *Getreuen in Magdeburg*, der Landrat und der Oberbürgermeister, der Bataillons-Kommandeur und der Rittmeister, der Eisenbahn-Präsident und der Handelskammer-Präsident sowie »sonstige aus Hamburg eingetroffene Verehrer des Fürsten«.

Selbst an Bord des neuen *Schnelldampfers Fürst Bismarck*, der in Diensten der Hapag fuhr, wo die Familie Merck zu den Gründungsgesellschaftern zählte, fand eine Bismarcksche *Frühstückstafel* statt. Der Doppelschrauben-Schnelldampfer lag 1891 bei Brunshausen auf der Elbe vor Anker – und das Frühstück bestand aus holländischen Austern, Rumpsteak, Hummer naturel, französischen Poularden.

> Der Fürst verbreitete durch sein leutseliges Wesen bald die heiterste Stimmung, so dass alle in die Segenswünsche für Deutschlands größten Staatsmann, den Fürsten Bismarck, einstimmten: Fürst Bismarck hoch – hoch – hoch! Der Geehrte dankte in schlichten Worten und wünschte dem Schiffe glückliche Fahrten für immerdar, dann trank er auf das Gedeihen der Paketfahrt, auf deren Unternehmungsgeist jeder Deutsche mit Stolz blicken könne. Hierauf folgte eine eingehende Besichtigung des Schiffes.

Bismarck kannte den jungen Carl Merck bereits als kleinen Jungen, als dieser noch im Park der *Villa Merck in Baden-Baden* spielte oder im elterlichen Haus am *Alten Wandrahm* in Hamburg – während Bismarck und Mercks

Vater über die Habsburger und die Deutsche Einheit stritten. Auch den Hamburger Bankier *von Schröder*, den Vater von Franziska Merck, kannte der Reichskanzler seit langem.

Da Fürst Bismarck bereits so häufig zu Tisch nach Hamburg gekommen war, folgte er am 10. Dezember 1891 besonders gern einer Diner-Einladung des Baron Charles Schröder, des Schwiegervaters seines Gutsnachbarn, des Baron Merck. Es war für 24 Personen gedeckt. Baron Merck hatte den Fürsten an der Bahn abgeholt, Hausherr und Hausfrau empfingen ihn oben an der Treppe ihres Hauses Große Bleichen 21.

Bei Tisch brachte Baron Schröder einen Toast aus, indem er bemerkte, es würde dieser Tag für ihn ein unvergesslicher sein, und er dankte in warmen Worten für die Ehre, die Bismarck seinem Hause hatte erfahren lassen. Bismarck brachte die Gesundheit auf den Herrn und die Frau des Hauses und die ganze Schrödersche Familie aus.

Der Rheinwein mundete ihm gut. Das Menu bestand aus Austern, Schildkrötensuppe, Trüffel en Serviette à Canapés, Seezunge à la Bagration, Hammelrücken garniert, Schweser mit Champignons, Leberpastete, Fasanenbraten mit Salat und Kompott, Spargel, Spinat, Käse, Butter, Eis, Dessert.

Nach Tisch ließ sich Bismarck in einem großen Lehnstuhl nieder, und als Baronin Merck, welche die Pfeife des Fürsten selbst mitgebracht, ihm dieselbe in Brand gesetzt und sich an seiner Seite niedergelassen hatte, fühlte sich Bismarck äußerst behaglich.

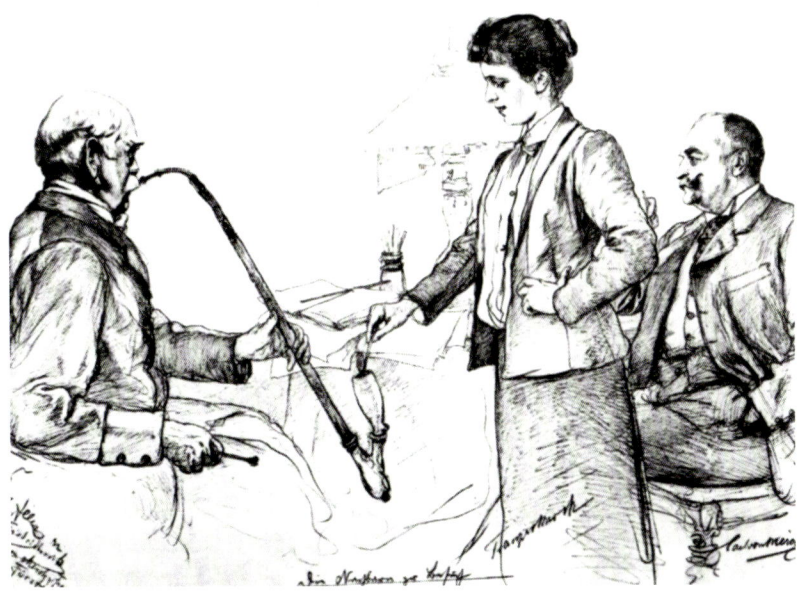

Carl und Franziska Merck zu Besuch bei Bismarck, ca. 1895 (Christian Wilhelm Allers).

Zum Familienbesuch kam im Sommer 1897 die Familie Pfusterschmid aus Salzburg in den Sachsenwald angereist. Den Kindern »gefiel es bei Onkel Carl sehr«, sie mochten sein englisches Landhaus, das er mit allem modernen Comfort eingerichtet hatte. Dem Onkel gehörte auch ein schöner Stall und er »war als passionierter Waidmann mit Onkel Alex (Borgnis) bei einer Jagdpachtung beteiligt« – wie der 22-jährige Nikolaus Pfusterschmid in seinem Tagebuch festhielt. Ganz besonders beeindruckte den jungen Mann, dass er mit seiner »Tante Franzi«, die eine »passionierte Reiterin« war, durch den ausgedehnten Sachsenwald bis zu den Bismarcks reiten durfte.

Nach kurzem Aufenthalte bei Onkel Carl hatte ich Gelegenheit, dem Fürsten Bismarck vorgestellt zu werden. Tante Franzi war ein stets gern gesehener Gast bei der Familie Bismarck, und besonders der alte Fürst hatte eine große Freundschaft für sie. So war ich denn auch während meines Aufenthaltes mit ihr zu einem Souper im Familienkreise beim alten Fürsten eingeladen. Außer Bismarcks Tochter Gräfin Rantzau war noch der Schriftleiter Trojan des politischen Witzblattes Kladderadatsch anwesend. Die Fürstin lebte damals nicht mehr. Der alte Fürst, der meinen Vater (Karl Pfusterschmid) von Frankfurt her gut kannte und den meine Eltern auch besuchten, wenn sie bei Onkel Alex (Borgnis) in Rotenbek waren, erkundigte sich bei mir nach denselben und stellte unter anderem die Frage an mich, ob mein Vater noch den »Réveil du lion« spiele, den er seinerzeit in Frankfurt auf dem Klavier gespielt hatte. Dies lag vierzig Jahre zurück, und ich bewunderte das Gedächtnis dieses Mannes, der nach so vielen Jahren angestrengtester und aufregendster Tätigkeit auf der Weltbühne sich noch die Erinnerung an solche Details bewahrt hatte.

Nikolaus Pfusterschmid-Hardtenstein (1875–1958).

Als Johanna Bismarck im Jahr 1894 starb, nach fast 50-jähriger Ehe, konnten Carl und Franziska Merck beobachten, »dass die Lebensfreude des Fürsten mit dem Tod der Gattin dahin war: Bismarck war anders geworden, nicht kränker oder matter, aber anders«.

Rings um ihn war es allmählich still geworden, da Besucher und Huldigungsdeputationen auf Wunsch des Arztes schon seit 1895 kaum noch vorgelassen wurden. Sein täglicher Umgang verengte sich auf die Söhne und deren Familien und wenige Vertraute wie Baron und Baronin Merck.

Otto von Bismarck starb am 30. Juli 1898 in Friedrichsruh. Er erlebte nicht mehr, wie Europa zum Pulverfass wurde, wie sich England, Frankreich und Russland aufgrund des ständigen deutschen *Säbelrasselns* vorsichtshalber zusammentaten und wie das von ihm geschaffene Deutsche Reich am Ende glaubte, es sei isoliert und eingekreist, nur noch von Feinden umgeben.

Wilhelm II. betrieb eine herrische preußische Selbstdarstellung mit riesigen Gemälden, kolossalen Denkmälern und einer Militarisierung aller Lebensbereiche. Der Bismarck-Mythos, der sich rasch ausbreitete, war ihm nicht genehm, er konnte ihn aber auch nicht unterdrücken. Carl und Franziska Merck sahen, wie Friedrichsruh zu einem »nationalen Wallfahrtsort« wurde. Sie setzten ihre Freundschaft mit Bismarcks Sohn *Herbert von Bismarck (1848–1904)* fort, mit dem sie einen regen Schriftwechsel führten. Der junge Bismarck errichtete für seinen verstorbenen Vater ein *Mausoleum* im Stil des Grabmals Theoderichs des Großen in Ravenna. An einer vom Reichskanzler selbst ausgewählten Stelle, nämlich am Bahnübergang, mit Blick über Friedrichsruh, um »den Zusammenhang mit dem Leben beizubehalten«. Auch die Inschrift stammte vom ihm selbst: *Ein treuer deutscher Diener Kaiser Wilhelms I.*

Oben: Schloss Friedrichsruh im Sachsenwald.

Unten: Brief von Franziska Merck an die Fürstin Bismarck.

Baden-Baden erfindet sich neu – als Kurstadt

Wenn Carl und Franziska Merck für einige Tage nach Baden-Baden in ihre Villa an der Lichtentaler Allee kamen, erlebten sie eine Stadt im Umbruch. Vorbei war die Zeit, als Baden-Baden der europäische Kreuzungspunkt auf dem Weg von Sankt Petersburg und Wien nach Paris war. Die unterhaltsamen Salons der *Belle Epoque* gab es nicht mehr, der Geldstrom aus der Spielbank war versiegt, die lebensfrohe, überschäumende Franzosenzeit nur noch Erinnerung – wie auch Turgenjews traurige Abschiedsworte:

> Das Tiergartenviertel erinnert mich an einen Leichnam; da ich weiß, dass sie ihm keine Zukunft mehr geben, hat es auch mein Interesse verloren. Wir haben hier aber gute Jahre verbracht [...]

Die einstige Metropole des Glücksspiels musste sich neu erfinden, wollte sie überleben. Und sie fand tatsächlich die richtige Formel für einen Wandel vom *Luxusbad* zum *Kurbad*. Das Konzept lautete: »Kur, Bäder, Gesundheit und Kultur«. Die Stadt machte Richard Wagner sogar das Angebot eines Festspielhauses, war aber gegen den Bayernkönig Ludwig II. chancenlos, der »das krankhafte Luxusbedürfnis seines Künstlerfreundes nährte« und den Meister im Jahr 1872 mit riesigem Aufwand nach Bayreuth lockte

(»Ein Wink des guten Dämons«). Der amerikanische Schriftsteller *Mark Twain (1835–1910)*, der wie viele reiche Amerikaner nach Baden-Baden kam, beschrieb die Kurstadt der 1880er Jahre in seinen Reiseberichten *Bummel durch Europa (A Tramp Abroad)*:

Dreimal am Tag spielt auf der Promenade vor dem Kurhaus eine gute Musikkapelle, und nachmittags und abends wimmelt dieser Ort von elegant gekleideten Leuten beiderlei Geschlechts, die an dem großen Musikpodium vorbei auf und ab wandeln und sehr gelangweilt aussehen, obwohl sie so tun, als wären sie es nicht. [...] Es heißt, Deutschland mit seinen feuchten Steinhäusern sei die Heimat des Rheumatismus. Wenn das so ist, muss die Vorsehung das vorausgesehen und deswegen das Land mit Heilbädern ausgestattet haben. Wohl kein anderes Land ist mit Heilquellen so reich gesegnet wie Deutschland.

Die großherzogliche Regierung in Karlsruhe baute vier Bäder an einer klug ausgewählten Stelle, nämlich unterhalb des Schlosses und der heißen Quellen. Das *Dampfbad* von Heinrich Hübsch wurde stillgelegt, dafür nahm 1877 das *Friedrichsbad* seinen Betrieb auf, ein monumentaler und repräsentativer »Badepalast« im Stil der italienischen Früh- und Hochrenaissance, der eine europäische Spitzenstellung beanspruchte. Geplant wurde es vom Architekten und Bauinspektor *Karl Dernfeld (1831–1879)* aus Baden-Baden. Über drei Etagen schmiegte sich das Friedrichsbad als therapeutisches und balneologisches Zentrum an den *Florentinerberg,* unverkennbar den *Caracalla-Thermen* und dem *Pantheon* mit seiner Kuppel in Rom nachempfunden. Auch eine Kolossalbüste des Landesherrn und Namensgebers Großherzog Friedrich I. durfte am neuen Prachtbau nicht fehlen.

> Das neue Friedrichsbad ist ein sehr großes und schönes Gebäude, und in ihm kann man jedes Bad nehmen, das jemals erfunden wurde. (Mark Twain)

Schon bald folgten das *Landesbad* (1888), das *Augustabad* (1893) und das *Inhalatorium* (1898). Die Übernachtungszahlen bestätigten die Investitionen, im Jahr 1890 erreichten sie endlich wieder das Niveau vor der Reichsgründung (1869). Im Jahr 1905 kamen 77.555 Besucher in die Kurstadt, die im Durchschnitt elf Tage blieben, was einen neuen Rekord bedeutete. Auf alle möglichen Behandlungsformen spezialisierte Ärzte sorgten für einen gehörigen Medizintourismus, wobei sie sich auch gegenseitig die Kundschaft abwarben. Jetzt ging es nicht mehr um die Zahlen von Roulettekugeln, sondern um die Anzahl der ärztlich verordneten Kurmittel.

Das neue Thermalbad für Damen hatte zum Dank für die 40-jährige Treue von Kaiserin Augusta den Namen *Augustabad* erhalten. Seine Architektur war eine gelungene badische Selbstdarstellung, so dass man ein Modell vom Werk des Großherzoglichen Baudirektors *Josef Durm (1837–1919)* im Jahr 1900 bei der Weltausstellung in Paris präsentierte. Dort wurde der eindrucksvolle Bau, mit Stilelementen aus Renaissance und Barock, zu Füßen des 1889 errichteten Eiffelturms der Weltöffentlichkeit vorgeführt.

Den großherzoglichen Badearzt und Hofrat Dr. Heiligenthal schickte man los, damit er in Stockholm für die Staatliche Badverwaltung »mechanisch-gymnastische Heilapparate« beschaffte. Er brachte beeindruckende Trimm- und Fitness-Geräte aus Gusseisen nach Baden-Baden, die sogar teilweise mit Dampf- oder Gasmaschinen betrieben wurden.

Zum Bäderkonzept gehörte auch, dass sich die Regierung in Karlsruhe den zwölf *Thermal-Quellen* am Südosthang des Florentinerberges zuwandte. Der großherzogliche Bauingenieur *Robert Gerwig* ließ am Fuße des Neuen Schlosses mehrere Stollen mauern, in denen das 69 Grad heiße Thermalwasser, das aus 2.000 Meter Tiefe mit 4 Liter/sec aus der Erde quoll, kanalisiert wurde. Die *Friedrichs-, Kirchen- und Rosenstollen* garantierten eine wesentlich bessere Nutzung der

Die Gutsnachbarn Carl Merck und Otto von Bismarck

wichtigsten Ressource der Kurstadt. Als Symbol des sprudelnden Wassers schuf man außerdem in der Lichtentaler Allee einen mächtigen *Steinbrunnen* mit großer, weithin sichtbarer Fontäne, die schnell zu einem Wahrzeichen Baden-Badens wurde.

Nur wenige Schritte davon entfernt errichtete die dankbare Stadt 1892 ein Denkmal zu Ehren ihres wichtigsten Kurgastes: *Kaiserin Augusta*. Der Bildhauer *Joseph von Kopf (1827–1903)*, einer der meistbeschäftigten Bildhauer in Rom, hatte bereits seit 1874 von Großherzog Friedrich I. in Baden-Baden ein Atelier zur Verfügung gestellt bekommen. Er durfte die Büste der Kaiserin aus einem Marmorblock meißeln, der angeblich schon im Römischen Reich für ein Denkmal des Kaisers Augustus bestimmt war. Die *Kaiserbüste* von Augustas Gemahl, *Kaiser Wilhelm I.*, befand sich schon seit 1875 vor der Großherzoglichen Trinkhalle.

Doch der neue Kaiser des Deutschen Reichs, *Wilhelm II.*, lehnte die Baden-Badener Tradition seines Großvaters Wilhelm I. ab, ihn zog es nach *Wiesbaden*, das von nun an Baden-Baden mit fast doppelt so vielen Gästen den Rang ablief. Außerdem wandte sich der Enkel dem schnittigen englischen Jachtsport zu, insbesondere der seit 1882 ausgetragenen *Kieler Woche*.

Die immer beliebter werdenden *Seebäder* an Nordsee, Ostsee, Mittelmeer und Atlantik wurden für Baden-Baden zur Konkurrenz – Helgoland, Rügen, Monaco, Nizza, Cannes, Biarritz, Arcachon, Deauville …

Diese Küstenorte versprachen körperliche Abhärtung, und die Damen konnten rings um die reizenden Strandhäuschen ihre Schönheit ungehemmt öffentlich zur Schau zu stellen. Sie zeigten sich in schottisch karrierten Taftkleidern mit breiten Keulenärmeln und super-eng geschnürten Taillen. Oder in weiten Röcken mit mehreren Unterröcken. Welch eine Gelegenheit, um in Zeiten körperfeindlicher Moral das Korsett der bürgerlichen Gesellschaft zu überlisten. In den Badeorten konnte man unverfänglich die interessantesten Bekanntschaften machen, und im Laufe der Zeit nahm ihr Ruf als »Kontaktbörse geradezu legendäre Formen an«. Das leicht schlüpfrige Image verarbeiteten sogar Schriftsteller wie *Anton Tschechow* und *Theodor Fontane*, was dem Geschäft zusätzlichen Auftrieb verlieh.

Talstation der Bergbahn.

Im gediegenen Baden-Baden setzte man sich zur Wehr und modernisierte an allen Ecken und Enden. Der Wettbewerb unter den Kurorten verlangte nach immer neuen Attraktionen: moderner, höher, weiter, länger … Auf den Hausberg Merkur baute man eine zahnradgetriebene *Bergbahn*. Das gepflegte *Shopping* vor dem Conversationshaus erfolgte nicht mehr in *Holzboutiquen*, sondern unter den reizvollen *Kolonnaden* des Architekten *Karl Dernfeld*. Ständig inszenierte die Stadt große Festlichkeiten und steigerte

das kulturelle Angebot. Die engen Häuschen in der Altstadt wichen großzügigen Stadthäusern, in denen viele neue, verlockende Geschäfte entstanden. Auch der bescheidene Stadt-Bahnhof des Architekten Eisenlohr von 1845 musste weichen. An seiner Stelle entstand 1895 ein Neubau im Stil der preußisch-badischen Prunkarchitektur, mit Kuppelbau und Fürstensaal, ganz nach dem Vorbild der italienischen Hochrenaissance. Niemand konnte ahnen, dass daraus 100 Jahre später das von Richard Wagner verschmähte Festspielhaus Baden-Baden werden sollte.

Der Kaufmann *Hermann Sielcken* stiftete 1909 an der Lichtentaler Allee die *Gönner-Anlage*, geplant von *Max Laeuger (1864–1952)*, einem angesehenen Gartengestalter und Professor der Kunstgewerbeschule und der Technischen Hochschule in Karlsruhe. Laeuger gehörte zu den Mitbegründern des Deutschen Werkbundes. Er schuf nach dem Vorbild der französischen

Einweihung der Gönner-Anlage. 1912.

Bénazet-Saal im Conversationshaus.

Barockgärten einen streng symmetrisch angeordneten Gartenraum, den er durch Buchenhecken gliederte. Nicht umsonst verglich er sein Werk mit einem Hausbau, »nur mit dem Unterschied, dass hier die Decke aus Himmel, die Wände aus Hecken oder Bäumen, der Boden aus Blumen oder Rasen besteht.« Im Zentrum der Gönner-Anlage platzierte Laeuger den großen *Josefinenbrunnen*, den eine herrliche Aussichtsterrasse umgab.

Zur gleichen Zeit eröffnete stadteinwärts an der Lichtentaler Allee die *Staatliche Kunsthalle für zeitgenössische Kunst*, nach Plänen des Architekten *Hermann Billing (1867–1946)*, der seinen Partner *Wilhelm Vittali* an der Ausführung beteiligte. Außerdem begann 1912 der Umbau des *Conversationshauses* durch *August Stürzenacker*, der einen zweiten großen Saal schuf (*Bénazet-Saal*). Zum Glück bewahrte er auch die Symmetrie des Erbauers Friedrich Weinbrenner und hielt dem Wunsch so mancher Modernisierer stand, die einen Abriss des in die Jahre gekommenen Gebäudes verlangten.

Die Hochburg des englischen Sports

Zum richtigen Zeitpunkt führte die englische Kolonie in Baden-Baden moderne Sportarten ein. Nach dem Besuch von Königin Victoria 1872 brachte sie unter dem Patronat des britischen Thronfolgers *Edward, Prince of Wales (1841–1910)*, das Iffezheimer Pferderennen in Schwung und ergänzte es um so manche Attraktion. Ein *Internationales Turnier im Taubenschießen* musste allerdings wieder fallengelassen werden, als das laut knallende *Taubenmassaker* auf Widerstand stieß.

Der Durchbruch des englischen Sports kam mit dem Geistlichen der *All Saints Church* an der Lichtentaler Allee, *Reverend Archibald T. S. White*. Der wahrlich Sport-Besessene sah im körperlichen Wettspiel das geeignete Mittel, um »in seiner Gemeinde gesellschaftliche Schranken abzubauen und die Gemeindemitglieder miteinander in Verbindung zu bringen«. Dazu musste der Reverend auch gar nicht weit gehen oder lange suchen, denn rund um die *All Saints Church* lagen genügend Wiesengrundstücke, die nur darauf warteten, von Tennis, Kricket, Golf und Fußball in Beschlag genommen zu werden.

Steinbrunnen in der Lichtentaler Allee.

Das *Tennisspiel* gab es in England seit den 1870er Jahren, man spielte es dort auf einer kurz gehaltenen Wiese. Also präparierte Reverend White neben seiner *All Saints Church* eine Rasenfläche und gründete im Jahr 1880, gerade mal vier Jahre nach *Wimbledon*, den ersten Tennisclub Deutschlands – weshalb man nirgendwo anders in Deutschland schon so lange an der gleichen Stelle Tennis spielt wie in Baden-Baden. Dem *German Lawn Tennis Club* gehörten englische und amerikanische Touristen an, die in Baden-Baden eigene Immobilien besaßen. Am ersten Tennisturnier nahm der Prince of Wales und spätere König Edward VII. teil. Der junge Baron Robert von Fichard, einer der wenigen Deutschen unter den Mitgliedern, stieg zum ersten deutschen »Tennisbaron« auf, er verfasste auch die erste deutsche Schrift über das Tennisspiel und beteiligte sich als Vizepräsident an der Gründung des *Deutschen Tennisbundes*. Im Jahr 1896, als in Athen die Olympischen Spiele ausgetragen wurden, errichtete der *German Lawn Tennis Club Baden-Baden* an der Lichtentaler Allee einen herrlichen Pavillon als Clubhaus.

»A Golf Club is to be formed in Baden!« –, so lautete die Devise des Reverend von der *All Saints Church*, als er auf einer Allee-Wiese, die im Winter traditionell zur *Eiswiese* geflutet wurde, das *Golfspiel* organisierte. Der Golfsport fand schnell so großen Zuspruch, dass 1901 ein richtiger Platz auf der *Neumatte* beim Bahnhof Baden-Oos angelegt werden konnte. Der 25 Hekta große, herrlich gelegene *18 Loch-Platz* wurde mit Spenden finanziert. Das Klubhaus war mit modernstem Komfort ausgestattet und auf den Terrassen versammelte sich die feine Gesellschaft bei *Teekonzerten*, während die Spieler über die Fairways gingen oder die von einem Pferd gezogene neue

Rasenmähmaschine gemächlich dahinratterte. Das freigewordene Golf-Gelände an der Lichtentaler Allee wurde zu Deutschlands erster *Kleingolfanlage*.

Der Reverend von der *All Saints Church* führte auch noch den *Fußball* und *Kricket* ein. Eine *Reitbahn* entstand 1898 auf der Aumatte (Klosterwiese) in Sichtweite der Villa Merck. Dort wurde für einige Zeit sogar eine *Radfahrbahn* betrieben – bis das Radfahren »in besseren Gesellschaftskreisen als unmodern« galt. Dabei trat just zu dieser Zeit der Radsport im Jahr 1903 mit der ersten *Tour de France* seinen Siegeszug um die Welt an. Aber aus der *Radfahrbahn* wurde eine *Hindernisbahn* für Reit-, Spring- und Fahrturniere. Einige Jahre später trat mit dem Bau der Schwarzwaldhochstraße auch noch der *moderne Wintersport* auf den Plan.

Carl Merck und seine Villa in Baden-Baden

Die Bevölkerung Baden-Badens nahm von Jahr zu Jahr zu, weshalb man im Rathaus ständig nach Grundstücken für neue Villen Ausschau hielt. Zwischen der Villa Merck und dem Oos-Bach wurde 1903 die *Lydtinstraße* angelegt, wo der »Rentier« Otto Huyssen von der »Witwe des geheimen Oberregierungsrats Dr. August Lydtin« ein Grundstück nahe der Merckschen Oos-Brücke erwarb. Die *Brauereiwirtschaft Stephan* erwarb »Heinrich Faber, Kaufmanns Ehefrau, Bordeaux«.

Carl Merck war in Baden-Baden laut *städtischem Adressbuch* von 1897 bis 1912 als wohnhaft gemeldet. Er sorgte dafür, dass es rund um die Villa geschäftig blieb, ernannte den Gärtner *Heinrich Katzenbach* zum »Herrschaftsgärtner«, nahm im Jahr 1900 den Privatsekretär *Peter Pignon* in eine der Personalwohnungen auf, ebenso im Jahr 1902 den »Curtaxenerheber« *Ferdinand Katzenbach*, einen Verwandten des »Herrschaftsgärtners« und schließlich auch noch ab 1904 die Witwe *Pauline Wertheimer*. Die Familie vermietete ihre große Villa immer wieder an Bekannte, Freunde – und zahlungskräftige Liebhaber der Kurstadt.

Die badische Prinzessin Elisabeth

In der großen Villa, die vollständig eingerichtet blieb, wohnte von 1889 bis 1891 die badische *Prinzessin Elisabeth*. Die wegen ihrer Größe in der Bevölkerung »Palaisstange« genannte Prinzessin lud regelmäßig zu Konzerten ein, die sie im privaten Kreis in der Villa Merck veranstaltete. Man sagte ihr nach, dass sie über ein »vortrefflich gebildetes musikalisches Gehör« verfügte. Am 15. Mai 1889 sprach sogar die ganze Stadt davon, dass die unverheiratete Prinzessin für 50 ihrer Freunde und Bekannten mehrere Werke von Rubinstein, List, Moskoski, Grieg und Mendelssohn aufführen ließ. Die leidenschaftliche Musikliebhaberin starb allerdings 1891 schon im Alter von nur 55 Jahren an einer langjährigen Venenentzündung.

Arturo und Virginia de Heeren

Zu den Mietern in der Villa Merck gehörte für einige Jahre auch die Familie *de Heeren* – entfernte Verwandte der Mercks aus Hamburg, die den Sommer über in Baden-Baden lebten. *Arturo de Heeren (1844–1920)* wurde mit dem Bau der Andenbahn und in den Silberminen Perus ein reicher Mann und führte ein internationales Dasein zusammen mit seiner Frau *Virginia Gonzales de Candamo y Yriarte (1849–1929)*, die aus asturischem Uradel stammte. Nach Baden-Baden kam *de Heeren* auch wegen eines Gewehres, das er erfunden hatte. Es wurde von der *Waffenwerkstatt Nagel und Menz* für Liebhaber in aller Welt gefertigt. Die *Heerenbüchse* hatte bei den Jägern einen exzellenten Ruf, denn die Waidmänner schätzten die Waffe vor allem wegen ihrer kurzen und robusten Bauart. Im Winter zog sich das Ehepaar de Heeren in wärmere Gefilde zurück, meist in ihre »großartige Villa nach Biarritz«.

Werner von Siemens

Ein weiterer Mieter war der 39-jährige *Werner von Siemens*, ein Neffe des Firmengründers und Sohn des in Russland erfolgreichen Karl von Siemens. Der junge Siemens wurde 1857 nahe Sankt Petersburg geboren und war mit einer Kapitänstochter aus Odessa verheiratet. In Baden-Baden kaufte er sich zunächst 1882 eines der repräsentativsten und außergewöhnlichsten Anwesen auf dem *Sauersberg*, das er nach seiner Frau *Nathalienhöhe* nannte. Doch die Ehe hielt nicht lange, Siemens ließ sich scheiden, heiratete *Eleonore Schliep*, die Tochter von Dr. Paul Schliep, dem langjährigen Leibarzt von Kaiserin Augusta, und verkaufte 1893 die *Nathalienhöhe*. Er fand in Baronin Marie von Witzleben eine würdige Nachfolgerin, die das Gut nach sich selbst *Mariahalden* nannte.

VILLA IN THE LICHTEN VALLEY.

Werner von Siemens wohnte mit seiner lebenslustigen Eleonore von 1896 bis 1898 entweder in Sankt Petersburg – oder in der Villa Merck in Baden-Baden. Dort verfügte das Paar bereits über eines der ersten Telefone in der Stadt und war in der Villa Merck unter *Telephon 194* zu erreichen. Der wohlhabende »Rentner« und die sehr attraktive Eleonore genossen das Leben in vollen Zügen, bis Siemens im Jahr 1900 in Sankt Petersburg nur 43-jährig starb. Aber Eleonore Siemens wusste sich zu helfen. Die Witwe heiratete einen persischen Prinzen, ließ sich wieder scheiden, wurde von einem italienischen General in mehreren Duellen in ihrer Ehre verteidigt, heiratete diesen – bis er im Ersten Weltkrieg fiel und heiratete dann *Werner von Siemens*, einen Verwandten ihres ersten Mannes. Siemens war Dirigent des Philharmonischen Orchesters in Berlin und besaß eine große Villa, an die Eleonore einen Konzertsaal für 600 Zuhörer anbauen ließ, wo sie bei großen Konzerten Hof halten konnte – stets mit einem Smaragd-Diadem von Kaiserin Eugénie im Haar.

Park der Villa Merck, wie er nie ausgeführt wurde.

Johanna Merck stirbt und die Villa Merck wird verkauft

In den letzten Jahren der Villa Merck kam die *Baronin* Johanna nur noch selten nach Baden-Baden, wo man aus der Ferne das Läuten der neuromanischen katholischen St. Bonifatius Kirche, das sich von der sanften Glocke des Klosters Lichtental unterschied, und den hellen Ton der neuen russischen Kirche *Verklärung Christi* hören konnte. Den goldenen Zwiebelturm des 1863 von Iwan Strom errichteten Kleinods konnte man von der Villa Merck aus sehen ...

Johanna Merck lebte hauptsächlich in Heidelberg, Leopoldstraße 18 (heute: Friedrich-Ebert-Anlage 47), als sie im Jahr 1904 die traurige Nachricht vom Tode ihres 78-jährigen Schwiegersohnes Karl Pfusterschmid erreichte. Die schwedische Königin Viktoria schrieb zum Tode des »Diplomaten der Villa Merck« seiner Witwe Maria Pfusterschmid:

> »Ich kann Ihnen gar nicht sagen, wie tief ich diese Trauernachricht empfinde [...] Wie viel Erinnerungen sind für mich an den Namen Ihres teuren Gatten verknüpft. Frohe, sonnige Tage steigen vor meinem

inneren Auge noch einmal auf, als Sie noch in Karlsruhe und Baden waren, und dann die Jahre Ihres Aufenthaltes in Schweden, wo es noch lichter und heller um uns war. Immer kam mir der werte Verstorbene mit demselben Interesse, mit derselben Freundlichkeit entgegen.

Die *Baronin* Johanna von Merck starb zwei Jahre danach, am 11. März 1906 in Heidelberg. Die Herrin der Villa Merck wurde 85 Jahre alt.

Fünf Jahre zuvor hatte Carl Merck seine reizende Ehefrau Franziska verloren. Der 63-jährige Besitzer der Villa Merck heiratete wenig später die 45-jährige *Harriet Milberg*, eine Tochter des Gutsbesitzers Theodor Heinrich Milberg. Sie war die Witwe seines Schwagers, des Freiherrn Frederik von Schröder.

Carl Merck fasste den Entschluss, sich nun von der Villa in Baden-Baden zu trennen. Im Jahr 1908 ließ er in der Festschrift zum 50. Jubiläum der Pferderennen in Iffezheim »Einen der vornehmsten Herrschaftssitze Baden-Badens« zum Kauf anbieten:

Eine palaisartige, hochherrschaftliche Villa in vornehmster Lage an der weltberühmten Lichtentaler Allee, mit 34.000 qm großem Park von altem herrlichem Baumbestand und reizendem Wasserfall.

Der Hamburger Unternehmer ließ noch letzte Reparaturen durchführen, einen eisernen Zaun »an der Einfriedung an der Maria-Viktoria-Straße, vom Falkenbächlein bis zum Nachbargrundstück« in Ordnung bringen, damit künftig »Belästigungen durch Schmutz und unerlaubtes Überqueren des Grundstücks« verhindert wurden.

Im November 1912 fand sich schließlich ein Käufer – die Ära der Villa Merck war nach 53 Jahren zu Ende.

Die Villa Merck auf einem Motivteller Baden-Baden.

Von seinem Besitz im Sachsenwald wollte sich Carl Merck nicht trennen, erst nach seinem Tode 1920 verkauften die Erben das Gut Sachsenwaldau an die Hamburg-Amerika-Paket AG (Hapag) – ein Unternehmen, das Ernst Merck zur Mitte des 19. Jahrhunderts mit gegründet hatte und das nun im Gutsschloss ein Erholungsheim für Betriebsangehörige einrichtete. Im Jahr 1949 erwarb die Hansestadt Hamburg das Anwesen für eine Therapieeinrichtung mit Gutsbetrieb.

Der Sohn aus Carl Mercks erster Ehe, der 1880 geborene Ernst von Merck, zog nach Südamerika, er wurde Oberst in Mexiko und heiratete die Lateinamerikanerin Maria Baltranena. Deren Sohn Carl Ernst von Merck kam 1915 in Guatemala zur Welt und wurde als »Carlos Merck« bekannt: er war Auslandskorrespondent der deutschen Tageszeitung »Die Welt« in Südamerika. Aus dessen Ehe mit Charlotte Lorenz gingen die Kinder Harriet (1947), Barbara (1949) und Ernesto Carl Christian von Merck (1956) hervor.

Der Sohn Theodor Mercks, *Ernest Merck*, war seit 1890 Teilhaber und nach dem Tode seines Onkels das einzige Mitglied der Familie Merck im Unternehmen. Ernest Merck sorgte 1931 für eine Darstellung der Firmengeschichte von J. H. Merck & Co. Die weiteren Teilhaber waren Oscar Ruperti (seit 1862), Johannes Ernst Ruperti (seit 1912) und Freiherr Frederic von Schröder (seit 1921). Der Bruder der Baronin, Alexander Borgnis, blieb bis zu seinem Tode 1914 im Unternehmen.

Die drei Geschäftsfelder des Hamburger Familienunternehmens entwickelten sich unterschiedlich:

Die *Merck'sche Guano- & Phosphat-Werke AG* wurde 1927 mit der Firma Anglo-Continentale (vormals Ohlendorff'sche) Guano-Werke fusioniert und firmierte fortan als Guano-Werke AG. Diese war 1945 im mehrheitlichen Besitz der *IG Farben* – kam dann zu 97 % zur *Wintershall Gruppe* und damit zur *BASF-Gruppe*.

Der Handelsbereich der Firma *H. J. Merck & Co.* beschränkte sich nach dem Ersten Weltkrieg auf den Import von Rohphosphaten. Im Jahre 1938 importierte das Unternehmen mit 495.000 Tonnen Rohphosphat fast 50 % der gesamten deutschen Einfuhr dieses Grundstoffes. Nach dem Zweiten Weltkrieg war die Firma aufgrund der desolaten wirtschaftlichen Lage gezwungen, das einst so ertragreiche Handelsgeschäft einzustellen.

Allein das Bankgeschäft der Firma H.J. Merck & Co. konnte wiederbelebt werden. Der nach dem Zweiten Weltkrieg für die Firma verantwortlich zeichnende *Frédéric von Schröder*, ein Verwandter der Familie Merck, beantragte nach der Währungsreform eine Konzession für die Durchführung von Bankgeschäften. Gemeinsam mit seinem Bruder Helmuth leitete er das in der Spitalerstraße angesiedelte Bankhaus. Es wurde 1956 an die *Nederlandse Overzee Bank N.V., Amsterdam* verkauft, wobei die Schröders bis 1964 Komplementäre blieben. Das Unternehmen wurde 1984 auf die Hamburger Filiale der *Bank Mees und Hope N.V., Amsterdam/Rotterdam*, überführt (»zur innerbetrieblichen Verrechnung bzw. Strukturierung«) und 1993 in *Mees Pierson N.V. Niederlassung Hamburg* umbenannt, stets unter Wahrung des Firmennamens H.J. Merck & Co. Im Jahr 1998 wurde die Firma aus dem Handelsregister gelöscht.

Maria Pfusterschmid, die Tochter von Ernst und Johanna Merck, lebte viele Jahre in der »Villa Fliederbachhof« in Salzburg-Aigen. Sie hinterließ 1921 ihrem jüngsten Sohn Nikolaus das Gemälde aus der Villa Merck, das sie voll Stolz an der Seite ihres Vaters Ernst Merck zeigt. Dieses Gemälde der Merck'schen Kutsche in der Lichtentaler Allee begleitete Nikolaus Pfusterschmid, der in der Villa Merck auf die Welt kam, ein Leben lang. Er machte Karriere als österreichischer Bezirkshauptmann in dem wegen seiner Stahlindustrie wichtigen Bezirk Leoben und wurde später Landesamtspräsident des Landes Steiermark. Er hielt das Gemälde, das er von seiner Mutter bekommen hatte, in Ehren und vererbte es seinem 1927 in Graz geborenen Sohn Heinrich. Dr. Heinrich Pfusterschmid-Hardtenstein wurde Diplomat wie sein Großvater, Geschäftsträger im Großherzogtum Luxemburg und bei der Hohen Behörde für Kohle und Stahl, Österreichischer Botschafter in Finnland, Direktor der Diplomatischen Akademie in Wien und zuletzt Österreichischer Botschafter in den Niederlanden. Er schätzte seine Vorfahren in hohem Maße und hielt sie in Ehren.

Pfusterschmid hörte viel Gutes über seine Großmutter Maria Pfusterschmid, »eine sehr schöne und liebenswürdige Frau«, und so entschloss er sich im Jahr 1994, nach Baden-Baden zu fahren, und nach den Wurzeln seiner Vorfahren im heutigen Palais Biron zu suchen. Dabei kam die Geschichte der Villa Merck zu Tage. Mit dem »Salon Merck« wird sie seitdem lebendig gehalten – auch durch das Gemälde mit der Kutschfahrt seiner Großmutter.

Dr. Heinrich Pfusterschmid-Hardtenstein lebt mit seiner Frau Florentine und seinen Töchtern Dr. med. Johanna, Dipl.-Ing. Sophie und Katharina in Wien und Oberösterreich. Ohne ihn wäre die Geschichte der Villa Merck wohl für immer im Dunkeln geblieben.

Die Villa Eden
des Tabak-Industriellen Redwitz
1912–1920

Der Fabrikant Gustav Redwitz erwirbt die Villa Merck

Neuer Eigentümer der Villa Merck wurde *Gustav Adolf Redwitz (1877–1914)*, der wohl einflussreichste Industrielle in der Kurstadt. Redwitz war ein cleverer junger Mann, der viel herumkam und es schon mit 30 Jahren zum Teilhaber der *Zigarettenfabrik Batschari* gebracht hatte. Das Unternehmen gehörte mit 1.000 Mitarbeitern und einem Neubau gegenüber dem Baden-Badener Stadtbahnhof zu den Flaggschiffen der Industrialisierung im Großherzogtum Baden. *Batschari* war zu diesem Zeitpunkt das einzige Industrieunternehmen Baden-Badens – der größte Arbeitgeber und der wichtigste Steuerzahler.

Den Kauf der Villa Merck organisierte der »Batschari-Hausarchitekt« *Johannes Ev. Scherzinger* vom Büro *Scherzinger und Härke* in Baden-Baden:

> Ich danke Ihnen vielmals für Ihre vielen Bemühungen, hoffentlich verdienen Sie auch etwas bei der Sache, da doch Sie und nicht Falk und Grötz der eigentliche Vermittler für das Objekt sind! Übrigens bekommen Sie ja auch den versprochenen Ring und die Ausführung der Renovierung etc.

Gustav Adolf Redwitz (1877–1914).

Der ungeduldige Batschari-Chef Redwitz hielt seinen Architekten selbst von unterwegs auf Trab, er schrieb aus *Conrad Uhl's Hotel Bristol, Berlin, Unter den Linden 5 u. 6* leicht verärgert:

> Eigentlich muss ich mich wundern, dass eine notarielle Abmachung notwendig ist, denn wenn der Besitzer – Baron Merck – sagt, ich verkaufe laut Besprechung zu RM. 575.000,-, so sollte man

doch annehmen können, dass dies Wort bindend sein müsste, zudem ich nunmehr meine anderen Verhandlungen ohne weiteres fallen ließ.

Redwitz schärfte seinem Architekten deshalb ein:

Wenn Sie den Abschluss vornehmen, setze ich natürlich voraus, dass Sie genau entsprechend den kürzlichen Vereinbarungen handeln, dass also ausdrücklich der Kaufpreis für das Gesamtgrundstück ohne Ausnahme, inclus. sämtlichem Inventar und Mobiliar gilt.

Und so geschah es dann auch: Im Kaufvertrag zwischen *Carl Heinrich Johann Freiherr von Merck aus Hamburg und Herrn Gustav Adolf Redwitz, Kaufmann in Baden-Baden, vom 19. Oktober 1912* wurde ein Kaufpreis von 575.000 Mark vereinbart; außerdem übernahm der Käufer die auf dem Grundstück *Lagerbuch N° 22746* zu Gunsten von Heinrich Freiherr von Schröder in Hamburg eingetragene Sicherungshypothek in Höhe von 235.000 Mark *(Grundbuch-Band 111, Heft 1106)*.

Wenn man die 810.000 Mark, die Redwitz für den Kauf der Villa Merck aufwandte, etwa mit den 220.000 Mark für den Bau der *Kunsthalle Baden-Baden* (1909) verglich, dann war er an der Villa Merck wirklich sehr interessiert. Kein Wunder drängte er auf schnelle Räumung, denn in der Villa wohnte noch eine ältere Dame als Mieterin: »Ich kaufe mir doch kein Haus, um andere Leute darin zu haben«.

Scherzinger musste unverzüglich mit der Renovierung beginnen und schon gar keine falschen Rücksichten nehmen: »Was die Leute in Baden sagen, soll uns doch ganz egal sein.«

Gustav Adolf Redwitz

Gustav Adolf Redwitz kam am 10. November 1877 in Ludwigshafen als Sohn eines Kunsthändlers zur Welt. Seine Eltern zogen mit dem 10-Jährigen nach Baden-Baden, wo der Vater 1892 in der Schillerstraße 17 einen Kunst- und Antiquitätenhandel eröffnete, gegenüber von Brenner's Park-Hotel. Die Familie wohnte im legendären »Waschhaus« des russischen Dichters Iwan Turgenjew, der dort Jahrzehnte zuvor gelebt und geschrieben hatte. Die *Galerie Gustav Redwitz* entwickelte sich prächtig, sie hatte 1914 über 494 Gemälde im Angebot sowie zahlreiche Kunstgegenstände und Möbel.

Der kleine Gustav wuchs mit *vier Schwestern* auf. Er war aufbrausend und überheblich, aber er entwickelte auch bemerkenswerte kaufmännische Fähigkeiten, die eines Tages August Batschari auffielen. Der Fabrikbesitzer konnte das Durchsetzungsvermögen des agilen jungen Mannes gut gebrauchen, weshalb er ihn nach einigen Jahren zu seinem *Mitgesellschafter* machte.

Wenige Monate vor dem Erwerb der Villa Merck hatte sich Redwitz nach Baden »einbürgern« lassen. Er legte zwischen Weihnachten und Neujahr 1911 die *württembergische* Staatsangehörigkeit ab und beantragte beim *Großherzoglichen Bezirksamt Baden* die Aufnahme »in den *badischen Staatsverband*«. Für sein Einbürgerungsverfahren legte Redwitz ein *Vermögens-Zeugnis* über 78.579 *Mark/Steuersatz 3680 Mark* vor – und einen Strafregisterauszug mit fünf Verurteilungen:

> Am 21. 2. 1899 in Kissingen wegen Unfug zu 10 Mark;
> am 4. 9. 1902 in St. Avold wegen Beleidigung zu 20 Mark;
> am 21. 6. 1904 in Baden-Baden wegen Beleidigung zu 30 Mark;
> am 22. 3. 1907 in München wegen Körperverletzung zu 10 Mark;
> am 18. 1. 1908 in Hamburg wegen Hausfriedensbruch zu 20 Mark;

Die Staatsangehörigkeit eines deutschen Fürstentums war zwar »ausschließlich bei Benutzung innerhalb des Deutschen Reichsgebietes gültig«, aber am großherzoglichen Hof in Karlsruhe konnte Redwitz für sein Bekenntnis zum badischen Staat mit größerem Entgegenkommen an anderer Stelle rechnen. Die *Zigarettenfabrik Batschari* und die großherzogliche Regierung in Karlsruhe lagen nämlich in einem größeren Zwist, denn die *Zigarettenfabrik Batschari* war als älteste Zigarettenfabrik in Deutschland einem Angriff des *amerikanischen Tabaktrust BATC* ausgesetzt, der versuchte, sie unter Kontrolle zu bringen.

Der US-Trust beherrscht Batschari

Die Amerikaner hatten es auf die gesamte Branche abgesehen, also *Tabakanbau, Tabakindustrie* und *Tabakhandel*. Für diesen Angriff war *American Tobacco Co.* mit 300 Millionen Mark Kapital ausgestattet worden, was in Dresden zum Erfolg führte, denn der Inhaber einer dortigen Tabakfabrik verkaufte ganz offiziell, und erhielt zusätzlich noch ein persönliches *goodwill* in Höhe von 400.000 Mark.

Auf diesem Wege gelangte der *US-Trust* auch an »mindestens 40 %« der *Zigarettenfabrik Batschari*, die von einer Personengesellschaft in eine *Kapitalgesellschaft (GmbH)* mit drei Millionen Mark Stammkapital umgewandelt wurde. Außerdem erhielten Batschari und Redwitz »namhafte Darlehen« von den Amerikanern, da sie bereit waren, ihre Stammanteile an den *Trust* zu verpfänden. Es hieß, die beiden Fabrikinhaber hätten dem *Trust* auf diese Weise eine *beherrschende Stellung* eingeräumt: »Erst die finanziellen Zuwendungen des Trustes an die Geschäftsführer Batschari und Redwitz ermöglichten den Kauf ihrer teuren Villen in Baden-Baden.«

Ein »Vertrauensmann« der Handelskammer Karlsruhe meinte zur Trustzugehörigkeit der Firma: *Auch lässt wohl die vor kurzem seitens der neugebildeten Gesellschaft erfolgte Stellung eines »Batscharipreises« von jährlich 50.000 M für die nächsten fünf Jahre für die Rennen in Iffezheim den Einfluss amerikanischer Reklame erkennen.*

Gegen die Aktivitäten des *US-Trusts* bildete sich eine Abwehrfront aus *Deutschem Tabakverein, Verband Deutscher Zigarettenfabriken* und *Zentralverband Deutscher Zigarren- und Tabak-Ladeninhaber*. Außerdem schaltete sich die Politik ein:

Baden-Baden ist die Heimat der Batschari-Cigaretten

> Es geht um den Schutz der deutschen Arbeit in Stadt und Land, den Schutz der einheimischen gegen die ausländischen Arbeiter [...] die Erhaltung und Erhöhung der Konkurrenzfähigkeit der Industrie durch eine nationale Wirtschaftspolitik [...] eine wirksame Beaufsichtigung aller Syndikate und Trusts und Maßnahmen gegen ausbeuterische Privatmonopole.

Das badische Außenministerium in Karlsruhe (*Ministerium des Großherzoglichen Hauses und der Auswärtigen Angelegenheiten*) war einerseits der Auffassung, dass »an und für sich nichts dagegen einzuwenden sei, dass Amerikaner in Deutschland Geschäfte machen« – andererseits sei aber eine Monopolisierung des deutschen Tabakgewerbes zu Gunsten des amerikanischen Großkapitals »nicht einwandfrei«.

Das badische Innenministerium versuchte Licht ins Dunkel der *Batschari-Affäre* zu bringen, obwohl die Amerikaner behaupteten, der *Tabaktrust* sei längst von der Rechtsprechung in den Vereinigten Staaten aufgelöst worden. Aber die Verschleierungstaktik von Redwitz und Batschari funktionierte. Es gelang trotz »vielfacher vertraulicher Umfragen« nicht, eine Konzernabhängigkeit von *Batschari* nachzuweisen. Auch »die Eintragung im Handelsregister sagte nichts darüber aus«. Selbst eine »*Streng vertrauliche!*« Überprüfung der Vermögensverhältnisse der beiden Fabrikinhaber »in den Akten der *Finanz-und Steuerdirektion* brachte keine endgültige Gewissheit, [...] wenngleich sich im Zuge der Nachforschungen die Indizien für eine solche Verbindung verdichteten«.

Batschari rein deutsch!

Von einer über das ganz Deutsche Reich verbreiteten *Bankgruppe* wurde sämtliches in unserer Firma angelegte ausländische Kapital übernommen.
Nachdem unsere Firma hierdurch ein

rein deutsches Unternehmen

geworden ist, wurde durch Erlaß der Großherzoglichen Badischen Regierung vom 17. Mai 1915 die

Staatsaufsicht aufgehoben.

In gleichem Sinne haben das Kgl. Preuß. Kriegsministerium (Erlaß vom 2. Juni 1915), das Reichs-Marineamt (Erlaß vom 11. Juni 1915), das Kgl. Bayerische und das Kgl. Sächsische Kriegsministerium den Betrieb unserer Cigaretten bei Heer und Flotte wieder zugelassen.

Der Kenner und Freund einer guten Cigarette kann sich demnach jetzt ruhig und frei von nationalen und sonstigen Bedenken an dem Genuß unserer vorzüglichen Qualitäts-Marken erfreuen.

A. Batschari, Cigarettenfabrik G.m.b.H.
Baden-Baden.

A. B. C.
Tacos
Steipner
Cyprienus
Mercedes
Horizont
Fürst Fürstenberg

Die Trustgesellschaft braucht nicht an dem jetzigen Stammkapital beteiligt zu sein, da neben dem Vertrag, der den Handelsregisterauszug zur Folge hatte, noch ein anderer erst später wirksam werdender mit einer Trustgesellschaft bestehen kann. Auffallend muss es jedenfalls erscheinen, dass die Gesellschaft auch den Ministern gegenüber jede Auskunft über das beteiligte Kapital verweigert, wenn die Sachlage wirklich einwandfrei ist.

Nach langem Hin und Her bestätigte schließlich die *Handelskammer Karlsruhe*, dass sich die Firma *Batschari* tatsächlich habe »vertrusten« lassen.

Cigarettenfabrik **A. BATSCHARI** G.M.B.H. Baden-Baden

Das Innenministerium verlangte Sanktionen:

In Würdigung der »schweren Schädigungen, welche der allmähliche Aufkauf einzelner deutscher Industriezweige durch die amerikanischen Trusts für unser nationales Wirtschaftleben zur Folge hat, ist von der gnädigsten Verleihung des Prädikats »Hoflieferant« an die Firma Batschari abzusehen. Es liegt nicht im Interesse der nationalen Volkswirtschaft, wenn derartige Unternehmungen noch in ihrem Gedeihen durch einen Hoflieferantentitel gefördert werden.

Allerdings war das Gewicht von *Batschari* »als Steuerzahler und als Arbeitsstätte« sowohl in Baden-Baden wie auch im Großherzogtum beachtlich. Entsprechend gut waren deshalb auch die Verbindungen von Redwitz nach Karlsruhe. Es verwunderte kaum, dass der badische Großherzog am 21. Mai 1913 den beiden Geschäftsführern der Batschari GmbH, *G. A. Redwitz und R. Batschari*, erlaubte, das ihnen bereits früher persönlich verliehene Hofprädikat »*als Leiter der Zigarettenfabrik GmbH* einstweilen« weiterzuführen. Das ausgebremste Innenministerium erfuhr erst Monate später aus der Zeitung davon – als die *Zigarettenfabrik Batschari* in großen Anzeigen ihre wirtschaftliche und finanzielle Unabhängigkeit beteuerte und sich den Lesern als *Hoflieferant des Großherzogs von Baden* empfahl.

Die Zigaretten kommen in Mode

Die Nachfrage nach Zigaretten nahm in jenen Jahren stürmisch zu. Dabei hatte das Geschäft mit Rauchwaren im vorigen Jahrhundert zunächst recht gemächlich begonnen. Das internationale Publikum von Baden-Baden pflegte damals in aller Ruhe dicke Zigarren zu rauchen, und *Heinrich Rheinboldt* aus Rastatt verkaufte diese seit den 1830er Jahren in seinem *Tabakwarengeschäft* beim Conversationshaus, im Eck-Kiosk unter dem *russischen Baum*. Das Geschäft lief so gut, dass Rheinboldt ab 1834 die ersten eigenen Zigarren herstellte.

Unter dem *russischen Baum* versammelten sich immer mehr russische Gäste, die nach den kleinen, schlanken Zigaretten verlangten, die sie von Sankt Petersburg her kannten. Rheinboldt wusste, was zu tun war, und richtete 1860 eine *Zigarettenmanufaktur* ein.

20 Jahre später übertrug er sie auf seinen deutsch-rumänischen Schwiegersohn *August Batschari (1854–1923)*.

Das *Rauchen* verbreitete sich immer schneller: Eine Pfeife oder Zigarre rauchte, wer Muße hatte – eine Zigarette hingegen rauchte, wer »in Situationen der Aufregung und Anspannung ein Gefühl der Beruhigung« suchte. In Betriebspausen konnte man nicht zu Zigarre oder Pfeife greifen, auch Kautabak und Ausspucken (»Priemen«) kam nicht in Betracht, aber für eine Zigarette reichte es allemal. Zigarettenqualm belästigte auch die Mitmenschen weit weniger als der Qualm dicker Zigarren

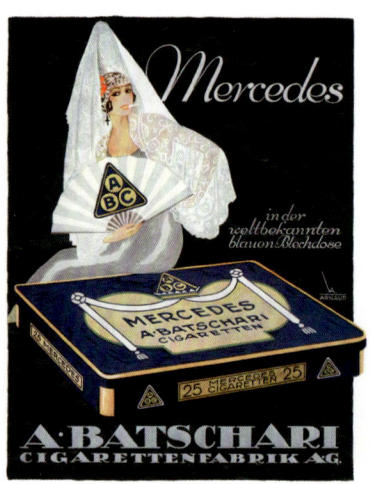

oder gestopfter Pfeifen. So wurde die billig herstellbare Zigarette, für die man verhältnismäßig wenig Tabak benötigte, im Zuge der Industrialisierung und »Verstädterung« zu einem echten Massenartikel. Die moderne Zigarette war »in unserer nervös hastenden Zeit einfach das Rauchobjekt der Zukunft«.

Prominente Werbeträger machten das Zigarettenrauchen zu einer echten Modeerscheinung: Pressefotos zeigten etwa *Kaiser Wilhelm II.* im Manöver, hoch zu Ross, beim Anzünden einer Zigarette – oder den *Kronprinzen* am Steuer seines Protos-Sportwagens mit einer Zigarette lässig im Mundwinkel. Kein Wunder,

dass die »Untertanen« und »Militärpersonen« massenhaft mit dem Rauchen von Zigaretten begannen, auch viele Frauen und Jugendliche, denen »das Quantum« einer Pfeife oder einer Zigarre ohnehin nicht bekommen wäre.

Für den Absatz über die Ladentheken und ins Ausland erwiesen sich wohlklingende *Markennamen* als hilfreich. Redwitz führte moderne Werbe- und Marketing-Methoden ein, er kreierte *ABC – August-Batschari-Cigaretten*, die zu einer »festen Formel der Zigarettenreklame« wurden. Jeden Tag stieß die Fabrik in der Baden-Badener

Balzenbergstraße 1,5 Millionen ABC-Zigaretten aus: *Cyprienne, Fürst Fürstenberg, Nymphe, Cordon rouge, Derby, Tufuma, Sleipner, Batscharikronen* [...] *und Mercedes!*

Der Name *Mercedes* galt seit 1902 als gesetzlich geschütztes Warenzeichen für einen von *Wilhelm Maybach (1846–1929)*, dem technischen Direktor der Daimler Motoren Gesellschaft entwickelten Rennwagen, der in allen Disziplinen die »Woche von Nizza« gewonnen hatte. Der in Nizza lebende österreichische Geschäftsmann *Emil Jellinek* hatte den spanischen Namen seiner Tochter *Mercedes* als Fahrernamen gewählt und damit eine weltberühmte Automarke ins Leben gerufen. Dank seines genialen Riechers schaffte es Redwitz, dass *Batschari* schon 1910 mit *Mercedes-Zigaretten* auf den Markt kam. Er war eben nicht nur ein cleverer Chef-Verkäufer von ABC-Zigaretten, sondern auch ein glühender Liebhaber von Automobilen. Außerdem verkörperten Automobile und Zigaretten dieselben Attribute: Exklusivität, Reichtum, Fortschrittlichkeit, Mut, Abenteuerlust ...

Mit dem Kauf einer Packung ABC-Zigaretten, so die Werbestrategie von Redwitz, konnte jeder an diesem neuen Lebensgefühl teilhaben. Die passenden *Jugendstil-Motive* für Plakate und Verpackungen lieferte der Baden-Badener Zeichner und Graphiker *Ivo Puhonny (1876–1940)*. Er war Sohn des Baden-Badener Landschaftsmalers Victor Puhonny und hatte an der Kunstakademie in Karlsruhe und in Paris studiert. Am Beginn des 20. Jahrhunderts gelang es ihm, das Image der Stadt Baden-Baden zu

Waldhaus Batschari, 1911.

aktualisieren: er entwarf zahlreiche Werbeplakate für die Kurstadt, und seine Vorlage zierte jahrelang die Titelseite jeder Ausgabe des Badeblatts.

Mit kleinen *ABC-Zigarettenbildchen* führte *Batschari* zudem begehrte Sammlerobjekte ein, auf denen berühmte *Stars und Filmschauspieler* abgebildet waren, ganz nach dem Geschmack von Redwitz – und schöne *Ansichten von Baden-Baden*, was Batscharis Herz höher schlagen ließ. Batschari ließ hoch über Baden-Baden im Jahr 1911 für Wanderer das *Waldhaus Batschari* errichten; mit weitem Blick auf das Oos-Tal und in die Rheinebene, bunt ausgemalt und mit einem selbst verfassten Gedicht versehen.

Der große Umbau der Villa Merck

Es lag nahe, dass Redwitz für die Villa Merck einen neuen Namen suchte: *Villa Eden!* Eden – die Sehnsucht nach der verlorengegangenen Einheit des Menschen mit der Natur. Ein Begriff aus dem *Jugendstil*, der gerne für Domizile und Hotels verwendet wurde. Natürlich auch für *Batschari-Zigaretten!* »Paradiesisch« wollte Redwitz die etwa 60 Jahre alte Villa Merck umbauen.

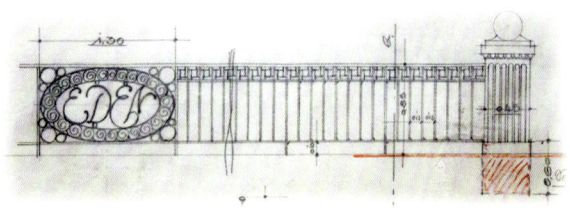

Seine Erwartungen waren groß, seine Ungeduld nicht minder und die Kosten spielten keine Rolle. Der Wunsch des städtischen Tiefbauamts, Redwitz möge »von seinem Gelände einen Teil abgeben, zwecks Schaffung eines Verbindungsweges zwischen Lichtentaler Straße und Lichtentaler Allee«, war vermessen. Wie käme er dazu, seinen herrlichen Park, teuer erworben, schon zu ruinieren, bevor es richtig losging?

Lediglich einen schmalen Geländestreifen entlang der Lichtentaler Straße trat er 1913 an die Stadt ab, damit diese die Fahrbahn verbreitern, einen Gehsteig anlegen und die Gleis- und Oberleitungsanlage der Straßenbahn ausbauen konnte. Außerdem opferte Redwitz das alte Portiershaus der Villa Merck, ließ aber Scherzinger sofort einen Neubau errichten, mit Ziegeldach und Zentralheizung. Besonders wichtig war ihm in diesem Zusammenhang das Versprechen der Stadt, den Bau einer *Autohalle* zu unterstützen. Außerdem leistete die Stadt eine kleine Ausgleichszahlung und übertrug eine städtische Parzelle im westlichen Bereich auf Redwitz, so dass sein Anwesen nun 4 ha 00 ar 64 qm groß war. *(Grundbuch, Band 111, Heft 1106, Eintrag vom 4. Dezember 1913).*

Der *Batschari-Hausarchitekt* Scherzinger modernisierte die Villa Merck innerhalb nur weniger Monate und zwar »von Kopf bis Fuß«. *Johannes Ev. Scherzinger (1866–1947)* stammte aus einer Sägewerksfamilie in Bräunlingen im Schwarzwald, nahe Donaueschingen. Mit alemannischer Zähigkeit hatte er zusammen mit seinem Partner Härke in Baden-Baden das führende Architekturbüro aufgebaut und so die Nachfolge seines berühmten Lehrmeisters *Wilhelm Vittali* angetreten.

Als hoch angesehene Baden-Badener Architekten wurden *Scherzinger und Härke* mit einer Vielzahl von Umbauten und Erweiterungen betraut: *Hotels, Sanatorien, Anstalten für Kranke oder Genesende, Kirchen, Banken und Privathäuser.* Berühmte Häuser trugen ihre Handschrift: *Sanatorium Dr. Dengler, Maison Messmer, Brenner's Park-Hotel, Offiziers-Genesungsheim Bühlerhöhe* (Architekt:

Wilhelm Kreis), Hofgut Nägelsförst, Golf-Clubhaus, Sanatorium Quisisana, Gut Mariahalden ... Johannes Scherzinger plante auch im Ausland, in Pallanza am *Lago Maggiore* schuf er das *Grand Hotel Eden.* Außerdem engagierten ihn andere deutsche Kurstädte für den Um- oder Neubau von Kureinrichtungen.

Der Beruf ging dem gläubigen, peinlich genauen und finanziell wachsamen Alemannen über alles. Schon vor dem Frühstück begab er sich zu Fuß auf seine Baustellen. Kein Wunder, dass Scherzinger bei Kunden und Mitarbeitern gleichermaßen angesehen war. Öffentliche Ehrungen lehnte der bescheidene Architekt »höflich, aber bestimmt« ab, selbst als die badische *Großherzogin Luise* ihn auszeichnen wollte.

An der Villa Merck entfernte Scherzinger als erstes das schmiedeeiserne Vordach und ersetzte es durch eine neue, steingemauerte Vorfahrt. Für seinen Auftraggeber war das Zeitalter der Pferdekutschen vorbei. Gustav Redwitz wollte künftig mit seinen lauten, schweren Autos zwischen *Eckpilastern* und *dorischen Doppelsäulen* vorfahren, deren Oberflächen sorgfältig kanneliert waren. Der Architekt dachte sogar an einen Freisitz über der neuen Vorfahrt, entschied sich aber für ein

Johannes Scherzinger (1866–1947), Architekt beim Umbau der Villa Merck zur Villa Eden.

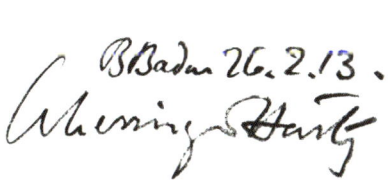

Dach mit Mäanderfries. Auf einer Rosette waren die Initialen des Hausherrn zu sehen.

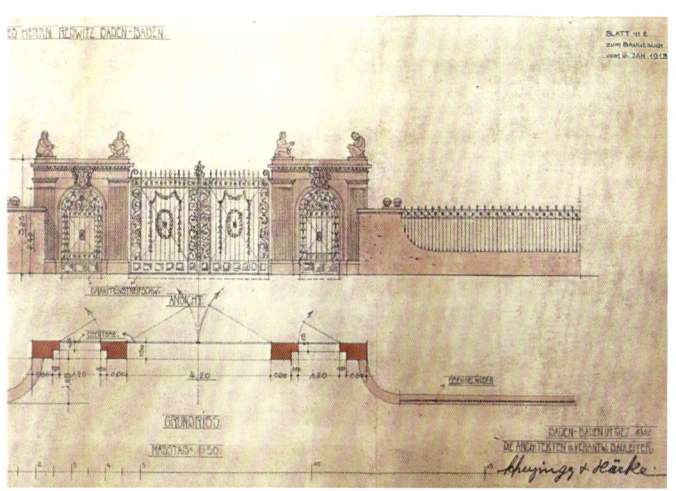

Die Zufahrt von der Lichtentaler Straße bekam ebenfalls ein völlig neues Gesicht, denn Scherzinger entwarf einen durchgehenden hohen Zaun und ein grandioses *Eingangsportal* mit vier aufgesetzten Kandelabern sowie kunstvoll geschmiedete Tore, in deren Mitte die Initialen *AR* angebracht wurden. Das selbe Portal wurde auch an der südlichen Auffahrt bei der Maria-Viktoria-Straße errichtet, wo der Auffahrt beidseitig Regenrinnen hinzugefügt wurden, was beim ersten heftigen Platzregen allerdings zu einer Überschwemmung der Maria-Viktoria-Straße führte und Redwitz eine Beschwerde des *Straßenaufsehers* Falk einbrachte.

Neues Eingangsportal (mit Figuren anstatt Leuchten).

Die Brücke über die Oos wurde neu hergestellt. Zunächst entwarf Scherzinger ein großes, steingemauertes Portal, direkt am Uferweg der Lichtentaler Allee. Redwitz ließ jedoch ein niedriges, zweiflügeliges Tor aufstellen, nicht höher als das schmiedeeiserne Brückengeländer, auf dem schon von weitem der Schriftzug *Eden* zu sehen war.

Auf der Anhöhe des Parkgeländes, in Sichtweite des Schweizerhauses, konnte Redwitz auf seinem privaten *Tennisplatz* spielen, mit einem kleinen Pavillon zur Entspannung. Im östlichen Teil des Parks, bei der Lichtentaler

Tennisplatz mit Pavillon.

Straße, lud ein *Laubengang* aus Holz mit zwei flankierenden Pavillons zum entspannten Bummeln ein. An der westlichen Grenzmauer, bei den Öko-nomiegebäuden, war ein *Hühnerstall mit Taubenschlag* geplant. Aufgebrachte Nachbarn hielten jedoch das »Kleingeflügel für allzu gewöhnlich in einer solch vornehmen Gegend«, weshalb sie sich an die Stadtverwaltung wandten:

> Herr Redwitz wird sicherlich nicht haben wollen, dass die Nachbar-schaft in diesem ausgesprochenen Villenviertel durch einen Hühner-stall belästigt wird.

Die Südterrasse ließ Redwitz durch zwei *schmiedeeiserne Kandelaber* mit elektrischem Licht aufwerten, als Attribut der einsetzenden Elektrifizierung. An der Treppe zum Park wachten rechts und links je eine steinerne *Sphinx*, nachdem Redwitz die von Scherzinger entworfenen bronzenen Antilopen abgelehnt hatte. Die *Sphinx* symbolisierte wie kein anderes Fabelwesen die *Nahtstelle von Menschenwelt und Götterwelt* und galt schon seit der römischen Kaiserzeit als Symbol des alten Ägypten: Ein Löwenleib als göttlicher Körper und ein Menschenkopf mit Pharaonen-Tuch als Ausdruck des gottähnlichen Ranges.

Hühnerstall mit Taubenschlag.

Im Inneren der *Villa Merck* ging Scherzinger mit der Architektur seines »Vorgängers« *Auguste de Meuron* aus dem 19. Jahrhundert sehr behutsam um. Er verband geschickt Überkommenes mit Neuem. So ließ er Salon, Musikzimmer und Bibliothek unverändert. Dafür baute er Speisezimmer, Rauch- und Billardzimmer und Lobby völlig nach dem Stilempfinden des späten Jugendstils um. Elemente des Neoklassizismus und des späten Jugendstils wechselten sich dort spielerisch ab.

Spielzimmer.

Während also Wände und De-cken der unberührten Salons wei-terhin mit leuchtend weißem Stuck besetzt blieben, entstand in den neugestalteten Räumen eine Atmo-sphäre aus Balken- und Gewölbe-decke, dunkler Wandvertäfelung, Holz-Intarsien und Einbauvitrinen. Mitten im Spielzimmer stand ein riesiger Billardtisch, daneben hing ein Wassertrog im Jugendstil. Ein großer offener Kamin, der aus einem englischen Schloss zu stammen schien, verschlang gewaltige Mengen an Brennholz.

Die große Eingangshalle des Erdgeschosses wirkte antikisierend-streng, mit Pilastern und einer Kassettendecke. Auch hier stand ein offener Kamin von Ausmaßen, als ob ein Schloss in Frankreich dafür geplündert worden wäre. Da der Kamin beißenden Rauch verbreitete, schraubte man ein Schutzgitter aus Messing davor.

Im ganzen Haus behielt Scherzinger die typischen hohen Türen des Villenbaus im 19. Jahrhundert bei. Er passte lediglich die Türblätter und die Zargen so an, dass die Türen zur jeweiligen Raumseite hin das passende Dekor aufwiesen.

Im Flur des Obergeschosses, wo Redwitz seinen Frühstücks-Salon einrichtete, brachte man ebenfalls Wandverkleidungen aus Holz an, mit Verzierungen, Schmuckelementen, gedrechselten Säulchen und Motiven antiker Bildhauer, etwa Akanthusblättern, die typisch waren für korinthische

Frühstückshalle
im I. OG.

Kapitelle. Über den Türen entstanden drei weiße Reliefs, auf denen Motive aus der antiken Mythologie zu sehen waren: *Helios, Bacchus und die Heldentaten von Herakles*. Eine leicht geschwungene Holztreppe führte zu den Gästezimmern im Dachgeschoss. Die Küche der *Villa Eden* blieb unverändert im Untergeschoss, ebenso Speisekammer, Waschküche, Gesindestube, Dienerzimmer und Weinkeller.

Scherzinger und Härke nahmen sich auch die gesamte *Haustechnik* vor; sie brachten das ganze Haus auf den Stand des beginnenden 20. Jahrhunderts. Die Heizkörper der neuen Zentralheizung fanden

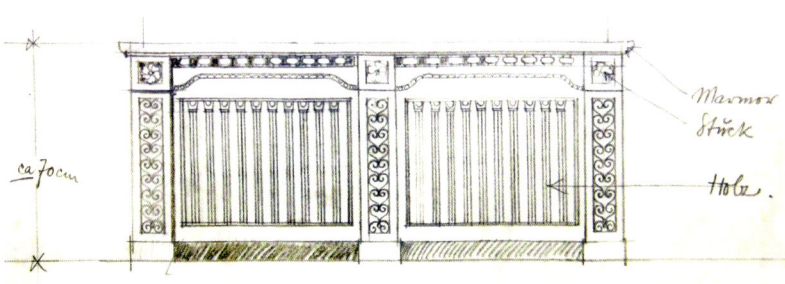

in stillgelegten Kaminen und unter Fensterbrüstungen ihren Platz, geschickt verdeckt durch Messing-Gitter im schönsten Jugendstil. Im ganzen Haus gab es nun elektrisches Licht, moderne Bäder und Toiletten. Um der »Wasservergeudung vorzubeugen«, verlangte die Stadt, dass die »Spülapparate nicht mehr als sieben Liter enthielten«.

Die Architekten modernisierten auch das Schweizerhaus im Stil der Hauptvilla, also mit dunklen Holzvertäfelungen aus sorgfältig bearbeitetem Edelholz, die das Foyer des Erdgeschosses in warmes Licht hüllten. Von dort führte nun eine repräsentative zweiläufige Holztreppe nach oben, deren Geländer zwei kunstvolle Jugendstil-Kugeln aus Metallbändern zierten.

Die *Einrichtung und Ausstattung* stammte weitgehend aus der Villa Merck, manches wurde allerdings neu angeschafft, was den Aufwand zusätzlich in die Höhe trieb: Möbel, Teppiche, Gardinen, Gerschirr, Gläser ... und ein *Welte-Mignon-Reproduktionsklavier*.

Dieses automatische Musikinstrument lieferte die Firma M. Welte & Söhne in Freiburg im Breisgau. Es war seit 1905 auf dem Markt, gewissermaßen ein Vorläufer der *Hi-Fi-Anlagen* und des *MP3-Player*. Redwitz brauchte in sein *Welte-Mignon-Reproduktionsklavier* nur gelochte Papierrollen einlegen und schon spielte es die schönste Klaviermusik. Dabei konnte er unter tausend »eingespielten« Musiktiteln wählen, von allen möglichen Komponisten: Claude Debussy, Camille Saint-Saëns, Edvard Grieg, Gustav Mahler, Richard Strauss, George Gershwin ... Die *Hitliste* führte der *Liebestraum* (Nocturne N°3) von Franz Liszt an, gefolgt von Paderewski (*Humoresque de Concert*), wieder Liszt (*Paraphrase über Isoldens Liebestod*), Beethoven (*Mondschein-Sonate*), Strauss (*Frühlingsstimmen-Walzer*) und Chopin (*Ballade As-Dur*).

„WELTE - MIGNON"

Über die *Baukosten* des ganzen Vorhabens führte Scherzinger gewissenhaft Buch. Er verbaute bis zum 15. August 1913 stolze 310.000 Mark – und zum Jahresende rechnete er 467.000 Mark ab. Davon bezahlte Gustav Redwitz allerdings nur 113.000 Mark privat – der größere Teil ging mit 354.000 Mark auf das Konto der *Zigarettenfabrik Batschari*.

Maurerarbeiten 67.000, Zimmerarbeiten 15.000, Steinhauer 8.000, Gipser 13.000, Glaser 6.000, Installation 7.000, Schreiner 60.000, Parkettböden und Plattenarbeiten 15.000, Schlosser 8.000, eiserne Tore 20.000, Möbel, Teppiche, etc. 30.000, Beleuchtungskörper 18.000, Malerarbeiten 15.000, Pergola 7.000.

Gemäß *Schätzungsurkunde* des Baden-Badener Stadtrats vom 4. Dezember 1913 *(Grundbuch-Band 111, Heft 1106, vom 4. Dezember 1913)* hatte »das Grundstück des Herrn Gustav Adolf Redwitz Lag. N° 2274b« einen amtlichen Verkaufswert von 905.700 Mark. Die Stadt legte dabei einen Quadratmeterpreis von 20 Mark zugrunde, was bei 40.064 qm ca. 800.000 Mark ergab. Zusätzlich schätzte die *Versicherung* das Mobiliar und die Ausstattung auf 311.500 Mark.

Villa Eden, 1912.

Die *Villa Eden* war ein grandioses Schmuckstück geworden, das weit über eine Million Mark verschlungen hatte. Der Unternehmer belastete die väterlichen Gebäude in der Schillerstraße 17 (Wohnhaus und Galerie) und in der Sophienstraße 8 (Geschäftshaus mit Laden) mit einer Hypothek der Basler Handelsbank. Im Gegenzug garantierte er seinen beiden unverheirateten Schwestern und seiner Mutter eine hohe Rente sowie ein lebenslanges Wohnrecht in der Villa Eden.

Olga und *Helene* führten dem Junggesellen gewissenhaft den Haushalt, während dieser vom ersten Tag an das tat, was man von einem Mann seines Ranges und Charakters erwartete: Er gab »rauschende Feste, die in der ganzen Stadt Gesprächsstoff waren«.

Voller Stolz ließ er seinen neuen Besitz im Herbst 1913 von einem erfahrenen Photographen ablichten, der teure Aufnahmen von hoher Qualität erstellte. Damit konnte Redwitz seine *Villa Eden* in einem herrlichen *Album* unter die Leute bringen.

Die Leidenschaft für das Automobil

Zum modernen Lebensstil des Gustav Adolf Redwitz zählte besonders das Autofahren. Er leistetete sich gleich mehrere der neuen Automobile, denn *Benzinkutschen* faszinierten ihn schon seit früher Jugend. Redwitz war zehn Jahre alt, als im Herbst 1887 in Baden-Baden das Automobil-Zeitalter begann.

> Ihre königlichen Hoheiten, der Großherzog und die Großherzogin geruhten [...] den neu erfundenen Motor des Herrn Ingenieur Daimler in Augenschein zu nehmen und den überraschenden Experimenten beizuwohnen, welche der Erfinder auf dem Waldsee in der prägnantesten Weise ausführte. (Badener Wochenblatt, 15. Oktober 1887)

Auch die *Cannstatter Zeitung* informierte ihre Leser darüber, dass im badischen Nobelort ein motorgetriebenes Fahrzeug des Cannstatter Erfinders *Gottlieb Daimler* mit 1,5 PS und 20 km/h erfolgreich vor dem Stadtbahnhof hin und her gefahren war – unter den kritischen Blicken des Cannstatter Ingenieurs Wilhelm Maybach.

> Der Maschinen-Ingenieur Daimler befindet sich hier zum Vorführen seines

Oben: Carl Benz
(1844–1929).

Mitte: Gottlieb
Daimler (1834–1900).

Unten: Wilhelm
Maybach (1846–1929).

Schiffes auf dem Waldsee und zum Präsentieren einer Draisine, die ebenfalls mit dem neuen Motor versehen ist.

Damit sich die Erfindung schnell herumsprach, schickte man eines der Boote mit neuem Benzinmotor an Otto von Bismarck in den Sachsenwald.

Der Schwabe Gottlieb Daimler war allerdings nicht der einzige, der mit einem neuartigen Benzinmotor hantierte, denn im Jahr 1883 machte der 39-jährige *Carl Benz* aus Karlsruhe die gleiche Erfindung und gründete seine Fabrik in Mannheim. (Im Jahr 1926 schlossen sich die beiden zur *Daimler-Benz AG* zusammen.) Von Mannheim nach Karlsruhe fand im Jahr 1890 bereits eine erste *Wertungsfahrt für Automobile* statt.

Auch in Gaggenau im Murgtal kam eine Automobilproduktion in Gang. Auf Initiative des jungen Ingenieurs Joseph Vollmer stiegen die *Bergman's Industriewerke* in den Automobilbau ein, sie nannten sich *Süddeutsche Automobilfabrik Gaggenau (SAG)* und lieferten 200 Motor-Taxameter des Typs *Phaeton/Orient-Express* nach London.

In Baden-Baden brachte der *Hofbüchsenmacher Nagel und Menz* im Jahr 1904 sogar ein *Motor-Zweirad (Velodrom)* auf den Markt, »in einfacher Konstruktion, mit stoßfreiem ruhigem Lauf, und bei der Qualitätsfahrt Mailand – Nizza mit der goldenen Medaille prämiert«.

Zur Jahrhundertwende tauchten immer mehr *Benzinkutschen* in der Öffentlichkeit auf, etwa beim Pferderennen in Iffezheim, wo die Besucher im Jahr 1901 auf dem Droschkenstellplatz bereits vier *Motorwagen* bestaunten. Nur zwei Jahre später beteiligte sich »die gesamte automobilistische Welt« an einer *Gesellschaftsfahrt des Rheinischen Automobilclubs*, die ebenfalls von Mannheim nach Baden-Baden führte. Den 63 Teilnehmern ging es dabei nicht um Geschwindigkeit, sondern um den Nachweis, dass ihre Wagen in der Lage waren, die 96 km zwischen den badischen Städten ohne technische Probleme, Stillstand oder Reparaturen in fünf Stunden zurückzulegen.

Schon bald kamen auch die ersten Personenbusse mit 15 bis 20 Sitzplätzen zum Einsatz. Die offenen Fahrzeuge brachten unternehmungslustige Passagiere auf holprigen Waldwegen in den Schwarzwald. Ihr Komfort entsprach noch jenem der Postkutschen, es schaukelte und rüttelte, kalter Wind und Regen drangen in das offene Fahrzeug – bis der Fahrer ein kräftiges Leinenverdeck überstülpte.

Im Jahr 1905 veranstalteten die Automobilfreunde eine *Deutsche Automobilwoche* mit Tourenfahrt, sie führte von München nach Baden-Baden. Jeder der 105 teilnehmenden Fahrer saß bereits am Steuer seiner Lieblingsmarke: Benz, Mercedes, Adler, Opel, Clément, englischer Daimler, Peugeot, Horch, Argus, Martini ...

Die *Herkomer-Konkurrenzen* führten 1.000 km quer durch Süddeutschland, Zielort war erneut Baden-Baden. Der Initiator und Namensgeber *Hubert Herkomer (1849–1914)*, ein berühmter Maler, legte Wert auf Ästhetik, »Schönheit, Linienführung und Bequemlichkeit« der neuen Automobile. In Baden-Baden schmückte man die Lichtentaler Allee und empfing die Fahrer mit einem großen Konzert der Militärkapelle; dann tauchten alle in eine festlich beleuchtete italienische Nacht ein.

Das Geschäft rund um die Automobile kam in Schwung. In Baden-Baden boten findige Kaufleute »erstklassiges Maschinen-Material und zuverlässige Chauffeure« an. Die Gastronomie veranstaltete werbewirksame Festivitäten und die Auto- und Taxameter-Vermietung Johann Gross offerierte Wagen in allen Größen: »Offen und gedeckt, für Reisen im In- und Ausland«. Vor dem Stadtbahnhof warteten die strahlenden Besitzer neuer Motordroschken – misstrauisch beäugt von grimmigen Kutschern auf den Böcken behäbiger Pferdedroschken. Der Kampf »alt gegen neu« beim Ringen um den Kunden war enbrannt. Den Droschkenkutschern half auch nicht, dass Kaiser Wilhelm II. noch im Jahr 1905 verkündete: »Ich glaube an das Pferd. Das Automobil ist eine vorübergehende Erscheinung«.

Mercedes Sport-Zweisitzer. 1909–1912 (10/20 PS).

Nur noch bei den Rennen der Großen Woche standen die Pferde in Baden-Baden unangefochten im Mittelpunkt. Bereits im Jahr 1908 machten sich allerdings so viele Besucher mit Benzinkutschen auf den Weg nach Iffezheim, dass der *Internationale Club* im *Badener Tagblatt* die Automobilisten dazu aufrief, »bei der Anreise mäßiges Tempo einzuhalten«. Für die rasanten Autofahrer legte man eigens eine Nebenstrecke fest, auf der die Höchstgeschwindigkeit in Ortschaften auf zwölf Stundenkilometer beschränkt war und auf freier Strecke auf stolze 30 km/h.

Mitten durch die Stadt Baden-Baden führte 1909 ein *Großer Blumen-Korso*, den Automobile und Pferdekutschen gemeinsam bestritten. Für das interessierte Publikum gab es wie immer »glanzvolle Festlichkeiten«. Die Automobile fielen durch viele bunt geflochtene Blumen-Arrangements auf Verdecken, Dächern, Motorhauben, Trittbrettern und Kotflügeln auf. Über dem Conversationshaus schwebte außerdem ein weiterer Vorbote der Mobilisierung im neuen Jahrhundert: der Zeppelin »Schwaben«.

Welchen Unterhaltungswert die Automobilisierung gewinnen würde, ließ sich 1907 bei der *Deutschen Subventionsfahrt Berlin – Stuttgart* erahnen. Das Automobilrennen dauerte ganze 13 Tage, und Sieger wurde ein Mitarbeiter

der Süddeutsche Automobilfabrik Gaggenau (SAG), dem eine Goldmedaille verliehen wurde.

Bei der Süddeutschen Automobilfabrik Gaggenau (SAG) bestellte der Abenteurer Paul Graetz ein ganz besonderes Automobil mit großen Rädern und einer Spezialausstattung. Der Offizier wohnte im Brenner`s Park-Hotel in Baden-Baden, bis er nach Afrika aufbrach und in 630 Tagen von Daressalam aus den ganzen Kontinent durchquerte, einschließlich der gefürchteten Wüste Kalahari. Seine Versorgungsdepots hatte Graetz vorsorglich als Grabstätten tarnen lassen, damit die lebenswichtigen Vorräte und Ersatzteile nicht durch Diebe oder Räuber verloren gingen.

Wenn jemand sah, wie Gustav Redwitz am Steuer eines seiner Automobile die Villa Eden durch das große Portal verließ, dann erlebte er einen typischen Herrenfahrer – elegant gekleidet, mit gestärktem Hemd, Binder und Blazer. Redwitz setzte sich natürlich selbst ans Steuer, obwohl sich viele Automobilbesitzer in ihren neuen Motorwagen chauffieren ließen, wie bisher in den Pferdekutschen. Aber als sportlicher Herrenfahrer zog man im modernen Baden-Baden die Blicke auf sich! Die mutigen Fahrer wurden respektvoll »Autler« genannt. Sie grüßten einander mit »Fahrheil!« und »Autoheil!«.

So tourten sie laut knatternd an malerischen badischen Weindörfern entlang, hinaus an den Rhein oder hinauf in den Schwarzwald. Gegen »widersinnige und altmodische Anschauungen«, die den Befürchtungen einem halben Jahrhundert zuvor beim Bau der Eisenbahn glichen, setzten sie sich in dem Bewusstsein zur Wehr, dass ihnen ohnehin die Zukunft gehörte.

Redwitz wollte auf dem Gelände der *Villa Eden* schon von Anfang an eine *Autohalle* mit offener Putzhalle und Chauffeurswohnung errichten. Scherzinger plante dafür den Umbau eines Stallgebäudes, das direkt an der westlichen Grenzmauer lag. Doch das Verfahren zog sich lange hin, da die Nachbarn gegenüber der Stadtverwaltung einwandten, dass die moderne Motorisierung nichts als krankmachende Unruhe bringe:

Die Autohalle wird für die Nachbarschaft Störung durch Geräusche bringen, welche nicht besonders zuträglich und gesundheitsfördernd wirken für der Ruhe bedürftige Nachbarn.

Am Ende setzte sich Redwitz durch. Seine Autohalle wurde im Januar 1913 genehmigt. Scherzinger errichtete eine schöne *offene*

Unterstandhalle in Kombination mit einer *geschlossenen Autohalle* – gleichzeitig stockte er noch eine danebenstehende Remise auf.

Seine Geschäftsreisen unternahm Redwitz natürlich in einem seiner eigenen Fahrzeuge. Die Fahrten waren anstrengend. Einmal wegen der holprigen Straßen und Wege, die oftmals nur leidlich befestigt und schlecht ausgebaut waren. Die Nebenstraßen und Waldwege waren zudem von 4-spännigen, mechanisch gebremsten *Langholz-Fuhrwerken* häufig schwer ramponiert. Man musste mit tiefen Spuren und Löchern rechnen. Nach Regenfällen konnten Pfützen und Schlamm das Fahren schnell zu einer gefährlichen Rutschpartie machen.

Zum anderen waren die Automobile recht schwer. Die Fahrer mussten mit kräftigen Armen am Lenkrad drehen, was ihnen einiges Geschick und viel Umsicht abverlangte. An den Fahrzeugen hingen zusätzlich noch Benzin-Kanister mit 5 oder 10 Liter Reserve, die, wenn sie leer waren, für 40 Pfennig der Liter gegen volle ausgetauscht wurden. Unterwegs gab es weder Zapfsäulen noch Tankstellen.

Redwitz war am 6. Mai 1914 von Mannheim kommend mit seinem Fahrer geschäftlich nach Gotha unterwegs. Es war bereits Abend, »gegen ½ 8 Uhr«, das Wetter war regnerisch. Sie folgten einer Straßenumleitung auf einer unwegsamen »Chaussée« durch ein Waldstück zwischen Malchen und Eberstadt bei Darmstadt. Plötzlich fuhr ein Fuhrwerk »seitlich aus dem Wald heraus auf die Chaussee«, einen Anhängerwagen hinter sich herziehend. Der Chauffeur konnte das schnelle Automobil nicht mehr bremsen und steuerte es in den Chausseegraben, wo es sich überschlug. Redwitz wurde »in weitem Bogen herausgeschleudert.« Der 37-jährige Baden-Badener Unternehmer starb »kurze Zeit nach dem Unfall« an Genickbruch, Schädelbruch und eingedrücktem Brustkasten, wie die Presse schrieb. Sein Chauffeur erlitt lebensgefährliche Verletzungen und wurde ins Krankenhaus nach Darmstadt gebracht. Er verlor beide Beine. Am nächsten Vormittag begab sich Staatsanwalt Bernhard mit dem »Sachverständigen Fabrikant Ober« zur Unfallstelle, nachmittags folgte noch eine »Gerichtskommission«. Die staatsanwaltlichen Untersuchungen ergaben, »dass der Unfall lediglich auf das schnelle Fahren des Automobils zurückzuführen war.«

Mercedes Sport-Phaeton, 1909–1912 (10/20 PS).

Der Schock war groß. Seine Schwestern ließen per Zeitungsanzeige am 8. Mai 1914 wissen: »Dies statt besonderer Anzeige! Gestern entschlief unser lieber Sohn, Bruder, Schwager und Onkel, Herr Gustav Adolf Redwitz, im Alter von 37 Jahren, in Folge eines Unglücksfalles.« Und die *Zigarettenfabrik A. Batschari* würdigte mit einer weiteren Anzeige ihren Mitinhaber: »Derselbe hat mit unermüdlichem Eifer und großem Organisationstalent an dem Aufbau unseres Unternehmens gearbeitet. Sein weiter Blick und zielbewußte Arbeitskraft haben die günstige Entwicklung unserer Fabrik in hohem Maße gefördert. Zu der Erfüllung seiner Lebensaufgabe war der Entschlafene befähigt durch seltenen Scharfblick für alles praktisch Erreichbare. Wir betrauern in ihm einen Mann, der mit guten Gaben des Geistes ausgezeichnet war.« Der Besitzer der *Villa Eden* wurde am 10. Mai 1914 auf dem Hauptfriedhof Baden-Baden beigesetzt *(Feld 6, 92–93, bis 1994)*. Seit dem Kauf der Villa Merck waren keine zwei Jahre vergangen.

Vier Schwestern und ein Todesfall

Die *Zigarettenfabrik Batschari* geriet schon bald danach ins Trudeln. Ein deutsches Bankenkonsortium unter Leitung der Deutschen Bank drängte den amerikanischen Trust wieder aus Deutschland hinaus. Es war Krieg, die Tabaksteuer wurde erhöht und ein staatliches Tabakmonopol trat in Kraft. Als die Firma wegen Steuerschulden zahlungsunfähig wurde, musste *Robert Batschari* sein Unternehmen verkaufen. Immerhin erzielte er noch eine lebenslange Rente. Als Käufer traten Persönlichkeiten auf, »die zu den einflussreichsten, schillerndsten Industriellen der Weimarer Republik gehörten«. Während der Weltwirtschaftskrise von 1929 folgte dann der große *Batschari-Reemtsma-Skandal* mit Parteienkämpfen, Korruption, kriminellen Machenschaften und vielen politischen Winkelzügen ...

Redwitz hinterließ eine sündhaft teure Villa und nicht wenige Schulden. Seine Gläubiger ließen am 11. Juni 1915 eine Briefgrundschuld über 300.000 Mark eintragen. Der Unterhaltsbetrag für die Schwestern und die Mutter wurde herabgesetzt, doch das Wohnrecht von *Helene und Olga Redwitz* hatte Bestand.

> Die vom unterzeichneten Notariat als Nachlassgericht veranstalteten Ermittlungen und aufgenommenen Beweise haben ergeben, dass kraft Gesetzes Erben seines Nachlasses geworden sind die Schwestern je zu ¼ nämlich 1. Paula geb. Redwitz, Witwe des Buchhändlers Heinrich Paris in Baden-Baden; 2. Helene Redwitz, ohne Beruf daselbst; 3. Emilly geb. Redwitz, Ehefrau des Kaufmanns Alfred Pobuda in Geislingen/St.; 4. Olga Redwitz, ohne Beruf in Baden-Baden (Grundbuch-Band 111, Heft 1106).

Auch meldete sich ein *Fräulein Engel*, die Mieterin eines Ladengeschäfts in der Sophienstraße 8. Die Dame pochte auf einen schriftlichen Mietvertrag, den sie angeblich schon seit langem bei Herrn Redwitz angemahnt hatte. Auch über den Mietzins sei hin- und herverhandelt worden, machte Fräulein Engel geltend. Schließlich habe ihr der Herr Redwitz erklärt, sie solle einmal 3.500 Mark jährlich bezahlen – und wenn sie dann sehe, dass sie bei diesem Mietzins nicht auskomme, so könne man die Sache nochmals besprechen.

Der Erste Weltkrieg bricht aus

Sieben Wochen nach dem tödlichen Autounfall von Gustav Adolf Redwitz wurden auf ein anderes Automobil tödliche Schüsse abgefeuert. In der bosnischen Hauptstadt *Sarajevo* kamen am 28. Juni 1914 der österreichische Thronfolger *Erzherzog Franz Ferdinand* und seine Frau *Sophie, Herzogin von Hohenberg* bei einem Mordanschlag serbischer Nationalisten ums Leben.

Die politischen Folgen waren katastrophal: Das habsburgische Reich befürchtete, von den Unabhängigkeitsbestrebungen seiner verschiedenen Völker und Nationalitäten zerrissen zu werden. Also machte Wien gegen Serbien mobil, mit Rückendeckung des deutschen Kaisers Wilhelm II.

Daraufhin machte auch Russland mobil. Nun erklärte das Deutsche Reich am 1. August 1914 dem Zarenreich den Krieg und zwei Tage später auch Frankreich. Die deutschen Generäle planten einen *Blitzkrieg* nach dem *Schlieffen-Plan*:durch das neutrale Belgien und schnell nach Paris. Damit war aber England nicht einverstanden und trat ebenfalls in den Krieg ein.

Der *Erste Weltkrieg* war im Gange. In ganz Europa wurde er mit Jubel begonnen, die vielen Freiwilligen zogen begeistert in die Schlacht, denn sie glaubten, an Weihnachten als Helden wieder zu Hause zu sein.

Die Kur- und Bäderstadt Baden-Baden läutete Alarmglocken, veranstaltete Trommelwirbel und ließ das Orchester vor dem Conversationshaus die Nationalhymne spielen. Ihr internationales Image gab die Stadt auf, aus dem Conversationshaus wurde das *Kurhaus*, aus dem Englischen Hof das *Hotel Atlantic*, der Französische Hof nannte sich *Frankfurter Hof* und aus dem Hotel Sankt Petersburg wurde der *Darmstädter Hof*.

Den ausländischen Gästen wurde per *Badener Tagblatt* am 18. November 1914 mitgeteilt:

> Angehörige aller Staaten, mit denen wir uns im Kriegszustand befinden, haben sich – ohne Rücksicht auf Alter und Geschlecht – bis längstens Dienstag, 24. Nov., abends 8 Uhr, aus Baden und allen Orten innerhalb eines Umkreises von 20 km zu entfernen.

Doch die deutschen Generäle irrten sich gründlich. Ihr Angriff ging in Lothringen und in den Ardennen in einen brutalen Stellungskrieg über, der zu einem beispiellosen Massensterben der Soldaten eskalierte. Jeden Tag verloren 900 französische und 1.300 deutsche Soldaten ihr Leben. Als Anfang 1916 die deutsche Oberste Heeresleitung mit Brachialgewalt eine Wende erzwingen wollte, mussten in den Schützengräben der »Hölle von Verdun« 700.000 Franzosen und Deutsche sterben, ohne dass eine Seite auch nur den geringsten militärischen Vorteil errungen hätte.

Die Villa Eden während des Ersten Weltkrieges

In Baden-Baden füllten sich die Sanatorien, die Züge brachten immer neue Verwundete von den Schlachtfeldern in die Kurstadt. Tägliche Meldungen über gefallene junge Männer erreichten die *Heimatfront,* kein Ort des Reiches blieb verschont. Auch die wirtschaftlichen Folgen waren verheerend: Deutschland gab die Bindung der Mark an das Gold auf und machte im großen Stil Schulden – die Notenpressen liefen auf Hochtouren.

Zur gleichen Zeit, am 23. März 1916, wurde das Inventar in der *Villa Eden* des verstorbenen Gustav Adolf Redwitz aufgenommen, und zwar »in Gegenwart von Fräulein Redwitz und von Architekt Scherzinger«. Darüber wurde ein 16-seitiges handschriftliches Protokoll erstellt, für die *Taxation von Einrichtungsgegenständen:*

Bibliothek in der Villa Eden.

Welte-Mignon-Reproduktionsklavier, mit Klavierrollen
= 25.000 Mark;
Zwei Smyrna-Teppiche (60 Quadratmeter) = 12.200 Mark;
Perserteppich im Speisezimmer (28 Quadratmeter) = 19.700 Mark;
Rauch- und Billardzimmer (gesamte Einrichtung)
= 23.000 Mark;
Bibliothek (Sofa, Sessel, Tische, Spiegel, Lüster, Uhr, Stehleuchter,
Fensterdekorationen, Teppiche) = 40.000 Mark;
Gelber Saal (vier vergoldete Sofas, zwei Tische, zwölf Stühle)
= 50.000 Mark;
Roter Saal = 35.000 Mark.

Die Erben waren sich uneins, was mit der Villa Eden geschehen sollte. Die in Göppingen lebende Schwester Emilly Pobuda plädierte für einen raschen Verkauf. Die beiden unverheirateten Schwestern mit lebenslangem Wohnrecht vertrauten auf den erfahrenen Architekten Scherzinger. Dieser hielt einen Verkauf während des Krieges für unrealistisch. Emilly Pobuda beschwerte sich, sie sei nicht ausreichend darüber informiert, was in Baden-Baden mit dem Nachlass ihres verstorbenen Bruders geschehe. Sie verlangte »fernerhin in alle vorzunehmenden Handlungen eingeweiht zu werden«, da sie befürchtete, »dass der uns verbliebene Nachlass durch Hinhaltung der Villa Eden gefährdet werden könnte, da doch jetzt der günstigste Augenblick wäre, die Sache zu verwerten«.

Scherzinger wusste aber zu gut, dass Versorgungsengpässe und Reise-beschränkungen die reichen und tonangebenden Ausländer fernhielten. Der Krieg kostete Baden-Baden viel von seiner Atmosphäre und Brillanz. In dieser Lage war es eine glückliche Fügung, dass Scherzinger jemanden fand, der bereit war, die *Villa Eden* wenigstens zu mieten, wenn auch nur vorübergehend.

Hermann und Clara Sielcken mieten die Villa Eden

Der Architekt baute nämlich zu jener Zeit für den Deutsch-Amerikaner *Hermann Sielcken (1850–1917)* das Gut *Mariahalden* auf dem Sauers-berg um, das dieser von Baronin Marie von Witzleben erworben hatte. Scherzinger errichtete dort einen monumentalen Bibliotheksbau, eine große Orgelanlage und ein 900.000 Mark (!) teures Hallenbad im Park mit herrlichen Deckenfresken. Bei Sielcken spielte Geld keine Rolle. Hermann Sielcken war der Sohn eines Bäckermeisters in Hamburg. Seine Mutter hatte dort ein Kochlehrinstitut betrieben, wo auch junge Damen des Hauses Merck ausgebildet wurden. Als 18-Jähriger war Sielcken in ein Hamburger Import- und Export-Unternehmen eingetreten und als Kaffee-

Einkäufer nach Brasilien und Costa Rica gegangen. Über San Francisco kam er als Wolleinkäufer nach New York, wurde amerikanischer Staatsbürger und trat in die Firma des deutschstämmigen Geschäftsmanns und Politikers *Isidor Straus* ein, dem späteren Teilhaber des weltweit größten Kaufhauses *Macy's*, der 1912 beim Untergang der *Titanic* ums Leben kam. Danach kehrte Hermann Sielcken ins Kaffeegeschäft zurück. Mit seiner *Firma Crossman & Sielcken* stieg er zur größten Kaffeefirma in den USA auf.

Der *Kaffee-Baron* kam immer nur für einige Wochen im Jahr nach Baden-Baden, um hier namhafte Persönlichkeiten aus Politik und Wirtschaft um sich zu scharen. Sein Architekt und Hausverwalter Scherzinger, der sämtliche Schlüssel besaß, musste dann alles organisieren. Auch Sielckens großzügige Spenden an die Stadt Baden-Baden. Der Deutsch-Amerikaner stiftete nämlich die *Gönneranlage* an der Lichtentaler Allee, die nach dem Oberbürgermeister benannt wurde; auch das *Vincentiushaus* und 1913 das *Josephinenheim* in der Ebersteinstraße (Lilienmattstraße), das die erste moderne Entbindungs- und Wöchnerinnenklinik der Stadt wurde. Dort mussten nach Sielckens Willen auch unverheiratete werdende Mütter aufgenommen werden.

Während des Krieges wurde das *Josephinenheim* zu einem Lazarett der Karlsruher Sanitätsinspektion, weshalb die Wöchnerinnen in das Schweizerhaus der *Villa Eden* auswichen. Im Haupthaus wohnten inzwischen Hermann und Clara Sielcken.

Der Deutsch-Amerikaner spendete der Stadtverwaltung Baden-Baden monatlich 10.000 Mark zur Versorgung von Soldaten-

Der »Kaffeekönig« Hermann Sielcken (1850–1917) mit seiner Familie und Freunden.

familien. Er tat dies ungeachtet der Tatsache, dass die USA am 6. April 1917 Deutschland den Krieg erklärt hatten. Die deutsche Oberste Heeresleitung hatte den Kriegs-Eintritt der USA durch einen unbeschränkten U-Boot-Krieg provoziert, indem neutrale Schiffe versenkt wurden. Wer nicht völlig verblendet war, der spürte, dass mit dem Kriegs-Eintritt der stärksten Wirtschafts- und Militärmacht der Erste Weltkrieg für Deutschland so gut wie verloren war.

Doch bevor es soweit kam, starb Hermann Sielcken am 8. Oktober 1917 in der *Villa Eden* im Alter von 67 Jahren. Die Stadt würdigte Hermann Sielckens Verdienste mit der Ehrenbürgerwürde und benannte eine Straße nach ihm. Seine Witwe Clara blieb weiterhin in der Villa Eden wohnen.

Ein Jahr später, am 11. November 1918, war der Erste Weltkrieg zu Ende. Er kostete mehr als 10 Millionen Menschen das Leben. Die Monarchien in Deutschland, Österreich-Ungarn und Russland gingen unter, der deutsche Kaiser Wilhelm II. floh im Salonwagen nach Holland. Die Abdankung des Kaiserreichs musste der letzte kaiserliche Reichskanzler, *Prinz Max von Baden*, verkünden. Vom Balkon des Reichstags in Berlin rief der Sozialdemokrat *Philipp Scheidemann (1865–1939)* die Deutsche Republik aus – und im Spiegelsaal des Schlosses von Versailles unterzeichneten die Alliierten am 28. Juni 1919 den *Versailler Vertrag*, der Deutschland die alleinige Schuld am Ausbruch des Ersten Weltkrieges zuwies.

Deutschland wurden hohe Reparationen auferlegt, es verlor außerdem große Gebiete im Osten. Das 1871 annektierte Elsass-Lothringen fiel wieder an Frankreich zurück. Das Saarland kam unter die Verwaltung des Völkerbundes. die Kohlegruben gingen in französischen Besitz über. Die Stadt Offenburg wurde besetzt; eine 50 km breite entmilitarisierte Zone zog sich entlang des Rheins, sie erfasste und lähmte auch Baden-Baden.

Die gesamte Verantwortung für diese militärische, politische und wirtschaftliche Katastrophe schob die Oberste Heeresleitung unter *Hindenburg* und *Ludendorff* den neuen politischen Parteien zu, indem sie die sogenannte *Dolchstoßlegende* erfanden. Eine verhängnisvolle Bürde, mit der die Deutsche Nationalversammlung am 19. Januar 1919 in die Weimarer Republik startete. Zu Kriegsende 1918 war Deutschland praktisch pleite, dem verbliebenen Volkseinkommen von 142 Milliarden Mark standen Schulden von 156 Milliarden Mark gegenüber. Zudem verlangten die Alliierten 1921 von Deutschland mehr als 200 Milliarden Goldmark als Reparationen. Tiefe Not und revolutionäre Unruhen breiteten sich aus.

In Baden-Baden war die Zeit der Herrschaftsvillen vorüber. Der Tourismus kam zum Erliegen. Es half auch nichts, dass man mitten im Krieg an das Kurhaus einen Großen Bühnensaal anbaute. Viele Vermögen waren vernichtet, und für den Unterhalt der teuren Anwesen fehlte das Geld.

Stadtplan von 1912.

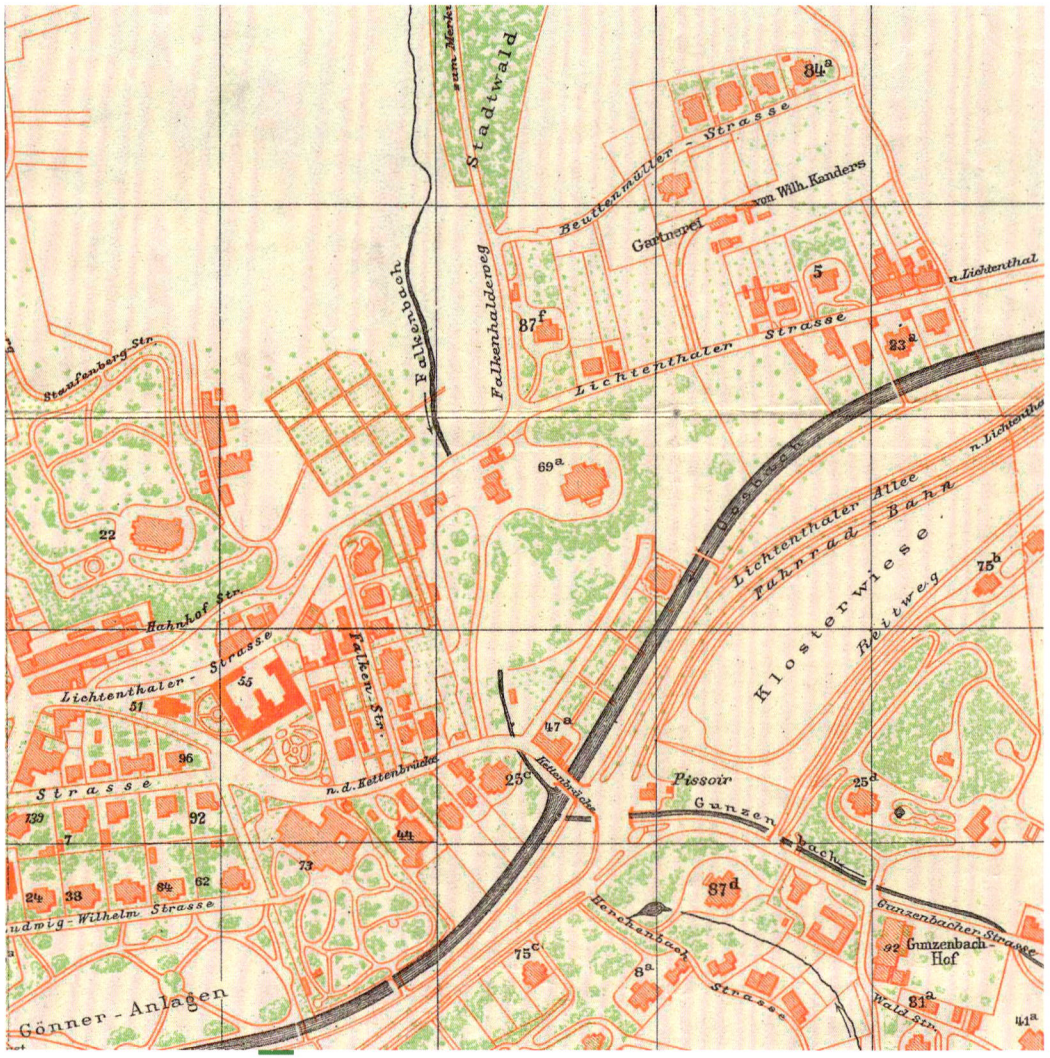

Nach dem Untergang des Zarenreichs 1917 war auch der Geldstrom der russischen Adligen versiegt, mit dem sie ihr aufwändiges Leben in Baden-Baden finanziert hatten. Ihre Villen standen alle zum Verkauf.

Ein Versteigerungstermin folgte dem nächsten, Mobiliar und Kunstgegenstände wechselten die Besitzer. Wer zugreifen konnte, machte ein gutes Geschäft. Manche leer stehende Villa wurde aber auch als Mehrfamilienhaus umgebaut oder gar abgerissen. Verzweifelte Eigentümer halfen sich mit der Parzellierung ihrer Grundstücke: in vielen privaten Parks der Stadt wurden jetzt Bauplätze ausgewiesen. So veränderten die Baden-Badener Villenbezirke rasch ihr Gesicht.

Der 52-jährige Architekt Johannes Scherzinger konnte der *Villa Eden* ein solches Schicksal ersparen, da sich der Umbau von *Mariahalden* hinzog und somit auch der Umzug von Clara Sielcken, die inzwischen den Opernsänger Schwarz geheiratet hatte. Scherzinger und Clara Sielcken verlängerten den Mietvertrag für die Villa Eden im Jahr 1918 um weitere zwei Jahre.

Dagegen protestierte allerdings erneut die Redwitz-Erbin in Göppingen: »Weder ich, noch meine Schwester Frau Paris wurden um unsere Einwilligung zu dieser Abmachung gebeten, noch ist mir nicht bekannt, wie diese getroffen wurde«. Es wäre besser, »den Besitz zu zerstückeln, um ihn schneller zu verkaufen und mehr Geld zu erlösen«.

Emilly Pobuda war der Meinung, Scherzinger solle den Verkauf nicht weiter verzögern, er müsse vielmehr »die Villa mit Pförtnerhaus, das Kavaliershaus, das Inventar sowie zehn oder mehr Bauplätze« getrennt zum Kauf anbieten. »Es wäre doch ein Teilverkauf ganz wohl möglich und dieser ließe sich gewiss eher realisieren als der eines Millionenobjekts.« Außerdem befürchtete sie, dass es zu regelmäßigen Entnahmen der Erben, sprich ihrer unverheirateten Schwestern, gekommen sei, weshalb sie eine vierteljährliche Aufstellung verlangte, »da eigentlich doch sämtliche Erben und nicht nur allein meine beiden ledigen Schwestern Einsicht von allen Handlungen haben sollten«.

Im Jahr 1920 zog Clara Sielcken schließlich nach *Mariahalden*, und Scherzinger begann sogleich mit der Auflösung des Nachlasses. Er listete für das Finanzamt sämtliche Nachlassgegenstände zur Festlegung der *Luxussteuer* auf. Der Architekt und Vertraute der Redwitz-Schwestern in Baden-Baden versicherte der Behörde, »dass die in angeschlossener Liste aufgeführten Fahrnisse sämtliche verkaufte Gegenstände umfasst, die für die Besteuerung in Frage kommen«:

Das »Billard mit 12 Zubehör« erstand Rechtsanwalt Dr. Hermann aus Baden-Baden für 3.000 Mark. Diverse Teppiche, Vasen und Leuchter gingen für 50.000 Mark in neue Hände über. Zwei Uhren mit Leuchter vom gelben und roten Salon erwarb Frau Dr. Fischer

DAMENSALON

für 20.000 Mark. Commerzienrat Neuhaus bezahlte für das Welte Mignon 25.000 Mark, für japanische Möbel 4.000 Mark und für ein Dienerschaftsbett 800 Mark. »Se. Durchlaucht Prinz Biron« erwarb gelbe Gardinen für 6.000 Mark. Die Tennissachen des verstorbenen Hausherrn gingen für 150 Mark weg, einige Gartengerätschaften für 400 Mark.

Der Versuch von Scherzinger, *alte Gemälde* über die Galerie Caspari in München zu verkaufen, schlug fehl, da man dort nur an »ganz erstklassiger Qualität« interessiert war; ähnlich reagierte die Galerie Wimmer in München. Zwei Ölgemälde (ein *Lingelbach* und ein *Van Dyck*) wurden auf anderem Wege für 5.500 Mark verkauft, und das Ölgemälde *Hl. Vincentius* reinigte zunächst der Portraitmaler G. Hirt, der darauf hinwies, dass »Herr Ohnesorge aus Mannheim geneigt wäre, noch weitere Gemälde aus dem Redwitzschen Nachlass bis zu ca. 50.000 Mark zu kaufen«. Der Verkauf des Mobiliars brachte insgesamt 205.670 Mark.

Rechtsanwalt Hermann schrieb einer Interessentin: »Wegen der beiden großen Vasen und der englischen Jagdbilder muss ich noch erkunden, wer in der Lage ist, uns den Handelswert anzugeben.« Auch die Schwester Emilly Pobuda übernahm zahlreiche Gegenstände aus dem Nachlass, die gar nicht erst auf die Verkaufsliste kamen, sondern ihr nach Göppingen gebracht wurden.

Schließlich fand Scherzinger auch für die *Villa Eden* eine Interessentin: An dieses verkaufte *Paula Paris*, die in Baden-Baden lebende Schwester des verstorbenen Gustav Adolf Redwitz, namens »aller Genossen« am 25. Juni 1920 die Villa Eden. *Ihre Durchlaucht Frau Françoise Biron von Kurland, geb. de Jaucourt, Gattin seiner Durchlaucht des Herrn Gustav Peter Johann Prinz von Kurland* bezahlte für das Anwesen 1.200.000 Mark.

MUSIKSAAL

Allerdings flossen Ende August 1920 lediglich 700.000 Mark in bar an die Redwitz-Schwestern, die restlichen 500.000 Mark blieb Françoise Biron vorerst schuldig. Sie ließ eine Briefhypothek eintragen und bezahlte daraus jährlich Zinsen an die vier Schwestern. Außerdem ließ Françoise Biron zur Finanzierung der 700.000 Mark mehrere Hypotheken eintragen: 235.000 Mark in Hamburg (September 1920); 256.000 Mark in Berlin (4. August 1920); 230.000 Mark in Basel (30. August 1920).

Helga und Olga Redwitz wohnen im Schweizerhaus

Die Schulden des verstorbenen Gustav Adolf Redwitz konnten nun aus dem Erlös seiner Villa endlich getilgt werden – und das restliche Geld wurde unter den vier Schwestern aufgeteilt.

Es dauerte jedoch kein Jahr und der Wert des Geldes begann wie Butter in der Sonne dahinzuschmelzen. In ganz Deutschland kam immer mehr *Notgeld* in Umlauf. Als die Siegermächte 1921 in London dem Deutschen Reich ein Ultimatum für die Zahlung seiner Kriegs-Reparationen setzten,

Umbaupläne der Architekten Scherzinger und Härke für das »Schweizerhaus« (von Redwitz »Kavalierhaus« genannt).

liefen Tag und Nacht die Gelddruckmaschinen heiß, bis eine Hyperinflation das Land erschütterte. Radikale Parteien von rechts und links bekamen Auftrieb, schon bald gehörten politische Morde zur Tagesordnung.

Ein Kilogramm Roggenbrot kostete im September 1921 3,60 Mark, im Januar 1923 bereits 156 Mark, im Februar 300 Mark und im Juli 1923 schließlich 2000 Mark. Auf dem Höhepunkt der Inflation im Herbst 1923 mussten dafür gar 2 667 000 Mark (Tagespreis vom 24. September 1923) bezahlt werden.

Die beiden Fräulein *Helene* und *Olga* im Schweizerhaus der Villa Eden hatten ein feines Gespür für die wirtschaftliche Krisenzeit. Sie richteten sich aufgrund ihres »lebenslangen Nutznießungsrecht« fest im Schweizerhaus ein und hielten daran eisern fest. Wie auch am väterlichen Geschäftshaus in

PARK MIT KAVALIERHAUS

der Stephanienstraße 8, auf dem noch immer die Hypothek der Basler Handelsbank lastete. Die Bank bot den Schwestern an, das Geschäftshaus »gegen Löschung der Schuld zu übernehmen« und sie mit einem Barbetrag abzufinden, der ihren Lebensunterhalt erhöht hätte. Aber Helene und Olga wollten nicht. Sie wollten auch nicht selbst eines der Geschäfte betreiben, was »ihre Einnahmen wesentlich verbessert« hätte, wie die Bank meinte.

Rechtsanwalt Hermann, der die unverheirateten Schwestern nach wie vor vertrat, bemühte sich vergeblich, den »unterhaltsberechtigten Erbinnen eine gesicherte Existenz zu verschaffen«. Im Jahr 1923, auf dem Höhepunkt der Inflation, schrieb er an Scherzinger:

Die Mittel des Nachlasses sind erschöpft, die Rente der beiden Fräulein Redwitz und der Mutter reichen schon jetzt nicht annähernd für den Unterhalt derselben aus. Außer den Mieteinnahmen stehen keine Mittel mehr zur Verfügung und ich weiß nicht, wie ich noch Rechnungen bezahlen soll. Auch mir selbst ist es nicht möglich, auch nur meine Portoauslagen aus dem Nachlass zu decken. Was soll geschehen? Ich weiß es nicht. Ich bitte aber um gelegentliche Rücksprache.

Nach der Währungsreform kam die Basler Handelsbank 1924 erneut auf die beiden Schwestern zu. Bis auf »drei noch bei Bangel liegende unverkaufte Bilder« sei alles verwertet. Der Rest könne nur »durch Verkauf der noch in ihrem Eigentum stehenden und uns verpfändeten Häuser in der Innenstadt erledigt werden, zweckmäßigerweise durch Hinzuziehung eines Liegenschaftenagenten«.

Aber der gutwillige Rechtsanwalt Hermann stieß bei den Redwitz-Schwestern weiterhin auf Granit: »Wenn kein Wunder geschieht, weiß ich auch nicht mehr weiter«. Er könne jedenfalls keine Verantwortung mehr übernehmen.

Erst im Jahr 1927 war der Nachlass von Gustav Adolf Redwitz dann so weit abgewickelt, dass »für die beiden Damen einigermaßen Ruhe geschaffen« wurde. Keine Ruhe gab es allerdings im Schweizerhaus, wo Helene und Olga wohnten, denn das Schweizerhaus war eigentlich nur ein *Sommerhaus für Gäste*.

HALLE IM KAVALIERBAU

Als solches war es nur mit einer Niederdruckdampfheizung ausgestattet, die »wegen der Gefahr des Einfrierens« lediglich für die Übergangszeit tauglich war.

In kalten Wintern mit kräftigem Frost sei die Temperatur in den Zimmern »nicht einmal auf 10 Grad zu bringen«, beschwerten sich Helene und Olga beim neuen Eigentümer. Der Kessel sei für strenge Kälte zu klein und verbrauche große Mengen Koks.

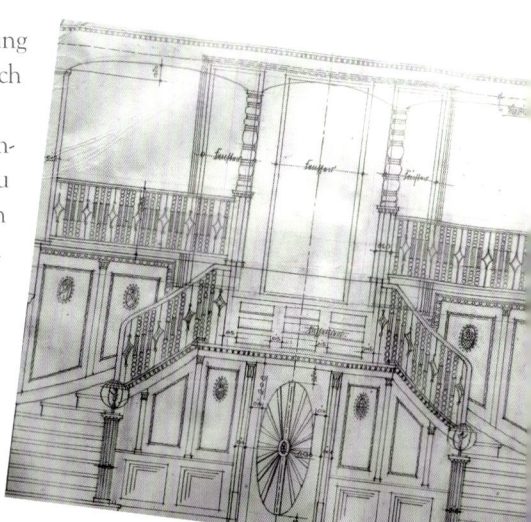

Die beiden Fräulein erinnerten daran, dass diese »Kalamität« schon während des Krieges bei der Nutzung als provisorisches Wöchnerinnenheim zu Tage getreten war. Nun befinde sich im Schweizerhaus aber auch noch eine Dampfwäscherei, die Tage und Wochen lang im Betrieb sei und mit »abnormer Feuchtigkeit den Hausschwamm förmlich züchtet«.

Rechtsanwalt Hermann bezeichnete das Schweizerhaus deshalb als »unbewohnbar, geradezu gesundheitsgefährdend«. Er bat Prinz Biron dringend um Abhilfe, auf gütlichem Wege, ohne Hinzuziehung von Messinstrumenten. Aber der neue Eigentümer ließ mitteilen: »Fräulein Redwitz muss sich eben bei den jetzigen Verhältnissen in dem Maße einzuschränken suchen, dass sie nicht alle 11 Zimmer ihrer Wohnung heizt, sondern höchstens die Hälfte und in den anderen Zimmern die Heizung absperrt, sie wird dann in der übrigen Wohnung warm genug haben. Dieses Verfahren wird in der größten Mehrzahl der hiesigen Villen bei den heutigen Zeiten durchgeführt«.

Helene und Olga Redwitz fühlten sich gründlich missverstanden. Deshalb ließen sie auch nicht locker und wandten sich nochmals an *Fräulein Elise*, die »Wirtschafterin seiner Durchlaucht Prinz Biron«, und führten ihr die Verhältnisse im Schweizerhaus eindringlich vor Augen: Sie hätten keineswegs elf Zimmer, sondern nur zwei Schlafzimmer und ein Wohnzimmer, da die übrigen Räume unbeheizbar seien. Nicht einmal einen Speicher gebe es im Schweizerhaus. Sie hätten auf eigene Rechnung einen einzigen Ofen aufgestellt, dabei bräuchte man wenigstens zwei bis drei Kachelöfen, denn bei Frost drohe die »größte Gefahr eines Wasserschadens«. Fräulein Elise zeigte Verständnis ...

Langsam zogen die Goldenen Zwanziger herauf. In Baden-Baden blühte wieder frisches Leben. Wilhelm Furtwängler dirigierte Richard Wagners *Ring der Nibelungen*, Bertold Brechts *Aufstieg und Fall der Stadt Mahagonny* wurde mit Kurt Weill uraufgeführt, begleitet von »Handgreiflichkeiten und Tumulten«. Der *Batschari-Wanderpreis* aus reinem Gold galt als wertvollste automobilsportliche Trophäe in Deutschland, um die sich beim *Baden-Badener Automobilturnier* Konstrukteure wie *Carl Benz, Gottlieb Daimler, Wilhelm Maybach, August Horch, Ferdinand Porsche* und *Joseph Vollmer* stritten sowie ihre Rennfahrer *Karl Kappler, Rudolf Caracciola, Bernd Rosemeyer, Hans Stuck* und *Manfred von Brauchitsch*.

Das Palais Biron des Kurland-Prinzen

1920–1945

D er 61-jährige Gustav Biron und seine 47-jährige Ehefrau Françoise hatten bewegte Jahre hinter sich, als sie im Herbst 1920 in die leergeräumte Villa Eden einzogen. Gustav Biron konnte zudem auf eine abenteuerliche Familiengeschichte zurückblicken.

Die Vorfahren des Gustav Biron

Der Begründer der *Dynastie Biron* war *Ernst-Johann Büren (1690–1772)* aus Westfalen, der in *Kurland* in Lettland Fuß gefasst hatte, das vom Deutschen Orden besiedelt wurde. Damit es besser klang, verschaffte er sich trickreich das Wappen und den Namen der französischen Herzöge von *Biron*. Er gewann die Gunst einer Nichte von Zar Peter dem Großen: *Anna Iwanowna (1693–1740)*.

Gustav Biron
(1859–1941).

Als sie 1730 den russischen Zarenthron bestieg, nahm Anna Iwanowna, die eine herbe Schönheit war, Biron als *Oberkammerherrn* mit nach Russland in die neue Hauptstadt Sankt Petersburg. Zusammen mit seinen deutschen Beratern *Burkhard Christoph von Münnich* und *Heinrich Johann Friedrich Ostermann* hielt Ernst-Johann seiner Zarin mit eiserner Hand den Rücken frei. Er schaltete gezielt ihre Widersacher. Die größte Kirchenglocke Russlands, die er für Zarin Anna gießen ließ, steht noch heute zersprungen im Kreml in Moskau. Er führte in der zehnjährigen Regierungszeit keine Kriege, selbst dem Polnischen Erbfolgekrieg (1733–1738), der bis ins Rheintal nach Fort Louis, Baden-Baden und Ettlingen getragen wurde, hielt er sich fern. Viel lieber vermehrte Biron sein schnell wachsendes persönliches Vermögen.

Als Erstes erwarb Ernst-Johann 1734 im entfernten Schlesien für 370.000 Taler die Standesherrschaft Groß Wartenberg, die sich schon im Eigentum des *Fürsten Lobkowitz* und der Familie des *Grafen Dohna* befunden hatte. *Schlesien* gehörte seit Jahrhunderten zum böhmisch-habsburgischen Herrschaftsbereich. Die Standesherrschaft *Groß Wartenberg* unterstand dem

Oben: Herzog Ernst-
Johann Biron von
Kurland (1690–1772).

Mitte: Zarin Anna
Iwanowna (1693–1740).

Unten: Schloss
Rundale in Lettland.

Rechts oben: Zarin Ka-
tharina II. (1729–1796).

Rechts Mitte: Kö-
nig Friedrich II. von
Preußen (1712–1786).

Rechts unten: Her-
zog Peter Biron von
Kurland (1724–1800).

katholischen Bistum Breslau und war die älteste der schlesischen Standesherrschaften. Beim Fürstentag in Breslau, einer Art schlesischem Parlament, übte
Groß Wartenberg das Stimmrecht für sämtliche Standesherrschaften aus.

Ganz große Pläne schmiedete Biron in seiner eigentlichen Heimat, im
Süden Lettlands, wo er den jungen italienischen Architekten *Francesco Bartolomeo Rastrelli (1700–1771)* mit dem Bau einer Sommerresidenz beauftragte,
ganz nach dem Vorbild des Schlosses in Versailles. Als starker Mann Russlands befahl Biron mehr als Tausend russische Arbeiter und Soldaten auf
die Baustelle ins lettische *Ruhenthal/Rundale*, südlich von Jelgava und Riga.
Täglich waren in der fruchtbaren Ebene von *Semgallen* 433 Pferdewagen im
Einsatz, außerdem ließ Biron zwölf Ziegelbrennereien und mehrere Kalk-
brennereien aus dem Boden stampfen. Seine Gärtner pflanzten 328.185
Linden, 45.005 Kastanien und 1.885 Eichen.

Zwei Jahre nach Baubeginn, inzwischen war Biron in den polnischen
Adelsstand aufgenommen worden, wählte ihn die Adelskonferenz zum *Herzog
von Kurland* (1737). Formell unterstand Biron als kurländischer Regent dem
König von Polen, faktisch aber dem russischen Zarenhaus, dessen Politik er
bestimmte. Kein Wunder begann er sofort mit dem Bau eines zusätzlichen
Residenzschlosses durch Francesco Bartolomeo Rastrelli in *Mitau*, dem heutigen
Jelgava. Rastrelli wählte als Standort in dem damals bedeutenden Zentrum des
Baltikums ein »kleines Eiland zwischen den Flüssen Lielupe und Driska«.

Aber während der Bauarbeiten an seinen beiden baltischen Schlössern
verließ Biron das Glück. Die kinderlose Zarin *Anna Iwanowna* starb 1740 in
Sankt Petersburg, und ihr Versuch, Biron als Regenten für den Thronfolger
Iwan VI. einzusetzen, der noch ein kleines Kind war, schlug fehl. Die Mutter
des kleinen Zaren, *Anna Leopoldowna*, übernahm selbst als »Goßfürstin« die

Regentschaft für ihren Sohn, und Biron fiel einer beinahe tödlichen Intrige zum Opfer: Biron und Münnich spielten eines Abends eine Partie *Whist*, ein Vorläufer des Bridge, danach wurde Ernst-Johannn vom Kartentisch weg verhaftet – und zum *Tode durch Vierteilen* verurteilt. Seinen Besitz Groß Wartenberg in Schlesien riss Münnich an sich.

Dem gewieften Ernst-Johann gelang es jedoch, seine Todesstrafe in eine lebenslange Verbannung nach Pelym in Sibirien abzuwandeln – und nach einigen Jahren durfte er sogar nach Jaroslavl bei Moskau ziehen. Unterdessen regierte in Sankt Petersburg die prunksüchtige Tochter von Peter dem Großen, Zarin *Elisabeth Petrowna (1709–1761)*, die Birons Baumeister Rastrelli zu ihrem Lieblingsarchitekten erkor. Der Italiener kam durch den Bau mehrerer prächtiger Schlösser im russischen Barock zu höchsten Ehren: Winterpalast, Eremitage, Peterhof, Zarskoje Selo ... Elisabeth führte drei Schlesische Kriege, in denen sich Preußen unter *Friedrich II. (1712–1786)* als europäische Macht etablierte – und den schlesischen Besitz Birons vereinnahmte. Im dritten dieser Kriege, dem *Siebenjährigen*, war die russische Übermacht allerdings so groß, dass nur der Tod von Zarin Elisabeth den Preußenkönig vor einer Niederlage bewahrte. Für Biron erwies sich der Tod Elisabeths als nicht minder vorteilhaft, nach zwei Jahrzehnten ging seine Verbannung zu Ende.

Zarin *Katharina II. (1729–1796)* aus dem Hause Anhalt-Zerbst, die durch einen Offiziersputsch gegen ihren Gatten *Peter III.* an die Macht kam, bei dem dieser ermordet wurde, gewährte Ernst-Johann Biron die Freiheit. Sie gab ihm seinen Herzogstitel in Kurland zurück und bewog Friedrich den Großen, auch die »sequestrierte Standesherrschaft Groß Wartenberg« wieder an Biron zurückzugeben. Selbst die Rache an seinem Erzfeind Generalfeldmarschall Münnich blieb Biron nicht versagt, denn dieser wurde nun seinerseits nach Pelym in Sibirien verbannt.

Biron ließ in Kurland die Bauarbeiten an seinen beiden Schlössern, die zwischenzeitlich dem Verfall preisgegeben waren, wieder aufnehmen, allerdings nicht mit dem von Katharina der Großen verschmähten Rastrelli. Jedoch ging über Biron die Zeit hinweg, die kurländischen Adligen lehnten den aus der Verbannung Zurückgekehrten ab und zwangen ihn 1769 zur Abdankung zugunsten seines Sohnes *Peter Biron*. Nach drei Jahren Bauzeit zog er zwar noch in sein fertiggestelltes *Schloss Jelgava* ein, doch vor Ablauf des Jahres starb Ernst-Johann im Alter von 82 Jahren.

Mit seinen beiden Söhnen *Peter* und *Karl-Ernst* teilte sich die Linie der Biron. *Peter Biron (1724–1800)* erhielt neben der Herzogs-Würde auch das riesige Vermögen, während sein Bruder *Karl-Ernst Biron (1728–1801)* leer ausging, obwohl

Katharina die Große den General in russischen Diensten als kurländischen Herzog vorgezogen hätte.

Peter Biron war eine schwierige Persönlichkeit, was nach 20 Jahren an der Seite seines Vaters in russischer Verbannung nicht verwunderte. Er richtete Schulen ein, gründete das akademische Gymnasium *Academia Petrina*, schuf eine Gemäldesammlung – und war halsstarrig, arrogant und boshaft. »Seine plötzlichen Wutausbrüche waren berüchtigt, seine langen Anfälle von Schwermut, während denen er mit niemandem sprach, und auch nicht duldete, dass man ihn anredete, waren kaum weniger leicht zu ertragen«. Erst die dritte Ehefrau des Herzogs schaffte es, »bei seiner Brutalität und seinen schlechten Manieren nicht zum Wahnsinn getrieben zu werden«. Allerdings besaß er ganz den Geschäftssinn seines Vaters, unaufhaltsam mehrte er den Immobilienbesitz seiner Familie – in Böhmen, Sachsen, Schlesien, Posen und Preußen. In Berlin gehörte Biron das *Schloss Friedrichsfelde* und das *Kurland Palais* unter den Linden (später die russische Botschaft).

Als aber bei der *dritten Teilung Polens 1795* Kurland als Provinz an das Russische Reich fiel, bedeutete dies sein politisches Ende. Zarin Katharina die Große, inzwischen zur reichsten Monarchin der Welt aufgestiegen, stellte Peter Biron vor die Wahl, »entweder gegen eine sehr großzügige finanzielle Abfindung (2 Millionen Rubel einmalig und 69.000 Taler jährlich, plus Witwengeld) der Herzogswürde zu entsagen – oder sich enthaupten zu lassen.«

Peter Biron zog es vor, sich zusammen mit seinen *vier Töchtern* nach Schlesien abzusetzen. Dort, auf dem zu Preußen gehörenden Lehensfürstentum Groß Wartenberg, ließ er sich vom Architekten *Karl Gotthard Langhans*, dem Erbauer des *Brandenburger Tores*, eine evangelische *Schlosskirche* im klassizistischen Stil errichten. In der *Loge* auf der Kirchen-Empore prangte nun das von seinem Vater eingeführte Familienwappen der Biron.

Nach dem Tode von *Peter Biron* im Jahr 1800 erbten seine vier Töchter das riesige Vermögen. Die attraktiven, reichen und einflussreichen *Kurland-Prinzessinnen* kannte man bald in ganz Europa, da sie an der Seite der einflussreichsten Politiker der napoléonischen Zeit auftauchten.

Dorothea Herzogin von Dino (1793–1862) war die Lebensgefährtin des französischen Außenministers *Charles-Maurice de Talleyrand (1754–1838)*, mit dessen Neffen sie verheiratet war. Sie begleitete den »berühmtesten Diplomat Europas« 1814 zum Wiener Kongress, wo alle vier Biron-Töchter zusammentrafen und »einen nicht unerheblichen Einfluß ausübten«.

Dorothea Herzogin von Dino (1793–1862).

Dorothea lebte mit Talleyrand auf *Château de Valençay* an der Loire sowie in Paris und in London, wo der Diplomat als französischer Botschafter wirkte. Über diese Verbindung sollte 1845 ein Teil des Familienbesitzes in *Sagan* an die Talleyrand-Perigords fallen.

Wilhelmine, Herzogin von Sagan (1781–1839), war »hoch intelligent, ehrgeizig, einflussreich, bezaubernd schön, unermesslich reich, und drei mal verheiratet«. Sie stand auf österreichischer Seite und war mit Fürst Metternich befreundet. Zudem hatte sie auf den russischen *Zar Alexander I.* großen Einfluss.

Die dritte Schwester war *Pauline Fürstin von Hohenzollern-Hechingen.* Sie machte eine gute Partie im Umfeld der Preußen.

Die Vierte, *Johanna Herzogin von Azarenza-Pignatelli,* ging in ihrer Jugend mit einem Musiker aus der väterlichen Kapelle durch, wurde enterbt, kam aber auf unbekannte Weise wieder zu Vermögen.

Die vier Kurland-Prinzessinnen.

Der Familienstamm von Peters Bruder *Karl-Ernst Biron (1728–1801)* ging bei der Verteilung des Familienvermögens zunächst leer aus. Bis dessen Sohn *Gustav Calixt* Biron sich wehrte. Er war Generalleutnant im russischen Heer, wurde von *Zarin Katharina II.* geschätzt und klagte vor preußischen Gerichten von seinen reichen Cousinen erfolgreich die Standesherrschaft Groß Wartenberg ein.

Gustav Calixt Biron (1780–1821) tat sich in den Befreiungskriegen gegen Napoléon hervor, denn Schlesien war 1813 eine der beiden Ausgangslandschaften für den europäischen Befreiungskampf – mit dem Lützowschen Freikorps, Blüchers Schlesischer Armee und auch Gustav Birons Regimentern. Allerdings fiel das niedergebrannte Barockschloss auf Groß Wartenberg dem Krieg zum Opfer, und Biron wurde 1813 in Frankreich schwer verwundet.

Für einen Wiederaufbau des Schlosses fehlten *Gustav Calixt Biron* – den die Zarin Katharina zunächst mit einer russischen Großfürstin hatte verheiraten wollen – die Mittel, weshalb er mit seiner Frau *Fanny, geb. von Maltzahn,* in ein schlichtes Gutshaus zog, wo er laut seines »bemerkenswerten Gästebuches« viele wichtige Persönlichkeiten empfing, darunter den Dichter *Johann Wolfgang von Goethe. Gustav Calixt* starb früh an den Folgen seiner Kriegsverletzung. Auch sein Sohn *Karl Friedrich Wilhelm Biron* starb 1848 jung, da er als Ritter des Johanniterordens unbedingt bei einer Typhusepidemie in Oberschlesien helfen wollte, und dies schließlich mit seinem Leben bezahlte.

Die Erbfolge auf Groß Wartenberg trat nun *Calixt Biron jr.* an. Die Spannungen zwischen dem deutschen und polnischen Bevölkerungsanteil in Schlesien wurden zu jener Zeit immer größer, vor allem im Gebiet

von *Polnisch Wartenberg*. Hinzu kamen soziale Konflikte durch die frühe Industrialisierung in Schlesien, im Jahr 1844 kam es zum Aufstand der *Leinenweber*.

Calixt Biron jr. war ein unruhiger Geist, es hielt ihn nicht auf seinem schlesischen Besitz. Er züchtete Merino-Schafe, wurde *Mundschenk* des preußischen Königs in Berlin und reiste nach Ägypten. Auch seine Ehefrau *Helene* – eine geb. Fürstin Mestscherski – diente am preußischen Hof als *Oberhofmeisterin* von Königin Augusta.

In Berlin kam 1859 auch deren ältester Sohn *Gustav Biron* zur Welt, im gleichen Jahr wie der preußische Thronfolger *Wilhelm II*. Die beiden spielten im Berliner Stadtschloss zusammen; manchmal gesellte sich noch der kleine *Carlos* hinzu, der Kronprätendent von Spanien.

Dieser *Gustav Biron* sollte eines Tages die Villa Eden in Baden-Baden beziehen. Die russische *Gräfin Kleinmichel* beobachtete die Kinder 1868 in der Villa Richelieu in Montreux:

Der kleine Biron (9 Jahre alt) war ein wohlerzogener, feiner Knabe, in schwarzen Samt gekleidet, mit einem sanften sympathischen Gesicht und zierlichem Wesen. Er hing mit großer Zärtlichkeit an seiner Mutter, war außerordentlich sorgfältig erzogen und zuvorkommend gegen jedermann. Ich konnte es gar nicht fassen, dass dies der Nachkomme jenes Mannes sein sollte (Ernst Johann Biron, Günstling der Zarin Anna), der einst ganz Russland tyrannisierte und Asiaten, Ukrainer und die Bewohner des Don erzittern ließ. Ich war überzeugt davon, dass dieser Firnis nur die Oberfläche bei ihm bildete und dass ich bald auf barbarische Züge stoßen würde. Der ganze Hof der Großfürstin wusste von meinen Vermutungen, und wenn ich von Birons heimkam, wurde ich gewöhnlich mit den gleichen Fragen empfangen: Nun, wie sind Ihre psychologischen Studien ausgefallen? Hat der junge Biron jemanden gebissen, hat er jemanden Stecknadeln in den Sitz des Stuhles gesteckt oder einer Katze die Augen ausgestochen? Welche Grausamkeit hat er begangen? Ich musste jedes Mal gestehen, dass der kleine Biron sich nichts gegen seine Erziehung hatte zuschulden kommen lassen, und die Großfürstin, die das Kind sehr liebte, stellte es immer ihrem Sohn als Beispiel vor.

Berliner Stadtschloss, mit Nationaldenkmal für Kaiser Wilhelm I.

Gustav Biron ging in Berlin zur Schule und machte sein Abitur am *Werderschen Gymnasium*. Nach dem Berliner Kongress 1878 verließ sein Vater den preußischen Hof, da ihn die Politik Bismarcks gegenüber Russland störte. Der Reichskanzler bannte die von Russland ausgehende Kriegsgefahr und erlangte dadurch hohes Ansehen als europäischer Staatsmann. Doch Calixt Biron stand auf Seiten Russlands – und so kehrte er aus Protest mit seiner Familie nach Schlesien zurück, wo er das Schloss wieder aufbaute. Der junge *Gustav* wuchs heran und tat als Leutnant im *2. Garde-Ulanen-Regiment* Dienst.

Gustav Biron – Standesherr von Groß Wartenberg

Als *Gustav Biron (1859–1941)* schließlich den Familienbesitz Groß Wartenberg von seinem Vater erbte, war das Gut mit hohen Schulden belastet. Doch der junge Mann machte zum richtigen Zeitpunkt eine glückliche Erbschaft von seiner Tante *Johanna Gräfin Azarenza,* die ihm ihre Güter in der Nähe von Sprottau hinterließ. So konnte er einen Teil der Schulden abbauen; den Rest übernahm großzügig das befreundete preußische Herrscherhaus, das sich dafür revanchierte, dass in früherer Zeit *Herzog Peter Biron* von Kurland den damals finanziell klammen Hohenzollern bei der Ausrichtung einer Hochzeit geholfen hatte.

Gustav Biron galt als sparsamer Standesherr, mit einer »tiefen Abneigung, irgend ein Geld auszugeben«. Er sanierte Groß Wartenberg und errichtete auch zahlreiche neue Gebäude: einen Marstall, mehrere moderne Beamtenhäuser, ein Postamt, ein Mausoleum im Park, eine Toreinfahrt mit Betsaal, ein Altersheim mit zwölf Wohnungen für Beamtenwitwen, ein Haus für Arbeiterwitwen und eine neue Ringofen-Ziegelei in Gänseberg bei Groß Kosel, die an das Eisenbahnnetz angeschlossen wurde.

Auch den Park beim Schloss ließ Gustav Biron erweitern und neu gestalten, »durch die Fasanerie um den Ententeich bis zum Bahnhof Groß Wartenberg hin«. Seine Gärtner, die 1897 einen »mustergültigen Formobstgarten« anlegten, waren weithin bekannt für ihre Qualitätsarbeit – sie durften im Laufe der Zeit so manchen Schlossgarten in Schlesien gestalten.

Der Standesherr und Schlossbesitzer heiratete 1885 *Prinzessin Adele zu Löwenstein-Wertheim-Freudenberg (1866–1890),* die jedoch schon früh bei der Geburt des zweiten Kindes 1890 starb, zusammmen mit dem Neugeborenen. Und auch das erste Kind aus dieser Ehe, der kleine *Wilhelm,* den sein Taufpate *Kaiser Wilhelm II.* höchst persönlich über das Taufbecken gehalten hatte, starb im Jahr 1900.

Schloss Groß Wartenberg der Familie Biron in Schlesien.

Damit hatte das Schicksal den 40-jährigen Gustav Biron schwer getroffen. Der tief religiöse Vater ließ in *Schreibersdorf* die evangelische *Prinz-Wilhelm-Gedächtniskirche* im neuromanischen Stil errichten. Außerdem schenkte er der Kirchengemeinde ein Gebäude seiner Oberförsterei als neues Pfarramt. Wenig später heiratete er die Französin *Emma Luise Françoise de Jaucourt (1874–1957)*, geboren in Presles bei Paris. Sie war die Tochter des Bankiers *François de Jaucourt* und von *Viktoria Luise de Jaucourt, geb. Steiner.*

Die Hochzeit fand 1902 in Paris statt. Aus der protestantischen, hugenottischen Familie der *Marquis de Jaucourt* stammte so manches in Frankreich berühmte Mitglied: der Politiker *François Arnail* in napoléonischer Zeit; *Louis de Jaucourt* als Mitautor von Diderots Enzyklopädie und ein verurteilter *Revolutionär*, der vor seinem Gang zur Guillotine angeblich mit dem Henker noch »gemütlich ein Glas Rotwein leerte, und auf dessen Wohl anstieß«.

Die 28-jährige *Françoise de Jaucourt* erwies sich als Glücksfall für Groß Wartenberg. Sie brachte nicht nur drei Söhne zur Welt, *Karl (Carlos), Friedrich Franz und Ludwig Gustav,* sondern nahm auch die sozialen Einrichtungen auf dem riesigen Besitz unter ihre Fittiche. »Mit ihrem Gerechtigkeitssinn, ihrer Fürsorge für die Armen, ihrer ungekünstelten Leutseligkeit und Frömmigkeit« gewann *Françoise Biron* höchstes Ansehen. Die Standesherrin kümmerte sich um alles und jedes:

So lange sie in Groß Wartenberg etwas zu sagen hatte, durfte kein Kunstdünger verwendet werden.

Wenn der Fürst-Bischof von Breslau zu Besuch kam, stand die Hausherrin im weißen Atlaskleid am Haupteingang des Schlosses und begrüßte die in Bratenröcken und Zylindern eintreffenden Honoratioren, was die Kleinen vom Kinderzimmer aus beobachteten, bis die Türe geschlossen wurde.

Der in Purpur gekleidete Kardinal nahm dann an der Tafel im Weißen Saal Platz. Die Tür zum »gewöhnlichen Esszimmer« war durch eine chinesische Faltwand mit rotem Lackmuster und goldenen Figuren abgedeckt. Die Gräfin *Elisabeth Pückler* trug ein lilafarbenes Kleid. Ein Haushofmeister führte die Dienerschaft im blauen Frack mit roter Weste an, gefolgt von den Silberdienern im braunen Frack. So eloquent trat Birons Personal auch auf, wenn der Gutsherr es für Empfänge von *Kaiser Wilhelm II.* nach Breslau abstellte.

53 Jahre sind vergangen, seitdem ich mich jenen psychologischen Studien gewidmet hatte. Inzwischen bin ich dem Prinzen Biron oft im Leben begegnet. Ich sah ihn als Jüngling, als reifen Mann, und ich fand in ihm immer die Eigenschaften wieder, die ich schon beim Kinde beobachtet hatte: seine Höflichkeit, sein Wohlwollen, seine Güte.

Ich hatte auch Gelegenheit, seine Frau kennenzulernen und den Reiz ihrer Persönlichkeit auf mich wirken zu lassen. Die zweite Frau des Prinzen Biron ist eine geborene Jeaucourt, Tochter des Marquis de Jeaucourt, der einer der vornehmsten Männer Frankreichs ist. Seine Gattin, die liebenswürdige Marquise, war eine der angesehensten Frauen in Paris und ihr Salon war 25 Jahre hindurch außerordentlich beliebt und gesucht. (Gräfin Kleinmichel, Bilder aus einer versunkenen Welt)

Das Ehepaar Biron reiste gerne und viel. Der Standesherr besaß am Beginn des neuen Jahrhunderts bereits vier Mercedes. Als am 28. Juli 1914 der *Erste Weltkrieg* ausbrach, zog das Militär drei der Fahrzeuge ein, das vierte blieb »aufgebockt in der Garage stehen«.

Das benachbarte ehemalige *Königreich Polen* stand unter der Herrschaft der russischen Zaren. Die in den östlichen Grenzregionen des *Deutschen Reiches* lebenden Polen wurden unruhig; polnische Aufständische besetzten Posen, und auch bei Groß Wartenberg kam es zu militärischen Geplänkeln.

Zum Schutze der Birons quartierte man deutsches Militär im Schloss auf Groß Wartenberg ein, und die Kinder wurden im Riesengebirge in Sicherheit gebracht. Dort besaß die Familie in *Oberschreiberhau* eine Villa, wo Karl, Franz, Luise, Helene und Gustav jr. von einer englischen Nurse, einer Französischlehrerin, von der französischen Zofe ihrer Mutter (»*Mademoiselle Pichot«)* und von einem Kindermädchen betreut wurden.

Im Riesengebirge war der Krieg fern. Die Kinder gingen unbeschwert zur Schule und durften Ski laufen. Wenn der Vater zu Besuch kam, rodelten sie zusammen und freuten sich, wenn er vom Schlitten fiel. Die lebhaften Kleinen hängten *schwarz-weiß-rote Fähnchen* aus dem Fenster und waren glücklich, wenn Postkarten von Dienern, Förstern und Angestellten ihres Vaters eintrafen, die als Soldaten an der Front Dienst taten.

Die deutsch-russische Front verlief weit im Osten, denn in der *Schlacht von Tannenberg* gewannen die Deutschen unter *Hindenburg* und *Ludendorff* die Oberhand und drangen im weiteren Verlauf des Krieges schließlich bis zum Dnjeper vor. Polen, die Ukraine, Finnland, Estland, Lettland, Litauen und Kurland standen Anfang 1918 unter deutscher Konrolle. Das revolutionäre Russland verlor im Frieden von Brest-Litowsk vom 3. März 1918 riesige Territorien, wertvolle Rohstoffvorkommen, die meisten Industriegebiete, große Ackerflächen und ein Drittel seiner Bevölkerung.

Gustav und Françoise Biron ließen ihre Kinder im Salonwagen wieder nach Hause kommen. Auf Groß Wartenberg war im Schloss inzwischen ein Lazarett des *Johanniterordens* eingerichtet worden, in dem die Hausherrin zusammen mit anderen Damen aus Groß Wartenberg verwundete junge Soldaten pflegte. Ihre Ausbildung zur Krankenschwester hatte Françoise Biron in Frankreich erhalten. Die Soldaten durften im Park spielen, Ausflüge in den Wald unternehmen und sogar Theateraufführungen organisieren.

Seit dem Kriegseintritt der USA 1917 begann sich jedoch das Blatt zu wenden, zunächst an der Westfront: Mit neuen Waffen – Maschinengewehren, Handgranaten, Giftgas, Flammenwerfer, Tretminen, Panzern und Flugzeugen – tobte in *Françoise Birons* Heimatland Frankreich ein bestialischer Vernichtungskrieg. Kaum die Hälfte der gefallenen Soldaten wurde in *Verdun* überhaupt noch geborgen.

Auch in Russland, wohin die Birons seit Generationen verwandtschaftliche Beziehungen pflegten, entwickelten sich die Dinge zum Schlechteren. Im Februar 1917 brach in Sankt Petersburg die bürgerliche *Revolution* aus, *Zar Nikolaus II. (1868–1918)* dankte ab. Die *Romanows* waren das reichste Herrscherhaus in Europa gewesen, ihr Goldschmied *Fabergé* hatte jährlich zu Ostern goldene Schmuck-Eier angefertigt, von denen alleine das *Krönungs-Ei* mit einer Miniatur der vergoldeten Krönungs-Kutsche vier Jahreslöhne eines Goldschmieds verschlang. An die Spitze einer provisorischen Regierung trat nun Kriegsminister *Alexander Fjodorowitsch Kerenski*. Dieser soll der Familie Biron »durch Unachtsamkeit, Zufall, Unvermögen, wie auch immer« den stolzen Betrag von 100.000 Goldrubel als Entschädigung für das 1795 bei der dritten Teilung Polens an Russland gefallene Kurland bezahlt haben.

Im April 1917 brachten die Deutschen den Revolutionär *Wladimir Iljitsch Lenin* aus seinem schweizerischen Exil auf verschlungenen Pfaden zurück nach Sankt Petersburg, um Russland zu schwächen – was auch gelang: Revolutionäre, angeführt von *Leo Trotzki*, stürmten in der sozialistischen *Oktoberrevolution 1917* das Winterpalais in Sankt Petersburg und setzten die Regierung Kerenski ab. Ein Jahr später wurde Moskau zur neuen Hauptstadt; im selben Jahr brach ein blutiger Bürgerkrieg zwischen den antibolschewistischen »Weißen« und der »Roten Armee« aus. Als die Bolschewiki schließlich in Yekaterinenburg auch noch die Zarenfamilie ermordeten, begannen weitere europäische Monarchien um ihre Existenz zu bangen – ihr politischer Untergang war durch den zu Ende gehenden Ersten Weltkrieg besiegelt.

Im November 1918 gaben die deutschen Militärs auf. Der Erste Weltkrieg war vorüber, und *Kaiser Wilhelm II.* floh vom Hauptbefehlsstand im belgischen Spa nach Holland. Seine Abdankung verkündete eigenmächtig *Prinz Max von Baden* – gerade noch rechtzeitig bevor *Philip Scheidemann* die Republik ausrief. Deutschlands Rolle als dominierende Macht in Mittel- und Osteuropa war zu Ende; die russischen Sozialisten förderten von nun an mit dem erbeuteten Gold der Romanows in ganz Europa revolutionäre Umtriebe. Selbst die aufständischen Matrosen in Sankt Petersburg und Kronstadt konnten 1921 den Siegeszug des Bolschewismus nicht mehr verhindern. Stalin wurde 1922 Generalsekretär der KPdSU, und im gleichen Jahr wurde die Sowjetunion gegründet.

Gustav Biron erlebte den Schock seines Lebens, als am 10. Januar 1920 der *Versailler Vertrag* in Kraft trat. Polen war nun ein unabhängiger Staat, an den das Deutsche Reich West-Preußen, die Provinz Posen und Teile Schlesiens abtreten musste. Die bisherige preußische *Provinz Schlesien* wurde aufgelöst – die neue deutsch-polnische *Staatsgrenze* verlief östlich der Oder und führte mitten durch den Kreis Groß Wartenberg! Sie durchschnitt den 12.000 Hektar großen Besitz der Biron: Das Schloss mit 5.000 Hektar Land blieb auf deutschem Staatsgebiet – während 7.000 Hektar landwirtschaftliche Flächen über Nacht in Polen lagen.

Jenseits dieser Grenze breitete sich rasch ein starker *polnischer Nationalismus* aus, worüber die Bewohner von Groß Wartenberg in Wut und Aufruhr gerieten. Sie strömten »auf dem Viehmarkt gegenüber dem Landratsamt« zusammen. Gustav Biron stieg auf einen Leiterwagen, unterstützt vom Landrat, und verteidigte sich gegen das unsinnige Gerücht, er selbst habe bei den Pariser Verhandlungen die Gebietsabtretungen an Polen durchgesetzt. Gustav Biron hoffte bis zuletzt auf eine Grenzkorrektur, die zwar im Kreis Groß Wartenberg am 17. Juli 1920 noch erfolgte, seinen Besitz aber nicht mehr rettete.

Die Familie Biron in der Villa Eden

Der 61-jährige Gustav Biron und seine 15 Jahre jüngere Ehefrau Françoise wollten 1920 zu den Ereignissen in Schlesien Abstand gewinnen. Das Ehepaar mit seinen drei Buben suchte nach einem zweiten Wohnsitz, der »nicht so nahe an der unruhigen polnischen Grenze lag«.

Zunächst mieteten sie in Baden-Baden eine Villa, »die zum Komplex eines Hotels gehörte«. Dann kaufte *Françoise Biron* am 25. Juni 1920 für 1,2 Millionen Mark die leergeräumte Villa Eden des verstorbenen Gustav Adolf Redwitz. Aus Groß Wartenberg kamen Möbel, Teppiche, Gardinen, Geschirr, Bilder und vieles mehr nach Baden-Baden.

Die Familie fuhr nur noch in den großen Ferien und zu Weihnachten in die alte Heimat. Oder sie reiste an den *Genfer See*, wo es den Kindern in *Chillon* und *Villeneuve* besonders gefiel, weil die Strände noch menschenleer waren und die Jungs mit den Eltern auf den stillen See hinausrudern konnten.

Karl Biron (1907–1982).

Karl, *Franz* und *Gustav jr.* wuchsen in Baden-Baden auf. Sie spielten im Park der Villa Eden Fußball und wenn sie wieder mal eine Fensterscheibe zerbrachen, mussten sie die große Wiese bis hinunter zur Oos mähen.

Zum Unterricht kamen *Hauslehrer*, bis *Karl* »die Obertertia des Gymnasiums in Baden-Baden bezog«. Seine Mutter, die auf ihren »Kronprinzen« ein besonderes Auge hatte, schätzte »das ausgesucht gute Lehrerkorps unter der Leitung von *Direktor Blum*, der ein Pädagoge von besonderen Gnaden war«. Er gab den Kindern »nicht nur Wissen, sondern auch Charakterbildung mit auf den Weg«.

Der Schüler *Karl* trug bis zum Abitur keine langen Hosen; andere Kinder kamen im Sommer sogar barfuss in die Obertertia. Die wirtschaftliche Not war nach dem verlorenen Krieg mit Händen zu greifen. Einige Mitschüler stammten aus deutsch-stämmigen Familien, die aus *Elsass-Lothringen* vertrieben wurden, das seit dem Versailler Vertrag wieder französisch war. Immer wieder verließen Schüler buchstäblich über Nacht das Gymnasium, weil sie in ihrer Not versuchten, irgendwie Geld für ihre Familie hinzu zu verdienen.

Villa Eden von der Oos aus gesehen. 1915.

Am Palmsonntag des Jahres 1923, als die Wirtschaftskrise und die Inflation ihrem Höhepunkt zutrieben, feierte man im Hause Biron Konfirmation. Als Ehrengast kam die 84-jährige ehemalige badische *Großherzogin Luise* zu Besuch, die Tochter von Kaiser Wilhelm I., und Kaiserin Augusta. Luise lebte seit dem Ende der Monarchie im November 1918, als das badische Herrscherpaar aus dem Karlsruher Schloss vertrieben wurde, im Neuen Schloss in Baden-

Festsaal.

Baden. Die *Villa Merck* kannte die Großherzogin seit langem, schon aus Mercks Zeiten – und den neuen Hausherrn *Gustav Biron* kannte sie ebenfalls schon seit ewigen Zeiten, als er mit ihrem Neffen *Wilhelm* im Berliner Stadtschloss gespielt hatte. *Luise* lud das Ehepaar Biron seit Jahren auch regelmäßig zum Tee ins Neue Schloss ein – wo sie nur wenige Tage nach dem Konfirmationsfest starb.

Im gleichen Jahr trat Gustav Biron zum katholischen Glauben über. Er fürchtete um die Einheit der Wortverkündigung. Immerhin hatte er 1905 an der Einweihung des Berliner Doms als Symbol der evangelischen Kirche Preußens teilgenommen. Diese war in Anwesenheit seines Jugendfreundes Wilhelm II., dem *summus episcopus* erfolgt. Aber nun war Wilhelm II. im Exil in Holland und Gustav Biron dachte, die evangelische Kirche sei verloren.

Biron musste mit ansehen, wie alles in die Brüche ging. Die Inflation galoppierte und vernichtete die Geldersparnisse von Arbeitern, Angestellten und der breiten Mittelschicht. Die Menschen verarmten, es war auch kein Trost, dass der Staat einen Großteil seiner Schulden los wurde. Gustav Biron und seine Frau waren allerdings froh, dass sie die Villa Eden vor drei Jahren erworben hatten, denn die Inflation beseitigte ihre Schulden über Nacht, auch wenn sie nun Hauszinssteuer bezahlen mussten.

Im Sommer 1923 finanzierte Deutschland nur noch ein Prozent seiner Staatsausgaben aus Steuern, den Rest lieh sich die Regierung von der Reichsbank. Die Reparationen konnte Deutschland unmöglich aufbringen, und Reichskanzler *Gustav Stresemann* verlangte von den Alliierten vergeblich, sie mögen den Versailler Vertrag abmildern oder gar aufheben. Stattdessen besetzten französische und belgische Truppen 1923 das Ruhrgebiet. Die Menschen flüchteten sich in passiven Widerstand und streikten. Damit sie trotzdem versorgt werden konnten, ließ die Regierung Geld drucken. Den Lohn bezahlte man täglich aus, da abends das Geld weniger wert war als am Morgen. Am Ende taugten die Geldscheine nur noch zum Heizen der Kachelöfen.

Am 21. November 1923 kostete eine Straßenbahnfahrt in Berlin 150 Milliarden Mark.

Eine Währungsreform machte dem Spuk 1923 ein Ende. Man kehrte zum Goldstandard zurück. Aber die *Weimarer Republik* sollte sich von diesem Vertrauensverlust nie mehr erholen.

Für den Mittelstand, die Rentner und Pensionsempfänger war die Welt nach dem verlorenen Ersten Weltkrieg ein zweites Mal zusammengebrochen.

Radikale Politiker begannen gegen die junge Demokratie Stimmung zu machen. Im Jahr 1923 versuchte *Adolf Hitler*, der seit 1921 Vorsitzender der *NSDAP* war, in München mit einer *Sturmabteilung (SA)* gegen die Reichsregierung zu putschen. Nachdem dieser dreiste Versuch misslang, stellte sich Hitler darauf ein, die Macht in Deutschland über freie Wahlen zu erlangen.

Die Schüler am Baden-Badener Gymnasium wurden neugierig. Viele »sympathisierten mehr oder weniger mit den Nationalsozialisten«; sie »fanden den Kapp-Putsch herrlich«. Aber die Französin *Françoise Biron* schärfte ihren Kindern ein, die Nazis seien zu verachten, sie seien ein Verderben für Deutschland und Europa. *Karl Biron* trat der Jugendgruppe der *Deutschnationalen Volkspartei (DNVP)* bei, einem Sammelbecken der Rechten, das unter dem Einfluss von Großagrariern, Industriellen, Zeitungsverlegern und monarchischen Großgrundbesitzern stand. Bei der Reichstagswahl 1924 erreichten die *Deutschnationalen* mit 20 % ihren höchsten Stimmenanteil.

Für wenige Jahre besserten sich die Verhältnisse, die so genannten *Goldenen Zwanziger Jahre* brachen an. Deutschland wurde Mitglied im Völkerbund, die Hauptstadt Berlin blühte auf, und deutsche Forscher gewannen eine Vielzahl von Nobelpreisen (zwei Friedens-, ein Literatur-, zwei Physik-, fünf Chemie- und ein Medizinnobelpreis). Selbst das Verhältnis zu Russland war seit dem Vertrag von Rapallo, den Außenminister *Walther Rathenau* 1922 ausgehandelt hatte, wieder intakt.

Am 24. Oktober 1929 standen große, schwarze Autos vor dem *Hotel Stéphanie* in Baden-Baden, wo eine internationale *Sechs-Mächte-Bankkonferenz* abgehalten wurde. Es ging um die Gründung einer Reparationsbank für die untragbar hohen Kriegsschulden, der *Bank für Internationalen Zahlungsausgleich (BIZ)*. Zeitgleich stürzten an der *New Yorker Börse* die Aktienkurse in den Keller und mit dem *Schwarzen Freitag* nahm die Katastrophe ihren Lauf: Das Geld wurde knapp, die Kaufkraft brach zusammen, die Produktion erlahmte, die Arbeitslosigkeit in Deutschland stieg von drei auf sechs Millionen. Die Unternehmen investierten trotz niedriger Zinsen nicht mehr, weil sie keine Absatzmärkte für ihre Produkte sahen. Die Konsumenten hielten aus Angst vor der Zukunft ihr Geld zusammen, anstatt es auszugeben. Die staatliche Arbeitslosenversicherung war am Ende, die Kassen waren leer.

Die Regierung in Berlin verlor ihren parlamentarischen Rückhalt im Reichstag; *Heinrich Brüning* regierte von 1930 bis 1932 mit Notverordnungen, wurde aber der Inflation nicht Herr, sondern vergrößerte mit seiner rigiden Deflationspolitik das Elend der Bevölkerung nur noch.

Wenn es eine Hoffnung gab, dachte man im Hause Biron, dann lag diese beim kaiserlichen Generalfeldmarschall und »Sieger von Tannenberg«, bei *Paul von Hindenburg.* Hindenburg war seit 1925 Reichspräsident; vielleicht konnte der Mythos eines starken Kaiserreiches dem Land wieder auf die Beine helfen. Besonders in Schlesien, wo Birons Besitz immer mehr bedroht war. Die preußische Regierung erließ mehrere grundbesitzerfeindliche Gesetze. Der selbstständige *Gutsbezirk* Groß Wartenberg wurde aufgelöst und den benachbarten Landgemeinden zugeteilt. Der Staat enteignete 600 Hektar Land für neue *Anlieger-Siedlungen.* Im Jahr 1931 übernahm der Sohn *Karl Biron* »die Verwaltung der Herrschaft« im Schloss von Groß Wartenberg. Zuvor hatte er sein Studium in München und an der Universität Freiburg in der Schweiz, wo er sein Französisch verbesserte, abgeschlossen.

Sein Verhältnis zu den benachbarten Polen wurde immer problematischer. Eine vernünftige Bewirtschaftung der in Polen gelegenen Felder war nicht mehr möglich. Biron wurde förmlich ausgehungert, er konnte seine Ernte kaum mehr verkaufen. Die Schikanen und Drohungen wurden immer dreister.

Die polnischen Behörden verlangten von ihm, er solle Polnisch sprechen. *Karl Biron,* der Deutsch, Englisch, Französisch und Italienisch sprach, zeigte sich bereit, auch noch Polnisch zu lernen. Doch dann drohten ihm polnische Dienststellen mit Enteignung, falls er keinen Wohnsitz auf polnischem Gebiet nehmen würde. Also zog Karl Biron über die Grenze.

Als nächstes wurde von Karl Biron gefordert, er müsse die polnische Staatsangehörigkeit annehmen. Selbst darin willigte der Gutsbesitzer ein. Doch die Familie bekam einfach keine Ruhe. Vertreter der polnischen Regierung forderten nun, Biron müsse beim polnischen Militär dienen. Auch dazu war er noch bereit – wenn er nur sein Land retten konnte. Er konnte es nicht.

Die Familie Biron entging am Ende nur knapp einer Enteignung durch die polnischen Behörden, weil ein hilfreicher Engländer dafür sorgte, dass sie für ihr 7.000 Hektar großes Land wenigstens noch richtiges Geld bekamen, anstatt mit wertlosen polnischen Staatspapieren abgespeist zu werden. Von dem Erlös kaufte *Karl Biron* 1936 im bayerischen *Mittenheim* ein 120 Hektar großes landwirtschaftliches Gut.

Die Machtübernahme der Nationalsozialisten 1933

Gustav und Françoise Biron lebten nun schon seit mehr als zehn Jahren in der Villa Eden respektive Villa Merck – oder Palais Biron. Sie gehörten zu den vielen wohlhabenden Pensionären von *Pensionopolis Baden-Baden,* einer Stadt voller Widersprüche mit dem höchsten Pro-Kopf-Aufkommen bei der

Einkommensteuer im Lande Baden; aber auch mit der höchsten *Verschuldung* Pro-Kopf in Deutschland!

Die Spuren der Weltwirtschaftskrise waren in der Kurstadt nicht zu übersehen: Das internationale Automobilturnier fand keine Resonanz mehr, der Fremdenverkehr brach ein, viele Geschäfte schlossen, die Zahl der Konkurse verdoppelte sich. Zahlreiche Villen fielen an die Stadt; selbst das Hotel *Europäischer Hof* wurde zwangsversteigert und ging an den Münchner *Albert Steigenberger,* der mit dem Traditionshaus den Grundstein für eine spätere Hotelkette legte. Auch die Familie *Brenner* verkaufte Ende der 30er Jahre die Aktienmehrheit ihres großen Hotelkomplexes an die Familie Oetker in Bielefeld.

Der Führer der NSDAP *Adolf Hitler* behauptete in seinen Reden, die Juden und die Kommunisten seien an allem schuld. Seine Anhänger setzten auf die Bereitschaft der Deutschen, die Juden als Sündenböcke aus der Gesellschaft auszugrenzen und auszustoßen. Im Juli 1932 ging die NSDAP als stärkste Partei mit 37,3 % der Stimmen aus der Reichstagswahl hervor; die KPD erhielt 14,2 % der Stimmen. Beide zusammen besaßen also eine Mehrheit in Deutschland. Links- und Rechtsextremisten lieferten sich blutige Straßenkämpfe sowie Saalschlachten.

Viele Großagrarier und deutschnationale Wirtschaftsvertreter glaubten, sie könnten sich die wachsende Popularität Adolf Hitlers zu Nutze machen. Sie hätten am liebsten die ungeliebte Weimarer Republik wieder beseitigt und wären zur Monarchie in Deutschland zurückgekehrt. Diese Kräfte drängten den greisen *Reichspräsidenten Paul von Hindenburg (1847–1934),* er solle Adolf Hitler zum Reichskanzler ernennen.

»Sie werden mir doch nicht zutrauen, meine Herren, dass ich diesen bömischen Gefreiten zum Reichskanzler berufe«, entgegnete Hindenburg noch im Januar 1933. Doch die *Deutschnationale Volkspartei (DNVP),* angeführt vom Verleger *Alfred Hugenberg (1865–1951),* glaubte, man könne die Nazis *zähmen.* Dadurch gerieten sie aber nur noch tiefer ins Fahrwasser der Nationalsozialisten, bis der überforderte Feldmarschall Hindenburg schließlich nachgab und Adolf Hitler am 30. Januar 1933 zum *Reichskanzler* ernannte.

»In zwei Monaten haben wir den Kerl in die Ecke gedrückt, dass er quietscht«, höhnte Vizekanzler *Franz von Papen (1879–1969).* Er hatte offenbar Hitlers Buch *Mein Kampf* nicht gelesen oder nahm es nicht ernst. *Karl Biron* war an jenem 30. Januar 1933 in Berlin Zeuge des Geschehens auf dem Platz vor der Reichskanzlei:

Der Vorbeimarsch vor Hindenburg und Hitler begann. Der unendlich lange Zug mit Fackeln war schon ein imponierendes Bild. Aber dann kam die Polizei und als die Polizisten mit erhobener Hand Hitler grüßten, überkam mich ein Gefühl, dass hier etwas Unerhörtes geschehen war. Die Polizei, die sich zu einer Partei bekannte. Das war das Ende des preußischen Beamten, der nur für den Staat, aber nicht für eine Partei da gewesen war. Schwer erschüttert ging ich nach Hause.

Hitlers Parteitruppen SS und SA beherrschten von nun an die Straßen. Am 27. Februar 1933 brannte der Reichstag. Am 5. März erhielt die NSDAP bei der letzten halbwegs freien Wahl 43,9 % der Stimmen; danach wurde mit Zweidrittel-Mehrheit das *Ermächtigungsgesetz* beschlossen. Am 31. März 1933 trat das »Gesetz zur Gleichschaltung der Länder mit dem Reich« in Kraft. Die Selbstständigkeit des Landes Baden war damit aufgehoben, und an die Stelle des badischen Ministerpräsidenten trat in Karlsruhe der *Reichsstatthalter Robert Wagner (1895–1946)*. Die NSDAP war ab 14. Juli 1933 die einzige noch zugelassene Partei, wer sich ihr widersetzte, der musste mit Haft oder dem Abtransport ins Konzentrationslager rechnen.

Baden-Baden im Jahr 1933

Im Jahr der Machtübernahme Hitlers kamen noch 60.000 Besucher nach Baden-Baden, viel weniger als in den *Goldenen Zwanziger Jahren*. Die Weltwirtschaftskrise hatte dem »Flaggschiff des deutschen Bäderwesens«, das ganz vom Luxustourismus abhängig war, schwer zugesetzt. Nur an Ostern war die Stadt ausgebucht, da man für 31,50 Reichsmark eine ganze Woche kuren konnte, inklusive Vollpension. Die »zugelassenen und verbotenen Parkplätze waren übersät von Autos, darunter sehr schöne, kostbare, funkelnagelneue«. Der Schriftsteller *Otto Flake (1880–1963)* veröffentlichte 1933 seinen Roman *Hortense oder die Rückkehr nach Baden-Baden*, mit dem er Baden-Baden ein literarisches Denkmal setzte – aber seine Frau, eine »Halbjüdin«, ahnte bereits das drohende Unheil.

Zu dieser Zeit kam auch *Johannes Merck* nach Baden-Baden, ein Neffe des 1863 verstorbenen Freiherrn Ernst von Merck, und begab sich auf die Spuren seiner Familie.

Baden-Baden 26. 9. 1933
Baden-Baden hat viel von seinem früheren Glanz durch den Rückgang des Fremdenverkehrs verloren. Manche der bekannten Gasthöfe stehen leer oder sind schon lange halbgeschlossen, z. B. »Messmer« und besonders »Stéphanie«.
Die außerordentliche Schönheit von Parks und Anlagen, von Bergen und Wäldern ist aber geblieben. Die Schmuckanlagen und Parks sind, soweit ich sehen konnte, überall gut erhalten.

Ich war vor 28 Jahren zuletzt hier. Es hat sich seitdem natürlich sehr viel verändert. Die Stadt ist sehr gewachsen. Unzählige neue Gebäude sind entstanden. Elektrische Bahnen durchziehen die Stadt, das Tal entlang vom Bahnhof Oos (Baden-Baden-West genannt) bis über Lichtenthal hinaus nach Ober-Beuren, dann auch hinauf in Querrichtung z. B. Richtung Fremersberg und Merkur usw. usw.

Man kann jetzt damit aus der eigentlichen Stadt schnell hinausgelangen und weit billiger als mit Mietautos oder pferdebespannten Landauern, die es sogar auch noch gibt und die von den Fremden noch gern benutzt werden, wie uns gesagt wird.

Was mir besonders aufgefallen ist, ist der riesenhafte Wuchs der Bäume in den langen Jahren, seit ich zuletzt hier war. Diese Baumriesen überall sind eine wahre Pracht. Was mich aber besonders interessierte, war Näheres über die Villa Merck zu erfahren, der ich mich von damals her noch wohl entsinne, oberhalb »Hotel Bellevue«, linker Hand, mit ihrem schönen Park an der Oos gelegen.

Vor zwei Tagen bin ich erst einmal allein hinausgewandert, um die Gegend zu erkunden. Ich erkannte gleich wieder Haus und Garten und als ich, um sicher zu sein, einen vorübergehenden Arbeiter nach dem Namen der Besitzung fragte, erhielt ich sofort die Antwort: »Villa Merck«. Der Name ist also im Volksmunde geblieben, trotzdem der Besitz schon vor etwa 20 Jahren verkauft wurde und seit bald 40 Jahren niemand des Namens Merck dort wohnt.

Man gelangt heute mit der Strassenbahn in etwa fünf Minuten für 20 Pfennige vom Leopoldsplatz, dem Zentrum der Stadt, hinaus bis gerade ans Tor der »Villa Merck«, Lichtenthaler Strasse 92, neben dem eine Haltestelle sich befindet.

Ich hatte schon im Vorwege einige Erkundigungen eingezogen über die jetzigen Besitzer und Bewohner des Grundstücks.

Besitzer ist ein Prinz Biron von Curland, der aber, wie mir gesagt wurde, immer nur die Hälfte des Jahres von Januar bis Juli dort wohnt. Die übrige Zeit verbringt er auf seinen Gütern in Schlesien.

Aus Merckschem Besitz ist das Grundstück s. Zt. zuerst in die Hände eines Herrn Redwitz übergegangen, der Inhaber der bekannten Cigaretten-Fabrik »Batschari« war. Dieser hat dort zuerst mit zwei unverheirateten Schwestern gewohnt, ist aber später durch einen Autounfall ums Leben gekommen. Dann scheint der reiche Deutsch-Amerikaner

Hermann Sielcken, aus New York, das Anwesen von den Redwitzschen Erben gepachtet zu haben. Ich kannte Sielcken persönlich in New-York, wo er Inhaber der Firma Crossman Brothers (s. Zt. die grösste Kaffee-firma in New-York) war. Sielcken ist auch schon lange tot. Er starb am 8. Oct. 1917 (geb. in Hbg. 1847), wie mir gesagt wurde in der »Villa Merck«. Er ist in Baden sehr wohltätig gewesen. U. A. hat er während des Weltkrieges in den Nebengebäuden der Villa Merck für die Stadt ein Wöchnerinnen-Heim eingerichtet und unterhalten.

Im Stadtgeschichtlichen Museum hängt ein Doppelbild von Sielcken und dem Grafen Zeppelin, die beide Ehrenbürger der Stadt Baden gewesen sind.

Das frühere Stallgebäude der »Villa Merck«, früher, wie oben gesagt, Wöchnerinnenheim, ist zu einer Wohnung umgebaut, in der die beiden Frl. Redwitz wohnen. Es heisst jetzt Kavaliershaus.

Durch das monumentale, große Einfahrtstor der Villa, das anschei-nend erst Redwitz hat bauen lassen, denn seinen Namenszug sieht man im Gitter der Pforte, konnten wir durch eine Seitenpforte eintreten und hatten das Glück, dabei gleich das ältere der beiden Frl. Redwitz anzutreffen, die uns, nachdem wir unsere Namen genannt und den Wunsch geäußert hatten, den Park zu besehen, uns gleich sehr freundlich emp-fing und erst einmal durch ihr eigenes reizend gemütlich und vornehm eingerichtetes Heim führte. Frl. Redwitz ist anscheinend über die frühere Zeit des Grundstücks wohl unterrich-tet und so erfuhren wir manche Einzelheiten von ihr. Mit Stolz zeigte sie uns einzelne Gegenstände: Schrank, Sessel, Sideboard,

Haupteinfahrt 1912.

Tisch usw., die noch aus der alten Einrichtung der Merckschen Villa stammten. In dem Haupthaus seien, sagte Frl. Redwitz, auch noch eine große Menge solcher alten, wertvollen Möbel usw. vorhanden, und wenn wir es wünschten, würde die einhütende Hausdame des Prinzen uns dort sicher gern mal herumführen.

Zu unserer größten Überraschung schenkte Frl. Redwitz uns dann noch zum Schluss ein kostbares Album mit 32 photogr. Aufnahmen von Gebäuden und Park, das ihr Bruder s. Zt. hatte machen lassen.

Er taufte seinen Sitz »Eden«. Man sieht diesen Namen noch über dem Eingangsportal der Villa, aber trotzdem ist, wie schon gesagt, der Name »Villa Merck« geblieben, der ja auch der historisch richtigere ist. Vor der Tür lernten wir auch noch das jüngere Fräulein Redwitz kennen.

Wir sind nun aber doch nicht in die Villa gegangen, sondern haben uns dieses grosse schlossartige Gebäude, mit den riesigen Aufgangstreppen und Kandelabern an der Südseite, nur von Aussen angesehen. Wir haben dann einen entzückenden Spaziergang ringsum den Park gemacht, mit seinen riesenhaften Baumgruppen. Die Wege, Rasenflächen und selbst die Rosenbeete, oben vor der langen Pergola, sind ordentlich gehalten. Der einen großen Teil des Jahres einsam daliegende Park macht keineswegs einen verwahrlosten Eindruck, wie uns vorher gesagt worden war.

Ehe wir hinausfuhren, hatte ich einen von den vielen Photographen, die auf der Promenade dem Publikum auflauern, um es zu knipsen, den Auftrag gegeben, 2 Aufnahmen von Park und Villa zu machen, nicht ahnend, dass wir ein so schönes Album geschenkt erhalten würden.

Trotzdem werden diese beiden Aufnahmen ein noch aktuelleres Bild herzeigen, als das Album, dessen Aufnahmen schon etwa 16 Jahre zurückliegen.

Ich werde morgen noch einen Auszug aus den alten Adressbüchern machen und hier beilegen. Vielleicht finde ich in den Büchern noch einige interessante Daten zur Geschichte der »Villa Merck«.

Andere Daten werde ich vielleicht noch in Hamburg in Erfahrung bringen können.

(gez. Johs. Merck)

Ansicht gegen
Lichtentaler Allee, 1912.

Das NS-Regime nahm von Baden-Baden schnell Besitz. Die National-sozialisten setzten einen neuen Gemeinderat ein. Auf dem Rathaus wehte die Hakenkreuzfahne und neuer Oberbürgermeister wurde der National-sozialist Hans Schwedhelm, ein Ingenieur und ehemaliger Marineoffizier. Als zweiter Mann agierte der NSDAP-Kreisleiter und Schlossermeister Kurt Bürkle, welcher immerhin verhinderte, dass der in Karlsruhe residierende Reichsstatthalter Robert Wagner das Baden-Badener Kurhaus zerstörte, um riesige Neubauten in der Kurstadt zu errichten. Stattdessen gab es einen Wettbewerb zur Neugestaltung der Kuranlagen.

Schon bald wurde Reichskanzler Adolf Hitler zum *Ehrenbürger* der Kurstadt ernannt. Die Bevölkerung versammelte sich auf dem Platz vor dem Theater, der nun »Adolf-Hitler-Platz« hieß, während der Kreisleiter vom Balkon des Theaters das Kirchenlied »Großer Gott, wir loben dich« anstimmte.

Andererseits gab es in Baden-Baden aber auch Igor Strawinski und Béla Bartók zu hören, dank des Generalmusikdirektors *Herbert Albert (1903–1973)*, der sich seine Freiräume zu schaffen wusste.

Der größte Wunsch Baden-Badens war seit langem die Wiedereröffnung der von Bismarck 1872 geschlossenen *Spielbank* im Weinbrennerschen Conversationshaus. Kurz vor Pfingsten 1933 kam Hitler in die Stadt, unter Mitwirkung seines aus Baden-Baden stammenden Chef-Adjudanten Wilhelm Brückner. Der *Führer* verbrachte eine Nacht auf der *Bühlerhöhe*, da er sich im Schwarzwald mit »alten Kämpfern« traf. Wenig später erteilte das Reichs-innenministerium Baden-Baden die Spielbankkonzession – als einziger Stadt in Deutschland, denn das Gesetz beschränkte Spielbanken auf Städte, die mindestens 70.000 Besucher jährlich aufwiesen, darunter 15 % Ausländer, und die in der Nähe einer ausländischen Spielbank lagen.

Die Gruppe der Betreiber und Geldgeber der Spielbank bestand aus Franzosen und Juden, weshalb man sie als *Studiengesellschaft* tarnte. Aus ihr ging 1934 die *Bäder- und Kurverwaltung* hervor, in der sich Stadt und Land die Spielbankgewinne hälftig aufteilten.

Die Herrschaft der Nationalsozialisten wurde zunächst nicht als beson-ders bedrückend empfunden. Man grüßte mit »Heil Hitler« und hob dabei den rechten Arm, was Vielen übertrieben erschien. Wichtiger war für die Menschen, dass Ruhe, Zucht und Ordnung einkehrten. Vor allem gab es wieder Arbeit, wenngleich die Einkommen nicht stiegen. Die Propaganda funktionierte und der totalitäre Führerstaat scheute kein Mittel, alle Bereiche des öffentlichen und privaten Lebens seinen Zielen zu unterwerfen.

Das Regime baute Autobahnen, veranstaltete Feste, Feiern, Massenauf-märsche, trug sogar die Fastnacht auf die Straßen – und rüstete heimlich auf. Die Olympischen Spiele 1936 in Berlin, bei denen deutsche Sportler im Olympiastadion der Reichshauptstadt die meisten Medaillen errangen,

Zerstörung der Synagoge und Deportation jüdischer Mitbürger in Baden-Baden, 1938.

stärkten den Glauben an »den Führer« und an die vermeintliche Überlegenheit des deutschen Volkes.

Dann nahm das Unheil seinen Lauf. *Françoise Biron* entdeckte an den Eingängen zu den Kureinrichtungen im Jahr 1937 neue Schilder mit der erschreckenden Aufschrift: *Juden unerwünscht.* Am 10. November 1938 brachte die SS alle männlichen Juden zur Polizeidirektion in der Sophienstraße und führte sie auf demütigende Weise stundenlang durch die Innenstadt. Anschließend deportierte man die jüdischen Mitbürger nach Dachau ins Konzentrationslager. Jüdische Geschäfte wurden überfallen und geplündert, die Synagogen in Baden-Baden und vielen anderen Städten in Brand gesetzt. Wer nicht floh, der wurde in den folgenden Jahren von der SS abgeholt und in Vernichtungslager verschleppt.

Dass ein Staat die gezielte Vernichtung der Juden betreiben könnte, überstieg die Vorstellungskraft aller Menschen. Doch Nazi-Deutschland war nun ein solcher Staat – und aktiver Widerstand bedeutete angesichts ständiger Bedrohung und Bespitzelung, dass man sein Leben riskierte. Nur ganz wenige Baden-Badener brachten hierzu den Mut auf.

Ein anonymer Schreiber wandte sich zwei Mal gegen Diskriminierungen der jüdischen Kurgäste; der Hotelier Rudolf Saur wagte die offene Äußerung, dass er jede Art Bekämpfung der Juden ablehne und da nicht mitmache, weil er es für unanständig und unfair halte, Menschen unfreundlich zu behandeln, die einem nichts getan hätten. (Dagmar Kicherer, Kleine Geschichte der Stadt Baden-Baden)

Verkauf der Villa Eden an die Stadt

Im Palais Biron kreisten die Gedanken von *Gustav und Françoise Biron* um die Folgen der Nazi-Herrschaft im Osten. Die Hypotheken auf ihrem Baden-Badener Anwesen waren seit 1937 gelöscht. Aber auf Groß Wartenberg lastete nach wie vor der »Schandfrieden« von Versailles, obwohl Hitler ihn schon 1936 »aufgekündigt« hatte. Der *Führer* schien Ernst zu machen. Die Bevölkerung des Saarlandes votierte Anfang 1935 für eine Rückkehr ins Deutsche Reich. Ein Jahr später marschierten deutsche Truppen – unter Verletzung des Versailler Vertrages – ins entmilitarisierte Rheinland ein. Im März 1938 besetzte die Wehrmacht Österreich, das daraufhin »heim ins Reich« kehrte. Im Oktober 1938 annektierte Hitler das Sudetenland, das bis dahin zur Tschechoslowakei gehört hatte.

Veranda mit Blick auf den Schwarzwald.

War Ostoberschlesien als nächstes an der Reihe? Im Kreis Groß Wartenberg wurden bereits polnische Ortsnamen entweder durch Übersetzung, lautliche Angleichung oder durch freie Namensgebung eingedeutscht. Bereits am 1. April 1938 hatte die Reichsregierung die preußischen Provinzen Niederschlesien und Oberschlesien zur *Provinz Schlesien* zusammengeschlossen.

Würde es zum Krieg kommen? Wenn Gustav Biron aus dem Fenster seiner Villa auf den gegenüberliegenden Leisberg schaute, dann beschlich ihn eine dunkle Ahnung. Wie auch andere Baden-Badener:

So etwa seit 1938, immer abends, wenn ich mit den Großeltern beim »Mensch ärgere dich nicht«, beim »Hütchenspiel«, oder beim »66« saß, wurden wir von dumpfen Erschütterungen aufgeschreckt, die sich in regelmäßigen Abständen wiederholten. In den Leisberg wurden Gänge und Tunnel gesprengt, zur Unterbringung von Wehrmachts- und SS-Stäben für den geplanten Krieg gegen Frankreich, wie ich später erfuhr. Die Leisbergstraße war mit Bretterzäunen abgesperrt.

In Lichtental rückten Bautrupps der Wehrmacht an: Unter strengster Geheimhaltung und ohne Absprache mit der Stadt errichteten sie 1939 am Hang des Leisbergs eine Bunkeranlage, die als Befehlsstand für den Oberkommandierenden des Westwalls vorgesehen war. Eingänge befanden sich oberhalb des Klosters Lichtental im Wald, in unmittelbarer Nähe zur Villa Stroh (wo die Gestapo residierte) [...]

Im Sommer 1939 war der Westwall die größte Baustelle Europas. Hitler wollte entlang der Grenze zu Frankreich den »stärksten Wall aller Zeiten« bauen. Eine Grenzbefestigung, die alle bisher in Europa errichteten in den Schatten stellte – viel furchteinflößender als die französische *Maginot-Linie* aus den 20er und 30er Jahren. Die Bauleitung für den Westwall hatte der Ingenieur *Dr. Fritz Todt (1891–1942)*, der sich bereits als *Generalinspekteur für das Deutsche Straßenwesen* beim Bau der Reichsautobahnen Verdienste erworben hatte. Die *Organisation Todt (OT)* steuerte mit 150 Mitarbeitern vom Wiesbadener Hotel *Kaiserhof* aus den Bau des Sammelsuriums von mehr als 18.000 Bunkern, Hohlgängen und Sperren – von Basel im Süden bis nach Kleve im Norden.

Wollten sich die Offiziere, wenn es soweit war, wirklich in die Bunkeranlage unter dem Leisberg verkriechen? Das Generalkommando Oberrhein schloss vorsorglich mit dem *Hotel Bären* einen Mietvertrag für einen Kommandostab der Grenztruppen. Vielleicht warf auch jemand ein Auge auf das *Palais Biron*? Jemand mit guten Verbindungen, der *Gustav und Françoise Biron* in ihren Absichten beeinflussen konnte.

Jedenfalls verkaufte *Françoise Prinzessin Biron von Curland, geb. de Jaucourt, Ehefrau des Gustav Prinzen Biron von Curland* am 29. Juli 1939 das Palais Biron an die Stadt, vertreten durch den Oberbürgermeister *Hans Schwedhelm*. Gustav Biron leistete seine Unterschrift mit mehr als zittriger Hand, kaum leserlich. Das Gelände an der Lichtentaler Allee war 3 ha 88 ar 64 qm groß, der Kaufpreis betrug 400.000 Reichsmark. Neben der Villa gehörten eine Hofreite mit Gebäulichkeiten, der Garten und die Parkanlage mit den Wegen zum Bestand. *(Grundbuch Band 10, Heft 100, S. 13753–13756, Band 111 Blatt 1106; Flst. 2274/1).*

Blick über den Rosengarten zur Villa Eden.

Das Geschäft hatte allerdings einen Haken, denn der Kaufpreis sollte erst am 1. April 1947 in bar fällig werden – also in *acht Jahren!*

An diesem Tag hat spätestens die Auflassung stattzufinden. Die Käuferin kann verlangen, dass Eigentum und Besitz schon vor dem 1. April

Rosengarten mit Laubengang.

1947 übertragen werden, keinesfalls aber vor Ablauf eines Jahres nach dem Tod des Ehemanns der Eigentümerin. In diesem Fall ist der Kaufpreis mit der Auflassung fällig. Bis zur endgültigen Eigentumsübertragung werden der Verkäuferin alle das Anwesen betreffenden gegenwärtigen und künftigen städtischen Steuern (Grundsteuer und der städtische Anteil an der Gebäudesondersteuer) erlassen.

Das Ehepaar Biron blieb also weiterhin in der Villa wohnen, nur die Lasten gingen auf die Stadt über. Als sich der hölzerne Laubengang des Gustav Adolf Redwitz aus dem Jahr 1912 als morsch erwies und in sich zusammenzufallen drohte, verlangten die Behörden, das schöne Stück entweder zu ersetzen oder die Holzkonstruktion abzureißen. Letzteres geschah, da niemand mehr ein Interesse an dem Schmuckstück hatte.

Der Zweite Weltkrieg

Kaum war der Verkauf des *Palais Biron* erfolgt, begann der Zweite Weltkrieg. Hitler schloss im August 1939 mit der Sowjetunion den *Hitler-Stalin-Pakt*, der im Kriegsfall eine wohlwollende Neutralität garantieren sollte. Doch im geheimen Zusatzprotokoll stand das eigentliche Ziel des Abkommens: die Aufteilung Polens und der Interessensphären in Ostmitteleuropa. Dann marschierte am 1. September 1939 die Wehrmacht in Polen ein und besetzte es binnen eines Monats. Das west-polnische Gebiet um *Posen* wurde sofort dem *Großdeutschen Reich* einverleibt, ebenso Oberschlesien und Danzig-Westpreußen.

Groß Wartenberg lag im neuen Gau *Wartheland*, und Posen war neue »Gauhauptstadt«. Die mit dem Versailler Vertrag 1920 an Polen gefallenen Flächen von Groß Wartenberg waren wieder deutsch. Obwohl weniger als 10 % der 4,5 Millionen Einwohner des *Warthelands* Deutsche waren. Es grenzte im Osten an das neu errichtete *Generalgouvernement Polen*. Die Ostgrenze des Generalgouvernements bildete die Grenze zum sowjetisch besetzten Teil Polens.

Hitler wollte für das deutsche »Herrenvolk« neuen Lebensraum im Osten erobern und diesen rücksichtslos germanisieren. Der Diktator machte nie ein Geheimnis aus seinen verbrecherischen Plänen, das Judentum zu beseitigen und den Bolschewismus zu vernichten. Im *Wartheland* entstanden zahlreiche

Konzentrations- und Zwangsarbeitslager – die systematische Vernichtung von Teilen der polnischen Bevölkerung begann.

Im Jahr 1940 besiegte die Wehrmacht auch *Frankreich*, was Françoise Biron besonders schmerzte. Die Franzosen mussten im Wald von Compiègne ihre Kapitulation unterschreiben, im selben Salonwagen, in dem die Deutschen am 11. November 1918 den Waffenstillstand unterzeichnet hatten.

Deutsche Truppen marschierten über die Champs-Élysées, und Frankreich wurde in zwei Zonen aufgeteilt: In den besetzten Norden mit allen Küsten und in eine »freie« Zone, in der *Maréchal Philippe Pétain (1856–1951)*, der greise »Sieger von Verdun«, eine reaktionäre Diktatur errichtete. Als Pétains »Vichy-Régime« mit Hitler einen Waffenstillstand vereinbarte und kollaborierte, ging *Charles de Gaulle (1890–1970)* nach London ins Exil, von wo aus er am 18. Juni 1940 seine Landsleute über BBC zum Widerstand (*Résistance*) gegen die deutschen Besatzer aufrief.

Das Deutsche Reich annektierte *Elsass-Lothringen*. Der badische NSDAP Gauleiter Robert Wagner wurde Chef der Zivilverwaltung des Elsass und regierte das Gebiet von Karlsruhe aus. Die rücksichtslose ökonomische Ausbeutung Frankreichs durch die Deutschen führte dazu, dass die Bevölkerung die meiste Zeit mit der Beschaffung von Lebensmitteln auf dem Schwarzmarkt zu tun hatte.

Mit Unterstützung des *Vichy-Régimes* verbreiteten Gestapo und Waffen-SS einen unmenschlichen Terror. Die Nazis und ihre Helfer von der Wehrmacht deportierten 75.000 Juden aus ganz Frankreich in Arbeits- und Konzentrationslager, sie verübten schreckliche Massaker an der französischen Zivilbevölkerung. Der frühere Präfekt *Jean Moulin (1899–1943)*, Organisator des französischen Widerstands und rechte Hand von Charles de Gaulle, fiel 1943 in Lyon den Nazis in die Hände und wurde zu Tode gefoltert.

In den von Hitlers Truppen besetzten Ländern Europas entstand bald ein dichtes Netz von Arbeits- und Vernichtungslagern mit Todesfabriken. Alleine in Auschwitz wurden Tausende täglich vergast und verbrannt, insgesamt mindestens unfassbare eineinhalb Millionen Menschen.

Am 13. August 1940 eröffnete Hitler den Luftkrieg gegen England, den er im Frühjahr 1941 allerdings erfolglos abbrach. Von einem dieser Feindflüge nach England kehrte Gustav Biron jr., der jüngste der drei Söhne von *Françoise und Gustav Biron*, nicht mehr zurück. Ein Kamerad überbrachte der Mutter lediglich die Armbanduhr des vermissten Piloten, mit zersprungenem Glas. *Françoise Biron* hoffte lange auf die Rückkehr ihres Jüngsten und trug dessen Uhr bis zu ihrem Tode am Arm – ohne das Glas je reparieren zu lassen.

Françoise und Gustav Biron überlegten es sich nun anders; sie wollten die *Übergabe* ihrer bereits verkauften Villa an die Stadt Baden-Baden nicht mehr länger aufschieben, schon gar nicht bis zum 1. April 1947. *Françoise*

Biron vereinbarte deshalb am 20. März 1941 mit der Stadt den unverzüglichen Übergang von *Genuss und Besitz* am 1. April 1941. Der Kaufpreis wurde um 45.000 RM herabgesetzt, die Stadt bezahlte noch 355.000 RM.

Bereits im Jahr zuvor hatte die Stadt entlang der Lichtentaler Straße von Biron und anderen Grundstückseigentümern mehrere Flächen zur Verbreiterung der Straße erworben *(Grundbuch Band 10, Heft 100, S. 13763–13768)*.

Drei Monate später, im Morgengrauen des 22. Juni 1941, startete Hitler mit mehr als drei Millionen Soldaten den Angriff auf die Sowjetunion. Er nannte es *Unternehmen Barbarossa* und war davon überzeugt, Russland im Handstreich überrennen zu können. Die deutschen Truppen kamen im Sommer schnell voran, sie eroberten im September 1941 Kiew und schlossen Leningrad 900 Tage lang ein. Hitler bafahl am 2. Oktober 1941, Moskau und Leningrad dem Erdboden gleich zu machen, auch wenn sich die beiden Millionenstädte ergeben sollten.

Doch im Herbst begann es ohne Unterbrechung zu regnen, Soldaten und Waffen blieben im tiefen Schlamm stecken. Dann legte sich im November eine Glocke aus eisiger Kälte über das Land. Die deutschen Soldaten waren nur mit Sommeruniformen ausgestattet, weil sie nach den Worten von Propagandaminister Goebbels bis Weihnachten wieder zuhause sein sollten. Nun erfroren sie, und ihre Waffen versagten.

Gustav Biron war 82 Jahre alt und krank. Der Umzug nach Schlesien hatte ihn angestrengt, er litt unter der Kälte und er vermisste das mildere Klima von Baden-Baden. Dort lagerte das Inventar des Palais Biron in einer Turnhalle, wo es darauf wartete, nach Groß Wartenberg gebracht zu werden. Drei Jahre später entdeckten es französische Soldaten; einiges war zu Bruch gegangen oder wurde gestohlen; aber manches konnte auch für die Nachfahren gerettet werden.

Tausende Kilometer weiter im Osten, im eisigen Russland, ließ Stalin die gigantischen Verluste an Menschen und Material durch immer neue Truppen ersetzen, besonders aus dem kälteerprobten Sibirien. Die deutschen Soldaten erlebten ein bitteres Weihnachten, ihre Briefe von der russischen Front klangen verstört und verängstigt. Großes Glück hatte *Karl Biron* als er aufgrund Hitlers *Prinzenerlass* vom Russlandfeldzug nach Hause geschickt wurde. Die Nazis hielten nämlich Abkömmlinge von »gekrönten Häuptern« plötzlich nicht mehr für »wehrwürdig«, nachdem hinter dem Sarg eines gefallenen Angehörigen der *Hohenzollern* 50.000 Menschen hergezogen waren.

An Weihnachten 1941 starb *Gustav Biron* im Kreise seiner Familie auf Groß Wartenberg. Seit der Krieg in Russland tobte, sah die Familie den Verkauf des Palais Biron in Baden-Baden in einem neuen Lichte. Schuf die Wehrmacht in Polen und im Osten insgesamt dauerhaft neue Verhältnisse?

War das Rad der Geschichte in Schlesien wirklich zurückgedreht? Die 67-jährige Witwe *Françoise Biron* stellt sich darauf ein, an der Seite ihres Sohnes *Karl Biron* und dessen Ehefrau *Herzeleide*, einer Enkelin von Kaiser Wilhelm II., in Schlesien zu bleiben.

Hochzeit von Karl und Herzeleide Biron.

Die deutsche Wehrmacht versuchte 1942 mit allen Mitteln das russische Riesenreich unter Kontrolle zu bringen. Die Soldaten drangen weit in das endlose Land vor, das jedoch auf Stalins Befehl von russischen Truppen beim Rückzug zerstört worden war, um es dem Gegner so schwer wie möglich zu machen. Die Wehrmacht erreichte das Wolga-Knie bei Stalingrad und auch die Gebirgskämme des Kaukasus. Doch der nächste Winter brachte 1942/43 die Wende. Die von Hitler in *Stalingrad* rücksichtslos verheizte 6. Armee unter General Paulus musste sich den Russen im Februar 1943 ergeben; die völlig erschöpften Soldaten gingen ausgehungert in Gefangenschaft und Tod.

Hitlers Propagandaminister Goebbels rief daraufhin in hysterischer Erregung im Berliner Sportpalast in die Menge: »Wollt ihr den totalen Krieg? Wollt ihr ihn, wenn nötig, totaler und radikaler als wir ihn uns heute überhaupt noch vorstellen können?« Die Parteimitglieder wollten ihn.

Am 13. März 1943 flog ein unbekanntes Flugzeug über Schlesien in Richtung Osten. Es war auf dem Weg nach Smolensk in Russland, mit Adolf Hitler an Bord. Im Frachtraum lagen zwei Kognak-Flaschen gefüllt mit Sprengstoff, eingeschmuggelt von Generalmajor *Henning von Tresckow (1901–1944)* aus Groß Wartenberg und seinem Ordonanzoffizier *Fabian von Schlabrendorff (1907–1980)*. Während des Fluges trat der englische Zünder in Aktion, der Schlagbolzen schnellte nach vorne – aber das Zündhütchen entzündete sich nicht. Niemand erfuhr davon.

In Baden-Baden schienen die Gefahren des Krieges lange Zeit weit weg. Die einquartierten Truppen der Wehrmacht waren 1940 nach Frankreich abgerückt, und seither kamen die Kurgäste wie gewohnt in die Stadt, im Jahr 1942 sogar in neuer Rekordzahl. Selbst die Tragödie von Stalingrad führte nicht dazu, dass man Spielbank und Theater geschlossen hätte. Erst die schrecklichen Bombenangriffe der Amerikaner und Engländer auf benachbarte Städte, auf Freiburg, Karlsruhe, Heilbronn, Stuttgart und Pforzheim, trugen die Angst auch nach Baden-Baden.

General Dietrich von Choltitz (1894–1966).

Nach der Landung der Alliierten in Nordafrika 1942 vereinte *Général de Gaulle* als Führer des »Freien Frankreich« die verschiedenen Widerstandsbewegungen unter seiner Leitung. Dann landeten die Alliierten am 6. Juni 1944 in der *Normandie* und am 15. August 1944 in der Provence. Amerikaner und Engländer rückten auf Paris vor, wo der deutsche General und Oberbefehlshaber *Dietrich von Choltitz (1894–1966)*, dessen Familie in Baden-Baden in der Frankreichstraße lebte, außergewöhnlichen Mut bewies. Er wollte die französische Hauptstadt vor dem Zerstörungswahn Hitlers bewahren.

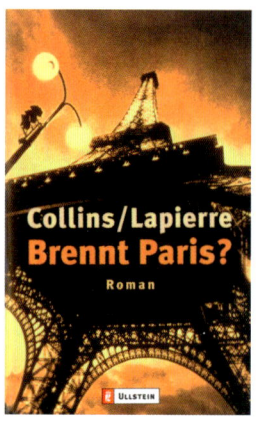

Hitlers Befehl lautete: »Die Seinebrücken sind zur Sprengung vorzubereiten. Paris darf nicht oder nur als Trümmerfeld in die Hand des Feindes fallen«. Am Telefon wollte er von Choltitz wissen: »Brennt Paris?« Doch der General, der 1936 als Reiter an den Olympischen Spielen in Berlin teilgenommen hatte, hielt Hitler für einen »wahnsinnig Gewordenen« und hatte sich bereits mit den Alliierten in Verbindung gesetzt. Choltitz drängte die Amerikaner: »Beeilen Sie sich, Sie haben vierundzwanzig, bestenfalls aber achtundvierzig Stunden Zeit. Dann kann ich für nichts mehr garantieren.«

Der General wusste, dass SS-Verbände im Anmarsch waren, er führte aber trotzdem die Sprengkommandos kaltblütig hinters Licht. Dass er Hitlers Trümmerbefehl einfach ignorierte, bedeutete für seine Familie in Baden-Baden eine tödliche Gefahr, ja den sicheren »Sippentod«. Am 25. August 1944 übergab Choltitz die französische Hauptstadt unversehrt an *Général de Gaulle*. Der Franzose jubelte: »Paris! Geschändetes Paris! Zerschlagenes Paris! Gemartertes Paris! Aber befreites Paris! Befreit aus eigener Kraft [...]«

Nach der Landung der Alliierten hatte man endlich auch das Baden-Badener Spielkasino geschlossen. Etwa zur gleichen Zeit, am 20. Juli 1944, unternahmen mutige Widerstandskämpfer um den Offizier *Claus Schenk Graf von Stauffenberg (1907–1944)* einen letzten Versuch, Hitler aus dem Weg zu schaffen. Der Führer sollte bei einem Attentat im Führerhauptquartier *Wolfsschanze* in Ostpreußen von Bomben, die in einer Aktentasche eingeschmuggelt wurden, zerfetzt werden. Aber die Vorbereitung misslang, der Sprengstoff reichte für eine tödliche Explosion nicht aus. Hitler wurde nur leicht verletzt und übte blutige Rache an den mutigen Offizieren des 20. Juli und anderen Widerstandskämpfern.

Deutschland konnte nun vor der völligen Zerstörung durch die Alliierten nicht mehr bewahrt werden – die historischen Städte des Landes fielen in Schutt und Asche. Auch die Alliierten machten keinen Unterschied mehr

zwischen Soldaten, Frauen, Kindern, Alten – und dem kulturellen Erbe Deutschlands.

Alleine bei dem Flächenbombardement auf Pforzheim kamen im Februar 1945 20.000 Menschen ums Leben. Selbst im 35 km entfernten Baden-Baden konnte man am Nachthimmel den Schein des flammenden Infernos erkennen, in dem die historische Goldstadt versank.

Wie durch ein Wunder blieb Baden-Baden, die *Kur- und Bäderstadt des 19. Jahrhunderts*, von einem solchen Schicksal verschont. Zwar gab es regelmäßig Luftalarm, und Bomberschwärme der Alliierten flogen dröhnend über die Stadt hinweg. Aber sie warfen ihre tödliche Fracht an anderer Stelle ab. Nur den Stadtteil Oos traf es im Dezember 1944, vielleicht durch einen »Notabwurf«, der 40 Todesopfer und über 30 Verletzte forderte sowie 200 Gebäude beschädigte.

Die Bevölkerung Baden-Badens erlebte auch vereinzelte Tieffliegerangriffe. In Lichtental wurden der Schaffner einer Straßenbahn und zwei Fahrgäste getötet, außerdem gab es Schäden an der Lichtentaler Bonifatiuskirche und am Turm des Neuen Schlosses.

Viele der in Karlsruhe und im Ruhrgebiet *ausgebombten Obdachlosen* fanden in Baden-Baden Unterschlupf. Auf dem Gelände des *Palais Biron* baute die Stadt 1944 für kinderreiche Familien den Dachstock eines Stallgebäudes aus – für zwei Vierzimmer-Wohnungen, die allerdings nicht teurer als »1.700 Reichsmark je Wohnung« sein durften.

Im gleichen Jahr errichtete die Wehrmacht im Park des Palais Biron »auf höheren Befehl« auch einen provisorischen Schuppen zur Aufzucht von Angorakaninchen! Als ein Nachbar Genaueres wissen wollte, teilte die Stadtverwaltung mit, es handle sich um ein Provisorium, weshalb der Schuppen auch nicht gegen irgendwelche Vorschriften verstoße.

Unter den obdachlosen Bombenopfern waren viele Kinder, die im Rahmen der *Kinderlandverschickung* nach Baden-Baden gebracht wurden. Die Kleinen gingen nachmittags zur Schule, nachdem die einheimischen Schüler ihren Unterricht beendeten und nach Hause gegangen waren. Alle mussten beim *Jungvolk* dienen – im Wald Heilkräuter sammeln, die man auf dem Dachboden der Schule trocknete und täglich wendete. Auch Sanddornbeeren sammelten sie, aus denen »angeblich Vitamin C für die U-Boot-Besatzungen« gewonnen wurde. Zur Belohnung gab es einen Kinobesuch, Anfang 1944 lief in Baden-Baden noch immer *Die Feuerzangenbowle* mit Heinz Rühmann. Als Hitler sämtliche Männer zwischen 16 und 60 zum *Volkssturm* einziehen ließ, mussten die Schüler in die Rheinebene und Schützengräben ausheben helfen. Das Schweizerhaus des Palais Biron beherbergte die *Wöchnerinnen* des

Schweizerhaus 1912.

Josephinenheims, wie bereits im Ersten Weltkrieg. Das Baden-Badener Krankenhaus, in Sichtweite des Palais Biron, war bis in den letzten Winkel mit Patienten und Verletzten belegt. Jetzt rächte sich, dass man im Rathaus schon seit dem Ersten Weltkrieg über einen Krankenhaus-Neubau nachdachte.

Das *Palais Biron* war ein Lazarett, wie auch zwölf weitere große Häuser, Hotels, Pensionen und Sanatorien in der Stadt – Badischer Hof, Europäischer Hof, Hotel Bellevue, Sanatorium Dr. Dengler, usw.

Kriegsinvalide Soldaten auf der Gartentreppe des Palais Biron.

Ins *Palais Biron* kamen Soldaten aus allen Frontabschnitten, denen nach schweren Verwundungen die Gliedmaßen ganz oder teilweise amputiert werden mussten. Unter ihnen *Adolf Lambrecht* aus dem Ooswinkel, der einzige Baden-Badener. Lambrecht hatte beim Rückzug der Wehrmacht aus dem Süden Russlands in Odessa ein Bein verloren. Ende 1944 wurde er in einem Sammeltransport mit einer *JU 52* ausgeflogen, während sein Bruder, ein begabter Künstler und Fotograf, tot am Schwarzen Meer zurückblieb. Adolf Lambrecht beschäftigte ein Leben lang die Frage, ob und wo die sterblichen Überreste seines Bruders begraben wurden. Von den 42 Kameraden seines Jahrgangs kehrten weniger als die Hälfte aus dem Krieg zurück.

Die Bein-Amputierten lernten im Palais Biron in der »Gehschule«, wie man sich mit einer Behelfsprothese und an Krücken vorwärts bewegen konnte. Der Stumpf eines amputierten Beines schmerzte. Damit er nicht blutete,

Plan zum Bau eines Lazaretts im Park des Palais Biron, 1942.

wurde eine »Papiertüte« als Polster übergestülpt. An dieser war ein Holzstück befestigt, der Ersatz für das verlorene Bein. Ein kleines Gummistück am Ende der Prothese sollte die schmerzhaften Stöße beim Gehen etwas dämpfen. Wenn aber die Haut über den amputierten Knochen zu dünn war, dann riss sie wieder und die Ärzte mussten die Amputation korrigieren, vielleicht sogar ein weiteres Stück vom Ober- oder Unterschenkel abtrennen.

Die jungen Burschen zeigten sich trotz allem recht munter und wendig. Unter dem Kommando des *Feldwebels Steinel* aus Lichtental, dem »Spieß« des Lazaretts, hüpften sie 50 Meter an der Oos entlang. Selbst Übungen im Hoch- und Weitsprung trauten sie sich zu. Und nach einiger Zeit waren die jungen Soldaten sogar in der Lage, an der Haltestelle vor dem Palais Biron auf die fahrende Straßenbahn aufzuspringen, um zum Arbeitsdienst in den Rüstungsbetrieb *Telekin* nach Baden-Oos zu fahren oder zur Ausbildung zum Kfz-Meister, wie im Falle von Adolf Lambrecht. Alle warteten sehnlichst auf ihre Entlassung aus dem Militärdienst. Einer von ihnen erwies sich als begabter Künstler; er beschaffte sich Pinsel und Ölfarben, ging in die Küche im Keller und malte als Ausdruck seiner Sehnsucht zwei großformatige Bilder an die Wand, mit romantischen, alpenländischen Motiven – und signierte mit »A.D. 1945«.

Gegen Kriegsende, als die Bombenopfer in den benachbarten Städten immer zahlreicher wurden, brachte man auch Brandverletzte zur Behandlung

ins Lazarett des Palais Biron; der süßliche Geruch von Brandsalbe setzte sich für lange Zeit in den Räumen fest.

Das Kriegsende

Im Januar 1945 begann im Osten der russische Angriff aus dem Brückenkopf von Baranow an der Weichsel. Im Westen kamen die Amerikaner im März 1945 bei Remagen über den Rhein. Spätestens jetzt wussten *Karl Biron* und seine Frau *Herzeleide*, dass Groß Wartenberg bald endgültig verloren war. Sie luden zu einer letzten großen Jagdgesellschaft ein.

> Als das Halali geblasen wurde, waren sich alle klar, dass damit zugleich das Halali für das Leben geblasen wurde, wie es Generationen geführt hatten, für das Land der Vorfahren, für eine ganze geschichtliche Epoche.

Wenige Tage später, im Januar 1945, verließen die Einwohner von Groß Wartenberg das Land an der Oder. Es war ein langer Treck mit dem Güterdirektor an der Spitze.

Die Menschen von Groß Wartenberg gehörten zu den vier Millionen Deutschen, die aus den deutschen Ostgebieten vor den Russen flohen. Françoise Biron blieb zurück. Die 71-jährige Französin hatte keine Furcht; oder ihre Liebe zur schlesischen Heimat, in die sie vor 43 Jahren eingeheiratet hatte, war stärker als die Angst vor den russischen Soldaten.

Die Russen kamen Ende Januar 1945 bei Steinau über die Oder. Anfang April 1945 standen sie weiter nördlich bereits vor Berlin und kesselten die vollkommen zerstörte Hauptstadt ein. Ihr Vormarsch kostete unendlich vielen Unschuldigen das Leben.

Als die russischen Soldaten auf Groß Wartenberg in den Schlosshof einfuhren, hallten ihre Kommandos von den Wänden wider. Mit Gewehren im Anschlag durchsuchten sie das Gut. *Françoise Biron* gab sich als Französin zu erkennen, was ihr wohl das Leben rettete. Die mutige Dame durfte zusammen mit ihrer Kammerzofe Hilde und ihrer »Beschließerin« unbehelligt in einem Arbeiterhäuschen wohnen bleiben.

Am 8. Mai 1945 kapitulierte das Deutsche Reich. Bevor Hitler sich umbrachte, tönte er: »Das deutsche Volk hat sich als das schwächere erwiesen, und dem stärkeren Ostvolk gehört ausschließlich die Zukunft. Was nach diesem Kampf übrig bleibt, sind ohnehin nur Minderwertige, denn die Guten sind gefallen.« Der Zweite Weltkrieg, der schlimmste in der Menschheitsgeschichte, kostete sieben Millionen Deutsche das Leben, 5,6 Millionen Polen, und 20,6 Millionen Menschen in der Sowjetunion. In Europa starben 40 Millionen Soldaten und Zivilisten, weltweit schätzte man 55 Millionen Tote.

Mit dem *Potsdamer Abkommen* der Alliierten vom 2. August 1945 kam das Gebiet östlich von Oder und Neiße, also auch Groß Wartenberg, unter polnische Verwaltung – und unter sowjetische Herrschaft. Eines Tages verlangte Françoise Biron vom russischen Kommandanten, der in ihrem Schloss Quartier bezogen hatte, er möge ihr eine Nähmaschine überlassen. Da der Russe wohl zögerte, beschwerte sich die Französin und verlangte, er solle gefälligst aufstehen, wenn sie den Raum betrete, und ihr außerdem die Hand küssen.

Sie blieb am Leben und sie bekam auch ihre Nähmaschine. Außerdem wurde sie, wie man sagte, von nun an zuvorkommend behandelt. So hielt es die 72-jährige Françoise Biron ein ganzes Jahr mit den russischen Besatzern auf Groß Wartenberg aus. Doch dann ging auch sie den Weg, den Millionen Menschen gingen, die aus den deutschen Ostgebieten flohen und vertrieben wurden. Aus *Ostpreußen, Posen-Westpreußen, Schlesien,* Teilen *Pommerns, Brandenburgs* und *Sachsens.*

Francoise Biron, geb. de Jaucourt (1874–1957).

Die Sowjetunion verschob die Grenzen Polens weit nach Westen, da sie polnisches Land im Osten annektierte und als Ersatz den Polen deutsches Land im Westen gab – auch Groß Wartenberg. Nun für immer.

Familienwappen der Biron in Schlesien.

Durch den Zweiten Weltkrieg gingen 24 % des deutschen Reichsgebiets verloren. Die *Schlesier, West- und Ostpreußen* sowie *Pommern* hatten über Jahrhunderte zur Vielfalt in Europa beigetragen. Nun verloren mehr als zehn Millionen Deutsche in den ehemaligen Ostgebieten sowie in Südosteuropa ihre Heimat. Ihnen drohte Entwurzelung, Verarmung und soziale Deklassierung – und sie mussten alle nach 1945 einen neuen Anfang wagen. Wer in die sowjetische Besatzungszone geflüchtet oder vertrieben worden war, traf das Schicksal erneut. Wer einem Leben im Sozialismus entgehen wollte, musste erneut fliehen – nun in eine der westlichen Besatzungszonen.

Françoise Biron gelangte schließlich unversehrt zu ihrem Sohn *Karl Biron*, der mit viel Glück das Kriegsende überlebte und sich in Bayern als Vertreter für Glasbausteine mühsam und zielstrebig eine neue Existenz aufbaute. Seine Familie hörte von dem aufrichtigen Mann, der in Schlesien eine Standesherrschaft verloren hatte, nie ein Wort der Klage oder des Haders.

Françoise Biron, geborene de Jaucourt kümmerte sich liebevoll um ihren *Enkel Ernst Johann*, der den Vornamen des Dynastie-Gründers und kurländischen Herzogs tragen durfte. Sie nahm ihn mit auf ihre Reisen nach Paris, besuchte ihn regelmäßig im Internat, und sorgte für Vieles, was dem Kleinen auf seinem Lebensweg half. Sie starb 1957 im Alter von 83 Jahren in München. Im polnischen Syców, *Powiat Olešnicki* blieb das Gedenken an die couragierte und kluge Dame von Groß Wartenberg wach, die Menschen der Region erinnerten sich ihrer mit Respekt und Dankbarkeit. Ihr Enkel *Ernst Johann Biron* pflegte und bewahrte die Geschichte seiner Vorfahren in Kurland und Schlesien mit Leidenschaft und Herzblut.

In Baden-Baden, wo *Françoise Biron* als Hausherrin mit ihrer Familie 20 Jahre an der Lichtentaler Allee verbracht hatte, bürgerte sich nach Kriegsende die Bezeichnung »*Palais Biron*« ein. Im Sprachgebrauch wurde dadurch die altbekannte »*Villa Merck*« allmählich verdrängt; und die »*Villa Eden*« des Gustav Adolf Redwitz wurde einfach übersprungen. An dessen kurze Zeit erinnern aber nach wie vor die schwungvollen Initialen am großen schmiedeeisernen Eingangstor.

Französischer Geheimdienst und Wiederaufbau der Wirtschaft

1945–1955

Die Kinder aus der Nachbarschaft schlichen heimlich durch das leer stehende *Palais Biron*, durchstöberten die verlassenen Krankenzimmer und das geräumte Lazarett, wo ihnen der Geruch von Brandsalbe in die Nase stieg. Sie sahen wie die Bewohner entlang der Lichtentaler Straße weiße Fahnen aus den Fenstern hängten, wie sie verletzten französischen Soldaten halfen – und wie die Franzosen das Palais Biron in Beschlag nahmen.

Die *1. Französische Armee* drang am 12. April 1945 von drei Seiten in die Stadt ein. Unter ihnen eine Einheit Nordafrikaner aus Marokko und Tunesien. Die stark dezimierten Verbände der Wehrmacht, die 106. Division mit dem Volkssturm, waren tags zuvor aus Baden-Baden abgezogen.

Nur ein paar Verbohrte leisteten in Lichtental und in Oberbeuern bei der »Fischkultur« und im Gasthaus »Löwen« noch sinnlosen Widerstand; sie schossen sogar zwei französische Panzer ab. Auch beim Hauptquartier der Gestapo in der Villa Stroh fielen Schüsse und aus dem Richard-Wagner-Gymnasium in der Innenstadt, wo ein paar Hitlerjungen die Wirklichkeit immer noch nicht erkannten, denn in der Polizeidirektion erfolgte bereits die Übergabe der Stadt.

Vor dem Kurhaus brachten Fanatiker sogar in letzter Minute noch zwei Flak-Geschütze in Stellung, bis mutige Männer eingriffen und die Zerstörung der Kurstadt verhinderten.

Am 7. Mai 1945 kapitulierte Deutschland in *Reims*, danach nochmals vor den Sowjets in *Berlin-Karlshorst*. Das vollkommen zerstörte Land wurde in vier Besatzungszonen aufgeteilt. Die Macht lag nun in den Händen des *Alliierten Kontrollrats*, den die Siegermächte USA, Großbritannien, Sowjetunion und Frankreich bildeten.

In Paris stand seit August 1944 *Général Charles de Gaulle* an der Spitze einer provisorischen Regierung. Als politische und militärische Leitfigur

Französischer Einmarsch in Baden-Baden am 12. April 1945.

bei der Befreiung Frankreichs von der deutschen Besatzung stellte er die volle Souveränität Frankreichs wieder her und wurde ab 1946 zur beherrschenden Figur der IV. Republik. Der Zweite Weltkrieg hatte 500.000 seiner Landsleute das Leben gekostet, eine Million Franzosen waren obdachlos, 1,5 Millionen Wohnhäuser waren beschädigt, mehr als tausend Brücken zerstört, die Hälfte des Eisenbahnnetzes und ein Großteil der Straßen nicht mehr benutzbar – und im ganzen Land mussten Lebensmittel rationiert werden.

Nach der Besetzung Baden-Badens kam es einige Tage lang zu Plünderungen und Vergewaltigungen, doch der Militärgouverneur *Col. François Moutenet* stoppte die Übergriffe und ließ bei seinen täglichen Befehlsausgaben im *Hotel Stéphanie* unmissverständlich wissen, »er sei nicht gewohnt, Befehle zweimal zu geben«. Die französische Militärpolizei schoss schnell und zwar in alle Richtungen. Die Baden-Badener lernten, wenn sie einem uniformierten Militärangehörigen begegneten, rasch den Bürgersteig zu verlassen. »Die Deutschen haben zu arbeiten und nicht spazieren zu gehen«, begründete der Militärbefehlshaber kurz und bündig die vielen Ausgangssperren.

Die französische »Zonenhauptstadt« Baden-Baden

Die *französische Besatzungszone* in Deutschland reichte vom Saarland über die Pfalz und Südbaden, das südliche Rheinland bis nach Südwürttemberg-Hohenzollern. Sie grenzte im Norden, entlang der Autobahn Stuttgart-Karlsruhe, an die amerikanische Zone. Die Stadt Karlsruhe war zunächst von französischen Truppen besetzt worden, wurde aber an die Amerikaner abgegeben. Wer die französische Zone verlassen wollte, und sei es nur um von Baden-Baden nach Karlsruhe oder Stuttgart zu fahren, brauchte dafür ein »Laissez-Passer«.

Die Franzosen richteten ihr *Oberkom-*

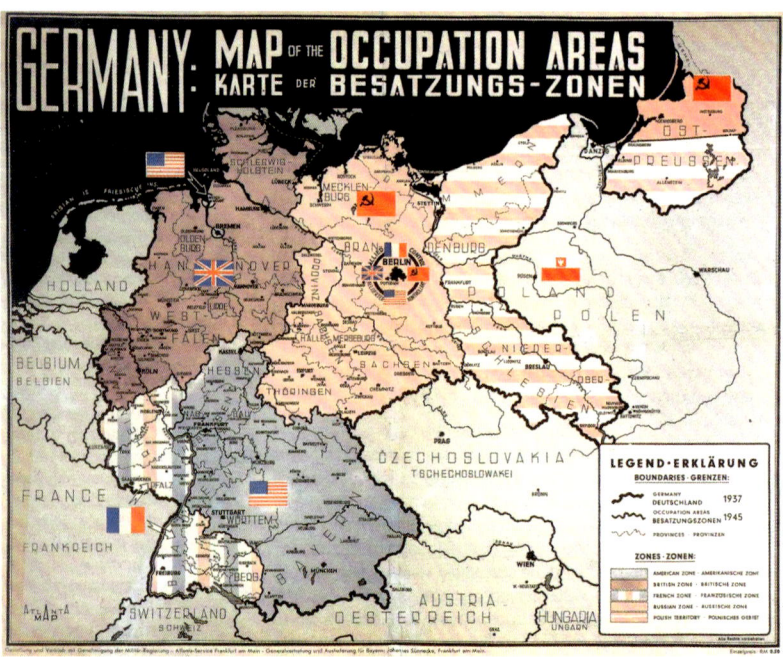

mando in Baden-Baden ein – und regierten vom ersten Tag an mit harter Hand. Dabei hätte die Bevölkerung die Soldaten am liebsten als »Befreier« gesehen, so wie es in der amerikanischen Besatzungszone der Fall war, aber nach den schrecklichen Kriegsjahren war dies nahe der deutsch-französischen Grenze ein vermessener Wunsch.

Die französische Führung war davon überzeugt, dass ein Land, das in 70 Jahren drei Kriege gegen Frankreich geführt hatte, die nächsten 50 bis 60 Jahre besetzt werden musste. Erst neue, friedfertige Generationen würden eines fernen Tages ein nachbarschaftliches Zusammenleben ermöglichen. *Général Pierre Koenig (1898–1970)* verglich Deutschland mit einer Firma, die schon mehrere Male Bankrott gegangen war und den früheren Besitzern nicht mehr zurückgegeben werden durfte. Général de Gaulle dachte sogar laut über die Annexion deutscher Gebiete nach.

Die Franzosen wollten sich also bei den Deutschen nicht beliebt machen, sondern sich Respekt verschaffen. Die deutschen Kriegsverlierer mussten sich in unterwürfiger Haltung beim *Gouvernement Civil des Militaires* in der »Schillerstraße 4« einfinden, im Hotel Brenner und Stéphanie-les-Bains, wo *Général Koenig* die nötigen Befehle erteilte.

Général Pierre Koenig (1898–1970).

Die Bevölkerung wurde vom *camp de presse*, das im Golfhotel saß, durch Plakatanschläge über die Anordnungen der Militärregierung informiert. Sollten die Anlieger nicht auf diese Plakate aufpassen oder gar zusehen, wie sie abgerissen wurden, riskierten sie den Verlust ihrer Wohnung. Wer nicht gehorchte, landete ohnehin schnell vor dem *Tribunal Sommaire* oder gar im Gefängnis, wie es selbst dem höchsten städtischen Beamten zur allgemeinen Abschreckung widerfuhr.

Die Aufgaben der französischen Militärverwaltung ergaben sich aus dem *Potsdamer Abkommen* vom 2. August 1945:

- Entmilitarisierung Deutschlands und Entfernung der Nationalsozialisten aus den öffentlichen Ämtern;
- Wiederherstellung der kommunalen Selbstverwaltung;
- Aufnahme der aus den Ostgebieten Vertriebenen »in ordnungsgemäßer und humaner Weise«;
- Befriedigung von Reparationsansprüchen der Siegermächte.

Die französische Militärregierung baute eine Verwaltung wie in den französischen Départements auf. Baden-Baden »fiel gewissermaßen die Rolle von Paris zu«. Für rein örtliche Angelegenheiten der Kurstadt Baden-Baden war die *Délégation Supérieure* in Freiburg zuständig. Im Sommer 1945 war Baden-Baden dann komplett in französischer Hand, die Franzosen besetzten 116 Hotels und Restaurants sowie 253 Villen.

Das *Palais Biron* wurde Sitz des französischen Geheimdiensts *Sûreté Nationale*. Andere wichtige Dienststellen kamen wie folgt unter:

Chef d'Etat-Major – *Werderstraße 7–9*;

Général Adjoint au Général Cdt en Chef, Cdt Supérieur des Troupes d'occupation – *Kronprinzenstraße 10*;

1er Bureau (Administration) – *Hotel Bären, Hauptstraße 36*;

2ème Bureau (Renseignements) – *Hotel Runkewitz, Lichtentaler Allee 64–66*;

3ème Bureau (Operations) – *Quettig-Straße 10, 15, 16, 17, 20*;

4ème Bureau – *Bühl*;

5ème Bureau – *Bismarck-Straße 7–8*;

Signal Center – *Hotel Bristol, Luisenstraße 26*.

In der französischen Zonenhauptstadt siedelte sich im Umfeld der Franzosen auch die sowjetische Militärmission an; die Sowjets bezogen die *Villa Sorrento* an der Lichtentaler Allee.

Innerhalb weniger Monate strömten unzählige *französische Soldaten* mit ihren Familienangehörigen in das Oos-Tal. Die Militärregierung musste jeden Quadratmeter *Wohnraum* beschlagnahmen, der in der Stadt aufzufinden war.

Schon bald war die Hälfte der Stadt französisch: 964 Wohnungen wurden vollständig und 603 Wohnungen teilweise mit Soldaten und Familienangehörigen belegt; auch 3.135 einzelne Zimmer, sieben Schulen und zwölf öffentliche Gebäude.

Die kleine Kurstadt mit ihren 34.000 Einwohnern platzte durch 40.000 Franzosen, die zu keiner Zeit erfasst oder registriert wurden, aus allen Nähten. Einheimische verloren ohne Vorwarnung, oft innerhalb Stunden, ihr Haus oder ihre Wohnung mitsamt dem Hausrat. Die Stadtverwaltung richtete eigens ein *Räumungsbüro* ein. In Zwei-Zimmer-Wohnungen lebten bis zu zwei Familien, wobei »oftmals nur ein Zimmer einen direkten Zugang hatte«. Bald fragten sich die Franzosen, ob nicht besser alle Deutsche aus Baden-Baden evakuiert werden sollten? Am Ende wies man alle Neubürger, die seit Kriegsbeginn zugezogen waren, wieder aus.

Mit den französischen Truppen kamen ungewöhnlich viele hohe Offiziersränge in die Stadt; von 1.300 Offizieren waren 800 Obristen. Die Generäle erhielten Villen, alleinstehende Offiziere nur ein Zimmer mit Küchenbenutzung. »Im Krieg gehört man eben besser zu den Siegern als zu den Besiegten«, meinte dazu ein Generalstabsoffizier, der nach der Geburt seines vierten Kindes eine Villa mit fünf Zimmern sowie ein zweites Dienstmädchen zugeteilt bekam – während die betagte deutsche Hausbesitzerin mit ihren

Bekanntmachung!

Die Radio- und Photo-Apparate sind bis spätestens Dienstag Abend 19 Uhr, im Grossen Rathaussaal abzugeben.

Der gleiche Zeitpunkt wird als äusserste Frist für die Waffenabgabe bestimmt. Die Abgabe erfolgt bei der Polizeidirektion (Wache).

Baden-Baden, den 15. April 1945

Der Polizeidirektor.

Enkelkindern in einen Kellerraum ziehen musste. Der Oberkommandierende Pierre Koenig beschäftigte in seinem Haushalt eine zweistellige Zahl von Dienstboten, darunter fünf Gärtner.

Trotz vieler Widrigkeiten hatten die Baden-Badener aber insgesamt das große Glück, in einer unzerstörten Stadt zu leben und nicht in Trümmern, wie die meisten Städter in Deutschland. Nur hungern mussten auch sie, denn was man mit Lebensmittelkarten bekam, war zum Leben zu wenig und zum Sterben zu viel. Ein jeder »hamsterte«, so viel er konnte, und im Park des *Palais Biron* legten die Nachbarn aus der Lichtentaler Straße sogar Gemüsebeete an.

Der Geheimdienst »Sûreté Nationale« im Palais Biron

Im *Palais Biron* war die Schaltzentrale der Besatzungsmacht untergebracht. Hier sammelte der Geheimdienst *Sûreté Nationale* alle Informationen, die zur Verwirklichung der politischen Ziele de Gaulles wichtig waren. Der Geheimdienst spannte ein dichtes Überwachungsnetz über die französische Zone, in dem sich alles verfing – Ängste und Hoffnungen, Erwartungen und Ansprüche, von Besatzern und Besiegten, Befreiern und Befreiten, Überlebenden und Gezeichneten. Wie die leise plätschernde Oos so durchzogen Tag und Nacht Informationen, Gerüchte und Befehle die Zonenhauptstadt.

Neuer Hausherr des *Palais Biron* war »Der französische Oberbefehlshaber in Deutschland, Militärregierung des französisch besetzten Gebiets, Leitung des Geheimdienstes«. Der Dienststempel lautete: »Gouvernement Militaire, Direction de la Sûreté, Commissariat de Sûreté de Baden-Baden«. Die ein- und ausgehenden Männer, sei es in Zivil oder in Uniform, nannten selten ihre Namen, *Colonel* und *Capitaine* musste im Briefverkehr als Anrede genügen – oder einfach »S«. Im Herbst 1947 gehörte ein gewisser »*P.D., le Directeur de la Sûreté*« zu den neuen Hausherren des Palais Biron. Auch die Adresse *Lichtentaler Straße 92* tauchte so gut wie nie auf. Was die *Sûreté Nationale* zu Papier brachte, wurde als »*Confidentiel*« oder »*Secret*« klassifiziert; die Akten wanderten in die *Archives de l'occupation francaise en Allemagne et en Autriche in Colmar*.

Der französische Geheimdienst wachte mit Argusaugen sowohl über die eigenen Truppen als auch über die Deutschen. Bei den französischen Soldaten ging es in erster Linie um »den Schutz und die Bewahrung geheimer Inhalte sowie den Schutz der Moral«. Wie es mit der Moral der französischen Truppen stand, konnte die *Sûreté* an der Zufriedenheit der Soldaten und deren Angehörigen mit Verpflegung, Kleidung und Unterbringung ablesen. Die Franzosen bekamen nämlich in ihren *Economats* nur das Nötigste und waren glücklich, wenn sie bei den kanadischen Streitkräften in Lahr oder bei der US Army in Karlsruhe einkaufen durften.

So blieb den Baden-Badenern auch nicht verborgen, dass es den französischen Besatzern kaum besser ging als ihnen selbst. Bei Truppenparaden griffen die Franzosen auf amerikanische Leih-Panzer zurück, was ihr ohnehin mäßiges Ansehen nicht gerade hob – zumal die französische Vorliebe für militärisches Zeremoniell bei den ziemlich ernüchterten Deutschen generell keinen Eindruck machte. Vielleicht trug es zur Steigerung der Moral bei, als die Franzosen mit Militär-Gäulen ihrer marokkanischen *Spahi-Brigade* auf der beschlagnahmten Rennbahn in Iffezheim Wettrennen veranstalteten. Im Jahr 1946 ging daraus die *Société Française des Courses en Allemagne* hervor, die künftig richtige Militärrennen veranstaltete.

Zu den Aufgaben der *Sûreté Nationale* gehörte auch die Überwachung sämtlicher Telefone sowie der Mitarbeiter in den Telefonzentralen. Der Geheimdienst organisierte außerdem das Versenden chiffrierter Nachrichten, unterband Indiskretionen der französischen Soldaten und verhinderte Spionagetätigkeiten des deutschen Personals in französischen Einrichtungen.

Commandement en Chef Français en Allemagne,
Gouvernement Militaire de la Zone Française d'Occupation,
Direction de la Sûreté:

Baden-Baden, le 24 octobre 1947
L'Administrateur Général LAFFON
Adjoint pour le Gouvernement Militaire pour la Zone Française d'Occupation
à Monsieur le Délégué Général pour
le Land Rhéno-Palatin – COBLENCE
le Wurttemberg – TÜBINGEN
le Pays de Bade – FRIBOURG
la Sarre – SARREBRUCK
à l'attention de l'Officier « S » Provincial

(Übersetzung:) Ich habe die Ehre, Ihre Aufmerksamkeit auf die Gefahr zu richten, die für die Geheimhaltung von den Telefonbüchern der Militärregierung ausgeht, in denen geheime Einrichtungen aufgeführt sind wie beispielsweise die Sicherheitseinheit der Militärregierung,

die Einheit gegen Widerstand, etc. Nachdem diese Telefonbücher auch in die Hand von deutschen Postmitarbeitern gelangen, scheint es mir angebracht, bei einer neuen Ausgabe den eigentlichen Namen dieser Einrichtungen durch eine allgemeine und ungenaue Bezeichnung wie »Studieneinheit« zu ersetzen und den Namen des Leiters nicht zu erwähnen. Ich erinnere Sie außerdem daran, dass die Telefonbücher außerhalb der Arbeitszeit nie auf Tischen oder Bürotischen bleiben dürfen.
P.D., le Directeur de la Sûreté

Im Verhältnis zu den Deutschen war die »*Dénazification*«, oder »*Épuration*« die heikelste Aufgabe des Geheimdienstes. Plötzliche Verhaftungen waren an der Tagesordnung. Die *Sûreté* verhörte die Festgenommenen im *Schweizerhaus* des Palais Biron. Ein Protokoll vom 16. August 1945 verzeichnete 67 *Arres-*

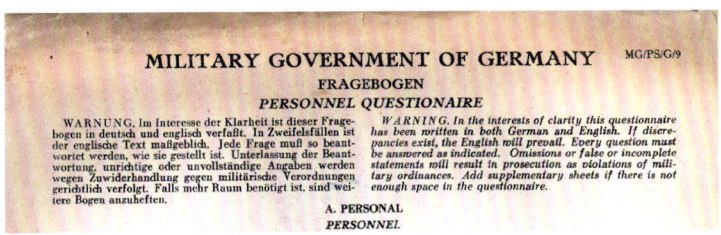

tations; die Männer wurden anschließend entweder nach Straßburg oder zum Lager Malschbach gebracht, das am Ende des Oos-Tals lag (»*Transferts au Camp de Malschbach*«).

Das *Camp* am Fuße des Schwarzwalds war »in zwei durch Stacheldrahtzaun getrennte Bereiche aufgeteilt«; im oberen Teil befanden sich die politischen Gefangenen, im unteren die Kriegsgefangenen. Das französische *Militärgericht* verhandelte und verurteilte nach französischem Recht und in französischer Sprache, nicht immer mit Dolmetscher.

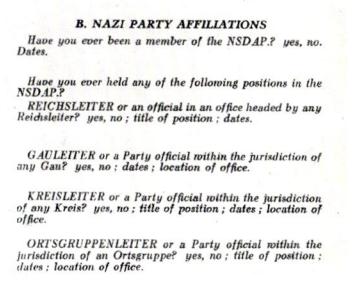

In *Frankreich* waren nach Kriegsende zunächst tausende Milizionäre und Kollaborateure ohne Gerichtsverfahren hingerichtet worden, bis schließlich ein geregeltes Verfahren eingeführt wurde. Der ehemalige NS-Reichsstatthalter *Robert Wagner* aus Karlsruhe, ein Nationalsozialist der ersten Stunde, musste auf diese Weise in Straßburg für seine Verbrechen büßen. Er hatte im Elsass eine rücksichtslose *Germanisierungspolitik* betrieben, die u.a. 50.000 junge Elsässer in der Wehrmacht und in der Waffen-SS das Leben kostete.

Das Vorgehen der Franzosen bei der *Entnazifizierung* in ihrer Besatzungszone führte immer wieder zu Unverständnis. Ihre Bewertung von NSDAP-Zugehörigkeit und Unterstützung des NS-Regimes war vor allem dann schwer nachzuvollziehen, wenn die Verfahren wie am Fließband abliefen und wenn bei den Besatzern allzu viel Opportunismus ins Spiel kam. Der Fragebogen des *Military Government of Germany* war »im Interesse der Klarheit« in Deutsch und Englisch abgefasst; wobei in Zweifelsfällen der englische Text galt. Die zu überprüfenden Personen mussten die Fragen »wie gestellt beantworten«, es ging um die Mitgliedschaft in der NSDAP (»*Reichsleiter, Gauleiter, Kreisleiter, Ortsgruppenleiter*«) und in NSDAP-Unterorganisationen. Auch nach anderen NS-Gliederungen und nach »Titel, Rang, Auszeichnungen und Urkunden« wurde gefragt – selbst bei Verwandten. Wer einen guten Leumund hatte, durfte sich glücklich schätzen:

> Herr Direktor Kleine ist mir seit langem als überzeugter Gegner der NSDAP bekannt. Er war einer der wenigen Menschen, mit dem ich in den entscheidenden Kriegsmonaten offen sprechen und mich vor allem auch über die wirtschaftliche Lage unterrichten konnte. Seine Betätigung im Werk war immer die eines vernünftig, gerecht und sozial denkenden Werkleiters, der ohne Rücksicht auf seine persönliche Gefährdung den Sinnlosigkeiten und Verlogenheiten der Partei entgegenwirkte, so gut er nur konnte. Er war in seiner Person ein klares Widerstandszentrum und mir eine treue Stütze in jeder Beziehung.
>
> Baden-Baden, den 27. November 1945
>
> gez. Leo Wohleb, Direktor und Referent im Unterrichtsministerium (späterer Staatspräsident des Landes Baden)

Kein Wunder, dass rund um die Geheimdienstzentrale im *Palais Biron* jede Menge Gerüchte waberten; es kam zu handfesten Denunziationen, zu geschicktem Versteckspiel und zu durchtriebenen Täuschungsmanövern. Viele schöpften Hoffnung auf eine neue Karriere beim Wiederaufbau des Landes, sei es als Oberbürgermeister oder als Intendant. Ohne die Unterstützung von Militärregierung und *Sûreté Nationale* waren die Chancen allerdings gleich Null. Der

QUESTIONNAIRE - A -
FRAGEBOGEN - A -

Geheimdienst wachte wie eine Spinne im Netz über den gesamten Neubeginn – und trotzdem schafften es ein Betrüger zum Direktor der städtischen Sparkasse und ein Hochstapler zum Chefchirurgen des städtischen Krankenhauses aufzusteigen. Der ehemalige Ostfront-Sanitäter führte 200 Operationen durch, und der falsche Banker machte sich mit der Kasse davon.

Die *Sûreté Nationale* kontrollierte das gesamte Vereinsleben, die politischen *Parteien* und sogar die Europa-Union sowie den Sparkassen- und Giroverband. Da es zu verhindern galt, dass Vereine zum Treffpunkt nationalsozialistischer Gruppen wurden, observierte der Geheimdienst zum Beispiel den Schach-Club Baden-Oos, den Kleintierzuchtverein Baden-Lichtental, den Rennclub Baden-Baden, die Freimaurerloge Badenia zum Fortschritt, die Bergwacht, den Kochverein und den Christlichen Verein junger Frauen und Mädchen.

Die Geheimdienstmitarbeiter der *Sûreté Nationale* tauchten anonym bei Veranstaltungen, Parteitagen und Kongressen auf. Sie verfassten eine Flut von Berichten an ihre Vorgesetzten – *Le Commissaire de la Sûreté, André Thiebaut* hinterließ sogar ausnahmsweise seinen Namen. Über die Gewerkschaften hieß es in einem Bericht: »Sie haben keine deutliche politische Gesinnung. Den leitenden Personen nach sind sie neutral und allen radikalen Einflüssen abgewandt«.

| Déclaration transmise par | { | Officier : Détachement : |

Eine besondere Sorge der Franzosen galt eventuellen Untergrundaktivitäten von *Werwolf-Gruppierungen*. Dabei handelte es sich um Saboteure, die im Auftrag der Nazis in den von den Alliierten besetzten Gebieten Anschläge verüben sollten.

28 Mai 1949
L'Administrateur Délégué pour le G. M. du District de Baden-Baden
à
Monsieur le Commissaire de la République,
Délégué Supérieur pour le G. M. du Pays de Bade, Fribourg

Objet : Association clandestine d'anciens fonctionnaires
Ref. : Circulaire DAA N° 774 en date du 6 avril 1949

(Übersetzung:) Ich habe die Ehre Ihnen zu berichten, dass die Erkundigungen in Baden-Baden wegen einer geheimen Gruppierung ehemaliger Beamter keine Ergebnisse erbracht haben.
Vor Ort konnten keinerlei Informationen über Gruppierungen, wie sie in der « Bi-Zone » existieren, ausfindig gemacht werden.

Die Person des ... in Wiesbaden ist unbekannt. Auch im Milieu der ehemaligen Wehrmacht scheint man nichts zu wissen, und es ist sehr unwahrscheinlich, dass zahlreiche Personen kontaktiert wurden.

Ein weiteres Problem war die Unterbringung der vielen, von den Sowjets aus den Ostgebieten *vertriebenen Deutschen*, die über die gesamte französische Zone verteilt wurden. Von diesen »hungernden ländlichen Massen« erhoffte sich die Sowjetunion eine Destabilisierung des Westens, einen »Verteilungskampf um Haus und Hof«, der zu einer »Umwälzung der Eigentumsordnung und zur Installierung eines prosowjetischen Regimes« führen sollte.

Im Palais Biron landeten auch kleinere, alltägliche Probleme der »*Cohabitation*«, des Zusammenlebens von Deutschen und Franzosen auf engstem Raum. Etwa Beschwerden über nächtliche Gelage, Handgreiflichkeiten, Übergriffe, mangelhafte Wohnverhältnisse der Besatzer oder Proteste ehemaliger Nazi-Gegner, die ihre Wohnungen verloren. Zum Mangel an Wohnraum kam noch der Mangel an Lebensmitteln – und die unterschiedlichen Sitten und Gebräuche. So beschwerte sich ein deutscher Gastgeber darüber, dass eine französische Familie, die bei ihm einquartiert war, noch spät abends kochte. Während ein französischer Offizier sich darüber beklagte, dass sein Hauswirt und dessen Frau schlichtweg unfreundlich zu ihm waren.

Gründung der «Chambre de Commerce du Pays de Bade»

Am 17. Oktober 1945 gründete die französische Militärregierung die *Industrie- und Handelskammer Baden-Baden*. An der Gründungssitzung nahmen zwei Vertreter der Besatzungsmacht teil, sie bestellten Ernst Alfred Ihle vom Wirtschaftsamt Baden-Baden zum kommissarischen Leiter und richteten in der *Stephanienstraße 2*, im früheren *Zentralhotel*, die Geschäftsstelle ein. Der Kammerbezirk umfasste die Ämter *Baden-Baden*, *Rastatt*, *Bühl* und *Achern*.

Die Industrie- und Handelskammer Baden-Baden gründete auf einer langen Tradition – die längste Zeit im Verbund mit Karlsruhe:

Industrie-, Handels- und Gewerbekammer Baden-Baden

✳

Bankkonto: 17668 Deutsche Bank Baden-Baden

Besuchszeit: 8.00 bis 12.00 Uhr

Baden-Baden, den   13.2.1946
Stefanienstraße 2

Firma
Dampfziegelei Karl Mayer

B a d e n - B a d e n
Am Herrenpfädel

1813	wurde in napoléonischer Zeit in Karlsruhe die erste »vereinigte Handelsstube« eingerichtet;
1834	fand die erste gemeinsame Konferenz der badischen Handelskammern statt;
1835	trat das Großherzogtum Baden dem im Jahr zuvor gegründeten »Deutschen Zollverein« bei;
1846	bildete sich der erste »Badische Handelstag« in Freiburg;
1848	löste die Regierung die badischen Handelsstuben auf, doch die Kaufleute gründeten »Handelsgenossenschaften«;
1864	wurde bei der Einteilung Badens in Kreise die Stadt Baden-Baden zur Kreisstadt und zuständig für die Ämter Achern, Bühl, Baden-Baden, Gernsbach und Rastatt;
1865	ließ die großherzogliche Regierung in Karlsruhe die »Handelskammer für die Stadt Baden-Baden« zu, diese war »im Geiste alter Zusammengehörigkeit« auch für die Nachbarstädte Rastatt, Bühl und Achern zuständig:

In Städten, wo sich ein etwas ansehnlicherer Handelsstand befindet, erschien es notwendig, dass sich derselbe von Zeit zu Zeit zusammenfindet, um auf diese Weise mit den bürgerlichen Verhältnissen der Handelsglieder und den obrigkeitlichen Kundmachungen in legale Kenntnis versetzt zu werden [...] So war man also bereit, die alte Zusammengehörigkeit auch in einem längeren Zusammengehen in einer vereinigten Handelskammer aufrecht zu erhalten und zu vertiefen. Ob nun die eine Stadt einen ausgedehnteren Handel als die andere betrieb oder ob sie mehr Industrie aufzuweisen hatte, spielte im letzten keine Rolle. Man gehörte eben zusammen und ein getrennt gehen bedeutete nur eine Schwächung der Konkurrenzfähigkeit.

1880	wurde das Statut »der Handelskammer für den Kreis Baden« erneuert;
1889	fusionierten die Handelskammer Karlsruhe (Bruchsal, Ettlingen, Bretten und Durlach) und die Handelskammer Baden (Rastatt, Bühl, Achern) zur »Handelskammer für die Kreise Karlsruhe und Baden«, bestehend aus 27 Mitgliedern, davon 16 aus dem nördlichen und 11 aus dem südlichen Bezirk. Als Grund für die Zusammenlegung von Karlsruhe und Baden-Baden wurde »die geringe Industrialisierung Mittelbadens« angegeben.
1911	wurde wegen der zunehmenden Industrialisierung das Kammerstatut neu gefasst und die Sitzverteilung der Entwicklung der verschiedenen Wirtschaftszweige angepasst.
1919	bezog die Karlsruher Kammer in der badischen Residenz das repräsentative »Prinz-Max-Palais«, den ehemaligen Wohnsitz des letzten deutschen Reichskanzlers Max von Baden.

1933	erließen die Nationalsozialisten das »Badische Gesetz über die Änderung des Handelskammergesetzes«: Bei der Namensgebung wurde die rapide fortschreitende Industrialisierung in der Rheinebene berücksichtigt und eine »Badische Industrie- und Handelskammer« gegründet, die im »Prinz-Max-Palais« in Karlsruhe ihren Sitz hatte, mit »Außenstellen« in Mannheim, Pforzheim, Freiburg, Schopfheim und Konstanz. Die bisherigen neun badischen Handelskammern wurden aufgelöst. Am 1. Juli 1933 mussten der Handelskammer-Präsident Nicolai und die Vollversammlungsmitglieder jüdischer Herkunft ihre Ämter unter politischem Druck aufgeben. Die *Badische Wirtschaftszeitung*, das Mitteilungsblatt der Kammer, würdigte trotz schwieriger Verhältnissen die Verdienste des scheidenden Präsidenten und rief ihm ein »herzliches Lebwohl zu«.
1935	wurden wieder vier selbstständige Industrie- und Handelskammern eingerichtet. Das Kammergebiet der Industrie- und Handelskammer Karlsruhe umfasste auch die Amtsbezirke Oberkirch, Offenburg und Kehl.
1943	integrierten die Nationalsozialisten die Industrie- und Handelskammer Karlsruhe in die »Gauwirtschaftskammer Oberrhein« mit Sitz in Straßburg.
1945	wurde von der amerikanischen Besatzungsmacht die »Industrie-, Handels- und Gewerbekammer Karlsruhe« gegründet, mit einer Nebenstelle Baden-Baden. Wenig später errichteten die Franzosen eine eigene Kammer in Baden-Baden. Die französische Militärregierung erwartete von der Baden-Badener IHK, wie von allen Kammern in ihrer Besatzungszone, eine tatkräftige Unterstützung bei der Durchsetzung ihrer Reparationsforderungen. Dabei ging es um mehr als nur um großflächige Abholzungen im Baden-Badener Stadtwald. Innerhalb eines Jahres demontierten die Franzosen in 60 bis 70 % der Betriebe Mittelbadens sämtliche Maschinen. Die IHK erstattete am 18. Januar 1946 ihren ersten Rapport:

Le Directeur Ihle,
Président de la Chambre de Commerce,
Baden-Baden

au Gouvernement Militaire:
Monsieur le Capitaine Arpin,
Baden-Baden

(Übersetzung:) Anbei übergebe ich Ihnen den ersten Bericht zur Industrie der Industrie- und Handelskammer Baden-Baden, der eine Statistik über den November 1945 enthält. Der Bericht beschäftigt sich mit den Hauptschwierigkeiten der Produktion, mit der Ausnutzung der Firmenkapazitäten und mit den Rohstoffen. In Zukunft wird Ihnen monatlich solch ein Bericht zugeschickt werden.

Agréez, Monsieur, mes salutations les plus distinguées
signé: Ihle

Die Franzosen wandten sich mit allen möglichen Anfragen an die IHK. Mal ging es um die Arbeitslosigkeit, dann um die Versicherungseinrichtungen in der Region – oder aber um Firmen mit »NS-Vergangenheit«, denen die Schließung drohte. Die IHK versuchte in diesen Fällen bei der *Commission d'Épuration à Fribourg* zu vermitteln.

Die IHK meldete der Militärregierung sämtliche Unternehmensgründungen und ließ jede Unternehmensnachfolge genehmigen. Über Betriebsbesuche fertigte man ein *Compte rendu de visite d'usine* an, ein spezielles Protokoll für die Franzosen. Trotz der lästigen Behinderungen achtete die IHK aber darauf, dass ihre *Rapports* und ihre *Correspondance* mit der Militärregierung entsprechend unterwürfig abgefasst waren:

Mr. Mirtain, Attaché de 1ère classe, Baden-Baden, Schillerstraße 4.

Sehr geehrter Herr Attaché,
»[...] im übrigen wird sich der Rechtsunterzeichnete gestatten, nach Eingang dieses Schreibens bei Ihnen nochmals persönlich vorstellig zu werden, wobei wir bereits jetzt um die Überlegung bitten, baldmöglichst eine Zusammenkunft von Vertretern der interessierten Kreise mit Ihnen und den zuständigen leitenden Herren Ihrer Dienststelle [...] vorsehen zu wollen.
Genehmigen Sie, sehr geehrter Herr Attaché, den Ausdruck unserer vorzüglichen Wertschätzung.

Industrie- und Handelskammer Baden-Baden
Der Präsident: Becker;
Der Hauptgeschäftsführer: Dr. Aufermann

Im Laufe der Zeit zeigten die französischen Reparationsforderungen immer fatalere Folgen. Materialengpässe und fehlende Arbeitskräfte führten zur Lähmung der Wirtschaft, es nahte der »Zustand der Subsistenzwirtschaft«. Im Winter 1946/47 drohte der völlige Zusammenbruch.

In Baden-Baden war die städtische Infrastruktur verschlissen. Die populäre, aber nicht mehr betriebssichere Straßenbahn beförderte 1947 unglaubliche 15 Millionen Fahrgäste, obwohl in Wagen, Gleise und Technik seit langem nichts mehr investiert worden war. Schließlich gab man sie zugunsten von Oberleitungs-Omnibussen ganz auf. Die Stadt musste sich auch um die Versorgung ihrer Bürger mit Wasser, Gas und Strom sorgen. Außerdem spitzte sich die Lebensmittelversorgung so dramatisch zu, dass selbst die Ernährungskommissare hilflos waren. Die badische Landwirtschaft verfügte weder über Benzin noch über Düngemittel, und selbst das Saatgut fehlte.

Die Besatzungszonen wurden zum größten Hindernis, denn es war schwieriger, von der französischen in die amerikanische Zone zu gelangen, »als zur Zeit Schillers von Stuttgart nach Mannheim zu fliehen«. Die IHK Baden-Baden wandte sich deshalb am 14. März 1946 an die Militärregierung:

Le Directeur Ihle,
Président de la Chambre de Commerce,
Baden-Baden

au Gouvernement Militaire:
Monsieur le Lt. Colonel Moutenet
Délégué pour le District de Baden-Baden
Schillerstraße 4

Mon Colonel,

(Übersetzung...) ich erlaube mir, Ihre Unterstützung in einer für Industrie und Handel in Zentralbaden außerordentlich wichtigen Angelegenheit zu erbitten.
Die Leitung des Geheimdienstes (Palais Biron) hat eine Anordnung herausgegeben, nach der alle Anfragen für einen »Laissez-Passer« über die lokale Polizei abgewickelt werden müssen. Gleichzeitig wurde die Zahl der »Laissez-Passer« stark reduziert.
In Folge dieser Anordnung kann die Industrie und Handelskammer Baden-Baden, die, wie Sie wissen, für die Industrie und den Handel bislang diese »Laissez-Passer« direkt erhalten hat, nicht mehr effektiv die Interessen der Wirtschaft vertreten. Die neue Regulierung verursacht starke Verzögerungen, die angesichts der dringenden Nachfragen (Beschaffung von Rohstoffen, etc.) das Wirtschaftsleben stören.

Ich bitte Sie deshalb, mir eine an den Geheimdienst adressierte Bestätigung auszufertigen, die belegt, dass die Industrie- und Handelskammer Baden-Baden wie bislang weiterhin direkt in Baden-Baden die wichtigsten »Laissez-Passer« beantragen kann, und ich bitte Sie, ihr ein Kontingent von 15-20 »Laissez-Passer« pro Tag zuzugestehen.

Veuillez agréer, Monsieur le Colonel, mes salutations les plus distinguées,
signé: Ihle

Die unterkühlte Antwort von Colonel Moutenet erfolgte am 9. April 1946:

Le Lt. Colonel Moutenet,
Délégué pour le District de Baden-Baden

à Monsieur le Directeur de la Chambre de Commerce,
Baden-Baden

(Übersetzung...) Ich teile Ihnen mit, dass die Passierscheinanträge für den Bereich Handel zuerst von der deutschen Polizei genehmigt werden müssen, bevor sie der Militärregierung vorgelegt werden.
Nach Begutachtung durch die zuständige Dienststelle »Handel« werden die jeweiligen Anfragen Herrn Lieutenant Sabourdin im »Bureau de la Circulation« (Dienststelle für Besuchs- bzw. Grenzverkehr) in der Lichtentaler Straße 92 zugeleitet.
Signé: Moutenet

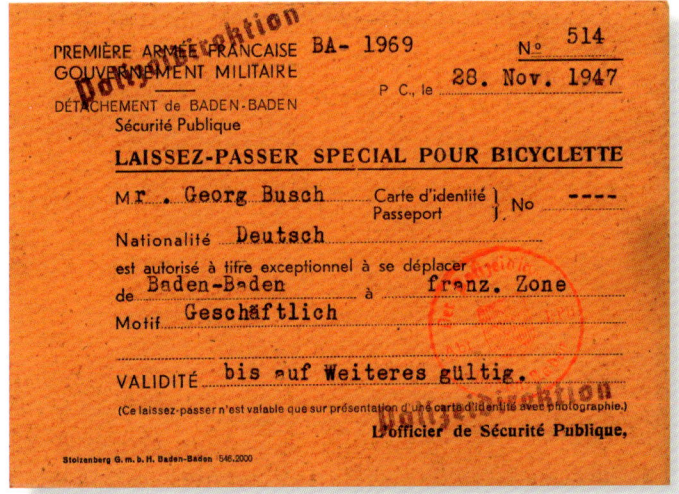

Dr. Ernst Schlapper wird IHK Präsident

Im Juli 1946 wurde *Dr. Ernst Schlapper (1887–1976)* neuer IHK Präsident, wenn auch nur für kurze Zeit. Der 59-jährige Wirtschaftsfachmann aus Essen brachte die klassische Prägung der Weimarer Republik mit. Nach dem Studium in Lyon und Grenoble, das er mit einem französischen Diplom abschloss, war Schlapper in den 20er Jahren als Industriemanager im Rheinland tätig. Die Franzosen besetzten zu jener Zeit das Rheinland und das Ruhrgebiet, weil Deutschland seine Kriegsreparationen nicht bezahlen konnte; das Saarland unterstand der Verwaltung des Völkerbunds. Schlapper sammelte dabei reichlich Erfahrung im täglichen Umgang mit Franzosen, die am längeren Hebel saßen. Nach der Machtübernahme der Nationalsozialisten 1933 und einer fragwürdigen Verurteilung wegen eines Devisenvergehens setzte er sich 1937 nach Baden-Baden ab, wo er die Kriegsjahre überstand.

Oberbürgermeister Ernst Schlapper (1887–1976)

Nach Kriegsende traf Schlapper auf die französischen Besatzer. Ein Landsmann aus Essen, der als Messner an der Stiftskirche diente, brachte ihn angeblich in deren Nähe, und der Geheimdienst im Palais Biron schien Gefallen an dem fließend französisch sprechenden Ex-Manager zu finden. Schlapper umgab »ein Ruch von großindustrieller Smartness«. Er war ein Mann aus der »Briand-Stresemann-Zeit«, schwarz gekleidet, autoritär, mit Hang zur Ironie – aber auch von rheinischer Direktheit, wie Konrad Adenauer, mit dem er befreundet war.

Dr. Ernst Schlapper blieb nicht lange Präsident der IHK, es zog ihn vielmehr nach wenigen Monaten in die Politik. Er wurde Gründungsmitglied der badischen *Christlich Sozialen Volkspartei* – und im Oktober 1946 wählte ihn die Bevölkerung mit Unterstützung der Franzosen zum neuen Oberbürgermeister von Baden-Baden.

Die Gründung des Südwestfunks

Die Besatzer entschieden sich früh für eine aktive Kulturarbeit. Ein neues Denken sollte bei den Deutschen einziehen, denn ein Zusammenleben war für die Franzosen nur mit wirklich »umerzogenen« Deutschen vorstellbar. Im August 1945 ließ die Militärregierung in Baden-Baden das *Badische Tagblatt* wieder zu und in Karlsruhe und Rastatt die *Badischen Neuesten Nachrichten*. Es durfte aber keinerlei Kritik an der Militärregierung geübt werden. Das *Kurorchester* gab wieder Konzerte, und in den *Kinos* sah man wieder Filme. Nach der Entnazifizierung von Lehrern und Schulbüchern gab es auch wieder *Schulunterricht*.

Ein besonderes Augenmerk richteten die Franzosen auf die Gründung eines Rundfunksenders in ihrer Zonenhauptstadt. De Gaulle wusste zu gut um den großen Wert dieses neuen Mediums. Die fehlende technische Ausstattung besorgten sich die Franzosen bei den Amerikanern, außerdem nahmen sie im Archiv des Stuttgarter Senders Schallplatten mit und beschafften sich im Tausch gegen badischen Wein im Berliner Funkhaus alte Tonbänder. Die BASF in Ludwigshafen musste außerdem auf Befehl der Militärregierung mit der Produktion von Tonbändern beginnen.

Bei der Auswahl des neuen Intendanten mischte wiederum die *Sûreté* kräftig mit; der Geheimdienst führte ein »informelles Gespräch mit Herrn Schneider-Hassel«, um »Informationen zu den beiden Kandidaten Bischoff und von Prittwitz-Gaffron« zu gewinnen.

Am frühen Morgen des 31. März 1946 ging *Radio Baden-Baden – ein Sender der Militärregierung* auf Sendung mit einer Sequenz aus Mozarts Zauberflöte als Erkennungsmelodie. Der Radio-Sprecher saß mitsamt der Sendetechnik im Speisesaal des beschlagnahmten Hotels *Kaiserin Elisabeth* am Fremersberg, während das städtische Kurorchester im Kurhaus klassische und moderne Musik für das neue Programm spielte. Wenn nötig, fuhr ein französisches Militärfahrzeug den Sprecher zwischen Studio und Kurhaus hin und her.

Hotel Kaiserin Elisabeth.

Über sämtliche Rundfunk-Sendungen wachte das französische Informationsministerium – anfangs etwa 100 Stunden in der Woche. Besonders willkommen waren Berichte über die Verbrechen des Nationalsozialismus sowie über die daraus folgenden Schwierigkeiten beim Wiederaufbau Deutschlands. Auch eine Berichterstattung über Frankreich und über die Weltpolitik lag im Interesse der Militärregierung – während Kritik an der Besatzungsmacht strikt verboten war.

Die französischen Soldaten empfingen täglich eine Sendung in ihrer Muttersprache, für die Deutschen gab es Fremdsprachenunterricht und »Umerziehungsprogramme«. Der spätere Leiter der Musikabteilung, *Heinrich Strobel*, sorgte für musikalische Glanzpunkte – unter anderem mit Kompositionen von *Igor Strawinski (1882–1971)*, einem der bedeutendsten Komponisten des 20. Jahrhunderts, der zu den regelmäßigen Besuchern Baden-Badens zählte. Strawinskis Werke hatten im Nazi-Deutschland als entartet gegolten. Der französische Sender lockte auch den aufstrebenden französischen Komponisten *Pierre Boulez (geb. 1925)*, einen Fabrikantensohn aus Montbrison, nach Baden-Baden.

Im Laufe der Zeit wuchs die Belegschaft des Senders auf 700 Mitarbeiter an und entwickelte sich zum drittgrößten Arbeitgeber – nach Militärregierung und Stadtverwaltung. Mit der Umwandlung zum *Südwestfunk* wurde der französische Militär-Sender selbstständig und als Anstalt des öffentlichen Rechts begründet. Der *SWF* war aus Baden-Baden nicht mehr wegzudenken, er übernahm die Subventionierung des städtischen Theaters und integrierte das geschichtsträchtige Baden-Badener Kurorchester, das er als *Großes Rundfunkorchester* mit glänzendem Ruf weiterführte.

Der Schriftsteller Alfred Döblin im Palais Biron

Die französische Besatzungsmacht beschäftigte auch einen berühmten deutschen Schriftsteller – den knapp 70-jährigen *Alfred Döblin (1878–1957)*. Er sollte als *Kulturbeauftragter der französischen Militärverwaltung* verhindern, dass Journalisten und Schriftsteller weiter nationalsozialistisches Gedankengut verbreiteten. Döblins »Arbeitsplatz lag im Palais Biron in der Lichtentaler Straße 92«.

Als *Chargé de Mission* zensierte der Autor all die Manuskripte, die den Franzosen vorzulegen waren. Er lieferte auch Hintergrundinformationen und Gutachten über die Gesinnung deutscher Schriftsteller und über deren Aktivitäten während des Nationalsozialismus.

Alfred Döblin war nach Ende des Zweiten Weltkriegs mit großen Vorsätzen als einer der ersten aus dem amerikanischen Exil nach Deutschland zurückgekehrt: »*Ich möchte helfen!*« Am 9. November 1945 traf er in Baden-Baden ein:

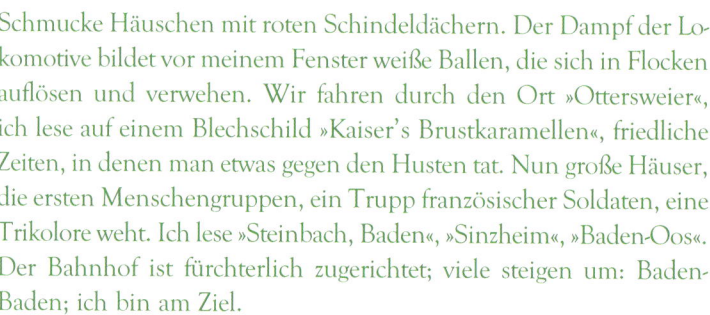

> Schmucke Häuschen mit roten Schindeldächern. Der Dampf der Lokomotive bildet vor meinem Fenster weiße Ballen, die sich in Flocken auflösen und verwehen. Wir fahren durch den Ort »Ottersweier«, ich lese auf einem Blechschild »Kaiser's Brustkaramellen«, friedliche Zeiten, in denen man etwas gegen den Husten tat. Nun große Häuser, die ersten Menschengruppen, ein Trupp französischer Soldaten, eine Trikolore weht. Ich lese »Steinbach, Baden«, »Sinzheim«, »Baden-Oos«. Der Bahnhof ist fürchterlich zugerichtet; viele steigen um: Baden-Baden; ich bin am Ziel.

Döblin stammte aus einer jüdischen Kaufmannsfamilie in Berlin. *In diesem nüchternen strengen Berlin bin ich aufgewachsen, dieses Steinmeer ist der Mutterboden aller meiner Gedanken.* Im Ersten Weltkrieg war er

Militärarzt an der Westfront in Saargemünd, dann Lazarettarzt in Hagenau im Elsass. Nach Kriegsende kehrte er in das unruhige Berlin der Weimarer Republik zurück, wo er miterlebte, wie seine unschuldige Schwester bei blutigen Straßenkämpfen ums Leben kam.

Als die Nazis 1933 die Macht übernahmen und der Reichstag brannte, floh Döblin über die Schweiz nach Paris, wo er 1936 die französische Staatsbürgerschaft annahm. In Deutschland verbrannten die Nazis seine Bücher, darunter *Berlin Alexanderplatz*, einen der bedeutendsten Romane des 20. Jahrhunderts. Alfred Döblin beschreibt darin gleichnishaft, wie der Transportarbeiter Franz Biberkopf trotz bester Vorsätze immer wieder »unter die Räder« kommt, obwohl er verzweifelt versucht, dem kriminellen Milieu in Berlin zu entfliehen. Döblin schuf erstmals eine richtige Großstadtkulisse, »mit Geräuschen, Meldungen, Anekdoten, Kinderreimen, Gebrauchsanweisungen und Reklame«.

Schon vor *Berlin Alexanderplatz* gab es an die 20 Bücher von Döblin, darunter Utopisches, Satire und Polemik. Er sah hellsichtig »die erschreckenden Tendenzen der zivilisatorischen Moderne« voraus.

In Paris begann Döblin die Arbeit an seinem Monumentalwerk *November 1918*, die er aber 1940 beim Einmarsch abbrach, um erneut zu fliehen. Er und seine Frau hetzten durch Frankreich, Spanien, Portugal – bis in die USA, wo Emigranten Geld für ihre Überfahrt gesammelt hatten. In Hollywood schlug sich das Ehepaar mühsam durch, Döblin empfand sich als »Außenseiter und Almosenempfänger«, er trat zur katholischen Kirche über. Sein Roman *November 1918* wuchs auf 2.000 Seiten an, im Kapitel *Karl und Rosa* arbeitete Döblin die Mitverantwortung der Eliten des 1918 untergegangenen Kaiserreichs für den Aufstieg Hitlers heraus und ging der Frage nach, weshalb sich in der Weimarer Republik so wenige für die historische Chance einer deutschen Demokratie engagiert hatten.

Fenster im Treppenhaus des Palais Biron.

Diese Frage veranlasste Alfred Döblin auch, nach dem Kriege an der Seite der französischen Besatzungsmacht nach Baden-Baden zu kommen. Er wollte einen persönlichen Beitrag dazu leisten, dass die Demokratie in Deutschland im zweiten Anlauf nicht erneut scheiterte. Dazu schlüpfte er in eine französische Uniform und nannte sich »Colonel Doeblin«. In seiner Arbeit sah der Schriftsteller »ein Symbol für die Freiheit und Solidarität der Völker«.

Von deutscher Seite hielt man ihm jedoch entgegen, er habe es auf »eine bußfertige Haltung der Deutschen« abgesehen. Seiner Frau sagte man sogar nach: »Sie hasste die Deutschen und sprach zuhause mit den Söhnen nur französisch – eine Sprache, die ihr Mann nur mangelhaft beherrschte«. Selbst seinen Übertritt zum katholischen Glauben im Exil hielt man Döblin in Baden-Baden vor.

Da sich die deutschen Kollegen durchhungern mussten, blieben Neid und Missgunst nicht aus. Auch zur *Gruppe 47* fand der Exilant Döblin keinen Draht, da man dort keine Vergangenheitsbewältigung betreiben wollte. Jeder war froh, wenn er überhaupt etwas veröffentlichen konnte. Von *Otto Flake* erschien 1946 der Roman *Fortunat*, eine Huldigung an seine oberrheinische Heimat.

Alfred Döblin war aber nicht nur der ungeliebte Zensor seiner Kollegen, er organisierte auch regelmäßig für ein geladenes Publikum deutsch-französische Kulturabende im Foyer des Baden-Badener Theaters. Außerdem kam Döblin regelmäßig sonntagabends in der Rundfunkreihe *Kritik der Zeit* des Südwestfunks zu Wort. Eingeladen vom Intendanten kommentierte er fünf Jahre lang zur besten Sendezeit »Politisches, Literarisches und Allerhand vom Tage«. Parallel dazu gab er im Auftrag der *Direction de l'Education Publique (Bildungsabteilung der französischen Militärregierung)* die literarische Monatszeitschrift *Das goldene Tor* heraus: »Golden strahlt das Tor durch das die Dichtung, die Kunst, der freie Gedanke schreiten.« Zur Wiederbelebung der literarischen Szene kamen im *Goldenen Tor* deutsche Autoren zu Wort, die Döblin ausdrücklich zum Schreiben ermunterte.

Döblin selbst gelang auch endlich die Veröffentlichung von *November 1918*, wobei er, eine Ironie der Geschichte, von einem seiner französischen Kollegen zensiert wurde. Der Geheimdienst störte sich nämlich am Kapitel *Bürger und Soldaten*, weil dort das Elsass Schauplatz war und weil der Nazi-Kollaborateur Philippe Pétain beleuchtet wurde.

Im Jahr 1949, mit der Gründung der Bundesrepublik Deutschland, endete die Verlags-Zensur der französischen Militärregierung in ihrer Besatzungszone und damit auch die Aufgabe von Alfred Döblin im Palais Biron. Die Zensurbehörde der Franzosen hinterließ aber eine ganze Reihe von Verlagen, die sich in jenen Jahren in Baden-Baden angesiedelt hatten.

Döblin ging nach Mainz, wo er sich für den Aufbau der bis heute bestehenden *Akademie der Wissenschaften und der Literatur* einsetzte, als Pendant der Preußischen Akademie der Wissenschaften und der Preußischen Akademie der Künste. Ihm ist es zu verdanken, dass die Akademie der Wissenschaften und der Literatur als Pendant zur Académie Française eine *Klasse der Literatur* einrichtete. Er führte *Das Goldene Tor* bis 1951 fort und veröffentlichte kunst- und kulturkritischen Essays, moderne Grafik, Texte von Borchert, Brecht, Becher, Feuchtwanger, Heinrich Mann und anderen.

Während sich die Demokratie in West-Deutschland immer schneller festigte, fühlte sich der »liebenswerteste und traurigste aller Heimkehrer« *(Die Zeit)* zunehmend einsam und ausgegrenzt. Auch sein großes Zeitgemälde

November 1918 fand keinen Anklang. »Zwischen den Fronten des Kalten Krieges, im süßlichen Dunst des Wirtschaftswunderdeutschlands war kein Platz für seine Literatur.« Döblin zog sich, enttäuscht von der »geistigen und gesellschaftlichen Entwicklung« in seinem Geburtsland, im Jahr 1953 nach Paris zurück. Er schrieb an Bundespräsident Theodor Heuss:

> Ich kann nach den sieben Jahren, jetzt, wo ich mein Domizil wieder aufgebe, nur resümieren: es war ein lehrreicher Besuch, aber ich bin in diesem Lande, in dem ich und meine Eltern geboren sind, überflüssig und stelle fest, mit jeder erdenklichen Sicherheit: »Der Geist, der mir im Busen wohnt, er kann nach außen nichts bewegen.

Alfred Döblin erhielt noch viele Ehrungen und Einladungen; aber das »Sprachgenie«, der «Menschenfreund und Visionär«, kam nur als Parkinson-Patient nach Deutschland zurück. Er starb am 26. Juni 1957 im Alter von 79 Jahren im Landeskrankenhaus in Emmendingen.

Jahrzehnte später stiftete der Schriftsteller *Günter Grass* in Verehrung für sein großes literarisches Vorbild den *Döblin-Preis*; und Rainer Werner Fassbinder verfilmte »Berlin Alexanderplatz«. Marcel Reich-Ranicki urteilte: »Der stilprägende Einfluss, den Döblin auf die Erzählweise deutscher Romanciers nach 1945 ausgeübt hat, lässt sich nur mit dem Kafkas vergleichen«.

Marshall-Plan und Währungsreform 1948

Nach dem verlorenen Zweiten Weltkrieg lief erneut die Notenpresse heiß. Dank der Hilfen des amerikanischen »Marshall-Plans« konnte die Bevölkerung ab 1948 wenigstens mit den nötigsten Gütern und Dienstleistungen versorgt werden. Erst die Währungsreform am 21. Juni 1948 schuf mit der *Deutschen Mark* in den drei westlichen Zonen die Voraussetzungen für einen raschen wirtschaftlichen Aufschwung. Jeder bekam 60 DM »Kopfgeld« ausbezahlt, und buchstäblich über Nacht sprang die Wirtschaft an. Auf dem Wochenmarkt gab es auf wundersame Weise wieder alles zu kaufen, was zuvor nur auf dem Schwarzmarkt zu haben war, sogar Obst und Gemüse. Noch im Frühjahr hatte die Bevölkerung gehungert, sechs Monate später begannen die Lokale ihr Essen ohne »Marken« abzugeben. Die Lebensmittelrationierung musste allerdings noch bis ins Jahr 1950 aufrechterhalten werden.

Nach der Währungsreform in den Westsektoren Berlins am 24. Juni 1948 sperrte die Sowjetunion die Land- und Wasserwege nach West-Berlin, so dass die West-Alliierten die geteilte und eingeschlossene Stadt über eine Luftbrücke versorgen mussten. Sogenannte »Rosinenbomber« brachten Tag und Nacht das Nötigste nach Berlin. Am 4. April 1949 erfolgte der Abschluss des Nordatlantikpakts NATO, im gleichen Jahr wurde die Sowjetunion Atommacht. Die Franzosen stellten mit Beginn des »Kalten Kriegs« die Demontage der Industriebetriebe in ihrer Zone ein.

Deutschland entsteht 1949 als neuer Staat

Schon kurz nach der Kapitulation hatten die Alliierten im Sommer 1945 wieder politische Parteien zugelassen. Die *Sûreté Nationale* verfolgte sehr genau, wer sich politisch engagierte und wer sich bei Wahlen aufstellen ließ. Keinesfalls durften Anhänger oder Sympathisanten der Nationalsozialisten sich erneut politisch betätigen. Die Parteien in der französischen Zone sollten auch möglichst nicht mit Gliederungen in den anderen Zonen kooperieren.

Als Erstes wurden Kommunalwahlen abgehalten, dann entstanden auf dem Gebiet des heutigen Baden-Württemberg, in den Zonen der Franzosen

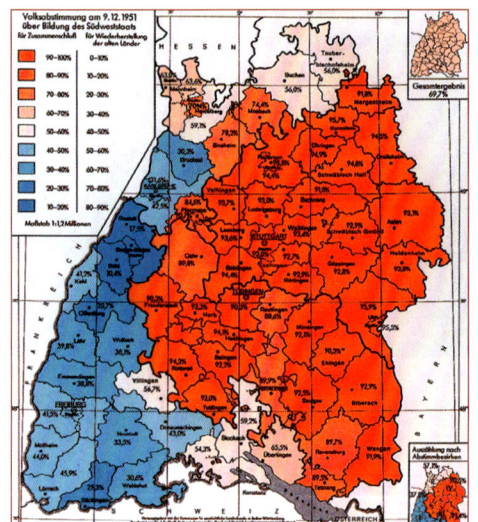

Volksabstimmung in Baden und Württemberg über die Bildung eines Südweststaats, 1951.

und Amerikaner, drei neue Bundesländer: *Baden, Württemberg-Baden* und *Württemberg-Hohenzollern.* Reinhold Maier wurde Ministerpräsident von Württemberg-Baden in Stuttgart, Leo Wohleb »Staatspräsident des badischen Landtags« in Freiburg und Carlo Schmid, später Gebhard Müller Staatspräsident von Württemberg-Hohenzollern.

Schon bald kam aus Württemberg-Baden die Anregung, die drei Länder zu einem »Südweststaat« zu vereinen. Die französische Militärregierung war alles andere als begeistert über eine solche Entwicklung, denn ihr Einfluss drohte dadurch gravierend zu schwinden. Trotzdem trafen sich die drei Ministerpräsidenten im August 1948 auf dem Neuffen am Rande der Schwäbischen Alb, wo sie den Gedanken eines Südweststaats ausloteten.

Württemberg-Baden und Württemberg-Hohenzollern sprachen sich für einen Zusammenschluss aus, weil sie in einem einheitlichen Wirtschaftsgebiet erhebliche wirtschaftliche Vorteile sahen und sich dadurch eine schnellere Überwindung der Kriegsfolgen versprachen. Auch schien ihnen die Verwaltung eines größeren Landes billiger.

Aber der badische Staatspräsident Leo Wohleb in Freiburg befürchtete eine Bevormundung durch die Übermacht Württembergs sowie eine Vernachlässigung badischer Interessen durch den Stuttgarter Zentralismus. Deshalb legte er, unterstützt von der französischen Besatzungsmacht in Baden-Baden, einen *Bühler Entwurf* zur Wiederherstellung des Landes Baden vor. Die Württemberger hingegen stellten einen *Karlsruher Entwurf* für ein *Bundesland Baden-Württemberg* vor, mit vier relativ selbstständigen Landesbezirken.

Am 8. Mai 1949 fand die abschließende Lesung des Grundgesetz-Entwurfes im Parlamentarischen Rat statt, am 23. Mai 1949 wurde das Grundgesetz feierlich verkündet. Die Sowjetunion brach am 12. Mai 1949 die Blockade West-Berlins ab und ließ am 7. Oktober in Ost-Berlin die provisorische Volkskammer, zur Gründung der *Deutschen Demokratischen Republik (DDR)* zusammentreten. Der sowjetische Vasallenstaat sollte als »sozialistischer Bruder-Staat auf deutschem Boden« über 40 Jahre Bestand haben und die deutsche Politik wie kein anderes Thema beeinflussen.

Die Bundesrepublik Deutschland wurde am 21. September 1949 eingeschränkt souverän; an die Stelle des Alliierten Kontrollrats der Besatzungsmächte trat die *Alliierte Hohe Kommission* in der neuen Bundeshauptstadt Bonn. Der französische Hohe Kommissar konnte sich weiterhin auf seine Zonenhauptstadt Baden-Baden und die dort ansässigen Behören stützen, auch auf den Geheimdienst im Palais Biron.

Bei der *ersten Bundestagswahl* am 14. August 1949 gewann die Christlich Demokratische Union (CDU) als stärkste Partei 31% der Stimmen, dicht gefolgt von der SPD mit 29,9% Stimmenanteil. Erster Bundeskanzler wurde der 73-jährige Konrad Adenauer, und erster Bundespräsident der Schwabe Theodor Heuss.

Bundeskanzler Konrad Adenauer auf dem Bonner Petersberg bei der Alliierter Hohen Kommission, 1949.

Der Rheinländer Adenauer betrieb die Einbindung Deutschlands ins westliche Lager und sicherte die Bundesrepublik gegen den expansiven Kommunismus ab. Er arbeitete auf die volle Souveränität der jungen Republik hin, wohl wissend, dass dies nur bei erfolgreicher Aussöhnung mit Frankreich gelingen konnte. Ein solcher Neuanfang mit Frankreich sollte zugleich auch die Grundlage für ein vereintes Europa werden.

Die in der Opposition befindliche Sozialdemokratische Partei Deutschlands (SPD) kritisierte die »bedingungslose Westintegration« Adenauers, sie nannte ihn »Kanzler der Alliierten«. Doch Adenauer führte die Bundesrepublik zielstrebig auf den Weg in die (letztlich nicht realisierte) Europäische Verteidigungsgemeinschaft, in die NATO und in die Europäische Wirtschaftsgemeinschaft EWG.

In Baden-Baden entließen die Franzosen ihre letzten Gefangenen im Lager Malschbach. Der französische Militärbefehlshaber Pierre Koenig verabschiedete sich am 2. August 1949 von seiner »Zonenhauptstadt« im Rahmen eines Festakts im Kurhaus. Der badische Staatspräsident Leo Wohleb fand freundliche Abschiedsworte für den Franzosen, der vier Jahre von der Kurstadt aus große Teile Südwestdeutschlands regiert hatte.

Nach wie vor behielten die französische Truppen aber fast alle Hotels und Pensionen in Beschlag – natürlich auch das Palais Biron – und machten eine Rückkehr der Kurstadt zum traditionellen Fremdenverkehr unmöglich. Vor Kriegsbeginn hatte es 4.700 Betten in der Stadt gegeben. Im Jahr 1950 waren gerade mal 20 Hotels wieder in Betrieb, was einem Viertel der Kapazitäten entsprach. Die Franzosen sorgten auch weiterhin für große Wohnungsnot. Immerhin konnte Oberbürgermeister Schlapper das Problem nun offen ansprechen, zumal die städtischen Wohlfahrtsausgaben explodierten. Angesichts dieser Probleme – auch die Schließung des Theaters drohte – bildeten Optimisten wie der Schriftsteller *Heinrich Berl* eher die Ausnahme:

> Es kann keinem Zweifel unterliegen, dass eine unzerstörte Stadt wie Baden-Baden einen Besucherstrom aus dem In- und Auslande zu erwarten hat, dass die vorhandenen Einrichtungen kaum ausreichen werden, um ihn aufzufangen.

Die Bildung des *Südweststaats* beschleunigte sich, am 24. September 1950 fand dazu eine informatorische Volksbefragung statt: Württemberg und Nordbaden waren eindeutig dafür – Baden mit knapper Mehrheit dagegen. Daraufhin verabschiedete der Deutsche Bundestag 1951 ein *Neugliederungsgesetz*, das ein *Gesamtvotum* der drei Bundesländer vorsah. Diese Volksabstimmung fand am 9. Dezember 1951 statt – es fiel mit 69,7 % aller Abstimmungsberechtigten *für* die Bildung des Südweststaates Baden-Württemberg aus (Württemberg: über 90 %; Nordbaden: 57,1 %; Südbaden: 37,8 %; französische Zonenhauptstadt Baden-Baden: 17 %). Ein solches Ergebnis sorgte natürlich für eine Fortsetzung des Streits über die Südweststaatsbildung.

Reinhold Maier bildete am 25. April 1952 in Stuttgart die erste *Landesregierung von Baden-Württemberg*. Die badischen Industrie- und Handelskammern kritisierten die Koalitionsbildung aus SPD, FDP/DVP und BHE (Bund der Heimatvertriebenen und Entrechteten), da die CDU als stärkste Fraktion außen vor blieb. Die badischen Industrie- und Handelskammern waren auch nicht bereit, mit den württembergischen Kollegen eine gemeinsame Interessenvertretung auf Landesebene zu bilden. Nach einem Jahr trat die Regierung von Reinhold Maier wieder zurück und machte einer Allparteienregierung unter *Gebhard Müller (1900–1990)* Platz, die bis 1958 bestehen sollte.

Hanns Martin Schleyer wird IHK Geschäftsführer

Im IHK Bezirk Baden-Baden siedelten sich nach und nach Unternehmen der chemischen und der kunststoffverarbeitenden Industrie mit größeren Werken in Rastatt und Greffern an. Außerdem eröffnete die Elektroindustrie Betriebsstätten in Bühlertal, Baden-Baden und Rastatt; und die metallverarbeitende Industrie ließ sich in Bühl und Rastatt nieder.

Mit Gütern *Made in Germany*, die auf nagelneuen Maschinen hergestellt wurden, ließen sich international gute Geschäfte machen. Die von den Franzosen demontierten alten Gerätschaften vermisste niemand. Außerdem mussten die französischen Besatzer akzeptieren, dass die Unternehmer in ihrer Zone ihre Geschicke nun selbst in die Hand nahmen:

Gouvernement Militaire en Allemagne
Délégation Supérieure du Pays de Bade
Section Economie Générale

NOTE D'INFORMATION

Fribourg, le 8 juin 1949

OBJET: Elections des Conseillers des Chambres de Commerce

(Übersetzung:) Am 25. Mai 1949 hat die Wirtschaftswelt die Vertreter gewählt, die sie im Rahmen der Industrie- und Handelskammern vertreten. Wir erinnern daran, dass die ehemaligen Vertreter, die bis jetzt im Amt sind, von der Militärregierung 1945 bestimmt worden waren. Die der Wahl am 25. Mai zugrunde liegende Satzung ist das ehemalige badische Gesetz von 1878, verändert im Jahr 1920.

Die Wahlen haben sich ruhig in der Geschäftstelle jedes Kreises abgespielt. Bei den gewählten Vertretern gab es keine großen Überraschungen. Das geringe Engagement, das generell von den Kandidaten gezeigt wurde, hat den Wahlen einen passiven Charakter verliehen. Nur in der Region Konstanz gab es einen Kampf zwischen mehreren Gruppierungen, von denen eine Gruppe zum großen Erstaunen aller mit einer großen Mehrheit hervorgegangen ist.

Die Wahlbeteiligung liegt bei einem Durchschnitt von 18 % (im Vergleich zu 7 % bei den letzten Wahlen 1927). Im Moment wird geprüft, ob bestimmte Gewählte überhaupt wählbar sind; Trotzdem kann davon ausgegangen werden, dass die beigefügte Liste die quasi definitive Zusammensetzung der Beiräte angibt. Nur die Wahlen der Industrie- und Handelskammer Freiburg haben innerhalb der rechtlichen Fristen zu Anfechtungen der Wahl geführt, die Untersuchung hierzu läuft. Nur eine einzige Beschwerde (das Wahlgeheimnis betreffend) kann aufrecht erhalten werden, aber die entsprechenden Gruppen glauben nicht an eine Annullierung der Wahl.

Nachdem das Problem der Teilhabe von Arbeitnehmern an den Beiräten noch nicht offiziell gelöst worden ist, können die Industrie- und Handelskammern diese Frage frei behandeln, sie werden jedoch aufgefordert, sich an die Empfehlungen des Badischen Wirtschaftsministeriums zu halten, das eine 25 %ige Beteiligung der Arbeitnehmer an den Beiräten vorschlägt.

Signé : R. Nussbaum

Liste des Elus de la Chambre de Commerce et d'Industrie de Baden-Baden:

Industrie:
Alfred Brenner, Hotelbesitzer, Baden-Baden, Schillerstraße 2
Hermann Fischer, Fabrikant, Bühl, UHU-Werke
Fritz Steinebach, Daimler-Benz A. G., Gaggenau [etc.]

Hanns Martin Schleyer (1915–1977).

Der Aufschwung der Exportwirtschaft veranlasste die IHK Baden-Baden 1949, für die *Außenhandelsstelle der Industrie- und Handelskammern Südbadens* nach einem Geschäftsführer zu suchen. Auf Empfehlung der IHK Lahr bewarb sich der 34-jährige *Hanns Martin Schleyer (1915–1977)* aus Offenburg, der bei der französischen Besatzungsbehörde auf dem Lahrer Flugplatz beschäftigt war.

Schleyer schilderte in seinem Lebenslauf, wie er sein Abitur in Rastatt machte, in Karlsruhe, Innsbruck und Prag studierte, in Frankreich verwundet wurde, die Leitung des Prager Studentenwerks der »Deutschen Hochschulen« übernahm – und schließlich Persönlicher Referent und Sekretär des Präsidenten des Zentralverbands der Industrie für Böhmen und Mähren wurde.

In dieser Funktion betreute Hanns Martin Schleyer die Gesamtindustrie des Protektorats Böhmen und Mähren, wo er Erfahrungen im Exportgeschäft sammelte. Schleyer verhandelte in Prag mit »ausländischen Herren ebenso wie mit deutschen und ausländischen Regierungsstellen«. Er gewann »Einblick in die wirtschaftlichen und sozialen Verhältnisse sowie in den Produktionsgang einzelner

Betriebe«. Wenn es die Kriegsverhältnisse nicht verhindert hätten, wäre er, so schrieb er, ins »Bürgerliche Brauhaus in Pilsen« eingetreten.

Wenige Stunden nach Gelingen des Aufstands im Mai 1945 habe er Prag verlassen, schrieb Schleyer weiter, und habe sein Amt in Ruhe an seinen tschechischen Kollegen übergeben. Im Rückblick versicherte er, dass er im Protektorat »eine Arbeit auf rein wirtschaftlichem Gebiet« ausgeübt habe. Sein Säuberungsverfahren sei mit der Einstufung »als Mitläufer« abgeschlossen worden. Seine NSDAP-Mitgliedschaft während der Studentenzeiten von 1937–1939 sei bereits »im Jahre 1941 durch die Reichsleitung rückwirkend gestrichen« worden, da er sich seit 1939 nirgends mehr angemeldet habe.

Nach seiner Rückkehr im Jahr 1945 sei er »unter dem Zwang der wirtschaftlichen Verhältnisse in den Dienst der Besatzungsbehörde getreten«. Bei der *Direction des Bases Aeriennes in Lahr* war Schleyer seither mit dem »Einkauf von Großmaterialien betraut«.

Nun wolle er sich wieder seinem eigentlichen Beruf zuwenden, begründete Hanns Martin Schleyer seine Bewerbung bei der IHK Baden-Baden. Er versicherte der Kammer seinen »festen Willen zum restlosen Einsatz seiner Person für die gestellte Aufgabe«. Mit seiner Frau und seinen Kindern wolle er gerne in Offenburg wohnen bleiben, »und täglich mit dem Zug nach Baden-Baden kommen, was bei den gegebenen günstigen Verbindungen ohne nachträgliche Folgen auf den Dienst möglich ist«.

Die IHK Baden-Baden stellte Hanns Martin Schleyer zum 1. März 1949 ein, er bekam ein umfangreiches Aufgabengebiet übertragen.

> Ihm oblag die Wahrnehmung der gemeinsamen außenwirtschaftlichen Belange aller badischen Kammern durch das von ihm zu diesem Zwecke eingerichtete und geleitete Büro mit dem Sitz in Baden-Baden.

Daneben war Schleyer auch für das Verkehrs- und Ausstellungswesen zuständig sowie für Presse und Auslandsreisen, außerdem war er Beauftragter der Messe Hannover. Im »Jahresbericht der IHK Baden-Baden 1951« schrieb er:

> Die Kammer hatte am 31. 12. 1951 einen Mitgliedsstand von 5.832 Firmen; von diesen waren 1.350 im Handelsregister eingetragene Unternehmen und 4.482 Kleingewerbetreibende. Die bezirkliche Aufgliederung ergibt nachstehendes Zahlenbild:
> Baden-Baden   167
> Bühl   1.024
> Achern   775
> Rastatt/Murgtal 2.358

Der neue Geschäftsführer bewährte sich schnell, Schleyer beherrschte »vor allem die Abwicklung des starken Besucherverkehrs, des umfangreichen Schriftwechsels und die oft schwierige Verhandlungsführung mit den Firmen, den übrigen Kammern und wirtschaftlichen Verbänden sowie den Bundes- und Länderministerien«. Der bescheidene und zurückhaltende junge Mann verstand sich auch von Anfang an gut mit seinen Kolleginnen und Kollegen, die ihn mittags mit Kartoffelsuppe versorgten. Ein besonders freundschaft- liches, geradezu familiäres Verhältnis verband ihn mit Walter Endriss, dem späteren Hauptgeschäftsführer der Kammer. Wenn Schleyer in der Schweiz zu tun hatte, was häufig vorkam, brachte er für jeden *Schweizer Schokolade* mit – am meisten freuten sich darüber seine Kinder in Offenburg.

Nach zweieinhalb Jahren strebte Hanns Martin Schleyer eine Betäti- gung »in der freien Wirtschaft« an. Er wechselte zum 1. Oktober 1951 als Sachbearbeiter zur Daimler-Benz AG nach Stuttgart-Untertürkheim. Die IHK Baden-Baden, vertreten durch den Präsidenten Becker und den Haupt- geschäftsführer Dr. Aufermann, stellte dem scheidenden Geschäftsführer Schleyer am 30. September 1951 ein hervorragendes Zeugnis aus:

Bei der Ausübung seiner Tätigkeit kamen Herrn Dr. Schleyer seine sehr guten allgemeinen, fachlichen und sprachlichen Kenntnisse, seine mehrjährige Auslandspraxis sowie seine ausgedehnten persönlichen Beziehungen besonders zustatten; er verband gewandtes und sicheres Auftreten mit jederzeitiger Einsatzbereitschaft und großem wirtschaft- lichen Verständnis; diese Eigenschaften, die in wirkungsvoller Weise durch seine verbindliche und entgegenkommende Art ergänzt wurden, verschafften ihm sowohl bei den in Betracht kommenden öffentlichen Dienststellen als auch in allen Kreisen der privaten Wirtschaft ver- diente Wertschätzung und Anerkennung.

Die Gründung der Baden-Badener Unternehmergespräche (BBUG)

Die frühen »Aufbaujahre« weckten in Deutschland den Glauben an Wohl- stand und Fortschritt. In der sogenannten »Stunde Null« wollte sich ein jeder möglichst schnell aus den Ruinen herausarbeiten und rasch den Krieg, die Verbrechen und das Leid vergessen. Aus dem Zweiten Weltkrieg kamen 3,3 Millionen deutsche Soldaten nicht mehr zurück, 3,8 Millionen deutsche Zivilisten waren tot. Von 10 bis 15 Geburtsjahrgängen fehlte mehr als die Hälfte der jungen Männer. In sowjetischen Kriegsgefangenen-Lagern harrten noch immer verzweifelte junge Männer auf eine Rückkehr in die Heimat.

Die Bundesrepublik nahm acht Millionen Heimatvertriebene auf, die sich als »disziplinierte, hoch angepasste, leistungs- und aufstiegsorientierte Arbeitskräfte« erwiesen. Die Heimatvertriebenen wurden zu Leistungsträgern des Wirtschaftswunders, zu einem »Modernisierungsfaktor«, da sie mit ihrem Schicksal zur »Entprovinzialisierung, Säkularisierung und Urbanisierung Deutschlands« beitrugen, zum Wiederaufbau der Städte nach modernen Erfordernissen.

In den großen Industrieunternehmen West-Deutschlands übernahm eine dem Krieg mit knapper Not entronnene Führungsschicht das Ruder. Über den Grad ihrer Verstrickung in das NS-Regime wurde gestritten, gerichtet, geurteilt – oder der Mantel des Schweigens gelegt. Diese Männer der ersten Stunde waren weitsichtig genug, den Mangel an Führungsnachwuchs als gravierenden Wettbewerbsnachteil der deutschen Wirtschaft zu erkennen. Auf der zweiten Führungsebene fehlte es an Qualifikation und Erfahrung, an internationalen Wirtschaftskontakten, an Augenhöhe mit der amerikanischen Konkurrenz in allen Belangen der modernen Unternehmensführung.

Um diesem Defizit abzuhelfen, wurden 1951 in Baden-Baden die »deutsch-amerikanischen Betriebsführergespräche« wieder aufgenommen, die es dort schon vor dem Zweiten Weltkrieg gegeben hatte. Zudem schickte man ausgewählte Nachwuchskräfte zum Advanced Management Program in die USA – an die Harvard University in Cambridge/Massachusetts. Nach dem Krieg wurden die Business-Schools in den USA zu Vorbildern der Management-Bildung in Europa. Der erste deutsche Teilnehmer überhaupt war der junge Direktor Dr. jur. Ludwig Vaubel von der Vereinigte Glanzstoff-Fabriken AG, der seine Erfahrungen mit der Harvard Case Study Method 1952 in dem Buch Unternehmer gehen zur Schule veröffentlichte. Er verlangte, dass man sich in Deutschland mit den »Anregungen und Lösungsversuchen« aus den USA auseinandersetzen solle, denn die arbeitsteilige Wirtschaft führe zu einer bisher unbekannten gegenseitigen Abhängigkeit.

»Das Schwergewicht liegt in der Diskussion, wobei vorausgesetzt ist, dass jeder Teilnehmer das Diskussionsthema zuvor wirklich geistig durchgearbeitet hat.« Ein kleinerer Teilnehmerkreis von 50 in einem Kurs, so wie beim Administrative Staff College in Henly on Thames in England, bringe dabei erhebliche Vorteile.

Der Bundesverband der Deutschen Industrie nahm sich des Themas an. Er stellte 1953 einen »Arbeitskreis zur Förderung des Unternehmernachwuchses« zusammen, mit Dr. Wolf-Dietrich von Witzleben, dem Stellvertretenden Aufsichtsratsvorsitzenden bei Siemens, an der Spitze. Die weiteren Mitglieder waren Dr. Ludwig Vaubel (Glanzstoff-Fabriken), Rechtsanwalt Scherf (Degussa), Dr. Wuppermann (Fa. Theodor Wuppermann), Dr. Schneider (Präsident der IHK Düsseldorf), Carl Neumann (Vizepräsident des BDI und Präsident

des Deutschen Industrieinstituts) sowie der BDI-Geschäftsführer *Dr. Herbert Studders*, dem die Koordination oblag. Unterstützt wurde er von *Dr. Karl Guth*, dem ehemaligen Hauptgeschäftsführer des früheren Reichsverbands der Deutschen Industrie, der als Schwager von Bundeswirtschaftsminister *Ludwig Erhard* über exzellente Beziehungen in die Politik verfügte.

Der Arbeitskreis sprach sich im Laufe des Jahres *1954* für einen »Aussprachelehrgang« aus, der losgelöst von formalen Universitäts- oder Weiterbildungskriterien auf »die Stellung des Unternehmers im Betrieb« und auf »den Unternehmer im Gefüge von Gesamtwirtschaft, Kultur und Politik« zugeschnitten sein sollte. Die Initiatoren des Aussprachlehrgangs wollten bewusst »keine US-Kopie« schaffen, sondern eine Veranstaltung mit »deutschem Charakter«:

> Das Präsidium des Bundesverbandes der Deutschen Industrie hat beschlossen, daß im Einvernehmen mit der Bundesvereinigung der Deutschen Arbeitgeberverbände und dem Deutschen Industrie- und Handelstag ein dreiwöchiges Unternehmerseminar veranstaltet werden soll.
>
> Dieses Seminar, mit dessen Leitung Herr Dr. Karl Guth beauftragt worden ist, ist ein Beitrag des Bundesverbandes der Deutschen Industrie in der Diskussion über die Heranbildung unternehmerischen Nachwuchses. Es findet statt in Baden-Baden, dem traditionellen Ort der Deutsch-Amerikanischen Betriebsführergespräche.
>
> Als Teilnehmer kommen Persönlichkeiten in Frage, die bereits über längere Betriebserfahrung verfügen und von einem Unternehmer oder einer Unternehmensleitung als geeignet angesehen werden, führende Positionen einzunehmen. Dieses Unternehmerseminar bietet den Teilnehmern eine einmalige Gelegenheit, sich mit erfahrenen und bewährten Persönlichkeiten der Wirtschaft über die praktischen Fragen der Unternehmensleitung auszusprechen und von Vertretern der Wissenschaft und Politik Aufschlüsse über die Stellung des Unternehmers in der Gesamtwirtschaft und im kulturellen sowie politischen Gefolge zu erhalten.

Einladung

ZUM

UNTERNEHMER-SEMINAR

(BADEN-BADENER BETRIEBSFÜHRER-GESPRÄCHE)

IM SCHLOSS-HOTEL HAHNHOF, BADEN-BADEN

VOM 13. JUNI BIS 3. JULI 1954

Das erste *Unternehmer-Seminar* (»Baden-Badener Betriebsführer-Gespräche«) fand vom 13. Juni bis 3. Juli 1954 als »Versuchsveranstaltung« im Schloss-Hotel Hahnhof in Baden-Baden statt. Die 24 Teilnehmer – 23 Männer und eine Frau – kamen aus Kapitalgesellschaften, Familienunternehmen und aus dem Mittelstand. Sie waren im

Alter zwischen 28 und 51 Jahren, hatten »den Marschallstab im Tornister«
und sollten in Baden-Baden vollends den letzten *Feinschliff* erhalten. Alle
brachten ausgereifte fachliche Qualifikationen mit – doch jetzt ging es darum,
»daß der Unternehmer den Mut zum politischen Bekenntnis besitzen musste«
und dafür »Netzwerkarbeit« leistete. Ausgestattet mit hoher Verantwortungs-
ethik, sollten die Teilnehmer zu »sozial-gesellschaftlichen Schlüsselfiguren«
heranreifen.

Die Rollen waren schnell festgelegt. Es gab Teilnehmer, Vortragende,
Diskussionsleiter und Gesprächsleiter. Im Mittelpunkt stand stets das Gespräch: Das Gespräch der Teilnehmer mit den Referenten, der Teilnehmer
unter sich und aller mit dem Diskussionsleiter. Als *Vortragende* traten Industrielle, Bankiers, Professoren und Politiker aus ganz Deutschland auf. Zu den
handverlesenen ersten Teilnehmern gehörte auch Hanns Martin Schleyer,
inzwischen Assistent des Vorstandsvorsitzenden der Daimler-Benz AG, Fritz
Könecke, und auf dem Sprung zum Leiter der Personalabteilung.

Viel mehr als Vorträge und Diskussionen fesselte die Teilnehmer des
1. BBUG allerdings die zweite *Fußball-Weltmeisterschaft* nach dem Krieg,
die zeitgleich vom 16. Juni bis zum 4. Juli in der Schweiz stattfand. Dieses
herausragende Sportereignis war zugleich ein Symbol für die Rückkehr
Deutschlands in den Kreis der friedliebenden Nationen.

Die Elf von Sepp Herberger und Fritz Walter drang zur Überraschung
aller bis ins Finale vor, wo sie am 4. Juli in Bern auf die hoch favorisierten
Ungarn traf. Die noch in Baden-Baden verbliebenen Gesprächs-Teilnehmer
des 1. BBUG versammelten sich auf dem Hahnhof-Parkplatz und lauschten
gespannt der Stimme des Radioreporters Herbert Zimmermann, die laut aus
einem Autoradio dröhnte:

Sechs Minuten noch im Wankdorf-Stadion in Bern, keiner wankt,
der Regen prasselt unaufhörlich hernieder, [...] eine Fußball-Weltmeis-

terschaft ist alle vier Jahre und wann sieht man ein solches Endspiel, so ausgeglichen, so packend [...] Jetzt Deutschland am linken Flügel durch Schäfer. Schäfers Zuspiel zu Morlock wird von den Ungarn abgewehrt – und Boszik, immer wieder Boszik, der rechte Läufer der Ungarn am Ball. Er hat den Ball – verloren diesmal, gegen Schäfer. Schäfer nach innen geflankt. Kopfball – abgewehrt. Aus dem Hintergrund müsste Rahn schießen – Rahn schießt – Tooor! Tooor! Tooor! Tooor! [...] Deutschland ist Weltmeister!

Das »Wunder von Bern«, der 3:2 Sieg über die Favoriten, vermittelte den Nachwuchsmanagern des 1. BBUG das sichere Gefühl: »Wir sind wieder wer!« Eine Erkenntnis, die umso wichtiger war, als ein Jahr zuvor, am 17. Juni 1953, in der DDR durch sowjetische Panzer die Hoffnung auf eine freiheitliche Entwicklung zunichte gemacht und der Volksaufstand niedergeschlagen worden war. Seither mussten in der sozialistischen DDR die »Volkseigenen Betriebe« (VEB) endgültig nach »Fünfjahresplänen« wirtschaften, die ihnen von Funktionären der Sozialistischen Einheitspartei Deutschlands (SED) in Ost-Berlin vorgegeben wurden. Im gesamten Ostblock galt das Motto: »Von der Sowjetunion lernen, heißt siegen lernen«.

Die zweite *Versuchsveranstaltung* für aufstrebende Führungskräfte der westdeutschen Wirtschaft fand dann vom 17. März bis zum 6. April 1955 im Kurhaus von Baden-Baden statt. Das Treffen wurde als »II. Baden-Badener Unternehmergespräch« angekündigt. Die Gesprächsleitung hatte erneut *Dr. Karl Guth*, dessen Sohn *Dr. Wilfried Guth* unter den Gesprächsteilnehmern war. Karl Guth brachte außergewöhnliche Erfahrungen mit. Er hatte sich als Hauptgeschäftsführer des Reichsverbands der Deutschen Industrie gegen die Gleichschaltungsversuche der Nationalsozialisten zur Wehr gesetzt, musste aber nach dem Krieg so manche Anfeindungen ertragen. Seine BBUG-Gesprächsleitung überzeugte durch hohe Kompetenz, liebenswürdige Bescheidenheit und durch die »Weisheit eines wechselvollen Lebens«. Karl Guth war überzeugt, dass man »Berufserfahrung zu Lebzeiten weitervererben« musste. Deshalb wollte er eine »Konfrontation der Lernenden mit jenen, die diese Fälle selbst erlebt und gehandhabt haben und die sich hier für einige Tage als Lehrende zur Verfügung stellen.«

Die Teilnehmer diskutierten über zwei große Themenkomplexe:

1. Die Stellung des Unternehmers im Betrieb
2. Der Unternehmer im Gefüge von Gesamtwirtschaft, Kultur und Politik

Es ging um die »mitmenschliche Aufgabe des Unternehmers«, um die »Betriebsführertechnik« der 50er Jahre, um das »christliche Unternehmerbild« und um »Autorität und Disziplin«. Der Anspruch war von Anfang an hoch:

> Die Unternehmergespräche sollen die Fähigkeit zur Mitwirkung in der Leitung des Gesamtunternehmens fördern, das Spezialistentum überwinden, anwendbare Erkenntnisse einer systematischen Lehre von der Unternehmensführung verbreiten, den Erfahrungsaustausch über die Einzelunternehmen und ihre Eingliederung in Gesamtwirtschaft und Politik vermitteln, den Blick über die Branchengrenzen hinweg weiten sowie Gelegenheit zur persönlichen Begegnung zwischen obersten Führungskräften von Industrie und Bankwesen und besonders qualifizierten Nachwuchskräften bieten, und nicht zuletzt persönliche Verbindungen zwischen den Teilnehmern ermöglichen.

Nachdem beide Versuchs-Gespräche erfolgreich verlaufen waren, lud Dr. Herbert Studders am 14. Juli 1955 zur Gründung der »*Gesellschaft zur Förderung des Unternehmernachwuchses e.V.*« in die Räume des BDI nach Köln ein:

> Die immer stärker werdende Dynamik unserer technischen, wirtschaftlichen und gesellschaftlichen Entwicklung stellt [...] nicht geringere, sondern immer größere Anforderungen in Bezug auf Charakter, Wissen, Bildung und Haltung. Von der Qualität der Spitzenkräfte der deutschen Wirtschaft wird jedoch das wirtschaftliche Schicksal jedes einzelnen Unternehmens, der Volkswirtschaft und nicht zuletzt die wirtschaftspolitische Konzeption der Zukunft abhängen. Eine auf Eigentum und freier Unternehmerinitiative beruhende Marktwirtschaft ist ohne bestens vorgebildete und überzeugende Unternehmerpersönlichkeiten nicht denkbar [...]
>
> Dem Unternehmernachwuchs, also den Kräften, die aufgrund langjähriger praktischer Bewährung im Betrieb oder aufgrund ihrer wissensmäßigen und charakterlichen Anlagen bereits jetzt eine verantwortliche Tätigkeit ausüben und von denen erwartet wird, daß sie in nicht so ferner Zukunft eine noch größere Verantwortung zu tragen imstande sind, sollte einmal, fern vom betrieblichen Alltag, Gelegenheit zur Ergänzung und Festigung der eigenen Erkenntnisse und Erfahrungen durch die anderer und eine Aussprachegelegenheit mit erfahrenen und erfolgreichen Unternehmern selbst geboten werden. Es sollte eine Zeit der inneren Ruhe und der Besinnung auf das Wesentliche sein [...]
>
> Aus diesem Grunde ist im Einvernehmen mit dem Bundesverband der Deutschen Industrie und den Spitzenorganisationen der deutschen Wirtschaft der Beschluß gefaßt worden, an eine Reihe führender deut-

Wolf-Dietrich von Witzleben (1886–1970), Gründungsvorsitzender der BBUG.

scher industrieller Unternehmungen, die von der Notwendigkeit und Zweckmäßigkeit dieser Arbeiten durchdrungen sind, heranzutreten und anzuregen, daß diese sich zur Förderung ihres gemeinsamen Anliegens zusammenschließen und eine »Gesellschaft zur Förderung des Unternehmernachwuchses e. V.« gründen.

Hauptaufgabe dieser Gesellschaft soll es sein, die finanzielle und organisatorische Grundlage für die künftigen Arbeiten zu schaffen, die sachlich in einem »Institut« geleistet werden sollen, wie es in anderen europäischen Ländern und in den Vereinigten Staaten bereits besteht, und in dem das Interesse der deutschen Industrie an der Förderung ihres Unternehmernachwuchses sichtbaren Ausdruck findet.

Ich bin mir mit dem Präsidenten des Bundesverbandes der Deutschen Indus- trie, Herrn Fritz Berg, darüber einig, daß die mit dieser Aufgabe zu betreuende Organisation zwar in engster Verbindung mit dem BDI stehen muß, aber nicht Glied des BDI sein darf. Der BDI ist die gemein- same Interessenvertretung der deutschen Industrie, während die sich mit dem unternehmerischen Nach- wuchs befas- sende Institution einen eindeutig ge- meinnützigen Charakter tragen muß.

Ich habe mich bereit erklärt, den Vor- sitz dieser Ge-

sellschaft zu übernehmen, die zunächst 30 Gründerfirmen umfassen soll. Ich bitte Sie, meiner Einladung, dem Kreis der Gründerfirmen beizutreten, zu folgen und einen Gründungs- und Konsolidierungsbeitrag für die Dauer von 18 Monaten zu leisten. Wegen der Höhe dieses Beitrages würde ich mir erlauben, Ihnen im Fall Ihrer Zusage einen Vorschlag zu machen [...] (BBUG/Gründungsbrief)

Zum ersten Vorsitzenden des neuen BBUG-Trägervereins, der in Köln seinen Sitz hatte, wurde Dr. Wolf-Dietrich von Witzleben (Siemens) bestellt. Damit waren die »Baden-Badener Unternehmergespräche« etabliert, begleitet von einem »erstaunlich großen Presse-Echo.« Die Teilnehmer trafen sich schon bald bei *Fortsetzungsgesprächen* an wechselnden Orten, um ihren Zusammenhalt und ihre Netzwerke weiter zu stärken.

Das *Deutsche Institut zur Förderung des industriellen Führungsnachwuchses* übernahm »die Vorbereitung und Durchführung der Baden-Badener Unternehmergespräche, der Fortsetzungsgespräche und der Teilnehmergruppen«. Das Institut sorgte auch für die Kontaktpflege mit Hochschulen und Persönlichkeiten in Juniorenkreisen, für die Kontaktpflege mit Organisationen oder Instituten zur Förderung betrieblicher Führungskräfte, für die Kontaktpflege mit ausländischen Management-Instituten sowie für die Dokumentation und Methodenentwicklung.

Schon bald folgten die *3.–5. BBUG,* die Jahr für Jahr im Kurhaus von Baden-Baden abgehalten wurden. Doch dann schauten sich die Verantwortlichen plötzlich nach einem eigenen Tagungslokal um – und ihr Blick fiel auf das *Palais Biron.*

Die Wirtschaft als Mieter:
IHK und BBUG

1955–1987

Die Pariser Verträge und das Ende der »Zonenhauptstadt«

Als die Bundesrepublik Deutschland am 5. Mai 1955 durch die *Pariser Verträge* ihre volle Souveränität erlangte, ging die zehnjährige Besatzungszeit in Baden-Baden zu Ende. Aus den französischen Besatzern wurden »verbündete französische Streitkräfte«, deren Soldaten kein Recht mehr hatten, in den 2.000 beschlagnahmten Wohnungen noch länger zu verbleiben. Die Bundesregierung hatte für sie vor den Toren der Stadt auf 50 ha eigens vier *Cités* gebaut – mit den Wohnvierteln *Paris*, *Normandie*, *Bretagne* und *Thiérache*. In dieser Franzosen-Siedlung fanden 5.400 Soldaten und Familienangehörige Platz, aber viele zogen die schönen Wohnungen und Villen in der Innenstadt vor.

Die Baden-Badener hatten jedoch das zehnjährige Zusammenleben mit den »Besatzern« gründlich satt, zumal sich noch immer recht häufig vier Personen ein einziges Zimmer teilen mussten und mehrere solcher Wohngemeinschaften nur eine einzige Toilette und Küche zur Verfügung hatten, noch dazu im Keller.

So verwundert es nicht, dass dem resoluten Oberbürgermeister Dr. Schlapper, der 1.500 wohnungssuchende Familien versorgen musste, der Kragen platzte. Er drehte den Spieß um, bestellte nun seinerseits den französischen General ins Rathaus und hielt ihm in französischer Sprache Betrug und Wortbruch vor. Als der Franzose nicht einlenken wollte, griff Schlapper nach einem Klingelknopf, der hinter seinem Schreibtisch angebracht war, und rief mit versteinerter Mine seinen »Hausinspektor« herein: »Der Herr General will gehen!«

Das jahrelange Feilschen mit den französischen Besatzern hatte ein Ende. Schlapper verkündete öffentlich, man werde die Franzosen jetzt aus den von ihnen widerrechtlich beschlagnahmten Wohnungen hinauswerfen.

Umgehend meldete sich Außenminister Heinrich von Brentano aus Bonn und pfiff das Baden-Badener Rathaus zurück, weil Bundeskanzler Adenauer in Sorge um die behutsamen Anfänge der deutsch-französischen Beziehungen war. Jetzt lag es an dem jungen Rechtsassessor *Dr. Walter Carlein*, seinem Chef Schlapper einen peinlichen Gesichtsverlust zu ersparen. Carlein brütete eine ganze Nacht über dem Pariser Vertrag, in englischer, französischer und deutscher Fassung, bis er am frühen Morgen den entscheidenden Passus entdeckte: Die Franzosen waren tatsächlich verpflichtet, in die *Cité* umzuziehen.

Eine neue Kirche im Biron-Park

Der Geheimdienst *Sûreté Nationale* gab endlich auch das Palais Biron frei. Die Villa war in einem herabgewirtschafteten Zustand. Die Ökonomiegebäude verfielen zwischen gelben und orangefarbenen Azaleensträuchern, die einen herrlichen Duft verströmten. Die kleine Brücke über die Oos sei in einem »unansehnlichen, das Orts- und Straßenbild verunstaltenden Zustand«, reklamierten Baupolizeibehörde und Stadtbauamt, da die kleine Eingangstüre an der Oos offen stand. »Personen, besonders Kinder, könnten bei einem Betreten der Brücke zu Schaden kommen«, meinten die Behörden und verschlossen das Türchen behelfsmäßig mit Draht. Die Reparatur verschob man auf später.

Auf der Suche nach einer neuen Nutzung für das Palais Biron dachte die Stadt zunächst an die Ansiedlung einer *Katholischen Akademie*, doch das Erzbischöfliche Ordinariat in Freiburg wollte keine Außenstelle als »Wanderzirkus« einrichten. Satttdessen zeigte sich schon seit 1953 die *Katholische Kirchengemeinde Baden-Baden* an einem Grunderwerb für eine neue Kirche interessiert. Seit Kriegsende strömten die Gläubigen nämlich in Scharen in die Gotteshäuser der katholischen Stadt, dankbar für ein gütiges Schicksal, das sie dem schrecklichen Krieg hatte entrinnnen lassen.

Nach einigen Vorbesichtigungen verkaufte die Stadt Baden-Baden am 23. November 1956 eine großzügig bemessene Fläche von 65 ar 13 qm im nordwestlichen Parkabschnitt an die *Römisch-Katholische Gesamtkirchengemeinde Baden-Baden*, die durch ihre Stiftungsratsmitglieder Hugo Heiler (Stadtpfarrer und Geistlicher Rat), Hans Lazarus (Oberrechnungsrat) und Camill Wurz (Rechtsanwalt und später Präsident des Landtags von Baden-Württemberg) vertreten wurde. *(Lgb. Nr. 2274/1)* Der *Erzbischöfliche Oberstiftungsrat in Freiburg/Br* genehmigte den Kaufpreis in Höhe von 75.000 DM, zuzüglich 21.000 DM für die Verlegung des Falkenbachs, plus den Aufwand für die Räumungskosten des »mit Wirtschaftsgebäulichkeiten, Garagen und Stallungen massiv bebauten Geländes«.

Bauplatz für die Josefskirche im Bereich der Autohalle und des Hausgartens.

Zufahrt von der Maria-Viktoria-Straße wird beseitigt, das Portal abgerissen.

Der Park des *Palais Biron* schrumpfte durch den Verkauf auf 2 ha 64 ar 80 qm *(Lgb.Nr. 2274/1)*; er grenzte nun beim Pfarrhaus an den heutigen *Hugo-Heiler-Weg*. Die Grundstücksgrenze führte am *Falkenbächel* entlang, dessen kleiner Wasserfall als Reminiszenz an frühere Zeiten erhalten blieb. Von der Villa gelangte man nach wie vor über die »Garten- und Parkanlage b« zur *Maria-Viktoria-Straße* und durch das stilvolle schmiedeeiserne Portal aus der Ära Redwitz auf die Kettenbrücke, und von dort weiter in die Lichtentaler Allee. Erst später, mit dem Bau eines *Kinderkrankenhauses* in den 60er Jahren, verlor das Palais Biron auch vollends den Anschluss an die Maria-Viktoria-Straße, wobei die Kinderklinik schon in den 80er Jahren wieder dem *Queens-Hotel* weichen musste.

Als Architekt für eine neue Kirche mit Pfarrhaus suchte der *Katholische Kirchenfonds St. Josef, Baden-Baden*, unterstützt vom Erzbischöflichen Ordinariat in Freiburg, nach einem Planer, der im Bau von katholischen Kirchen »bereits größere Leistungen vollbracht hatte und aufgrund seiner inneren Einstellung und Haltung in der Lage war, katholische Kirchen zu bauen«. Mit dieser Einschränkung wurde der geharnischte Protest aller Baden-Badener Architekten provoziert, so dass am Ende der Freiburger Erzbischof Dr. Schäufele eine *Architektengemeinschaft* aus *Hugo Becker* in Mainz und *Albert Peter* in Baden-Baden beauftragte.

Die beiden Architekten entwarfen eine moderne *Rundkirche*, mit einem leicht elliptischen Grundriss, was als moderner Gegenentwurf zu den klassischen Langhausbauten gedacht war. Manchen erinnerte der Baukörper aber auch an einen »Gasbehälter«. Die Außenwände bestanden aus einer korrosionsanfälligen Stahlbeton-Rippenkonstruktion mit schmalen Lichtschlitzen aus bunten Glasbausteinen, durch die warmes Licht in den Kirchenraum fiel. Dort gab es 600 Sitzplätze und 1.000 Stehplätze; der Altar aus weißem Marmor stand auf einem schwarzen

272

Schieferboden und wurde von einem hellen Lichtstrahl umspielt.

Die neu gebildete *Kirchengemeinde St. Joseph* feierte am 1. Mai 1961 die Benediktion und zog in einer feierlichen Fackel-Prozession in ihr neues Gotteshaus auf dem Biron-Gelände ein. Es gab eine festliche Weihe-Zeremonie, wie man sie in den Nachkriegsjahren in vielen Städten und Gemeinden erlebte. In einer feierlichen Öffnung der Kirche durch den Bischof erfolgte ihre Besitzergreifung, Segnung des Wassers, Besprengung und Allerheiligen-litanei. Von zwei Märtyrern, die in Rom im 3. Jahrhundert gefoltert und enthauptet worden waren, und vom hl. Laktantius, einem Kirchenvater, der um 317 von Kaiser Konstantin zur Erziehung seines Sohnes Crispus nach Trier berufen worden war, wurden Reliquien in den Altar eingemauert. Feierlich wurde danach der Altar und die Apostelkreuze mit kostbarem Chrisam gesalbt und auf dem Altar wurde Weihrauch entzündet. Im Anschluss erfolgte die erste Heilige Messe. Nach der Kommunion wurde das Allerheiligste feierlich in den neuen Taberna-kel übertragen und dazu das Ewige Licht entzündet. Zum Abschluss sangen alle recht inbrünstig *»Großer Gott wir loben Dich«*.

Einige Monate später erklang vom 45 Meter hohen Kirch-turm, einem oktogonalen *Campanile*, das kräftige Geläute von vier

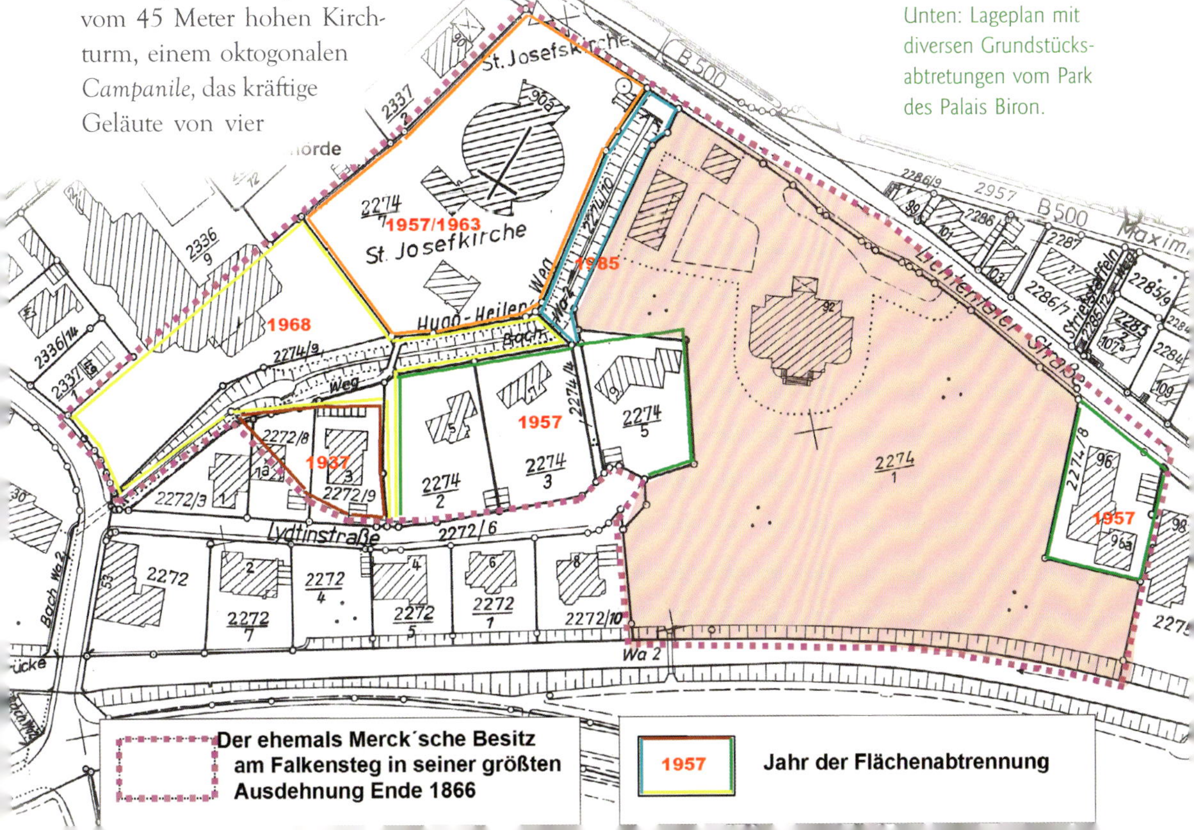

Oben: Josefskirche auf dem ehemaligen Gelän-de des Palais Biron.

Unten: Lageplan mit diversen Grundstücks-abtretungen vom Park des Palais Biron.

(Lageplan / Karte mit Beschriftungen:)

St. Josefskirche-We...
B 500
St. Josefskirche
2337
909
norde
2336/9
2274/7 **1957/1963**
St. Josefkirche
1985
1968
Hugo-Heilen-
Bach...
2274/9
Weg
2336/14
2272/8 **1957**
2274/5
2272/9 **1937**
2274/2
2274/3
2274/5
2272/3
Lydtinstraße
2272/6
2274/1 **1957**
2272
2272/4
2272/7
2274/8 96 **1957**
2272/1
2272/10
Wa 2
Lichtentaler Straße
B 500
Maxim...
2286/9 2957
2286/7 2285/9
2285
2284
109

| | Der ehemals Merck'sche Besitz am Falkensteg in seiner größten Ausdehnung Ende 1866 | | **1957** | Jahr der Flächenabtrennung |

neuen Glocken, alle aus der Werkstatt der Heidelberger Glockengießerei Schilling: Eine 2,3 Tonnen schwere *Christusglocke* im Ton »cis«, die *Josefsglocke* mit 1,6 to in »c«, die *Marienglocke* 1,1 to schwer in »fis«, und die kleine *Gabriel* mit 0,9 to in »a«.

Außer dem Baugelände für die Josefskirche verkaufte die Stadt Baden-Baden auch noch Bauplätze aus dem Bestand des Palais Biron. Nördlich der Lydtinstraße für Einfamilienhäuser, und an der östlichen Grundstücksgrenze bei der Lichtentaler Straße für einen der typischen Wohnblöcke, wie sie überall in den historischen Villenvierteln der Stadt aus dem Boden wuchsen. Das 38.864 qm große Biron-Gelände schrumpfte somit um weitere 5.754 qm. Allerdings verzichtete man zum Glück auf ein viertes Baugrundstück direkt bei der Oos-Brücke, das viel von seiner Ausstrahlung verloren hätte. Auch einen vom Stadtbauamt seit 50 Jahren immer wieder erwogenen Verbindungsweg von der Lichtentaler Straße zur Maria-Viktoria-Straße realisierte man nicht, er hätte den Park des Palais Biron in zwei Teile zerschnitten und zerstört. (Messbrief vom 10. August 1956 und vom 15. Juni 1961; Grundbuch Band 10, Heft 100 b, Bestandsverzeichnis Nr. 267 und 511; Lgb.Nr. 2274/1)

Mitten im »Wirtschaftswunder« zieht die IHK ins Palais Biron

Für das leergeräumte Palais Biron interessierte sich die IHK Baden-Baden, deren Hauptgeschäftsführer *Dr. Walter Endriss* auf der Suche nach einem neuen Kammersitz war. Der gebürtige Preuße aus Königsberg, aufgewachsen im Schwäbischen, war über den Werberat der Deutschen Wirtschaft nach Baden-Baden gekommen, wo es inzwischen anerkennend hieß: »Endriss ist die Kammer«. Er war Vorsitzender des Fernseh-Ausschusses beim SWF. Zum *10 jährigen Jubiläum der IHK Baden-Baden* brachte Endriss eine wissenschaftliche Chronik heraus, in der »das kaufmännische Leben und Treiben seit der Zeit, als die Römer hier Fuß fassten«, beschrieben wurde. Aktuelle Themen waren der rasche Bevölkerungszuwachs, die Bereitstellung von Wohnraum, Schaffung infrastruktureller Einrichtungen, Sicherung von Arbeitskräften und Rohmaterialien.

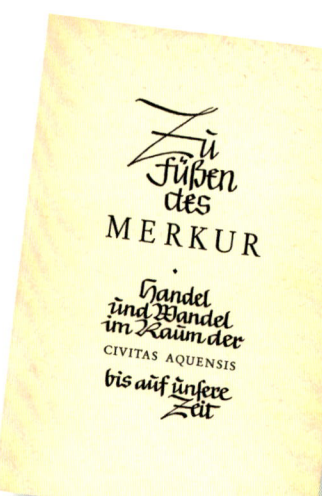

Die Einleitung schloss mit der Widmung: »SOCIETAS MERCATORUM AQUENSIUM IN AETERNUM!« (»Der Gemeinschaft der Baden-Badener Kaufleute auf ewig gewidmet!«)

Der IHK-Mann pflegte ein Netzwerk mit besten Beziehungen, er war mit dem aufstrebenden Daimler-Benz-Manager Hanns Martin Schleyer befreundet, und sein Draht zu Oberbürgermeister Dr. Schlapper war ähnlich gut.

Oben: Das Palais Biron in den 1960er Jahren.

Mitte: Walter Endriss (1907–1987), Hauptgeschäftsführer der IHK Baden-Baden.

Unten: Skizze für neue Möblierung des ehemaligen Musiksaals, 1956.

Dr. Schlapper und Endriss verständigten sich darauf, dass die IHK Baden-Baden am 1. September 1956 ihren Sitz von der Stephanienstraße 2 ins Palais Biron verlegen sollte. Das Stadtbauamt bekam den Auftrag, »das ganze Haus, das in der Besatzungszeit gelitten hatte, unter behutsamer Wahrung des Charakters der Räume gründlich instand zu setzen«. Als fachlichen Berater zog man den Baden-Badener Architekten *Kurt Walker* hinzu, der wie alle anderen Beteiligten sehr auf den historischen Befund achtete, obwohl er an anderer Stelle den Trend der Nachkriegsarchitekur zu modernen Stilformen sehr wohl aufnahm. Im Palais Biron jedenfalls hielt man an der »fast grandseigneuralen Raumverschwendung« fest, wie sie die Architekten *Auguste de Meuron* und *Johannes Ev. Scherzinger* in der Vergangenheit angelegt hatten. Nur durch typisches Mobiliar der 50er Jahre sollte »die stilvolle Haltung der Nachkriegszeit zur Geltung gebracht werden«, aber auf zurückhaltende Weise und in »schöner Übereinstimmung des Überkommenen mit dem Neuen«.

Noch während der Sanierungsarbeiten entdeckten Passanten eines Abends von der Lichtentaler Straße aus einen hellen Feuerschein im Dach des Palais Biron. Es war der 17. Juli 1956, gegen 21:30 Uhr, als über eine sogenannte *Weckerlinie*, also ohne Sirenen-Alarm, die Feuerwehren aus der Altstadt und aus Lichtental an den Brandort gerufen wurden. Dort standen ihnen bereits zahlreiche Schaulustige im Weg.

Der Dachstuhl war bei Installationsarbeiten durch

»unsachgemäßes Arbeiten mit einer Lötlampe« in Brand geraten. Ein kleiner, mit Blech ausgekleideter Raum, nicht einmal 1,50 Meter hoch, glühte bereits und drohte das ganze Dach der Villa zu zerstören. Die Feuerwehrleute drangen »mit dicken Rohren« an den Brandherd vor und brachten das Feuer im letzten Moment unter Kontrolle. Allerdings waren die Löschwasser-Schäden so beträchtlich, dass Wände und Decken geöffnet und getrocknet werden mussten, was den Einzug der IHK aufs nächste Jahr verschob.

Erst am 9. März 1957 war es dann so weit; an einem Samstag reiste aus Bonn Bundeswirtschaftsminister *Ludwig Erhard (1897–1977)* zur Einweihung des Palais Biron als IHK-Sitz und als Tagungslokal der BBUG an. Wegen der vielen Teilnehmer verlegte man den Festakt in den Gartensaal des Kurhauses und begab sich erst danach zur Schlüsselübergabe in die Villa an der Lichtentaler Allee.

Ludwig Erhard
(1897–1977).

Der Mietvertrag zwischen Stadt und IHK war seit dem 1. Februar 1957 unter Dach und Fach, von IHK Präsident *Becker* und IHK Hauptgeschäftsführer *Endriss* für zehn Jahre unterschrieben. Das Dachgeschoss vermietete die IHK an eine Anwaltskanzlei des Papierverbands, und den großen Sitzungssaal im Erdgeschoss wollten die Baden-Badener Unternehmergespräche (BBUG) »für zwei bis drei Seminare im Jahr« nutzen.

Ludwig Erhard sprach als »Vater des deutschen Wirtschaftswunders« zu den Anwesenden und hob mit sichtlichem Stolz die inzwischen erreichte »Vollbeschäftigung« der deutschen Wirtschaft hervor, nach nur zwölf Jahren, die seit Kriegsende vergangen waren. Dieser Erfolg war der »Sozialen Marktwirtschaft« zu verdanken, mit der die Regierung auf Wettbewerb setzte, kombiniert mit einer entsprechenden sozialen Absicherung. Ludwig Erhard hatte es geschafft, die ordnungspolitischen Fehlkonstruktionen der Kartelle der *Ruhrbarone* aufzulösen; nur die »staatlich-korporatistisch verflochtenen

Skizze für neue Möblierung des ehemaligen Spielzimmers, 1956.

Systeme der sozialen Sicherung« bestanden weiter, sie wurden aber mit Sozialabgaben sowie Steuereinnahmen finanziert und nicht mit Schulden, die der junge Staat seinen künftigen Generationen nicht aufbürden wollte. Sogar der teure »Lastenausgleich« für die mehr als zehn Millionen Heimatvertriebenen wurde von der Regierung Adenauer aus laufenden Abgaben gedeckt.

Aber Ludwig Erhard spürte inzwischen auch die wachsenden Begehrlichkeiten: »Im Augenblick befinden wir uns in einem teuflischen Zyklus. In unserer Maßlosigkeit sind wir dabei, unser aller Glück zu verspielen.« Der Wirtschaftsminister sagte, wenn die Gewerkschaften einen höheren Anteil am Sozialprodukt forderten, dann sei zu fragen: »Wer will zu Gunsten einer anderen Gruppe entsagen?« Man müsse das rechte Maß halten, zwischen Verbrauch einerseits, Sparsamkeit und Kapitalbildung andererseits.

> Staatskapitalismus und Staatssozialismus sind gleich fluchwürdige Formen des menschlichen Zusammenlebens und müssen in ihren Wurzeln ausgerottet werden.

Erhard verlangte in seiner Ansprache auch, die deutsche Wirtschaft solle in einer großen Geste vor der ganzen Öffentlichkeit, ihren Willen bekunden, die Stabilität der Währung zu wahren. An die Adresse der Baden-Badener Unternehmergespräche sagte er, das »Spezialistentum« sei eine »Gefahr unserer Zeit« – denn Wissen alleine mache nicht den Unternehmer aus, vielmehr sei entscheidend, »ob der Funke gezündet hat«.

Der Bundeswirtschaftsminister stand in jenen Tagen vor einem entscheidenden Treffen der europäischen Staats- und Regierungschefs. Es fand am 25. März 1957 in Rom statt: Sechs Staaten – Belgien, Deutschland, Frankreich, Italien, Luxemburg und die Niederlande – unterzeichneten den *EWG-Vertrag* und den *EURATOM-Vertrag*. Die sechs europäischen Länder

Skizze für neue Möblierung des ehemaligen Festsaals, 1956.

waren bereit, einen »*gemeinsamen Markt*« in einem gemeinsamen Wirtschaftsraum zu bilden; mit der belgischen Hauptstadt Brüssel als »vorläufigem Sitz der EWG«.

Zweiflern hielt Erhard entgegen, falls dieser Versuch einer wirtschaftlichen Einigung wieder scheitern sollte, laufe Europa Gefahr, zur Bedeutungslosigkeit herabzusinken. So sah es auch der zweite Ehrengast der Palais-Biron-Eröffnung, BDI-Präsident *Fritz Berg (1901–1979)*: »Kommt der Gemeinsame Markt, dann kommen auch die Freihandelszonen in einem großen wirtschaftlichen Raum von rund 250 Millionen Menschen.«

Von einem großen Wirtschaftsraum konnte Deutschland ganz besonders profitieren. Der IHK Außenwirtschafts-Abteilung im Palais Biron flatterten jede Woche dicke Stapel von *Ursprungszeugnissen* aus dem Daimler-Benz-Werk in Gaggenau auf den Tisch, die für den reibungslosen Export neuer *Unimogs* in alle Welt notwendig waren. Die großen Erfolge der Industrie ließen die Firmen inzwischen nach immer neuen Arbeitskräften und Lehrlingen Ausschau halten, weshalb auch die Stapel der Lehrverträge immer höher wurden, die in der IHK Berufsbildungsabteilung eingingen. Für die Aufbewahrung der an die IHK bezahlten Ausbildungsgebühren schien der riesige Kassenschrank des Gustav Adolf Redwitz in dessen ehemaligem Arbeitszimmer wie geschaffen.

Sitzungszimmer der IHK Baden-Baden (ehemaliger Musiksaal), 1960er Jahre.

Das Palais Biron entfaltete als IHK-Sitz binnen Kurzem jene herrschaftliche Ausstrahlung, die sich Hauptgeschäftsführer Endriss für seinen neuen Kammmersitz wünschte. Wer in der historischen Villa aus dem 19. Jahrhundert vorsprach, der musste einfach beeindruckt sein, egal ob Unternehmer, Politiker, Prüfer, Gutachter oder Lehrling. Zum Ambiente des Palais Biron gehörte natürlich auch, dass der IHK Chauffeur im Dienst stets eine Uniform trug, außerdem war er ständig zugegen, da er in einer Dienstwohnung im Schweizerhaus wohnte. Für den Kammer-Dienstwagen beantragte Endriss 1958 beim Oberbürgermeister höchst persönlich eine neue Garage, und die städtischen Gärtner pflanzten, harkten und mähten vom Frühjahr bis in den Herbst hinein den Biron-Park, wie in der gegenüberliegenden Lichtentaler Allee. Dort sorgte außerdem ein »Allee-Büttel« Tag und Nacht für Ordnung, damit das schönste Schmuckstück Baden-Badens durch niemanden verunstaltet und die Gönneranlage pünktlich abgeschlossen wurde.

Walter Endriss war also rundum glücklich. Stolz und gelassen konnte er jede Woche zum Treffen mit seinen rotarischen Freunden eilen und im Kreise der kurstädtischen Honoratioren über die künftige Stadtentwicklung diskutieren. Fehlte nur noch, dass Dr. Schlapper ihm das Palais Biron verkaufte. Aber Endriss war wohl allzu sparsam, was sich noch rächen sollte. Bei Endriss musste sich alles und jedes den Interessen der »Kammer« unterordnen, selbst seine Familie. Manchmal, wenn er ein schlechtes Gewissen hatte, durften ihn seine beiden Buben *Wolfrüdiger* und *Rainer* am Samstag im Palais Biron besuchen, wo sie vom väterlichen Büro in der Südwest-Ecke des Obergeschosses mit großen Augen in den herrlichen Park hinabschauten. Ihr Blick ging bis zur Oos-Brücke und weit in die Lichtentaler Allee hinein. In der ehemaligen Küche der Birons im Untergeschoss stand dann auch noch eine Tischtennis-Platte bereit. Und über allem wachte »eine Dame von nonchalanter Eleganz«, *Julia Erfort*, die »rechte Hand« von Walter Endriss.

Ehemaliger
Empfangssalon.

Der wirtschaftliche Aufschwung der Kurstadt

Die Bedeutung des Palais Biron wuchs in dem Maße, wie auch der wirtschaftliche Aufschwung im IHK Bezirk in Fahrt kam. Sei es in den Papierfabriken des Murgtals oder in der Metall- und Elektroindustrie von Bühl und Rastatt. Und beim Tourismus in Baden-Baden. Als erstes war die Spielbank am Ostersonntag 1950 wieder eröffnet worden, damit erneut Geld in die Hotels und in die städtischen Kassen floss. Vor dem Kurhaus, um das sich ein »Sperrkreis von 5 km zum Schutze der Bevölkerung« zog, standen zwei Polizisten in Zivil und bewachten das Kasino rund um die Uhr »zum Schutz vor Falschspielern oder Überfällen«.

Die Franzosen hatten die beschlagnahmten Hotels in ziemlich desolatem Zustand zurückgelassen, einige *Privathoteliers* kassierten nur noch die Entschädigung der Bundesregierung und eröffneten ihre Häuser gar nicht erst wieder. Andere investierten nach Kräften, damit der traditionelle Baden-Badener Tourismus wieder auf die Beine kam, so das *Brenner´s* an der Lichtentaler Allee, welches recht früh wieder in Betrieb ging. Das *Badische Tagblatt* berichtete wie früher über die täglich eintreffenden Gäste aus aller Welt. Baden-Baden entschied sich also für das Geschäft, das man seit Generationen beherrschte. Die Bevölkerung fand rasch wieder Arbeit, sei es im Sommer als Dienstpersonal in der Kurstadt oder im Winter an den neuen Ski-Orten in den Alpen.

Oberbürgermeister Dr. Schlapper gab die Richtung vor, er verkörperte perfekt die Vorkriegs-Gesellschaft, das alte Preußentum, die Weimarer Zeit – die in Baden-Baden nun wieder zum Leben erweckt wurde. Es war wie

früher, man verbeugte sich respektvoll vor dem Rathaus: »Oben war oben, unten war unten.« Schlapper sagte, er wolle kein »Hosenträgerpublikum« in seiner Stadt, sondern wohlhabende Amerikaner und Empfänger von *Wiedergutmachungsgeldern*, die aus Europa und Übersee anreisten und möglichst wochenlang in den wiedereröffneten Hotels wohnten.

> Im Café Rumpelmeyer und im Café König trafen sich schmuckbehängte, ältere Damen mit Pelzcapes und großen Hüten. Es gab wieder Butler, Zofen, Herrschaftschauffeure, Empfänge, Salons und Jours fixes [...] (Klaus Fischer)

Auch das ganze Baden-Badener Unterhaltungsprogramm der Vorkriegszeit blühte wieder auf: Der ADAC startete seine *Deutschlandfahrt* wieder in Baden-Baden, das *18. Internationale Tennisturnier* des Tennisclubs *Rot-Weiß* fand wieder auf der schönen Anlage in der Lichtentaler Allee statt, und am *Internationalen Golfturnier* des *Golfclub Baden-Baden* nahmen auf Anhieb 49 Spieler teil.

Der weitsichtige *Gartendirektor Walter Rieger* sanierte 1952 die Gönneranlage, damit die erste *Rosenschau* durchgeführt werden konnte; und zu den Hotels an der *Schwarzwaldhochstraße* fuhr man in schwer beladenen Postbussen, in denen die Passagiere buchstäblich auf den Briefsendungen saßen – und auf allem möglichem, was Bäcker, Metzger und Milchhändler zu den Hotels hochschafften, am Monatsende sogar »Geldkisten für den Zahltag«.

Eines Tages erfand der Baden-Badener Südwestfunk eine spezielle Fernsehserie, die in der Kurstadt spielte und zu einer der beliebtesten Spielfilmserien des aufblühenden *Ersten Deutschen Fernsehens* wurde. Mit unterhaltsamen Geschichten in einem Familienhotel im Wirtschaftswunder-Deutschland, malerisch am Fuße des Schwarzwalds gelegen, beflügelte *Der Forellenhof* die Phantasien der urlaubshungrigen Zuschauer und lockte viele Neugierige an, denn längst nicht jeder konnte sich eine Reise an die italienische Riviera oder an die Adria leisten.

Oberbürgermeister Dr. Schlapper achtete auch darauf, dass von der aufstrebenden Industrie nur solche Betriebe in Baden-Baden Fuß fassten, die das kurstädtische Image nicht störten – also geräusch- und geruchsarm waren: *Blusenfabrik Wollenschläger, Maro-Röcke, Modeschmuck aus Baden-Baden, Batschari-Zigaretten, Kosmetik, Elektrogerätefertigung, Druckereien und Verlage.* In Baden-Baden erschienen alle möglichen Druckwerke: Theaterliteratur, Zeitschriften, Kalender, Almanache, Nachschlagewerke, Handbücher, Belletristik, Philosophisches, Zeit- und Kunstgeschichte und Übersetzungen (*Han Suyin, Alle Herrlichkeit auf Erden*).

Die Freundschaft von Dr. Schlapper mit *Bundeskanzler Konrad Adenauer (1876–1967)* trug nicht nur durch Besuche des Rosenfreundes aus Rhöndorf in der Gönneranlage oder während privater Teestunden im Hause des Oberbürgermeisters Früchte, sondern auch bei der Wiederbelebung der Rolle Baden-Badens als »Weltbad«. Am 15. Februar 1962 lud der 86-jährige *Konrad Adenauer* den 71-jährigen französischen Präsidenten *Charles de Gaulle* in die ehemalige »französische Zonenhauptstadt« ein, um im *Brenner`s* an die erste Begegnung im Landhaus des Franzosen in *Colombey-les-Deux-Églises* am 14. September 1958 anzuknüpfen. Der General erinnerte sich:

FRÜHLING IN **BADEN-BADEN**

Bundeskanzler Konrad Adenauer zu Gast im Hause von Oberbürgermeister Dr. Ernst Schlapper, mit Ehefrau und Tochter Fee.

Es scheint mir, als sollte ich der Begegnung ein außergewöhnliches Zeichen verleihen, für diese historische Aussprache, die wir im Namen unserer Völker haben werden, dieser alte Franzose und dieser noch ältere Deutsche. Der Rahmen eines Familienhauses hat dafür mehr Bedeutung als jeder Palastdekor. Meine Frau und ich erweisen dem Kanzler also die bescheidene Ehre der »Boisserie«. Wenn eine wirkliche Annäherung zwischen unseren beiden Ländern Ihren Absichten entspricht, dann lassen Sie mich sagen, dass ich entschlossen bin, daran zu arbeiten, und dass ich selber über einige Möglichkeiten verfüge.

Charles de Gaulle (1890–1970) und Konrad Adenauer (1876–1967) in Baden-Baden, Brenner's Park-Hotel.

General de Gaulle kam als Tagesgast in *Brenner's Park-Hotel*, und Konrad Adenauer bezog ein Appartement in der Park-Villa des dazugehörenden *Stéphanie-les-Bains*, wo 100 Jahre zuvor schon Napoléon III. genächtigt hatte. Die beiden Politiker schufen die Grundlage für die Unterzeichnung des deutsch-französischen Freundschaftsvertrags am 22. Januar 1963 im Pariser Élysée-Palast: »Wir werden beide fortan einen engen persönlichen Kontakt pflegen«, versicherte de Gaulle bei seiner Abreise.

So sehr Baden-Baden an seine große Vergangenheit anknüpfen wollte, so sorglos modern gab sich die Stadt allerdings beim Umgang mit ihrem Stadtbild. Der Erneuerungswahn der 60er Jahre holte manches von dem nach, was in anderen Städten Deutschlands die Bomben der Engländer und Amerikaner angerichtet hatten. Die unzerstörte Kur- und Bäderstadt des 19. Jahrhunderts wollte durch den Abriss alter Villen Platz für Zweitwohnungsbauten und Wohnblocks schaffen, damit neue Bürger in die Stadt kamen und Steuern bezahlten. Innerhalb weniger Jahre ergab sich daraus eine so lange Liste von »alten und neuen Abbruchsünden«, dass die *Frankfurter Allgemeine Zeitung* angesichts der Zerstörungen von einem »Pflegefall« sprach: *Augustabad, Englischer Hof, Maison Messmer, Hahnhof, Hotel Elisabeth, Hotel Runkewitz, uva.* Auch das *Hotel Stéphanie-les-Bains* an der Lichtentaler Allee verschwand, damit mit Hilfe des Landes und der »Bäder- und Kurverwaltung« ein neues *Tagungs- und Kongresshaus* errichtet werden konnte. Baden-Baden entdeckte zwar das Konferenzgeschäft, bemühte sich aber nie um eine Hochschule, auch nicht auf dem naheliegenden Gebiet des Tourismus.

Nach dem Kriege abgerissene Bauwerke in Baden-Baden. Von links nach rechts: Hotel Kaiserin Elisabeth, Hotel Hahnhof, Hotel Englischer Hof, Hotel Stéphanie-les-Bains, Hotel Maison Messmer, Augustabad.

Zehn Jahre BBUG und 20 Jahre IHK – unruhige Zeiten ziehen auf

Die Baden-Badener Unternehmergespräche wechselten mit dem 6. *BBUG 1957* von ihrer »mehr oder weniger behelfsmäßigen Unterbringung in den oberen Räumen des Kurhauses« ins Palais Biron. Die Trägergesellschaft (GFU) steuerte jedoch die Agenda bis ins Jahr 1992 von ihrer Geschäftsstelle in Köln aus. Die Teilnehmer der Unternehmergespräche waren noch überwiegend Männer der Adenauer-Ära, denen »die Kriegs- und Nazierfahrung im Nacken saß«. Ihr Führungsstil wirkte noch »wie ein Echo aus wilhelminischer Zeit.« Doch allmählich kamen auch Angehörige der aufstrebenden neuen Wirtschaftselite hinzu, die als »Generation Baden-Baden« einen neuen Geist der jungen Bundesrepublik widerspiegelten und außerdem den Krieg gerade mal als Schüler oder Jugendliche erlebt hatten. Frei und weltoffen warteten diese »Wirtschaftswundler« darauf, den »Altherrenklub« eines Tages abzulösen: *Richard von Weizsäcker (geb. 1920)* (6. BBUG 1957), Leiter der Wirtschaftspolitischen Abteilung von Mannesmann (später Bundespräsident der Bundesrepublik Deutschland); *Otto Graf Lambsdorff (geb. 1926)* (*11. BBUG 1959)* Jurist aus der Finanzbranche (später Bundeswirtschaftsminister); *Helmut Maucher* (19. BBUG 1961, später CEO und Präsident von Nestlé in der Schweiz).

Sitzungssaal der IHK und der Baden-Badener Unternehmergespräche (ehemaliger Empfangssalon), 1960er Jahre.

Nach dem *13. BBUG 1959* gab der 70-jährige BBUG-Gründervater *Karl Guth* den Stab weiter, ihm war es zu verdanken, dass die im Palais Biron abgehaltenen Unternehmergespräche inzwischen im Kalender der deutschen Wirtschaft ihren festen Platz hatten. Man diskutierte in Baden-Baden über alle Aspekte des »Wirtschaftswunders«: Exporterfolge (in Maschinenbau, Kraftfahrzeugbau, Chemie, Elektrotechnik), Arbeitskräftemangel, »Gastarbeiteranwerbung«, EWG-Vertrag, Börsen-Hausse, Konsumgesellschaft, Umstellung von Kohle- auf Ölheizung, Urlaubsreisen, Fernsehen, Fresswelle ...

Allerdings wuchsen auch die Ansprüche der Bevölkerung, und zwar schneller als die Wirtschaft. Der »Juliusturm« von Bundesfinanzminister *Fritz Schäffer*, in dem 7,8 Milliarden DM als Reserven lagen, die man in den schwersten Anfangsjahren zur Seite gelegt hatte, wurde geleert. Außerdem bekamen die Gewerkschaften größeren Einfluss, was im Palais Biron natürlich nicht auf Gegenliebe stieß.

Am 13. August 1961 ereignete sich dann der erste herbe Rückschlag, als sich der »Kalte Krieg« zuspitzte und die DDR-Führung mitten durch Berlin und Deutschland eine Mauer zog. Die Ost-Deutschen konnten sich den Enteignungen, Verstaatlichungen und der kommunistischen Befehlswirtschaft nicht länger durch Flucht entziehen, also »mit den Füßen abstimmen.« Während der *Kuba-Krise* 1962 drohte sogar 13 Tage lang ein Atomkrieg. Nur weil die Sowjetunion schließlich einlenkte, kam es zu keiner nuklearen Konfrontation zwischen den beiden Weltmächten USA und UDSSR.

Zum *10-jährigen Jubiläum* der BBUG im Jahr 1964 kamen der baden-württembergische Ministerpräsident *Kurt Georg Kiesinger (1904–1988)* und BDI-Präsident *Fritz Berg* ins Palais Biron. Inzwischen war die Ära Adenauer nach 14 Jahren zu Ende gegangen, und *Ludwig Erhard* verlangte als neuer Bundeskanzler von den Deutschen einen Wertewandel:

Bundeskanzler Ludwig Erhard (1897–1977) und sein Nachfolger Kurt Georg Kiesinger (1904–1988).

Unsere Jugend will vor Aufgaben gestellt werden. Je bewusster und wahrhaftiger wir sie darauf ansprechen, umso besser wird es uns gelingen, sie von dem falschen Weg des nur Geldverdienen-und-Versorgt-sein-Wollens abzubringen.

BDI-Präsident Fritz Berg, der bereits eine personifizierte Legende des Wirtschaftswunders war, sprach über »Die Sache des deutschen Unternehmertums«: Eine von Unternehmern getragene Gesellschaftsordnung habe bewiesen, dass sie dem Volke einen höheren Lebensstandard bringe als die sozialistische, marxistische, kommunistische Ordnung. Wo der Unternehmer fehle, funktioniere die Wirtschaft nicht. BDI und BBUG seien deshalb fest entschlossen, »die Generation, die uns einmal die Verantwortung aus der Hand nehmen wird, nach besten Kräften zu fördern«.

Im Jahr darauf konnte die *IHK Baden-Baden* ihr *20-jähriges Kammerjubiläum* feiern. Außerdem wurde 1965 der Mietvertrag für das Palais Biron um weitere zehn Jahre verlängert und bei dieser Gelegenheit der Große Sitzungssaal im Stil der 60er Jahre modernisiert. Die Baden-Badener Kammer gab eine kleine Geschichte des Palais Biron in Auftrag, die von der Baden-Badener Lokalhistorikerin und Leiterin des Stadtmuseums, *Margot Fuß*, verfasst wurde: »Ein Haus in Baden-Baden.«

Bei den Baden-Badener Unternehmergesprächen übergab *Wolf-Dietrich von Witzleben* den Vorsitz an *Günther Schlicht*, der ihn schon bald an *Ludwig Vaubel* weiterreichte, den konzeptionellen Vordenker und Mitbegründer der BBUG. Auch der GFU-Gründungsgeschäftsführer *Herbert Studders* zog sich zurück, ihm hatten die Gesprächs-Teilnehmer die Anwesenheit ihrer Partner in der dritten Woche des Baden-Badener Programms zu verdanken. Sein Nachfolger wurde zunächst *Ernst Kern* und ab 1965 *Dr. Hans Hellwig*, der 16 Jahre blieb.

Es sollten Jahre der wirtschaftlichen Eintrübung werden, eine empfindliche Rezession brachte das Ende des 15-jährigen Aufschwungs. Sie führte 1966 zur Bildung der ersten *Großen Koalition* aus CDU/CSU und SPD, mit *Kurt Georg Kiesinger (CDU)* als neuem Kanzler und mit *Willy Brandt (SPD)* als Außenminister. Anstatt »Maß zu halten«, wie Ludwig Erhard es gefordert hatte, kündigten nun Wirtschaftsminister *Franz Josef Strauß* und Finanzminister *Karl Schiller* eine »antizyklische Nachfragesteuerung« an, wie sie vom britischen Ökonomen *John Maynard Keynes (1883–1946)* in seiner »Allgemeinen Theorie

Herbert Studders und Karl Guth, Mitbegründer der BBUG.

der Beschäftigung, des Zinses und des Geldes« für Krisenzeiten empfohlen wurde. Keynes verlangte, als Erfahrung aus der Weltwirtschaftskrise von 1929, in seinem 1936 erschienenen Buch eine aktivere Rolle des Staates. Die Bundesminister Strauß (CSU) und Schiller (SPD) folgten diesem Rat und machten kräftig Schulden. Im Übrigen beeindruckten sie mit vielen wohlklingenden wissenschaftlichen Theorien des neuen Stabilitäts- und Wachstumsgesetzes die staunende Öffentlichkeit: »Globalsteuerung, antizyklische Finanzpolitik, konzertierte Aktion, Aufschwung nach Maß, magisches Viereck, soziale Symmetrie.«

Mit der Krise beschlich die Deutschen eine erste Ahnung, dass der »Wohlstand für alle« nicht in den Himmel wuchs. *Charterurlaub, Hobbykeller* und *Arbeitszeitverkürzung* waren erreicht. Mit dem Siegeszug des Massenmediums Fernsehen verbreitete sich außerem ein wohltuendes neues Lebensgefühl: *Zweites Vatikanisches Konzil, Minirock, Pille, Beatles …* Und der für manchen lästige, traditionelle Wertekodex der Nachkriegsgesellschaft mit den Attributen *Autorität, Disziplin, Fleiß* und *Ordnung* geriet ins Wanken. Eine

Protestkultur setzte ein, besonders unter Studenten, die mit der Welt ihrer Väter und Mütter brachen. »Sie bestreiten alles, außer ihren Lebensunterhalt«, schimpften jene, die sich der Protestkultur nicht anschlossen, weil sie den Verdacht hatten, nur der Wunsch nach einem angenehmeren Dasein führe zu den vielen Protesten: *Gegen die Hochschulen (»Unter den Talaren der Muff aus tausend Jahren«), gegen den Springer-Konzern (»Stütze des Systems«), gegen den »kapitalistischen Konsumterror«, gegen die spießige Gesellschaft, gegen das »Nazi-Erbe«, gegen Amerika, gegen die Bundeswehr, gegen die Marktwirtschaft, gegen den Vietnamkrieg, gegen den Besuch des Schah von Persien ...*

Die Debatte um die *Notstandsgesetze* der Großen Koalition (CDU/CSU/SPD), gedacht zum Schutze der Bundesrepublik gegen die Gefahren des »Kalten Krieges«, setzte die *68er-Bewegung* vollends richtig in Gang. Deren Anführer *Rudi Dutschke (1940–1979)* wollte in Baden-Baden, an der verstaubten, verbürgerlichten Gesellschaft der ganzen »Generation Schlapper«, ein Exempel statuieren. Aber die Polizei riegelte das Kurhaus mit Panzerwagen ab, und als die Demonstranten zu Schlappers Wohnhaus in der Stadelhofer Straße zogen, saß dieser bereits in aller Seelenruhe bei einem Glas Wein im Gasthaus »Krokodil«, wo er das Ende des Spektakels abwartete.

Im benachbarten Frankreich, wo sich Protest traditionell stets weniger zimperlich Bahn brach, drohte die *Studentenrevolte* gar zu einer handfesten Revolution zu werden. Am frühen Nachmittag des 28. Mai 1968 stand plötzlich der französische Staatspräsident Charles de Gaulle vor dem »Jagdhaus« in Baden-Baden. Er war im Hubschrauber unerkannt über den Rhein gekommen, um mit seinem Jugendfreund General *Jacques Massu*, dem Oberkommandierenden der Französischen Streitkräfte in Deutschland, über den drohenden Untergang der etablierten Ordnung in Paris und seine persönliche Zukunft zu beraten. Nach ein paar Stunden flogen die beiden *Alouette* wieder über den Rhein zurück, und der Präsident der Republik nahm die Herausforderung in der Hauptstadt an. In Paris skandierten 200.000 Studenten auf den Grands Boulevards: »De Gaulle – *démission!*«

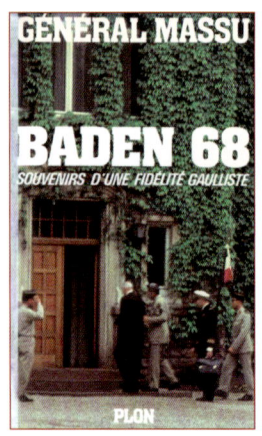

In Deutschland führte die 68er-Bewegung zu einem »Machtwechsel« in Bonn. *Willy Brandt (SPD)* trat 1969 mit der Forderung »*Mehr Demokratie wagen*« seine Kanzlerschaft im Bonner Palais Schaumburg an. Außenminister der neuen Regierung aus SPD und FDP wurde *Walter Scheel (FDP)*. Die sozial-liberale Regierung legte einen großen Reformeifer an den Tag. Neben vielen Reformgesetzen löste vor allem das neue *Betriebsverfassungsgesetz* mit seiner starken Verankerung der Gewerkschaften in den Betrieben heftige Diskussionen bei der Wirtschaft aus. Im Palais Biron traf sich die Unternehmerschaft zu Sonderkonferenzen, »die zuweilen den Charakter von Gipfelkonferenzen der Deutschen Industrie erhielten«. Der Daimler-Benz-Vorstand *Hanns Martin Schleyer* referierte über »Das gesellschaftspolitische Mandat der Arbeitgeberverbände«. Er ließ als Verhandlungsführer bei den Tarifgesprächen der Metallindustrie in Baden-Württemberg 300.000 Beschäftigte aussperren. Zum 46. BBUG 1972 kamen die Vorstandsvorsitzenden von Daimler-Benz (*Joachim Zahn*) und Siemens (*Gerd Tacke*) sowie der Sprecher der Deutschen Bank (*Alfred Herrhausen*) ins Palais Biron, sie waren sich über die Folgen der hohen Lohnsteigerungen einig: Verstärkte Rationalisierungen und steigende Arbeitslosigkeit!

Sozialpolitik und Haushaltspolitik gerieten allmählich immer mehr aus der Balance. Bundesfinanzminister *Alex Möller* (SPD), der vom Stuhl des Vorstandsvorsitzenden der Karlsruher Versicherung als »Genosse Generaldirektor« nach Bonn gewechselt war, trat 1971 zurück, weil er nicht als »Inflationsminister« enden wollte. Auch sein Kollege, der Wirtschaftsprofessor *Karl Schiller*, ein brillanter »Superminister« für Wirtschaft und Finanzen, gab auf, da er nicht zu einer Politik »nach uns die Sintflut« bereit war:

Die Regierung hat die Pflicht, über den Tellerrand des Wahltermins hinauszublicken und dem Volke rechtzeitig zu sagen, was zu leisten ist und was zu fordern ist.

Das Jahr 1973 wurde zum schwersten Rezessions- und Krisenjahr seit Kriegsende. Die Anwerbung von »Gastarbeitern« wurde gestoppt, 2,6 Millionen ausländische Arbeiter waren ins Land geholt worden, darunter mehr als 600.000 Türken. Unter dem Druck der weltwirtschaftlichen Ungleichgewichte brach das System der festen Wechselkurse zusammen. Viele Währungen waren seit der Konferenz von *Bretton Woods* 1944 an den Dollar gebunden gewesen, doch während des Vietnamkriegs brachten die USA so viele Dollar in Umlauf, dass sie nicht länger mit Gold unterlegt werden konnten. Von nun an ließen die großen Industrieländer ihre Währungen nach Angebot und Nachfrage schwanken, was zu erheblichen Instabilitäten führte.

Bundeskanzler Willy Brandt (1913–1992) und Ministerpräsident Franz-Josef Strauß (1915–1988).

In dieser Krisenzeit kam es 1974 zu einem Wechsel im Bonner Bundeskanzleramt – *Helmut Schmidt* löste den angeschlagenen Willy Brandt ab, der über die Enttarnung seines persönlichen Referenten *Guillaume* als DDR-Agent stürzte. Zu jener Zeit feierten die BBUG ihr *20-jähriges Jubiläum* im Bühnensaal des Baden-Badener Kurhauses. Die Eröffnungsrede hielt Hanns Martin Schleyer, Vorstandsmitglied der Daimler-Benz AG: »Ohne Unternehmer keine Marktwirtschaft«. Die Diskussion drehte sich um *Ölpreis-Schock und Ölembargo, Sonntagsfahrverbot, Tempolimit, Produktionseinbrüche, hohe Inflation, eine Million Arbeitslose ...*

Der neue Kanzler *Helmut Schmidt* traf die Stimmung in der Unternehmerschaft, als er die Kräfte des Wettbewerbs als steuernde und leistungsfördernde Prinzipien unserer Marktwirtschaft stärken wollte: »In einer Zeit weltweit wachsender Probleme konzentrieren wir uns in Realismus und Nüchternheit

Bundeskanzler Helmut Schmidt und Staatspräsident Valéry Giscard d'Estaing.

auf das Wesentliche, auf das, was jetzt notwendig ist, und lassen anderes beiseite.« Die Unternehmen müssten Erträge erwirtschaften, um investieren zu können. Erträge dürfe man nicht als Profite denunzieren, und Reformen seien nur machbar, wenn sie auch finanzierbar seien. »Nur so entstehen morgen neue Arbeitsplätze und übermorgen neue Masseneinkommen.«

Ohne Investitionen kein Wachstum; ohne Investitionen keine Arbeitsplatzsicherheit, keine höheren Löhne und auch kein sozialer Fortschritt.

Da Helmut Schmidt fürchtete, der Ölschock und die Schwankungen des Weltwährungssystems könnten wie 1929 die Grundfesten der Demokratie erschüttern, sah er die Staats- und Regierungschefs zum persönlichen Handeln gezwungen. Sie dürften sich nicht länger auf die »begrenzte Spezialdisziplin weißbärtiger Geheimdiplomaten« verlassen, sondern müssten auf die gegenseitigen Abhängigkeiten der Nationen reagieren. Schmidt initiierte deshalb mit dem französischen Staatspräsidenten *Valéry Giscard d´Estaing* in Rambouillet 1975 den ersten *Weltwirtschaftsgipfel*, außerdem hoben sie 1978 das *Europäische Währungssystem (EWS)* mit der Währungseinheit *Ecu* aus der Taufe. Der deutsche »Weltökonom« lud den französischen Präsidenten mit Gattin *Anne-Aymone*, die aus einer alten Industriellen-Familie stammte, im Sommer 1980 nach Baden-Baden ein, um an die historische Begegnung von *Konrad Adenauer* und *Charles de Gaulle* im Jahre 1962 am gleichen Ort anzuknüpfen. Der französische Präsident versäumte es nicht, der Kurstadt ein recht ausgesuchtes Kompliment zu machen:

Baden-Baden zeigt, was Städte von menschenfreundlicher Größe zur politischen Geschichte sowie zum kulturellen Leben einer Nation beitragen können.

In Baden-Baden verstand man es nach wie vor, ungemütliche wirtschaftliche Zeiten elegant zu überspielen. So kam 1974, mitten in der Krise, die »große Pariser Welt« an die Oos – im Sonderzug und mit 1.000 Flaschen Champagner. Anlass war der *Bal des Petits Lits Blancs*, ein seit 1921 jährlich an wechselnden Orten veranstalteter »Ball der Bälle«, den die Bäder- und Kulturverwaltung ausrichten half. Die örtlichen Handwerker mussten über Nacht 450 Sessel neu bespannen, damit sie zu den Gardinen passten. Die 500 Ballbesucher wurden von *Gilbert Bécaud* mit romantischen französischen Chansons der Nachkriegszeit blendend unterhalten, und vier Primaballerinen der Pariser Oper tanzten einen herrlichen »Pas de quatre«, der Beobachter an »eine Baden-Baden-Lithographie des 19. Jahrhunderts« erinnerte. Etwas störend war allenfalls der leicht hämische Zeitgeist der 68er, der über dem

Kurhaus zu schweben schien. Einige Prominete aus Politik oder Südwestfunk wollten sich einfach nicht mehr im Smoking oder im dekolletierten Abendkleid präsentieren.

Der RAF-Terror erreicht das Palais Biron

Seit Anfang der 70er Jahre versuchte die *Rote Armee Fraktion (RAF)*, die Bundesrepublik Deutschland und ihre freiheitliche Gesellschaft aus den Angeln zu heben. Um »Klassenherrschaft und Unterdrückung« zu überwinden, wurden Banken und Botschaften überfallen. Flugzeuge wurden entführt und führende Repräsentanten aus Politik, Justiz und Wirtschaft ermordet. Im Sommer 1977, an einem Sonntag, kam die Tochter eines Hamburger Anwalts zu ihrem »Onkel Jürgen« nach Frankfurt zum Tee. Bei dem Gastgeber handelte es sich um den Chef der Dresdner Bank, *Jürgen Ponto*. Die junge Frau brachte einen Strauß Rosen mit. Und ein RAF-Kommando, das den Gastgeber erschoss, als dieser eine Vase holte. *Jürgen Ponto* war Kuratoriumsmitglied der Baden-Badener Unternehmergespräche und Teilnehmer am 22. BBUG 1962. Er starb für das der RAF verhasste Wirtschaftssystem.

Wenige Wochen danach, am 5. September 1977, wurde ein blauer Kinderwagen in Köln auf eine Straße geschoben, auf der *Hanns Martin Schleyer* mit seinem Fahrer und den Sicherheitsbegleitern unterwegs war. Die Kolonne bremste, Schleyers Begleiter starben im anschließenden Kugelhagel. Er selbst kam in »Gefangenschaft« der RAF. Die größte Fahndungsaktion in der Geschichte der Bundesrepublik Deutschland lief an, scheiterte aber an einer Ermittlungspanne. Hanns Martin Schleyer erlitt ein sechswöchiges Martyrium, während seine Familie in Bonn und beim Bundesverfassungsgericht in Karlsuhe verzweifelt um das Leben des Entführten kämpfte. Die Terroristen verlangten die Freilassung von 13 in Stuttgart-Stammheim einsitzenden Mittätern. Aber Bundeskanzler Helmut Schmidt, wie auch andere Spitzenpolitiker in Bonn, die sämtlich noch von Kriegserfahrungen geprägt waren, gaben keinen Millimeter nach. Auch dann nicht, als ein palästinesisches Terror-Kommando die *Lufthansa*-Maschine *Landshut* mit 91 Passagieren nach Mogadischu entführte und in den Köpfen vieler Deutscher der Ausnahmezustand ausbrach. Bundeskanzler Schmidt wagte eine militärische Befreiungsaktion des Sonderkommandos GSG 9 des Bundesgrenzschutzes, bei der alle Geiseln befreit und drei der vier Entführer getötet wurden. Danach nahmen sich die RAF-Anführer in der Justizvollzugsanstalt Stuttgart-Stammheim das Leben.

Nach 43 Tagen Gefangenschaft in Erftstadt-Liblar und Brüssel wurde der hilflose Hanns Martin Schleyer von seinen Entführern über die französische Grenze gebracht. Irgendwo, im freien Gelände, fiel er auf die Knie. Er wurde mit drei Kopfschüssen hingerichtet. Dann

Hanns Martin Schleyer (1915–1977).

ließen seine Mörder über die französische Zeitung *Libération* die schockierte Öffentlichkeit am 19. Oktober 1977 wissen, die Leiche sei im Kofferraum eines grünen Audi 100 mit Bad Homburger Kennzeichen in Mühlhausen aufzufinden.

Zwei Jahre später fand in der West-Berliner Kongresshalle das 25. Jubiläum der Baden-Badener Unternehmergespräche im Gedenken an Hanns Martin Schleyer statt – an den Teilnehmer des *1. BBUG 1954*, das Kuratoriumsmitglied, den Vortragenden und den ehemaligen Mitarbeiter der IHK Baden-Baden. Schleyer selbst hatte noch für die Jubiläumsveranstaltung in Berlin plädiert, als Ausdruck der Verbundenheit der deutschen Wirtschaft mit der geteilten Stadt. Und tatsächlich wurde das 25. BBUG-Jubiläum 1979 »eine der hochkarätigsten Veranstaltungen, die im Nachkriegsberlin je stattfand.« Die Teilnehmerliste habe sich »wie ein Gotha der deutschen Unternehmerschaft« gelesen, schrieb die Presse. Nur der Regierende Bürgermeister Stobbe (SPD) entschuldigte sich wegen Bonner Terminen, er wurde aber beim Berliner Festival der Weltkulturen gesehen. Für die meisten Deutschen war die Teilung ihres Landes schlicht zur Routine geworden, die politische Linke arbeitete sogar auf eine völkerrechtliche Anerkennung der DDR hin, sie stilisierte den Wunsch des konservativen Lagers nach einer Wiedervereinigung Deutschlands zur revisionistischen oder gar revanchistischen Gefahr hoch. Man fand sich eben mit dem zugemauerten Brandenburger Tor ab, mit dem verloren am Spreebogen stehenden Reichstag, mit Mauer, Stacheldraht und Todesstreifen, an dem immer wieder flüchtende DDR-Bürger ihr Leben ließen. »Drüben« glänzte provozierend die Glaskugel des neuen Ost-Berliner Fernsehturms.

Das Ende der IHK Baden-Baden – Verkauf des Palais Biron?

Die Wege des städtischen Palais Biron und seiner Nutzer schienen sich in den 70er Jahren zu trennen, als die IHK Baden-Baden ihre Selbstständigkeit verlor und sich nach einem heftigen »badischen Kammerkrieg« (*Stuttgarter Zeitung*) der IHK Karlsruhe anschließen musste. In der ehemaligen badischen Hauptstadt war man mit einer eigenständigen IHK Baden-Baden nie einverstanden gewesen, da man sich im Besitz »unverzichtbarer Ansprüche auf das südliche Gebiet« wähnte, die auch durch ein Gutachten an die Landesregierung untermauert wurden. Die Baden-Badener, die unter keinen Umständen in den »großstädtischen Sog der ehemaligen großherzoglichen Residenz« geraten wollten, sondern auf eine Erweiterung in Richtung Freudenstadt und Calw hofften, mussten sich beugen. Auch der Wunsch nach einer eigenen Schiffsanlegestelle am Rhein, »für den Umschlag von Massengütern

INDUSTRIE- UND HANDELSKAMMER MITTLERER OBERRHEIN, KARLSRUHE
HAUPTGESCHÄFTSSTELLE BADEN-BADEN

Industrie- und Handelskammer Mittlerer Oberrhein,
Hauptgeschäftsstelle Baden-Baden, 7570 Baden-Baden, Postfach 420

An das
Ministerium für Wirtschaft,
Mittelstand und

und Rohmaterial der Wirtschaft im Murgtal und im Kreis Bühl«, konnte sie nicht retten. Hauptgeschäftsführer *Walter Endriss* kam nicht umhin, die Ersparnisse seiner aufgelösten Kammer, eine Million DM, resignierend in Karlsruhe abzuliefern, bevor er knapp 70-jährig in den Ruhestand ging.

Baden-Badens IHK Präsident *Manfred Fischer*, Chef der UHU-Werke in Bühl (»Badedas«), musste sich zähneknirschend der »absoluten Vorherrschaft Karlsruhes«, wie das *Badisches Tagblatt* es nannte, unterwerfen – und mit einer *IHK Hauptgeschäftsstelle Baden-Baden* im Palais Biron vorlieb nehmen. Es war auch kein Trost, dass man sich nun in der neuen *IHK Mittlerer Oberrhein* als der drittgrößten Industrie- und Handelskammer Baden-Württembergs wiederfand, mit 23.000 Mitgliedern und zehn Milliarden DM Umsatz. Denn 80 % der Wertschöpfung entstand in Karlsruhe und Umgebung, so dass der dortige Präsident Walter Staiger

Der neuen Industrie- und Handelskammer Mittlerer Oberrhein zum Geleit

Fusion der beiden Industrie- und Handelskammern Karlsruhe und Baden-Baden

Am 31. Dez. 1972 sind die Industrie- und Handelskammern Karlsruhe und Baden-Baden aufgelöst worden. Am 1. Januar 1973 ist durch Fusion der beiden Selbstverwaltungsorgane der gewerblichen Wirtschaft die Industrie- und Handelskammer Mittlerer Oberrhein mit Sitz in Karlsruhe und einer Hauptgeschäftsstelle in Baden-Baden neu entstanden. Diese Umstrukturierung in der Kammerorganisation durch Rechtsverordnung der Landesregierung, die im Land Baden-Württemberg durch Zusammenlegung die Zahl der Kammern von bisher 19 auf 12 verminderte, ist eine Konsequenz der Verwaltungsreform. Die Bezirke der Industrie- und Handelskammern entsprechen den 12 Regionen des Landes, um die so geschaffenen Wirtschaftsräume unter eine einheitliche Selbstverwaltungsorganisation der Wirtschaft zu stellen.

(Vorstandsmitglied der Badischen Bank in Karlsruhe und Präsident der Badischen Landeskreditanstalt) eine Doppelbezeichnung »IHK Karlsruhe Baden-Baden« nicht für gerechtfertigt ansah. Auch eine etwas herausgehobenere »Bezirkskammer Baden-Baden« wurde abgelehnt, dafür aber eine entsprechende Anzahl von Mindestsitzen für die Baden-Badener in der Vollversammlung und der Posten des *Ersten Vizepräsidenten* reserviert. Die Vollversammlung, das oberste Gremium der IHK, tagt seitdem einmal jährlich im Palais Biron. Das Amt des Ersten Vizepräsidenten übernahm später *Richard Schmitz*, Geschäftsführender Direktor von »*Brenner's Park-Hotel & Spa*«, dem es gelang, die Tradition der Baden-Badener Grandhotels mit hochrangigen Staatsgästen aus aller Welt am Leben zu erhalten.

Oben: Walter Staiger, IHK-Präsident Karlsruhe und Dr. Manfred Fischer, IHK Präsident Baden-Baden.

Unten: Richard Schmitz, I. Vizepräsident der IHK Mittlerer Oberrhein.

In Baden-Baden war die Enttäuschung über den Verlust der eigenen IHK zwangsläufig groß. Zunächst reagierte das Rathaus geschäftsmäßig: Man regelte »die Nutzung der Telefone im Palais Biron« neu und renovierte das Pförtnerhaus mit Isolierglasfenstern, Ölheizung, Windfang und einem ausgebauten Dachgeschoss. Doch am 29. Juni 1976 kam die Mitteilung, der Mietvertrag werde 1980 nicht mehr verlängert. Die Hotel-Gruppe *Steigenberger* beabsichtigte nämlich, das Palais Biron zu kaufen, als Luxushotel zu betreiben und im Park an der Oos ein »Bettenhaus« zu bauen. Steigenberger war ein im ganzen Bundegebiet rasant wachsendes Unternehmen, das zwischen den Weltkriegen mit dem *Europäischen Hof* in Baden-Baden den Grundstein für seinen Erfolg gelegt hatte. Ihm gehörten inzwischen in der Kurstadt auch der *Badische Hof* und das *Badhotel Hirsch*.

Allerdings waren die IHK Mitarbeiter im Palais Biron mit den Steigenberger-Plänen nicht einverstanden. Sie setzten sich zur Wehr, angeführt von

der kulturbeflissenen *Julia Erforth*. Unter der riesigen Eiche des herrlichen Parks – wo man sich die drohende Zerstörung des Kulturdenkmals lebhaft vorstellen konnte – wurde die Strategie beraten und dann der in den Kinderschuhen steckende Denkmalschutz eingeschaltet. Das *Badische Tagblatt* und die *Badischen Neuesten Nachrichten* nahmen sich des Themas an, was empörte Bürger und hellhörige Lokalpolitiker auf den Plan rief. Die Stadtverwaltung ließ wissen, man werde IHK und BBUG »bis auf weiteres im Palais Biron dulden«.

Nachdem die Unternehmergespräche ihr 25. Jubiläum 1979 in West-Berlin mit großem bundesweitem Presse-Echo feierten, begriff das Rathaus die Gefahr eines Abwanderns dieser renommierten Einrichtung aus Baden-Baden. Außerdem gab es bei den Steigenberger-Plänen zu viele Fußangeln, so dass die Stadt doch lieber den Mietvertrag am 1. Januar 1980 für weitere 15 Jahre verlängerte. Allerdings war damit ein anderes Problem immer noch nicht gelöst, die überfällige Renovierung. Die 120 Jahre alte Villa war »nur noch von schäbiger Eleganz.« Da half es auch nichts, wenn der *Südwestfunk* gelegentlich einige Räume für Filmaufnahmen mietete und bei dieser Gelegenheit die Wände strich. Das Dach war inzwischen so undicht, dass es nach heftigen Regengüssen aus den Kronleuchtern auf die Schreibtische und Akten der Mitarbeiter tropfte. IHK Hauptgeschäftsführer *Dr. Winfried Nowak*, ein bundesweit vernetzter Kammerexperte aus Stade, der für Immobilienfragen ein nachhaltiges Interesse entwickelte, holte mit Unterstützung des GFU-Geschäftsführers *Gustav Bunge* den Rat von Experten ein. Diese ermittelten 1982 einen Renovierungsstau in Höhe von sieben Millionen DM, für dessen

Auflösung die IHK einen konkreten »Vorentwurf« ins Spiel brachte. Die Stadt Baden-Baden gab ihrerseits ein *Wertgutachten* in Auftrag, das einen Wert von 4,8 Millionen DM für das historische Anwesen ermittelte.

Nachdem einige Jahre verstrichen waren, in denen die Stadt sich auf andere Projekte konzentrierte, ließ die IHK Karlsruhe das Rathaus offiziell wissen, das Palais Biron sei »im gegenwärtigen Zustand weder als Arbeitsumgebung, noch zur Repräsentation geeignet«. Ein Verbleib der Kammer im Palais Biron wurde erneut fraglich. Die Baden-Badener Unternehmergespräche drohten gar: Ohne Klärung der Renovierung werde das *76. BBUG 1985* das letzte im Palais Biron sein.

Die BBUG feierten inzwischen ihr 30. Jubiläum (1984), diesmal wieder im Baden-Badener Kurhaus und mit dem Bosch-Chef *Hans L. Merkle* als Festredner. Der in Stuttgart gerne als »Gottvater« titulierte, einflussreiche Netzwerker der »Deutschland AG« sprach vor 350 Jubiläumsgästen über die »Unternehmer im Wandel der Zeiten.« Die Unternehmergespräche schauten auf 72 Gespräche zurück, mit 2.206 Teilnehmern (darunter neun Frauen), die im Durchschnitt 44 Jahre alt waren und zu 70 % die erwartete Karriere machten. An den Gesprächen waren 1.458 Referenten beteiligt, stets in vertraulichem Rahmen, ohne Öffentlichkeit: Wirtschaftsexperten, Wissenschaftler, Künstler, Schriftsteller, Journalisten, Militärs, Intellektuelle – und Politiker.

Manche der Gespräche wurden zur Legende, etwa das *52. BBUG 1975* mit den aufstrebenden Jungmanagern *Ferdinand Piëch* (Porsche und VW) und *Hermann Franz* (Siemens). Oder das *75. BBUG 1985* mit *Henning Schulte-Noelle* (später Vorstandsvorsitzender der Allianz AG), *Jürgen E. Schrempp* (später Vorstandsvorsitzender der Daimler-Chrysler AG), *Manfred Schneider* (Bayer AG), *Jürgen Hubbert* und *Klaus Mangold* (Daimler-Chrysler AG), *Ihno Schneevoigt* (Allianz AG), *Elmar Pieroth* (Unternehmer und später Berliner Finanzsenator). Auch das »Fortsetzungsgespräch« des Jahres 1986 in Rom sollte von sich reden machen, als die Baden-Badener von *Prof. Romano Prodi*, *Franca Magnani*, *Kardinal Ratzinger* und *Papst Johannes Paul II.* empfangen wurden.

Der Trägergesellschaft GFU gehörten inzwischen 100 namhafte Industriefirmen und Banken an, dazu Unternehmen aus Handel und Versicherungswesen sowie aus dem Bereich der Wirtschaftsprüfung. Ein hochkarätig besetztes Kuratorium unterstützte die Arbeit des Vorstands und der Geschäftsführung. Den Vorstandsvorsitz bei den Baden-Badener Unternehmergesprächen übernahm im Jahr 1985 *Dr. Wilfried Guth*, (1919–2009) Vorstandssprecher und später Vorsitzender des Aufsichtsrats der Deutschen Bank. Er gehörte zu einer Generation von verantwortungsbewussten Managern, die in gemeinnützigen Institutionen wichtige Bausteine des Gemeinwesens sahen, denen ihre persönliche Unterstützung galt: Baden-

Bundespräsident
Richard von Weizsäcker,
Bundeskanzler Helmut
Kohl, Ministerpräsident
von Baden-Württem-
berg Lothar Späth.

Badener Unternehmergespräche, Alte Oper Frankfurt, Bayreuther Festspiele, Internationale Stiftung Mozarteum Salzburg, Japanisch-Deutsches Zentrum Berlin, Liga für wirtschaftliche Zusammenarbeit.

Dr. Guths Aufstieg zu einer der einflussreichsten Schlüsselfiguren der deutschen Wirtschaft war über die Bank Deutscher Länder, die Deutsche Bundesbank, den Internationalen Währungsfonds und die Kreditanstalt für Wiederaufbau erfolgt. Als Sohn des legendären BBUG-Gründervaters *Karl Guth* hatte er nach seinem Studium der Nationalökonomie an der London School of Economics bereits am 2. BBUG 1955 teilgenommen. Entsprechend außergewöhnlich war das Engagement von Dr. Wilfried Guth für die Baden-Badener Unternehmergespräche, denen er bis zu seinem Tod im Mai 2009 aus innerer Überzeugung die Treue hielt:

> Der Mythos der Baden-Badener Unternehmergespräche – wenn man es so pathetisch nennen will – liegt in den Menschen, den Teilnehmern selbst und den Referenten. Uns ist es gelungen, über viele Jahrzehnte die besten Wirtschaftsführer unseres Landes ins Palais Biron zu locken. Wenn Stärke, Talent, Klugheit, Wille und Erfahrung sich treffen, dann passiert meist etwas Faszinierendes [...] Unter den »Baden-Badenern« hat sich ein positiver Corpsgeist entfaltet und ein Netzwerk der deutschen Wirtschaft wurde geflochten.
> (Wilfried Guth)

Die einflussreichen Politiker der 80er Jahre gaben sich im Palais Biron wie selbstverständlich die Klinke in die Hand: *Helmut Schmidt, Helmut Kohl, Otto Graf Lambsdorff, Rita Süßmuth, Richard von Weizsäcker und Lothar Späth.* Der baden-württembergische Ministerpräsident hatte in seiner »liebsten und teuersten Stadt« stets ein »Heimspiel.« Dem »Weltreisenden« Späth wurde nachgesagt, er verspeise zum Frühstück Computer-Chips, so offensichtlich war sein Eintreten für die technologische Modernisierung des »Musterländles« im deutschen Südwesten und auch sein Widerstand gegen die Technologiefeindlichkeit der Deutschen. Außerdem war der CDU-Politiker ein glühender Anhänger der »Globalisierung«, von der er sich in China von *Deng Xiaoping* (»*den Fluss überqueren, indem man nach Steinen tastet*«) ebenso überzeugte wie in der Sowjetunion des *Michail Gorbatschow* (»*Wir brauchen die Demokratie wie die Luft zum Atmen*«).

Baden-Baden fehlt das Geld zur Sanierung des Palais Biron

Wer nach 1985 durch die Lichtentaler Allee ging, rieb sich verwundert die Augen. Eine schauderhafte Baustelle führte mitten durch die Parklandschaft: der Bau des *Michaelstunnels* für die B 500. Die Bundesstraße überquerte bislang auf ihrer Route in den Schwarzwald den *Leopoldsplatz* in der Innenstadt, wo sich an jedem Wochenende eine laute, stinkende und nervtötende Blechlawine staute. Mancher wollte gerne durch *Fußgängerunterführungen* Abhilfe schaffen, andere durch eine Verlegung der B 500 mitten hinein in die *Lichtentaler Allee*! Doch wirkliche Abhilfe versprach nur ein 2,6 km langer *Tunnel*, der 160 Millionen DM kostete und die Stadt mit 15 % der Baukosten belastete. Oberbürgermeister Dr. Carlein setzte ihn mit Überzeugungskraft und Charme durch, politisch unterstützt vom Ministerpräsidenten Lothar Späth.

Die Tunnelröhre führte haarscharf am Thermalquellensystem Baden-Badens, einer 20–50 cm breiten Hauptthermalwasserspalte, vorbei. Vor dem Palais Biron kam sie wieder ans Tageslicht. Die Bauarbeiten wurden im Oos-Tal auf 300 m Länge als offene Baustelle im Tagebau ausgeführt, der Bach mit Stahlspundwänden umgeleitet, 30 herrliche Bäume in der Lichtentaler Allee gefällt, die Plätze des *Tennisclubs Rot-Weiß* vernichtet, die denkmalgeschützte *Gönneranlage* aufgebaggert – und die Zufahrt des Traditions-Hotels *Bellevue* blockiert, so dass der Hotelier Saur seinen Betrieb aufgab und als Seniorenresidenz verkaufte. »Bei aller Tüchtigkeit des Gartenamts«, schrieb die *FAZ*, »ist es kaum möglich, dass sich die Spuren des Eingriffs jemals ganz werden tilgen lassen«. Dass diese Vorhersage nicht eintraf, war vor allem der Leidenschaft und Tüchtigkeit des städtischen Gartenamtsleiters *Bernd Weigel* zu verdanken.

Die Baustelle des Michaeltunnels durchschneidet die Lichtentaler Allee, 1985.

Für Oberbürgermeister Dr. Walter Carlein stellte sich in Baden-Baden allerdings nicht nur das Verkehrsproblem. Die gesamte »alte Ordnung Baden-Badens« war seit den 70er Jahren »zum Untergang verurteilt«. Das einflussreiche kommunalpolitische *ABC-Trio* (»A« wie Volksbank-Chef Oskar Armbruster, »B« wie CDU-Fraktions-Chef Ludwig Braun und »C« wie OB Walter Carlein) wusste nur zu gut, dass die aus der Tradition der Vorkriegszeit stammenden herrschaftlichen Gäste Baden-Badens allmählich ausstarben. Und weil eine neue Generation nicht nachrückte, »ging die scheinbar wohlgeordnete Zeit Baden-Badens zu Ende«. Langsam aber sicher drohten die Lichter auszugehen.

Der ehemalige Fliegeroffizier und Jurist Carlein, der sich nicht gerne in die Karten schauen ließ, seiner Zeit aber weit voraus war, hielt mit einem modernen *Stadtentwicklungsplan* dagegen. Mit vielen Projekten, die aus Spiel-

Von oben nach unten:
IHK-Präsident Hans-Georg
Appenzeller (1926–
2005), Vorstandsvorsit-
zender der BBUG
Dr. Wilfried Guth (1919–
2009), Oberbürgermeister
Dr. Walter Carlein,

bankabgaben über die Bäder- und Kurverwaltung mitfinanziert wurden: *Olym-
pischer Weltkongreß, Landesgartenschau, Schloßbergtangente, Caracalla Therme,
Baldreit-Sanierung, Theater-Sanierung, Parkhäuser-Netzwerk, Krankenhaus ...*

Was die Zukunft des Palais Biron anbelangte, so machten IHK und GFU
der Stadt am 2. August 1985 das Angebot, die Villa kostenlos zu übernehmen
und für sieben Millionen DM zu sanieren. Dr. Carlein hatte sofort Sympathie
für diesen Vorschlag, da er sich sagte: »Das Palais Biron kann ja ohnehin
keiner wegtragen, soll es doch die Wirtschaft übernehmen, renovieren und
IHK mitsamt BBUG fest in der Stadt verankern«. Außerdem erhielt die
Stadt zur gleichen Zeit vom Landesdenkmalamt eine Bestandsaufnahme
aller 1.106 Kulturdenkmäler, was nicht nur einen neuen Stellenwert des
Denkmalschutzes ausdrückte, sondern die Stadt auch vor viele ungelöste
Nutzungsfragen stellte.

Da in Deutschland zu jener Zeit das heruntergewirtschaftete, gewerk-
schaftseigene Wohnungsbauunternehmen *Neue Heimat* für eine Mark an eine
Großbäckerei verkauft wurde, setzte Dr. Carlein die *Eine-Mark-Lösung* auch
für das »Problem Biron« auf die Tagesordnung. Der Gemeinderat diskutierte
monatelang, ob ein städtisches Anwesen dieser Qualität wirklich wie die *Neue
Heimat* behandelt werden konnte. Die Gegner sahen darin einen »Ausverkauf«
der Stadt, eine »beschämende Bankrotterklärung des Rathauses«. Die Stadt
müsse selbst in der Lage sein, für den Erhalt ihrer wertvollen historischen
Bausubstanz aufzukommen. Die Stadtverwaltung rechnete ihnen jedoch vor,
dass nach einer sieben Millionen Mark teuren Renovierung ein Mietzins zu
fordern wäre, den IHK und BBUG nicht bezahlen würden.

Im Dezember 1985 fiel dann die Entschiedung nach zwei Stunden geheimer Beratung und mit acht Gegenstimmen:

Das Palais Biron ging zum Kaufpreis von einer Deutschen Mark an
die IHK Karlsruhe und an die Baden-Badener Unternehmergespräche,
als jeweils hälftige Miteigentümer (Treuhandeigentümer).

Über die Einzelheiten des Kaufvertrags wurde ein weiteres Jahr verhan-
delt. Besonders über strenge Rückfallgarantien zugunsten der Stadt. Am
16. März 1987 konnten dann endlich Oberbürgermeister *Dr. Walter Carlein,*
BBUG-Vorstandsvorsitzender *Dr. Wilfried Guth,* IHK Präsident *Hans-Georg
Appenzeller* und IHK Hauptgeschäftsführer *Dr. Winfried Nowak*
ihre Unterschriften unter das umfangreiche Vertragswerk
setzen. Einige Tage später, am Rande einer Begegnung im
Brenner's Park-Hotel & Spa, drückte der 1. Vizepräsident der
IHK, *Richard Schmitz,* dem städtischen Bürgermeister *Klaus
Klein* die denkwürdige »eine DM« aus seinem privaten Porte-
monnaie in die Hand.

1 Urkundenrolle-Nr. 495/87

Notariat   Baden-Baden

Referat

Öffentliche Urkunde
über

Kaufvertrag

zwischen

Stadt Baden-Baden

Gesellschaft zur Förderung des Unternehmernachwuchses, 5000 Köln, Unter den Ulmen 140
und

Industrie- und Handelskammer Mittlerer Oberrhein, 7500 Karlsruhe, Lammstr. 15 - 17

vom 16. März 1987

In den 40 Jahren, in denen sich das Anwesen des Palais Biron in städtischem Besitz befunden hatte, war die Grundstücksfläche von 38.864 qm auf 20.715 qm geschrumpft, also beinahe um die Hälfte. Die neuen Eigentümer IHK und BBUG übernahmen nun 19.667 qm, die restlichen 1.048 qm blieben als *Falkenbächel* und *Hugo-Heiler-Weg* im Eigentum der Stadt Baden-Baden.

Das Palais Biron wird gerettet – die Mauer fällt

Am Beginn der dreijährigen Generalsanierung des Palais Biron – von 1987 bis 1990 – konnte niemand wissen, dass am Ende dieser kurzen Zeitspanne die Welt eine andere sein würde. Im Jahr 1982 hatte der emotionsgeladene Streit um den NATO-Doppel-Beschluss zum Ende der SPD/FDP-Regierung unter *Helmut Schmidt* geführt, dem seine eigene Partei die Gefolgschaft verweigerte. Sein Nachfolger *Helmut Kohl* (CDU), der ebenfalls mit der FDP als »Zünglein an der Waage« regierte, musste sich mit *Lichterketten, Friedensmärschen, Sitzblockaden* und der 1980 in Karlsruhe gegründeten neuen Partei der *Grünen* auseinandersetzen. Außerdem erschwerte das Erbe der Regierung *Schmidt* die versprochene »geistig moralische Wende«. Die Staatsquote war auf über 50 % gestiegen, zwei Millionen Menschen waren arbeitslos, die Zinsen hoch, Konjunkturprogramme wirkungslos und die Staatsschulden bei umgerechnet 600 Milliarden Euro (25 % des BIP). Wichtige Industrien wie Bergbau, Stahl, Werften und Textil befanden sich im Niedergang.

Da aber ein gesichertes Einkommen sowie jede Menge Freizeit und Urlaub inzwischen zur Selbstverständlichkeit geworden waren, tobte nun ein Verteilungskampf um die 35-Stunden-Woche, um Teilzeitarbeit und um Frühverrentung. Die Regierung Kohl erhöhte die Mehrwertsteuer auf 14 % und mühte sich, begleitet von einigen Pannen, mit den Themen der »politischen Gutmenschen«: *Gefahren der neuen Technologien, Hausbesetzungen, Vermummungsverbote, Asylrecht für alle Verfolgte, Gefahren der Volkszählung, Flick-Affäre, völkerrechtliche Anerkennung der DDR* (»Lieber rot als tot!«). Einige Aussteiger verabschiedeten sich sogar gänzlich von einer konstruktiven Mitarbeit in der Gesellschaft: Realmarxisten, Stadtindianer, Sponties, Punks und die Alternative Szene.

Die »*Globalisierung*« setzte allmählich einen solchen wirtschaftlichen Aufschwung in Gang, dass die Exporte deutscher Firmen auf neue Rekordmarken kletterten. Während aus den USA kommend die technologische Revolution des *Personal Computer (PC)* weltweit Furore machte, verteilten sich aus der Sowjetunion stammende radioaktive Stoffe über Europa, als am 26. April 1986 der Reaktor im Block IV des ukrainischen Tschernobyl explodierte. Im Kreml war inzwischen der 54-jährige *Michail Gorbatschow* neuer Generalsekretär der UdSSR, der seit 1985 mit »Perestroika« (Umbau) und »Glasnost« (Öffnung) eine Reform seines verkrusteten Landes versuchte. Gorbatschow

ließ sich 1987 auf eine erste abrüstungspolitische Verständigung mit dem Westen ein. Moskau und Washington vereinbarten den Abzug sämtlicher Mittelstreckenraketen aus Europa – 45.000 sowjetische und 31.982 amerikanische Atomsprengköpfe! Aber US-Präsident *Ronald Reagan* verlangte vom neuen Herrscher im »Reich des Bösen« mehr, er forderte ihn bei seinem Besuch in West-Berlin am 12. Juni 1987 auf: »Come here to this gate! Mr. Gorbachev, open this gate! Mr. Gorbachev, tear down this wall!«

Das SED-Regime stand in der Tat vor dem Staatsbankrott, die DDR konnte sich nur noch mit Moskaus Schutzgarantie und mit einem Kredit der Bundesrepublik in Höhe von zwei Milliarden DM über Wasser halten. Staats- und Parteichef *Erich Honecker* kam dafür 1987 persönlich zu Besuch und wurde von der Bundesregierung offiziell empfangen, was manchen wunderte. Denn Honecker weigerte sich standhaft, sein Land »neu zu tapezieren«, wie er sich über die Reformen in den »Bruderländern« Polen und Ungarn lustig machte. Für ihn galt nämlich nach wie vor: »*Den Sozialismus in seinem Lauf hält weder Ochs noch Esel auf!*«

Im gleichen Jahr gab es eine dramatische Erschütterung im »kapitalistischen Westen«, als der *Börsencrash* vom 19. Oktober 1987 (»*Schwarzer Montag*«) die Aktienkurse halbierte, nachdem sie sich zuvor innerhalb von drei Jahren verdreifacht hatten. Prompt verglich man die Lage mit der Weltwirtschaftskrise Ende der 20er Jahre. Aber die deutsche Wirtschaft wuchs jährlich um 3 %, bei

Bundeskanzler Helmut Kohl und US-Präsident Ronald Reagan, 1987 in West-Berlin.

stabilen Preisen mit einer Million neuen Arbeitsplätzen. Deutschland überholte mit seinen enormen Exporterfolgen (243 Milliarden Dollar) sogar erstmals als »Exportweltmeister« die USA, weshalb die D-Mark, neben Dollar und Yen, auch in den Rang einer Welt-Leitwährung aufrückte.

In diese vor Kraft strotzende Bundesrepublik reiste Michail Gorbatschow im Sommer 1988 zum Staatsbesuch nach Bonn und Stuttgart. Die Bevölkerung empfing ihn völlig unerwartet mit überwältigendem Jubel: »Gorbi, Gorbi, Gorbi!« Ministerpräsident Lothar Späth lockte an der Stuttgarter Universität mit technologischen Kooperationen, die alles in den Schatten stellten, was die Amerikaner den Sowjets seit Jahrzehnten vorenthielten. Die sozialistische DDR schrumpfte auf das Format eines lästigen Anhängsels der unter Druck geratenen östlichen Supermacht, die mit dem technologisch davonziehenden Westen mithalten wollte. Prompt mahnte Gorbatschow ein Jahr später anlässlich des 40. Jubiläums der DDR in Ost-Berlin: »Gefahren warten nur auf jene, die nicht auf das Leben reagieren!« Anders übersetzt ging sein Spruch in die Weltgeschichte ein: »Wer zu spät kommt, den bestraft das Leben!«

Kurz darauf erschütterten Montagsdemonstrationen mit stetig steigenden Teilnehmerzahlen das »sozialistische Bruderland DDR«. Dann geschah sogar das Unvorstellbare. Am 9. November 1989, durch eine um 18.53 Uhr abgegebene Erklärung: Das Zentralkomitee der Sozialistischen Einheitspartei Deutschlands öffnete – mehr aus Versehen als geplant – die Grenzübergänge *Bornholmer Straße, Invalidenstraße* und *Heinrich-Heine-Straße* nach West-Berlin. Die Deutschen erklommen in einem beispiellosen Freudentaumel die hässliche Mauer. Über Nacht waren sie das glücklichste Volk der Welt geworden. Nun »wächst zusammen, was zusammen gehört«, sagte der ehemalige Bundeskanzler *Willy Brandt* (SPD), und *Helmut Kohl* wurde in den folgenden Monaten zum »Kanzler der Deutschen Einheit«. Die Einsatzpläne der Volksarmee und der sowjetischen Truppen hatten zwar bereitgelegen und der sowjetische Außenminister *Eduard Schewardnadse* von einer Welt am »Rande eines Dritten Weltkriegs« gesprochen, aber Michail Gorbatschow erteilte keine solchen Befehle.

Der Fall der Berliner Mauer am 9. November 1989.

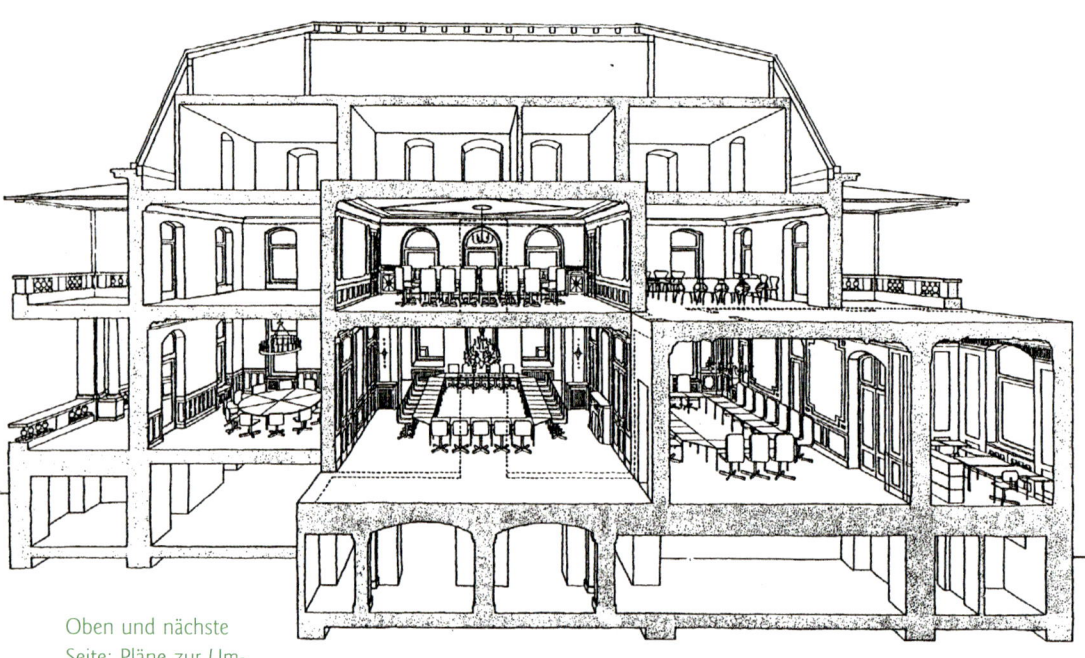

Oben und nächste
Seite: Pläne zur Um-
gestaltung des Palais
Biron als Tagungshaus
der Wirtschaft.

Dr. Winfried Nowak,
Hauptgeschäftsführer
der IHK Karlsruhe
(1975–1997).

Im beschaulichen Baden-Baden kam unterdessen die Sanierung des Palais Biron planmäßig voran. Die historische Villa aus dem Jahr 1859 hielt für IHK Hauptgeschäftsführer *Dr. Winfried Nowak*, den Karlsruher Architekten *Prof. Johannes A. Heinz Jakubeit* (ein Schüler von Egon Eiermann) und den international erfahrenen Bau-Ingenieur *Günter Hörth* aus Ettlingen »unerwartete Schwierigkeiten, reizvolle Aufgabenstellungen und so manche abenteuerliche Situation« bereit. Neun Jahre lang befasste sich der Architekt mit dem Palais Biron und fand in Günter Hörth einen kongenialen Partner, der »die notwendigen Entscheidungen herbeiführte«, damit die aufwändige Totalsanierung fristgerecht und innerhalb des bewilligten Kostenrahmens erfolgen konnte.

Die umfangreichen Arbeiten erforderten ein feines Gespür für Denkmalschutzfragen und hohe architektonische Kunst, gepaart mit überragendem handwerklichem Können. Das Ergebnis ist eine perfekte Harmonie der alten Formen, Stuckaturen und Ornamente mit einer modernen Ausstattung auf dem höchsten Niveau von Technik und Komfort.

Aus der Villa wurden 1.000 Kubikmeter Schutt hinausgeschafft, teilweise in Eimern, was dem Volumen eines ganzen Einfamilienhauses entsprach. Die Eingriffe reichten bis in die Rohbausubstanz. Fundamente wurden neu ausgebildet, Kellerböden abgesenkt, Decken und Wände durchbrochen und ein neues Nebentreppenhaus mit neuem Aufzugsschacht eingebaut. Die Erweiterung des Großen Saales im Erdgeschoss verlangte einen neuen Stahl-Unterzug, den Experten mit Hilfe moderner Lasertechnik Millimeter für Millimeter auf zwei Doppelsäulen hoben. Entgegen manchen Befürchtungen stürzte das Palais Biron nicht ein – es gab auch keine Risse in Wänden und Decken.

Die charakteristische Außenfront des Palais Biron hatte unter den vielen schadhaften Natursteinpartien besonders gelitten, an Gesimsen, Gewänden und Pfeilern, an den Architraven sowie dem Haussockel. Denkmalpfleger, Steinrestauratoren und Bauchemiker verständigten sich weitestgehend auf eine Wiederherstellung mit Naturstein, ohne chemische Steinverfestigungstechnik oder Steinersatz. Die unschönen Fenster aus der Nachkriegszeit wurden herausgerissen und durch stilgerechte Sprossenfenster ersetzt. Leider gingen die charakteristischen Fensterläden verloren, und auch das großflächige Fenster aus Metall zur Parkseite wirft ungelöste Stil-Fragen auf. Das französische Mansarddach wurde mit teurem Naturschiefer neu eingedeckt und blieb zusammen mit den charakteristischen Dachgauben originalgetreu erhalten.

Besonders kostspielig fiel die neue Haustechnik aus, die 1,3 Millionen DM verschlang, für Lüftungskanäle, Heizungsrohre, Wasserleitungen und 35 Kilometer Starkstrom-, Schwachstrom- und Medientechnik-Kabel. Alles musste auf ausgeklügelten Wegen neu durch die Villa verlegt werden, ohne die wertvollen Lamperien und Stuckaturen zu beschädigen. Auch die beiden offenen Kamine, im Billardzimmer und in der Kamin-Halle, konnten erhalten werden, wobei der ebenso vorsichtige wie sparsame Günter Hörth aus Brandschutzgründen, und auch wegen des beißenden Qualms,

Kostenzusammenstellung

		Nettobeträge
A	Restaurierungen	960.000,-
B	Instandsetzungen und Schönheitsreparaturen	1.441.000,-
C	Funktionsbedingte Kosten	1.612.000,-
D	Möbel, Gerät und Beleuchtungskörper	922.000,-
E	Außenanlagen	250.000,-
F	Nebenkosten	900.000,-
		6.085.000,-
	zuzügl. 14% MWSt.	851.900,-
		6.936.900,-
	zur Aufrundung für Unvorhergesehenes	63.100,-
		7.000.000,-

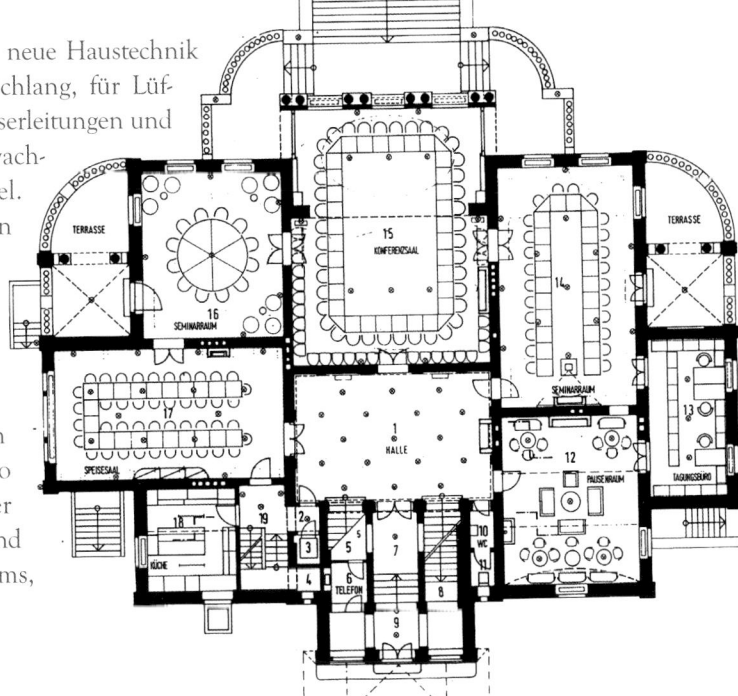

Prof. Johannes A. Heinz
Jakubeit, Architekt.

auf eine Inbetriebnahme verzichtete. Der bauleitende Ingenieur suchte für alle Gewerke nach erfahrenen Handwerkern aus der Region, einige »Politurspezialisten« kamen aus Paris, damit die Polier-, Lackier- und Vergoldungsarbeiten möglichst in originaler Qualität ausgeführt werden konnten:

Marmorböden, Fliesen, Parkett, Natursteinkamine, Holztreppen, Lamperien, Türgestelle und sonstiges Schnitzwerk, Stuckaturen an Wänden und Decken, historische Wand- und Deckenbemalungen, Reliefs, Marmorierungen, Supraporten und Mosaikintarsien.

Das Mobiliar und die Beleuchtungskörper für das originalgetreu wiederhergestellte Ambiente wählte die geschmackssichere *Julia Erfort* aus. Mit zeitgenössischen Stilelementen setzte sie moderne Akzente, damit die Funktionalität des künftigen Tagungshauses der Wirtschaft bestmöglich gewährleistet war.

Palais Biron –
Tagungshaus der Wirtschaft

Seit 1990

Die Wiedereröffnung des Palais Biron – im Jahr der Wiedervereinigung

Die Einweihung des *Tagungshauses der Wirtschaft* am 17. Mai 1990 fand nicht annähernd die Beachtung, die in jenen Tagen den Ereignissen in der DDR zuteil wurde. Am 18. März hatte dort die erste freie Wahl zur Volkskammer stattgefunden, die Menschen riefen: »Wir sind das Volk!« – »Deutschland, einig Vaterland!«

Es kam im Jahr 1990 zu einem engen politischen und diplomatischen Zusammenspiel auf nationaler und internationaler Ebene, wie man es nie zuvor in der Geschichte der Bundesrepublik erlebt hatte: Im *Mai* begannen die »Zwei-Plus-Vier-Gespräche« mit den Siegermächten, es wurde der Fonds Deutsche Einheit aufgelegt und eine »Währungs-, Wirtschafts- und Sozialunion« vereinbart, im Verhältnis 1 : 1 von D-Mark zu Mark der DDR. Im *Juni* begann der Abriss der Berliner Mauer. Im *Juli* wurde in der DDR die D-Mark eingeführt, die Zwei-Plus-Vier-Gespräche kamen zum Abschluss, und Gorbatschow willigte in den Verbleib Deutschlands in der NATO ein. Im *August* beschloss die DDR-Volkskammer den Beitritt zur Bundesrepublik. Am 3. *Oktober* trat die DDR mit fünf neuen Bundesländern nach Art. 23 des Grundgesetzes der Bundesrepublik Deutschland bei.

Kein einziger Schuss fiel in dieser friedlichen Revolution, 350.000 sowjetische Soldaten zogen für 15 Milliarden DM aus der ehemaligen DDR ab, parallel zum Zerfall Jugoslawiens und dem Ausbruch des ersten Golfkriegs, was die weltpolitische Lage völlig veränderte. Dann zerfiel auch noch die Sowjetunion, und die Zeit ging über Michail Gorbatschow hinweg, dem seine ehemaligen Generale verbittert vorwarfen: »Wir haben ein Weltreich in Windeseile verschleudert; und das war ein Fehler«. Aber *Boris Jelzin* zauberte wie aus einer Matroschka-Puppe das neue Russland hervor.

In diesem wahrlich historischen Umfeld nahm das *Palais Biron Tagungshaus der Wirtschaft GdbR* seinen Betrieb auf. Die Gesellschafter hatten je 3,6 Millionen DM in das Baudenkmal investiert, wobei die BBUG 1,4 Millionen DM als Spenden einsammelten. Der Löwenanteil floss in die 2.000 qm große Villa, eine halbe Million in das 400 qm große *Schweizerhaus*, den Sitz der BBUG-Geschäftsstelle. In das 170 qm große *Pförtnerhaus* wurden

175.000 DM investiert, dort richtete die IHK Karlsruhe gemäß vertraglicher Zusage *unbefristet eine ständige Außenstelle* ein. Das Dachgeschoss der Villa vermieteten die neuen Eigentümer an die Hypo-Bank, später an das *Bankhaus Sal. Oppenheim*, womit sich ein Kreis schloss, denn der Bankier *Simon Oppenheim* gehörte schon bei der Einweihung der Villa Merck vor 130 Jahren zu den Ehrengästen.

Ein Gesamtvertrag über das *Palais Biron Tagungshaus der Wirtschaft GdbR* (1. Januar 1993) sowie der Kaufvertrag mit der Stadt setzten für den Geschäftsbetrieb den rechtlichen Rahmen, darunter mit einigen gravierenden *Nutzungsbeschränkungen*, die teilweise sogar im Grundbuch abgesichert wurden: So darf das Tagungshaus und der Park »*ausschließlich für Aufgaben der Erwerber Verwendung finden*«. Fremdveranstaltungen Dritter sind nur gestattet, wenn sie dem Charakter des Hauses sowie dem Profil von IHK und BBUG entsprechen – also zu deren statuarischen und satzungsmäßigen Aufgaben gehören. Freizeit-, Kultur-, Familien- und sonstige Events sind in

Norbert Keller,
Präsident der IHK
Karlsruhe (1993–2003).

dem gemeinnützig betriebenen Tagungshaus der Wirtschaft nicht möglich, denn dieses Geschäft blieb durch die Vertragsgestaltung den kommerziellen Anbietern vorbehalten.

IHK und BBUG übernahmen die dauerhafte *Unterhaltung* des Palais Biron mitsamt Park, wobei das Anwesen in die Umgebung der Lichtentaler Allee eingebunden bleiben muss. Aus gutem Grunde wurden *Anbauten* und *Neubauten* vertraglich ausgeschlossen. Sollten sich die beiden Miteigentümer IHK und BBUG eines Tages aus ihren Verpflichtungen *zurückziehen* wollen, fiele das Eigentum am Palais Biron an die Stadt zurück. Die Miteigentümer IHK und BBUG hatten mit der Stadt außerdem verbindlich vereinbart, dass eine Auflösung der Miteigentümergemeinschaft oder eine Veräußerung der Miteigentumsanteile an Dritte für immer ausgeschlossen wird.

Die Baden-Badener Unternehmergespräche, die mit dem 77. *BBUG 1986* in den Internationalen Club in der Lichtentaler Allee 8 ausgewichen waren, kehrten mit ihrem 87. *BBUG 1990* wieder ins Palais Biron zurück. Sie verpflichteten sich, *weiterhin zumindest im bisherigen Umfang ihre Vortrags- und Seminarveranstaltungen durchzuführen.* Diese Aufgabe hatte inzwischen *Dr. jur. Peter Zürn* als neuer Geschäftsführer inne, der ehemalige Personaldirektor von Boehringer/Ingelheim, welcher sich als Japan-Kenner, Zen-Spezialist und Buchautor einen Namen machte: *Die republikanische Monarchie – zur Struktur der Verfassung der V. Republik in Frankreich; Manager und Meditation.*

Auch an der IHK Spitze wechselten in den folgenden Jahren die Akteure. *Norbert Keller* wurde 1993 neuer IHK Präsident, Vorstandsvorsitzender des Homöopathieunternehmens Dr. Willmar Schwabe AG in Karlsruhe. Unter dem verbandspolitisch versierten und international erfahrenen Pharma-Manager festigte das Palais Biron seinen Stellenwert als Plattform mittelbadischer Interessensvertretung, besonders im Verhältnis zur Landesregierung in Stuttgart. Im Jahr 1998 vollzog sich der Wechsel in der IHK Hauptgeschäftsführung und damit auch in der Geschäftsführung des Tagungshauses Palais Biron: Aus Stuttgart kam der Jurist *Prof. Hans-Peter Mengele* (Autor dieses Buches), der als ehemaliger »Außenminister« des baden-württembergischen Ministerpräsidenten Lothar Späth vielfältige Erfahrungen aus Europa-, Wirtschafts- und Staatsministerum mitbrachte. Dies gewährleistete eine konzeptionelle und strategische Neuausrichtung der Technologie-Region Karlsruhe als einer der wachstumsstärksten Regionen in Europa. Im Verbund mit einer immer dichter vernetzten IHK Karlsruhe konnten diese Aktivitäten in zunehmendem Maße auch das Tagungsgeschehen im Palais Biron bereichern.

Die Rettung des Palais Biron – eines der wichtigen Kulturdenkmäler Baden-Badens – im Rahmen einer Partnerschaft von Wirtschaft und Kommune war zweifellos ein Novum. Die Verknüpfung privater Mittel mit einer das Gemeinwohl fördernden Nutzung markierte einen Umkehrpunkt auf dem verhängnisvollen Weg Baden-Badens zur »Zerstörung eines Weltbades von einst« (*Frankfurter Allgemeine Zeitung,* 19. Januar 1989). Das Vorbild machte Schule: Im Jahr 2004 wurde das *Allee-Haus* durch die Baden-Badener Scherer-Stiftung saniert und wird seitdem als Stadtmuseum genutzt. Im Jahr 2009 gestaltete das Baden-Badener Unternehmer-Ehepaar *Wolfgang und Anneliese Grenke* den zuvor erworbenen *Internationalen Club* an der Lichtentaler Allee zum *Kulturhaus LA 8* als weiteres Glanzlicht an Baden-Badens neuer »Museums-Meile« um.

Dr. Peter Zürn
Geschäftsführer der
BBUG (1987–1998).

Prof. Hans-Peter Mengele,
Hauptgeschäftsführer der
IHK Karlsruhe seit 1998.

Die Themen der 90er Jahre im Palais Biron

In den ersten Jahren nach Eröffnung des Tagungshauses standen Themen rund um das wiedervereinigte Deutschland auf der Tagesordnung, vor allem die »Vereinigungskrise« der 90er Jahre. Die von *Helmut Kohl* versprochenen »blühenden Landschaften« lagen in weiter Ferne, stattdessen erhöhte die Regierung die Einkommensteuer, was man patriotisch »Solidaritätszuschlag« nannte. Trotzdem stieg die Staatsverschuldung auf umgerechnet über 1.000 Milliarden Euro, mehr als 60 % des BIP. Die Westdeutschen blickten in ein »Fass ohne Boden«, während viele Ostdeutsche in den Westen umzogen oder in den »neuen Bundesländern« regelmäßig hohe Erwartungen an die vielen staatliche Hilfen hegten. Die Treuhandanstalt konnte aus dem Volksvermögen der untergegangenen DDR lediglich 67 Milliarden DM erlösen, weit weniger als die erwarteten 800 Milliarden DM.

Parallel zur Wiedervereinigung trieb der geschichtsbewusste Helmut Kohl die europäische Integration voran. Zwölf Staats- und Regierungschefs vereinbarten im Dezember 1991 im niederländischen Maastricht eine *Europäische Union* mit gemeinsamer Währung und gemeinsamer Europäischen Zentralbank in Frankfurt/M. Dafür standen die Unabhängigkeit der Deutschen Bundesbank sowie die »harte D-Mark« in den vergangenen Jahrzehnten Pate. Bundesbank-Präsident *Hans Tietmeyer* sprach beim *91. BBUG 1992* im Palais Biron über den Weg »vom europäischen Binnenmarkt zu einer Wirtschafts- und Währungsunion«. Den Skeptikern versicherte er, der künftige *Euro* werde genauso »hart« und stabil sein wie die D-Mark. Aber nur mit einem solchen revolutionären Schritt könnten die andauernden Wechselkursspannungen ausgeräumt werden, die sich aus der fehlenden stabilitätspolitischen Konvergenz innerhalb Europas ergaben. Alle beteiligten Staaten müssten sich künftig einem strengen Stabilitäts- und Wachstumspakt unterwerfen, Haushaltsdisziplin wahren sowie die Wirtschafts- und Währungspolitik aufeinander abstimmen.

Fortschritte bei der europäischen Integration hingen stets vom Stand des deutsch-französischen Verhältnisses ab. Zum *66. Deutsch-Französischen Gipfel* lud Helmut Kohl den neuen französischen Staatspräsidenten *Jacques Chirac* deshalb 1995 nach Baden-Baden ein, ins *Brenner's Park-Hotel und Spa*, wo sich die deutsch-französische Partnerschaft und Freundschaft auf besonders geschichtsträchtigem Boden bewegte. Beide Seiten erinnerten sich gerne an die historischen Begegnungen von *Konrad Adenauer* und *Charles de Gaulle* im Jahr 1962 sowie von *Helmut Schmidt* mit *Valéry Giscard d'Estaing* im Jahr 1980. Kohl und Chirac waren sich außerdem einig, dass nun

jenen Staaten, die im Kalten Krieg außen vor bleiben mussten, die Tür zur Europäischen Union geöffnet wurde: *Finnland, Österreich* und *Schweden*.

Als Mitte der 90er Jahre die Weltwirtschaft in die Krise geriet, war für die deutsche Wirtschaft auch die »Sonderkonjunktur Wiedervereinigung« zu Ende. Nun zeigten sich strukturelle Schwächen, die der Boom im Zuge der Wiedervereinigung verdeckt hatte, selbst beim traditionell leistungsstarken Maschinenbau. Die Konjunktur- und Strukturkrise ließ die Arbeitslosigkeit auf vier Millionen steigen. Helmut Kohl verlor 1998 die Bundestagswahl, und dies ausgerechnet im Osten Deutschlands, wo die »Wechselstimmung« besonders groß war und die Parteienbindung nicht annähernd so stark wie im Westen.

Neuer Bundeskanzler wurde an der Spitze einer »rot-grünen« Regierung *Gerhard Schröder (SPD)*, der 2001 in das nagelneue Bundeskanzleramt in der neuen Bundeshauptstadt Berlin einzog. SPD und Grüne gestalteten nun Deutschland nach ihren Vorstellungen: Homo-Ehe, Ausstieg aus der Kernenergie, Antidiskriminierungsgesetz, Kriegsführung deutscher Soldaten mit deutschen *Tornados* auf dem Balkan. Die Weltwirtschaft nahm einen neuen Anlauf und die »*New Economy*« ließ eine gewaltige Spekulationsblase entstehen. Gerechnet wurde seit 1. Januar 1999 nicht mehr nur in D-Mark, sondern auch in *Euro*. Die »internet-bubble« saugte in kurzer Zeit die Erspar-nisse von Millionen Kleinanlegern auf. Otto Normalverbraucher verfiel in eine kollektive Goldgräberstimmung und kaufte plötzlich Aktien, wie bisher den Lottoschein. Innerhalb weniger Wochen waren dubiose IT-Neugrün-dungen an der Börse mehr wert als 100 Jahre alte Industriekonzerne der »alten Ökonomie«. Die Kapitalmärkte gerieten in einen Rauschzustand – die Rahmengesetze der Volkswirtschaften schienen außer Kraft gesetzt. Endlich konnte man über Nacht reich werden. Bis US-Notenbankchef *Alan Green-span* von einer »irrational exuberance« sprach und die Spekulationsblase platzen ließ. Nun gingen Banken Pleite, Anleger verloren Milliarden, aus

Sitzungszimmer im ehemaligen Musiksaal.

der »Spaßgesellschaft« wurde wieder eine »Realwirtschaft«, und »aus manch coolem IT-Spezialisten und Mediendesigner wurde ein Milchaufschäumer bei Starbucks«.

Dann kam ein Tag, den niemand vergessen wird. Vorzeitig beendete das Präsidium der IHK Karlsruhe am *11. September 2001* seine Sitzung, um fassungslos den Fernsehbildern zu folgen: Muslimische Selbstmordattentäter hatten amerikanische Passagierflugzeuge entführt und gegen die beiden Türme des World Trade Center in New York gesteuert. Die ganze Welt sah die *Twin Towers* in sich zusammenstürzen und dabei über 3.000 Menschen mit in den Tod reißen. Man ahnte, dass die Welt eine andere würde; *Ground Zero* grub sich in das kollektive Gedächtnis der Menschheit ein. Es gab kein »Ende der Geschichte«, wie es manche nach dem Zusammenbruch des Kommunismus vorher gesagt hatten, vielmehr kehrte die Geschichte zurück. US-Präsident *George W. Bush* begann einen »Feldzug gegen den internationalen Terrorismus«. Mit Kriegen in Afghanistan, um *Osama bin Laden* »tot oder lebendig« zu fangen, und gegen den Irak, um Saddam Husseins Diktatur durch eine Demokratie zu ersetzen. Während sich Deutschland am Krieg gegen die Taliban in Afghanistan militärisch beteiligte, entzweite der Irak-Krieg Europa und Amerika auf Jahre hinaus, außerdem schienen beide Kriege mehr oder weniger zur Erfolglosigkeit verurteilt.

Unter dem Schock des *11. September* brach zwar die Weltwirtschaft für kurze Zeit ein, doch die Fortschritte in der Telekommunikation, im Internet, in der Unterhaltungselektronik und in der Gentechnik brachten schon bald einen neuen Aufschwung. Es entstand ein Bewusstsein wie im 19. Jahrhundert beim Eisenbahnbau. Plötzlich konnten Menschen in aller Welt miteinander in unmittelbaren Kontakt treten; Kulturen kamen sich näher als jemals zuvor. Das Internet machte »die Welt flach«. Und China stieg innerhalb zweier Jahrzehnte zur Wirtschaftsmacht auf. Das »Reich der Mitte« bescherte dem Westen eine Lawine von Konsum- und Unterhaltungsgütern »Made in China«. In der »Fabrik der Welt« produzierte ein Millionen-Heer billiger Arbeiter immer mehr und immer schneller, wonach verwöhnte Verbraucher in aller Welt verlangten. Seine Dollar investierte Peking wiederum in Amerika, damit dort die Zinsen niedrig und die Konsumlaune hoch blieben. Allmählich wurden Amerika und China so zu siamesischen Zwillingen.

Europa führte zu jener Zeit, am 1. Januar 2002, die neuen Euro-Scheine und Euro-Münzen ein, im Verhältnis 1,95583 DM = 1 Euro. Die Verbraucher empfanden den Euro schnell als »Teuro« und machten ihn für allerlei Preistreibereien verantwortlich, ungeachtet der offiziellen Bekundungen zur Preisstabilität. Am Ende stellte man sich auf einen gefühlten Umstellungskurs von 1 : 1 ein. Größere Sorgen bereiteten den Menschen die vielen

Investitionen deutscher Firmen im Ausland. Der weltweite Boom eröffnete den Unternehmen neue Chancen und bescherte ihnen ordentliche Gewinne. Aber in Deutschland stieg die Arbeitslosigkeit wegen der hohen Lohnkosten und Lohn-Nebenkosten, der hohen Steuern und Abgaben und wegen einer ausufernden Bürokratie. Die Akteure aller gesellschaftlichen Gruppen – Politiker, Experten, Journalisten, Künstler – diskutierten in Talk-Shows ausgiebig über die »Wettbewerbsfähigkeit des Standorts Deutschland«, über den »Reformstau« und über den »gediegensten Sozialstaat der Welt«, der von den entfesselten Kräften des Wettbewerbs überrollt zu werden schien.

Der sozialdemokratische Bundeskanzler Gerhard Schröder nahm deshalb 2002 Reformen in Angriff. Er senkte die Einkommenssteuer, und er machte mit den »Hartz-Gesetzen« so schmerzhafte Einschnitte ins soziale Netz, dass es zu einem Zerwürfnis mit den Gewerkschaften kam. Die Wirtschaft wiederum hielt die Arbeitsmarkt- und Sozialreformen für halbherzig, so dass sich die Auseinandersetzungen bis zu einer vorgezogenen Neuwahl des Deutschen Bundestags 2005 zuspitzten. Dabei wurde die rot-grüne Bundesregierung abgewählt.

50 Jahre Baden-Badener Unternehmergespräche

In diesem spannungsgeladenen politischen Umfeld feierten die Baden-Badener Unternehmergespräche ihr 50. Jubiläum, angeführt von zwei neuen Verantwortlichen an der Spitze: *Jürgen Bertsch* hatte mit dem *102. BBUG 1998* die Geschäftsführung übernommen, nachdem er bereits seit 1993 Stellvertreter im Schweizerhaus war. Der aus dem badischen Bruchsal stammende

ehemalige Oberst im Generalstab hatte bei der Bundeswehr umfangreiche internationale Erfahrungen gesammelt, zuletzt als Verteidigungsattaché an der deutschen Botschaft in Madrid. Bertsch leitete »eine Etappe disziplinierter Seriosität und neuer Internationalität« ein. Außerdem baute er die formellen »Fortsetzungsgespräche« zu einer zweiten Säule der BBUG aus. Er fasste die Teilnehmer der beiden Gespräche eines jeden Jahres zu einer 120-köpfigen Delegation zusammen. Diese brachte er in Kontakt mit hochrangigen Vertretern aus Politik, Wirtschaft und Kultur in Metropolen wie Paris, London, Madrid, Budapest, Prag, Rom, Sankt Petersburg, Istanbul und Lissabon. Im Zuge der verstärkten Globalisierung rückten auch Ziele im Nahen Osten und Asien ins Blickfeld, besonders bei den informellen »Fortsetzungsgesprächen«.

Als neuer Vorstandsvorsitzender der BBUG amtiert seit 2000 *Horst Weitzmann*, ein erfolgreicher mittelständischer Stahl-Unternehmer aus Kehl, der als Teilnehmer des *51. BBUG 1975* zu den ausgewiesenen »Baden-Badenern« gehörte. Weitzmann hatte mitten in der Stahlkrise 1984 in einem mutigen Management-Buy-out die *Badischen Stahlwerke* mit 1.000 Beschäftigten übernommen und zwischenzeitlich zum Marktführer ausgebaut. »Die notwendigen Kredite dazu hätte ich ohne das BBUG-Netzwerk kaum bekommen«, bekannte Horst Weitzmann, dem das Motto seines »verehrten Stahlkollegen« Andrew Carnegie besonders gefiel: »Es ist keine Schande reich zu werden, aber es ist eine Schande, reich zu sterben«. Entsprechend groß war das gemeinnützige Engagement von Horst und Marlis Weitzmann: Vorstand der Bayreuther Festspiele, Hochschulrat und Stifter an der Fachhochschule Offenburg, Präsident der IHK Südlicher Oberrhein in Freiburg, Sammler badischer Kunstwerke, Hochschulrat und Stifter an der Albert-Ludwig-Universität Freiburg, Vorsitzender der privaten Kulturstiftung *Festspielhaus Baden-Baden*.

Im neuen Festspielhaus, mit 2.500 Plätzen eines der größten Opern- und Konzerthäuser in Europa, feierten die »Baden-Badener« im Jahr 2004

Jürgen Bertsch, Geschäftsführer der Gesellschaft zur Förderung des Unternehmernachwuchses e. V. seit 1998.

ihr 50-jähriges Jubiläum. Das Gebäude des Wiener Architekten Wilhelm Holzbauer, der geschickt den alten Stadtbahnhof als Foyer integrierte, symbolisiert die Suche der Kurstadt nach neuen Perspektiven. Großzügige Stifter, darunter Horst und Marlis Weitzmann sowie ein Freudeskreis unter der Führung des früheren Ministerpräsidenten Lothar Späth, sorgten gemeinsam mit dem Intendanten *Andreas Mölich-Zebhauser* für die nötige Aufbruchstimmung. So erlebte die BBUG-Festgemeinde im Rahmen der Herbert-von-Karajan-Pfingstfestspiele eine Sondervorstellung von Verdis »Rigoletto«, in italienischer Originalsprache und in der Zeit um 1905 angesiedelt, »einer Epoche voller Utopien, noch vor dem Chaos des Ersten Weltkriegs«. Dirigent *Thomas Hengelbrock* setzte auf zeitgenössische Instrumente (ein »Clavichord« aus dem 19. Jahrhundert), um der Uraufführung von 1851 so nahe wie möglich zu kommen.

BADEN-BADENER
UNTERNEHMER
GESPRÄCHE

Im Festspielhaus fand auch die offizielle Jubiläumsveranstaltung statt, bei der Horst Weitzmann auf 115 Gespräche der BBUG zurückblicken konnte. Von diesen fanden rund 100 im Palais Biron statt, mit 3.503 Teilnehmern, darunter 32 Damen. Weitzmann gedachte auch den 686 inzwischen verstorben »Baden-Badenern«, und er begrüßte namentlich die anwesenden »Pioniere« aus den ersten zehn Gesprächen: *Dr. Günter Winkelmann* (1. BBUG 1954) und *Dr. Wilfried Guth* (2. BBUG). Auch die früheren Sekretariats-Mitarbeiterinnen *Dr. Brigitte Gäfgen* und *Hildegard Kilsbach* ließ Weitzmann nicht unerwähnt. In den 50 Jahren standen sechs Vorsitzende und sieben Geschäftsführer an der Spitze der Trägergesellschaft GFU, die Zahl ihrer Mitgliedsfirmen stieg von 30 auf 103, wobei von den Unternehmen der ersten Stunde noch 17 mit von der Partie waren.

Der Hauptgeschäftsführer des BDI, *Ludolf von Wartenberg*, bekannte, dass vor 50 Jahren die »Netzwerk-Idee« geradezu avantgardistisch gewesen sei. Die Unternehmergespräche seien zur »liebsten Tochter des BDI« geworden: »Viele kommen nach Baden-Baden, weil sie denken, es nütze ihrer Karriere, sie kommen aber mit Erkenntnissen jenseits der Karriere zurück.« So sah es auch *Helmut Maucher*, Ehrenpräsident von Nestlé und ein echter »Baden-Badener« des *19. BBUG 1961*: »Look more in the eyes than in the files« – empfahl Maucher den Verantwortlichen in seiner Festansprache. Ethisch und moralisch sauberes Verhalten sei langfristig auch im Interesse des Unternehmens, weshalb Haltungen, Einstellungen und Stilfragen verstärkt angesprochen werden müssten: »Neben der Grundausbildung und den beruflichen Erfahrungen werden diese umso wichtiger, je höher die Positionen sind, die die Teilnehmer heute oder später einnehmen werden«. Im Gegensatz zu den Anfangsjahren entstammten die Baden-Badener den obersten Führungsetagen großer Unternehmen oder sie waren Chefs von Auslandsgesellschaften, »also weiß Gott kein Unternehmernachwuchs mehr«. Maucher verlangte,

Horst Weitzmann, Vorsitzender des Vorstands der Gesellschaft zur Förderung des Unternehmernachwuchses e. V. seit 2000.

dass Führungseigenschaften positiv beeinflusst wurden, und erinnerte an zeitlose Grundsätze: »Herz und Verstand – Mens sana in corpore sano – Tue recht und scheue niemand.« Der Néstle-Präsident ging auch auf die »Standortdebatte« ein: Durch den Transfer von Technologie und Wissen in die ganze Welt würden historische Wettbewerbsvorteile für die Industrie am Standort Deutschland immer stärker abgebaut. »Benchmarking allein genügt also nicht mehr, wir brauchen Benchbreaking«. Deshalb seien die Baden-Badener Unternehmergespräche unersetzlich, eine »Veranstaltung sui generis«.

Zum Programm des 50. Jubiläums der BBUG gehörte auch eine Podiums-diskussion im Kongresshaus Baden-Baden, bei der *Josef Ackermann* (Deutsche Bank), *Roland Berger* (Unternehmensberater), *Jürgen Hubbert* (Mercedes), *Reinhold Würth* (»Schraubenkönig«), *Klaus Kleinfeld* (Siemens USA) und *Max Dietrich Kley* (BASF) über »Zukunftsszenarien der globalen Wirtschaft« diskutierten. Es war das Jahr der großen EU-Erweiterung durch den »Vertrag von Nizza«, als Polen, Tschechien, Ungarn, die Slowakei, Slowenien, Litauen, Lettland, Estland, Zypern und Malta in die Europäische Union aufgenommen wurden. Es war auch ein Jahr der ungebrochen wachsenden Auslandsinvesti-tionen der deutschen Wirtschaft, und Investitionen innerhalb Deutschlands hingen von den Rahmenbedingungen ab, darüber waren sich alle einig. Aber in Deutschland erreichten inzwischen die Lohnzusatzkosten das Niveau der Löhne selbst, und die Deutschen arbeiteten nicht wie früher 115 Tage im Jahr für den Staat, sondern 164 Tage. Auf allen Ebenen wucherte die Bürokratie, jeder fünfte Arbeitnehmer war im öffentlichen Dienst, die Bundesregierung hatte die Zahl ihrer Staatssekretäre von 13 auf 60 erhöht und die Zahl der Ministerialdirektoren von 16 auf 122! Die Gesetzgebung umfasste früher einmal 825 Seiten des Bundesgesetzblatts, nun waren es 3.000 Seiten.

Der Karlsruher IHK Präsident *Bernd Bechtold,* der zugleich Präsident des *IHK Tages Baden-Württemberg* war, brachte es auf den Punkt: »Der Mittelstand wird von der Politik zwar ständig im Munde geführt, aber alle Gesetze in Deutschland laufen ihm zuwider.« Bechtold wusste, wovon er sprach, denn er hatte innerhalb von 25 Jahren zusammen mit seiner Ehefrau Gisela das international tätige Ingenieur- und Dienstleistungsunternehmen *Bechtold-Ingenieur-Gesellschaft (b.i.g.)* mit Sitz in Karlsruhe, 29 Standorten und 2.700 Mitarbeitern im In- und Ausland auf-gebaut.

Bernd Bechtold, Präsident der IHK-Karlsruhe (seit 2003) und Präsident des Baden-Württember-gischen Industrie- und Handelskammertages (seit 2006).

Bertsch und Weitzmann luden bewusst mehr Mittelständler als früher zu ihren Gesprächsrunden ins Palais Biron ein. Sie reservierten bei jedem Gespräch sieben der 30 Plätze für mittelständische Unternehmer und Eigentümerunternehmer, »um eine Brücke zwischen Mittelständlern und Großunternehmern zu bauen.« Außerdem luden die Verantwortlichen auch mehr Frauen als früher ein, »denn wir sind ein Spiegel des deutschen Unternehmertums, und da tun sich Frauen leider immer noch schwer.« Die Unternehmergespräche öffneten sich auch für mehr ausländische Vortragende, legten aber Wert darauf, »ein deutsches Netzwerk zu bleiben«. Was also vor 50 Jahren in Baden-Baden als »Versuchslehrgang« im »Hotel Hahnhof« begonnen hatte, war im Palais Biron zu einer Erfolgsgeschichte gereift. Die BBUG seien »wach, aufnahmefähig und konzeptionsfreudig geblieben«, versicherte Horst Weitzmann: »Wir bleiben auf jeden Fall hier. Man spürt den *genius loci*.«

Jürgen Bertsch und *Dr. Wolfram Weimer*, langjähriger Chefredakteur der WELT, zogen in ihrem BBUG-Jubiläumsbuch eine ernüchternde Bilanz: Die Bundesrepublik lebte weit über ihre Verhältnisse, ständig wurden die Steuern und Abgaben erhöht, um wachsende Ansprüche der Bürger und fürsorgliche Wahl-Geschenke der Politiker zu finanzieren. Rücksichtslos wurden auf dem Rücken künftiger Generationen Schulden aufgetürmt, die Schuldenlast pro Kopf stieg von 858 Euro (1950) auf 18.880 Euro (in Preisen von 2007). Die soziale Last (Sozialleistungsquote) kletterte ebenfalls, von 18 % (1950) auf über 30 % (zu Beginn des 21. Jahrhunderts) des Bruttoinlandsprodukts. Wie stark auch die Wirtschaft seit 1980 wuchs, maximal 3 %, die Arbeitslosigkeit stieg unvermindert, zuletzt auf 5 Millionen. Die Debatte über den »Standort Deutschland« wurde immer mehr zu einem Schlagabtausch zweier Welten: Hier die Wirtschaft, die im Sturm der Globalisierung ihre Chancen nutzte – dort die Politik, die permanent auf der Suche nach Wählerstimmen war. Und irgendwo dazwischen kämpfte der deutsche Mittelstand ums Überleben.

Im Palais Biron entstanden inzwischen auch ganz neue Netzwerke: Das *Personal-Entwicklungs-Programm (PEP)* der deutschen Industrie- und Handelskammern gemeinsam mit dem DIHK, Berlin, fand hier seinen Platz. Für junge Kammermitarbeiter mit Führungspotential entwickelte der Ettlinger Managementberater Dr. Bernd Wildenmann ein Kurskonzept, aus dem in 15 Jahren ein tragfähiges Netzwerk in der IHK-Welt hervorging. Das *Collège des Ingénieurs (CDI)* in Paris und Stuttgart verankerte sein Alumni-Netzwerk in Baden-Baden. Die Kaderschmiede für herausragende junge Ingenieure aus der ganzen Welt, geleitet von Président Prof. Philippe Mahrer und Knut Stannowski, verfolgte das Ziel, Absolventen naturwissenschaftlicher Studiengänge den Zugang zu Führungspositionen im Management von Konzernen

Collège des
Ingénieurs (CDI) mit
Horst Weitzmann und
Hans-Peter Mengele.

und mittelständischen Unternehmen zu öffnen. Die deutsch-russischen Unternehmergespräche im Palais Biron, initiiert von Prof. Dr. Klaus Mangold, Vorsitzender des Ostausschusses der deutschen Wirtschaft, verknüpften das in Baden-Baden lebendige historische Erbe mit den schnell wachsenden wirtschaftlichen Zukunftsperspektiven.

Der Zugkraft des Palais Biron als Manager-Schmiede war auch dienlich, dass die BBUG nach 50 Jahren ihre Zurückhaltung gegenüber der Öffentlichkeit lockerten. Die Fachpresse begann über das Baden-Badener Netzwerk zu berichten, und Jürgen Bertsch gewährte dem *managermagazin* einen Blick hinter die Kulissen des Palais Biron:

Der Zugang ist strikt reguliert, die Veranstaltung geheim, das Beziehungsgeflecht legendär: Seit 50 Jahren treffen sich in dem Kurort Baden-Baden die Jungstars der Deutschland AG:
Längst haben sich die Unternehmergespräche zu einer Kaderschmiede für die Jungstars der Wirtschaft gemausert. Eine Einladung zu dem Seminar gilt als Ritterschlag – und als Empfehlung für

höchste Ämter. Die Liste der BBUGler liest sich wie der Gotha der deutschen Managerelite. Das Wort »Elite« mag Jürgen Bertsch nicht. Der Geschäftsführer der Veranstaltung spricht lieber von »Persönlichkeiten«, die »nicht nur auf Gewinn kapriziert sind, sondern auch gesellschaftliche Verantwortung übernehmen«. Doch als Zucht- und Zeremonienmeister der Gespräche werkelt Bertsch fleißig mit am Elitebild. Zusammen mit Günther Fleig, Daimler-Chrysler-Personalvorstand, und dem ehemaligen DZ-Bank-Manager Friedrich-Leopold von Stechow komponiert er den Teilnehmerkreis. Die Auslese hat es in sich. Es gibt einige formale Kriterien (nicht älter als 50 Jahre, sieben Jahre Führungserfahrung, zwei davon in erster oder zweiter Ebene) und eine Menge Inoffizielles. Sich selbst bewerben zum Beispiel – absolut tödlich. Unternehmens- oder Personalberater – nicht erwünscht. Es kann nicht schaden, in einem der 105 Mitgliedsunternehmen der Trägergesellschaft zu arbeiten, die die Gespräche organisiert, darunter Siemens, Deutsche Bank, DaimlerChrysler. Am besten, man wird von einem anderen BBUGler empfohlen, ein Patenschaftsprinzip, über das 95 Prozent der Teilnehmer hineinrutschen. Das Wichtigste dabei: Perspektive. »Hierher eingeladen zu werden bedeutet, dass das Unternehmen mit demjenigen noch viel vorhat«, sagt Bertsch.

Überhaupt ist alles schneller geworden. Vor zehn Jahren waren die Teilnehmer im Schnitt zwischen 45 und 49 Jahre alt und kamen meist aus der zweiten Ebene. Heute reisen immer mehr bereits als Vorstände an, der Altersschnitt liegt bei 43 Jahren. Verzichtete die alte Garde oft erst nach Jahren auf das »Sie«, sind die Neuen meist schon nach wenigen Tagen beim »Du«. Auch die Partner und Ehefrauen der Teilnehmer, die in der dritten Woche dabei sein dürfen, verstehen sich bald prächtig. Und immer mehr mischen sie sich, früher undenkbar, gar in die Debatten ein, anstatt sich am »Damenprogramm«, etwa dem Besuch der Basler Schmuckmesse, zu delektieren. Vor allem abends, wenn Bertsch seine Eleven zum Grillabend in die Baden-Badener »Molkenkur« oder in den Soufflenheimer Golfclub lädt, an der Hotelbar, wo traditionell ein Teilnehmer oder eine kleine Gruppe die Zeche des Abends übernimmt, bieten die Führungskräfte, dann in Jeans und Pullover, schon mal das Bild einer übermütigen Bande im Schullandheim.

Von der entspannten Atmosphäre, der Gruppenzugehörigkeit schwärmen die Baden-Badener ein Leben lang. Bertsch tut alles, damit sie »zu einer Art Familie« werden: Golfturnier im Elsass, Kochabend (die 115er präsentierten Antipasti, schwäbische Scheufele und Zwetschgenkuchen),

Bundeskanzlerin
Angela Merkel und ihr
Vorgänger im Amt,
Gerhard Schröder.

Spaßfahrten durch den Schwarzwald mit gesponserter Daimler-Flotte, pompöser Abschlussball.

Solche Aktionen sollen dem Zusammengehörigkeitsgefühl auf die Sprünge helfen. Denn in den Gesprächen sind 30 Alpha-Tiere in hohen Positionen plötzlich gezwungen, »aneinander Maß zu nehmen«, wie Jürgen Bertsch das nennt. Da bleiben Muskelspiel und Imponiergehabe nicht aus. Legende etwa der BMW-Manager, der beim Anblick der von Daimler bereitgestellten Wagen spontan zum Handy griff. Kurz darauf präsentierte er den verdutzten Kollegen ein zweites Set Nobelkarossen – diesmal mit blau-weißem Emblem. Oder die 10.000-Meter-Staffel, die der 115. Gesprächskreis organisierte. Erst wollte keiner so richtig, schließlich holten alle Läufer das Letzte aus sich heraus, um nicht als Schlaffis dazustehen. Sport wird in der jungen Managergeneration groß geschrieben. Frühmorgens schon drehen zahlreiche Jogger unter den Teilnehmern ihre Runden durch die malerischen Alleen der Kurstadt, wo früher Kaiser und Kaiserin flanierten. Im jüngsten Gesprächskreis fand sich gar eine Truppe, die jeden Tag einen 15-Kilometer-Lauf absolvierte. Andere spielen Tennis, schwimmen oder fahren die Viertelstunde zum Golfplatz. Die drei Stunden Mittagspause reichen locker für neun Löcher.

Im gehobenen Mittelklassehotel, nur wenige Meter vom Palais Biron entfernt, bekommen die Topgäste Internet und Fax aufs Zimmer, damit sie vor dem Frühstück oder am Abend noch Business treiben können. Dem einen oder anderen Verwöhnten reicht das noch nicht. Er bucht im vornehmen »Brenner's Park-Hotel« – und bereut: »Meistens kommt derjenige nach ein paar Tagen zurück, weil er das Gruppenerlebnis vermisst«, sagt Bertsch.

Vor allem aber können die Teilnehmer hier auch ihre Schwierigkeiten diskutieren – frei von den üblichen Machtspielen im Unternehmen daheim. Täten sie das in der eigenen Firma, wären sie gleich als »lame duck« zum Abschuss freigegeben. Gerade Topmanager, die in ihren Spitzenpositionen kaum ehrliches Feedback bekommen, dafür aber unter Dauerbeobachtung der Öffentlichkeit stehen, schätzen die durch strikte Diskretion geschützte Offenheit.

Regulär organisiert Jürgen Bertsch für jedes Gespräch vier Folgetreffen – mal in London, mal in Madrid oder Sankt Petersburg. Danach muss jeder Jahrgang selbst den Kontakt aufrechterhalten. Das schaffen sie spielend: Die Termine, Folgetreffen oder Gespräche in den Regionalkreisen, hüten die meisten Manager wie heilige Kühe. Es ist ein Netzwerk fürs Leben, mit inzwischen rund 2.800 Ehemaligen. Die Teilnehmer erhalten eine Liste mit ihren Namen, die ansonsten streng geheim sind. »Club« ist ein Wort, das Jürgen Bertsch nicht mag

[...] auch »Loge« findet er nicht gut als Bezeichnung, oder »Zirkel«. Bertsch möchte, dass Baden-Baden als Thinktank betrachtet wird, als »deutsches Netzwerk«. (managermagazin 12/2004)

Das Palais Biron, der Park und das Weltkulturerbe

Der Stellenwert des Palais Biron, seine Wahrnehmung als Kulturdenkmal an der Lichtentaler Allee, bekam durch das *350-jährige Jubiläum der Lichtentaler Allee* im Jahr 2005 sowie durch die Initiative »*Weltkulturerbe Baden-Baden*«, eine neue Qualität. Das Bewusstsein reifte, dass im Palais Biron die »Kur- und Bäderstadt des 19. Jahrhunderts« in einer geradezu idealtypischen Ausprägung erhalten geblieben ist – in seiner baulichen Substanz, in einem eindrucksvollen Parkgelände und nicht zuletzt in der Funktion als nationaler und internationaler Brennpunkt des gesellschaftlichen Lebens.

Der Park des Palais Biron war allerdings ein lebendiger Zeitzeuge, der mit dem Wachsen und Sterben von Sträuchern und Bäumen, wie auch mit dem Lauf der Jahreszeiten, ständig sein Gesicht veränderte. Die Landschaftsarchitekten *Verdyck & Gugenhan*, Stuttgart, erhielten deshalb 2004 den Auftrag, in einer bau- und kulturgeschichtlichen Erhebung die 150-jährige Entwicklung des »im landschaftlichen Stil gehaltenen Hausgartens mit Schmuckpflanzungen« aufzuarbeiten. Sie dokumentierten das städtebauliche und landschaftliche Umfeld, alle Blickbeziehungen innerhalb der Raumstruktur, die Ausstattung mit Wegen und Sitzplätzen, die Bodenmodellierungen und Terrassierungen, die Gehölzvegetation und Artenvielfalt sowie den Blumenschmuck.

Die Lage des Palais Biron am höchsten Punkt eines nach Süden abfallenden Hanges, mit den landschaftlich gestalteten Anlagen der Lichtentaler Allee im Mittelgrund und der Hügelkette des Schwarzwaldes im Hintergrund, ist ein herausragendes, prägendes Wesensmerkmal der Parkanlage. Begünstigt wird dieses geradezu lehrbuchhafte Landschaftsbild durch die den Park im Süden begrenzende Oos, die eine Umfriedung an dieser Stelle unnötig macht. Erfreulicherweise ist festzustellen, dass dieses Bild in seiner Grundkonzeption weitgehend erhalten ist. Besonders hervorzuheben ist, dass in der städtischen Wahrnehmung der Park des Palais Biron einen wesentlichen Bestandteil der Lichtentaler Allee darstellt. Daraus erwächst den Inhabern der Parkanlage eine besondere Verantwortung. Die Blickbeziehung von der Villa zur Lichtentaler Allee, über den großzügigen Rasenhang hinweg, lässt den Park größer erscheinen, als er in Wirklichkeit ist, obwohl es sich um einen der größten Privatgärten in Baden-Baden handelt.

Die Gutachter stellten aber auch fest, dass der Park des Palais Biron »viel von seinem ehemals glanzvollen Erscheinungsbild, seiner Nutzungs- und Erlebnisqualität und damit seiner ehemaligen Wertigkeit verloren hatte«. Der Jahrhundert-Orkan »Lothar«, der an Weihnachten 2000 über das Rheintal und den Schwarzwald hinweg fegte, hatte schwere Schäden hinterlassen. Die »Verarmung der gestalterischen Qualität und des Ausstattungsprogramms« war unübersehbar. Anhand historischer Quellen aus der Zeit um 1912 (Villa Eden) erarbeiteten die Gutachter deshalb ein Konzept zur Wiederherstellung der Rundwege und Sitzplätze. Außerdem empfahlen sie für die Zukunft eine planmäßige Parkpflege: »Dies ist nicht nur für die Inhaber und Nutzer des Anwesens vorteilhaft, sondern auch für das Stadtbild von Baden-Baden von großer Bedeutung«.

Als Richtschnur für den künftigen Umgang mit dem Biron-Park empfahlen die Gutachter »eine Annäherung an das historische Vorbild, unter besonderer Berücksichtigung der heutigen Nutzung als Tagungshaus der Wirtschaft.« Besondere Aufmerksamkeit müsse der Blickbeziehungen zwischen Palais Biron und Lichtentaler Allee zuteil werden, weshalb die zentralen Blickachsen freizuhalten seien.

Dem Freihalten der Blickachsen kommt eine die Wertigkeit des Palais Biron steigernde Funktion zu.

Dahliengarten in der Lichtentaler Allee gegenüber dem Palais Biron.

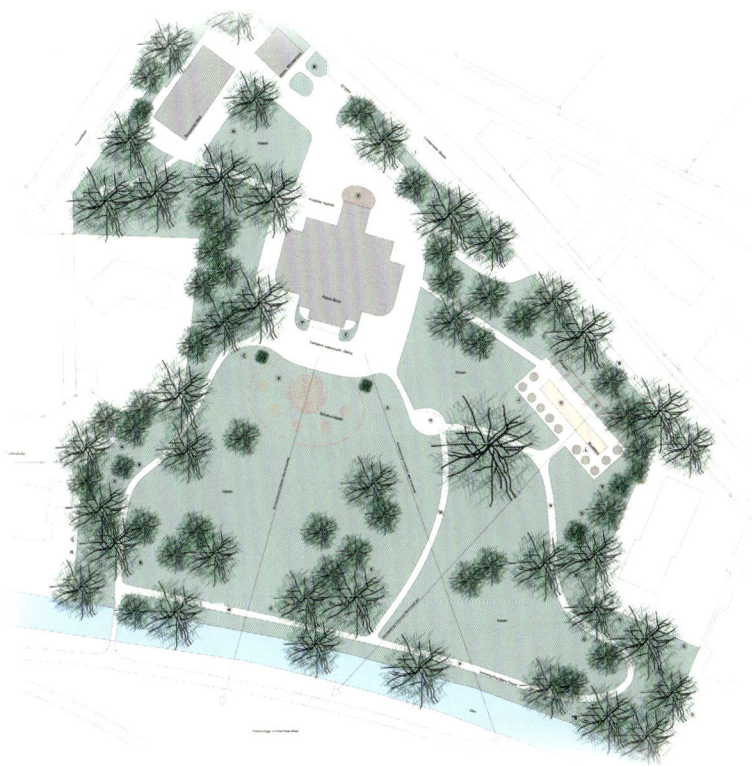

Bestandsaufnahme und Parkplanung unter Betonung freizuhaltender Sichtachsen von Verdyck & Gugenhan, Stuttgart.

Dazu müssten sämtliche Gehölzbestände vor der Südfassade kurz gehalten und regelmäßig zurückgeschnitten werden, vor allem die nach historischem Vorbild neugepflanzten Rhododendren am Fuße der Terrasse. Zusätzliche Pflanzungen seien zu vermeiden; neue Akzente könnten jedoch in Gestalt eines saisonalen Blumenschmucks gesetzt werden. Stark auswachsende Baum-

und Strauchgruppen müssten von den Blickachsen ferngehalten werden, da sie früher oder später die Blickbeziehungen zwischen Villa und Lichtentaler Allee einschränken würden. Im Parkgelände stünden *Solitärbäume* im Vordergrund, in begrenzter Anzahl hoher Wertigkeit und bewusster Artenvielfalt. Die *Grundstücksgrenzen* müssten ausreichend dichte »vegetabile Raumkanten« aufweisen, die »in ihrer Struktur und Linienführung nicht monoton« wirken dürften.

Mit den Verwüstungen des Orkans Lothar wurde den Bürgern Baden-Badens die Bedeutung der Lichtentaler Allee als grüner Pulsader der Stadt wieder bewusst. Aus dem Engagement Einzelner entstand der »Freundeskreis Lichtentaler Allee e. V.«, der das Gartenamt unter kompetenter Leitung von Markus Brunsing nachhaltig unterstützt. Schnell wurde den Mitgliedern klar, dass eine Förderung von Einzelmaßnahmen nur unter Berücksichtigung des kulturgeschichtlichen Kontexts Sinn macht. Und mit der stückweisen Aufarbeitung dieses Kontexts wurde die weit über die Landesgrenzen hinausgehende Bedeutung des Kulturerbes deutlich. Von da waren es nur noch wenige Schritte zu der Idee, Baden-Baden zur Aufnahme in die *UNESCO-Welterbeliste* vorzuschlagen. Auf Initiative von *Frank Marrenbach*, Direktor von Brenner's Park-Hotel & Spa und stellvertretender Vorsitzender des Freundeskreises Lichtentaler Allee, nahm diese Idee immer konkretere Formen an: So kam es im Palais Biron im Herbst 2006 zu dem hochkarätig besetzten 1. Symposium »Kulturerbe als Grundlage von morgen«, gefolgt von vielen weiteren Aktivitäten.

Es wurde dabei immer deutlicher, dass der außergewöhnliche Wert Baden-Badens in seiner heute noch erlebbaren Bedeutung als »*Kur- und Bäderstadt des 19. Jahrhunderts*« liegt. Als eine mehrheitlich im 19. Jahrhundert geprägte Kurstadt von Weltrang kann Baden-Baden als Idealtyp einer urbanen Sonderform gelten, bei der die gesamte Infrastruktur auf das geistige und körperliche Wohlbefinden seiner Bewohner und seiner Besucher ausgerichtet war. In diesen Modeorten einer internationalen Gesellschaft – man denke nur an die aktive Anteilnahme französischer, russischer und englischer Bewohner an der Entwicklung der Stadt – wurden Verhaltensweisen erprobt, die bis heute als Beispiel für eine positive Integration unterschiedlicher Gruppen Geltung haben. Das aufstrebende Bürgertum durfte mit dem Adel gleichziehen, sich mit ihm kulturell messen und gleichzeitig eigene Lebensmuster entwickeln.

Mit einer Aufnahme der »Kur- und Bäderstadt des 19. Jahrhunderts« in die *UNESCO-Welterbeliste*, eingeleitet durch eine serielle Bewerbung gemeinsam mit anderen europäischen »Spa-Metropolen«, wäre die Verantwortung verbunden, dieses materielle und immaterielle Erbe zu schützen, zu pflegen und die damit verbundenen Werte adäquat zu vermitteln. Der Funktion der Stadt als »historischem Gedächtnis« müsse bei der zukünftigen Gestaltung der Stadt an der Oos der gebührende Stellenwert eingeräumt werden, verlangten die Weltkulturerbe-Experten. Die Gesellschafter des Palais Biron unterstützten aus Gründen der Zukunftssicherung der Kurstadt diese Bestrebungen, die bei einem zweiten, von der Stadt Baden-Baden auf Initiative des Oberbürgermeisters Wolfgang Gerstner organisierten Symposiums – wiederum im Palais Biron – von weiteren Spezialisten vertieft wurden.

Auch der NATO-Gipfel im Frühjahr 2009, der anlässlich des 60. Jubiläums des Verteidigungsbündnisses rund 60 Staatschefs, Regierungschefs und Fachminister nach Straßburg und Baden-Baden führte, unterstrich diese Erwartungen. Bilder aus Baden-Baden gingen um die Welt, sie manifestierten einen Anspruch, der schon seit dem 19. Jahrhundert prägend war: »Baden-Baden ist für ein paar Stunden Weltstadt«, schrieb die *Stuttgarter Zeitung*. Der erste offizielle Besuch des frisch gewählten amerikanischen Präsidenten *Barack Obama* in Deutschland fand denn auch auf Einladung von Bundeskanzlerin *Angela Merkel* auf dem Baden-Badener Marktplatz und im historischen Rathaus statt. Der Hoffnungsträger eines weltpolitischen Neuanfangs plauderte bei dieser Gelegenheit mit ausgewählten Bürgern der Kurstadt, begleitet von Ehefrau *Michelle* und der Kanzlerin. Und nach seiner Fahrt durch die Lichtentaler Allee bekannte der charismatische US-Präsident: »*Gerne würde ich mehr von diesem herrlichen Park sehen!*« So erlebte Baden-Baden einen jener historischen Tage, die seit 200 Jahren immer wieder den Stolz seiner Bürger, deren Gelassenheit und Souveränität gedeihen ließen.

Staatsbesuch des US-Präsidenten Barack Obama und NATO-Gipfel, Baden-Baden 2009.

Kameraleute und Polizisten, die den Gipfel in Heiligendamm und die gewalttätigen Auseinandersetzungen an der Ostsee vor zwei Jahren erlebt hatten, sind überrascht und beeindruckt, wie friedlich und entspannt ein solches Großereignis auch sein kann. Vielleicht ist es die Mischung aus Frühlingsanfang, Schwarzwaldluft und badischer Gelassenheit, die dazu beigetragen hat. Wäre aus einem Autoradio eines Cabrios nicht die Rede Gustav Stresemanns aus dem Krisenjahr 1923 zu hören, würden die Hoteliers über stornierte Buchungen schweigen, ließe sich in Baden-Baden an diesem Tag sogar die Weltwirtschaftskrise vergessen.
(Frankfurter Allgemeine Sonntagszeitung)

In Berlin regierte seit 2005 eine Große Koalition aus CDU/CSU und SPD, mit Bundeskanzlerin Angela Merkel (CDU) und Außenminister Frank-Walter Steinmeier (SPD) an der Spitze. Die Bundesregierung erhöhte die Mehrwertsteuer auf 19%, nicht ahnend, dass die Arbeitslosigkeit von fünf auf drei Millionen sinken und die Steuereinnahmen kräftig steigen würden. Die Debatte über den »Standort Deutschland« trat vorübergehend in den Hintergrund, wichtiger schienen die Klimapolitik und der Kernenergieausstieg.

Doch mit dem Ausbruch der Weltfinanzkrise im Oktober 2008 veränderten sich die finanzpolitischen Koordinaten grundlegend. Die Bundeskanzlerin sah sich sogar zu einem recht ungewöhnlichen Versprechen genötigt: »Wir sagen den Sparerinnen und Sparern, dass ihre Einlagen sicher sind.« Und Bundespräsident Horst Köhler

Allee-Kutscher A. Roth.

mahnte, die Verursacher der Finanzkrise müssten wieder lernen, »was Maß und Mitte ist, was Bodenhaftung bedeutet«.

Die Erfahrungen aus der Geschichte des Palais Biron zeigt allerdings, dass auf jede Wirtschafts- und Finanzkrise stets ein neuer Aufschwung folgt.

Die Gesellschafter des Palais Biron – IHK Karlsruhe und Gesellschaft zur Förderung des Unternehmernachwuches – leisten mit ihrem Tagungshaus der Wirtschaft einen dauerhaften Beitrag zum stets optimistischen Blick in die Zukunft.

Literatur

Eine Reise nach Baden-Baden
Eugène Guinot, L'été à Bade, Paris 1847.

Vorgeschichte
Heinrich Berl, Die Spielbank Baden-Baden einst und jetzt, Baden-Baden 1937.
Ulrich Coenen, Von Aquae bis Baden-Baden – Die Baugeschichte der Stadt und ihr Beitrag zur Entwicklung der Kurarchitektur, Aachen 2008.
Frank Engehausen, Kleine Geschichte des Großherzogtums Baden 1806–1918, Karlsruhe 2005.
Bernhard Fischer, Der Badische Hof 1807–1830 – Cottas Hotel in Baden-Baden, Marbach am Neckar 1997.
Klaus Fischer, Faites votre jeu – Geschichte der Spielbank Baden-Baden, 2. Aufl.: Baden-Baden 1975.
Klaus Fischer, Von Caracalla bis Charles de Gaulle – Ein unterhaltsamer Ritt durch die Baden-Badener Geschichte, Baden-Baden 2003.
Klaus Fischer, Die lächelnde Stadt – Franzosen in Baden-Baden 1800–1999, Baden-Baden 2006.
Otto Flake, Es begann in Baden-Baden, Baden-Baden 1970.
Carl Ludwig Frommel, Baden und seine Umgebungen in malerischen Ansichten – mit einer historisch-topographischen Beschreibung von Hofrath Schreiber, Karlsruhe/Baden 1843.
Heinrich Hansjakob, In der Residenz, Stuttgart 1911.
Dagmar Kicherer, Kleine Geschichte der Stadt Baden-Baden, Karlsruhe 2008.
Hans Merkle, Der „Plus-Forderer" – Der badische Staatsmann Sigismund von Reitzenstein und seine Zeit, Karlsruhe 2006.
Achim Reimer, Stadt zwischen zwei Demokratien – Baden-Baden von 1930 bis 1950, München 2005.
Oskar Rössler, Baden-Baden als Heilbad, Baden-Baden 1936.
Hansmartin Schwarzmaier/Konrad Krimm u. a., Geschichte Badens in Bildern 1100–1918, Stuttgart 1993.
Carl Spindler, Meister Kleiderleib, Stuttgart 1847.

Ernst und Johanna Merck aus Hamburg
Gabriele Hoffmann, Das Haus an der Elbchaussee – Die Geschichte einer Reederfamilie, München 2000.
Ernst von Merck, Reiseerinnerungen aus London und Paris – 1851, Hamburg 1900.
Sal. Oppenheim Jr. & Cie. – Geschichte einer Bank und einer Familie, Köln 2002.
Percy Ernst Schramm, Hamburg, Deutschland und die Welt – Leistung und Grenzen hanseatischen Bürgertums in der Zeit zwischen Napoléon I. und Bismarck, Hamburg 1952 (1. Auflage: 1943).

Kauf von Gut Falkensteeg (1851–1859)
Die Kaufmanns-Villa von Ernst und Johanna Merck (1859–1867)
Heinrich Berl, Baden-Baden im Zeitalter der Romantik, Baden-Baden 1936.
Heinrich Berl, Ergötzliche Geschichten aus Alt-Baden, Baden-Baden 1936.
Heinrich Berl, Das Badener Tagebuch, Baden-Baden 1937.
Heinrich Berl, Das Weltbad im Spiegel der Welt, Baden-Baden 1938.
Heinrich Berl, Franzosenzeit in Baden-Baden, Baden-Baden 1949.
Fjodor M. Dostojewski, Der Spieler, dt. Erstausgabe 1921.
Renate Effern, Der dreiköpfige Adler – Rußland zu Gast in Baden-Baden, Baden-Baden 1997.
Klaus Fischer, Russen in Baden-Baden – aus der Chronik eines Gesellschaftsbades, Baden-Baden o. J.
Otto Flake, Hortense oder Die Rückkehr nach Baden-Baden, Berlin 1933.
Arnold Oskar Meyer, Bismarcks Kampf mit Österreich am Bundestag zu Frankfurt (1851–1859), Berlin/Leipzig 1927.
Ursula Perkow, Residents and Visitors – Die englisch-amerikanische Gemeinde in Baden-Baden, Baden-Baden 1990.
Reinhold Schneider, Der Balkon – Aufzeichnungen eines Müßiggängers in Baden-Baden, Wiesbaden 1957.

Habsburgische Repräsentanz der Familie Merck-Pfusterschmid (1867–1879)
Petra Mayer-Reppert/Britta Rabold, Die römischen „Soldatenbäder" in Baden-Baden (Aquae Aureliae), Stuttgart 2008.
Egon Schallmayer, Aquae – das römische Baden-Baden, Stuttgart 1989.
Andreas Thiel, Die Römer in Deutschland, Stuttgart 2008.

Die Gutsnachbarn Carl Merck und Otto von Bismarck (1879–1912)
Michael Epkenhans/Andreas von Seggern, Leben im Kaiserreich – Deutschland um 1900, Stuttgart 2007.
Grüße aus Baden-Baden und Umgebung – 100 Bilder nach Original-Aufnahmen von Gustav Salzer, Berlin, o. J.
Die Lichtentaler Allee im Wandel der Zeit, Ausst.-Kat. Baden-Baden 2005.
Heinrich von Poschinger, Fürst Bismarck – Neue Tischgespräche und Interviews, Stuttgart/Leipzig/Berlin/Wien 1895.
Heinrich von Poschinger, Fürst Bismarck und seine Hamburger Freunde, Hamburg 1903.
Rainer F. Schmidt, Bismarck – Realpolitik und Revolution, Stuttgart 2004.

Die Villa Eden des Tabak-Industriellen Redwitz (1912–1920)
Roland Seiter, „Ein Bugatti brüllt auf, als wolle er zum Mond starten" – die außergewöhnliche Automobilchronik Baden-Badens, Baden-Baden 2002.
Michael Weisser, Cigaretten-Reclame – Über die Kunst, blauen Dunst zu verkaufen, Münster 1980.

Das Palais Biron des Kurland-Prinzen(1920–1945)
Larry Collins/Dominique Lapierre, Brennt Paris?, 1. dt. Aufl. München 2002.
Geoffrey P. Megaree, Hitler und die Generäle, Paderborn 2006.
Jean Orieux, Talleyrand ou le Sphinx incompris, Paris 1970.
Rolf Rößler, Baden-Baden unter dem Hakenkreuz, die Jahre 1933 bis 1945. Eine Chronik und Quellensammlung, Baden-Baden 2000.
Philip Ziegler, Die Herzogin von Dino – Talleyrands letzte Vertraute, München 1965.

Französischer Geheimdienst und Wiederaufbau der Wirtschaft (1945–1955)
Josef Heinrich Darchinger, Wirtschaftswunder – Deutschland nach dem Krieg 1952-1967, Köln 2008.
Konrad Dussel, Die Interessen der Allgemeinheit vertreten: Die Tätigkeit der Rundfunk- und Verwaltungsräte von Südwestfunk und Süddeutschem Rundfunk 1949 bis 1969, Baden-Baden 1995.
Robert Erhard, Das war das 20. Jahrhundert in Baden-Baden, Gudensberg-Gleichen 2000.
Manfred Görtemaker, Geschichte der Bundesrepublik Deutschland – Von der Gründung bis zur Gegenwart, München 1999.
Leonore Katz, Sie haben zwei Minuten Zeit – Nachkriegsimpulse aus Baden, Freiburg i. Br. 1981.

Die Wirtschaft als Mieter: IHK und BBUG (1955–1987)
Klaus Fischer, Aquae Aureliae – Geschichte der Stadt und des Kurortes Baden-Baden 1945–1992, Baden-Baden 1993.
Margot Fuß, Ein Haus in Baden-Baden, Baden-Baden 1966.
Jacques Massu, Baden 68 – Souvenirs d'une fidélité gaulliste, Paris 1983.
Hans-Peter Mengele, Wer zu Späth kommt ... – Baden-Württembergs außenpolitische Rolle in den Umbruch-Jahren, Tübingen/Stuttgart 1995.
Anatoli Tschernajew, Die letzten Jahre einer Weltmacht – Der Kreml von innen, Stuttgart 1993.

Palais Biron – Tagungshaus der Wirtschaft (seit 1990)
Atlas der Globalisierung, hg. von Le Monde Diplomatique, Berlin 2006.
Führen und Gestalten - 100 Unternehmergespräche in Baden-Baden, hg. von Jürgen Bertsch u. Peter Zürn, Berlin 1997.
Das Netzwerk der Vordenker, hg. von Jürgen Bertsch u. Horst Weitzmann, Potsdam 2004.
Barbara Tuchman, Die Torheit der Regierenden – von Troja bis Vietnam, Frankfurt a. M. 1984.

Abbildungsnachweis

Stadtmuseum und Stadtarchiv Baden-Baden: 13; 14; 17; 18; 23; 24; 25; 26; 27; 29; 59; 60; 61; 63 oben; 69 oben; 78; 81; 82; 84; 85; 86; 88; 98; 101; 103; 108; 125; 129; 131 oben; 134 oben; 154; 156; 158; 163 Mitte; 170 unten; 192; 212; 213; 221 oben; 235; 237; 247; 250; 265; 280; 281 oben u. unten
Cistercienserinnen-Abtei Kloster Lichtenthal: 20; 21
Stadtarchiv Karlsruhe: 22; 116
Sammlung Preußischer Kulturbesitz: 48
Österreichische Nationalbibliothek Bildarchiv: 58; 89; 94; 114; 115; 131; 137
Badisches Landesmuseum Karlsruhe: 49; 50
Städtische Vermessungsbehörde Baden-Baden: 111; 126; 230; 273 unten
Firmenarchiv Daimler AG: 172 oben u. unten; 181 unten; 182; 183; 184 oben; 185; 190/191; 193
Bundesarchiv: 215; 221 unten; 226; 233 unten; 257; 260; 276 oben; 284; 287 alle; 288 oben und unten; 289; 290 oben; 294 alle; 298; 299; 307 unten; 321 unten Mitte; 322 Mitte
Die anderen Abbildungen stammen aus den Archiven der IHK Karlsruhe, der Baden-Badener Unternehmergespräche, dem Palais Biron, Brenner's Park-Hotel & Spa und von Privatpersonen, darunter Michael Bauer, Hans Baur, Prinz Ernst-Johann Biron von Curland, Nathalie Dautel, Adolf Lambrecht, Dr. Heinrich Pfusterschmid-Hardtenstein, Elmar Scherzinger und Bernd Weigel, für fotografische Bearbeitungen Willy Puchner.

Falls es in Einzelfällen nicht möglich war, Rechteinhaber ausfindig zu machen, werden berechtigte Ansprüche im Rahmen der üblichen Vereinbarungen abgegolten.

Zitate sind im Text grün hervorgehoben und entstammen, soweit nicht im Textzusammenhang ausdrücklich vermerkt, aus den im Literaturverzeichnis genannten Werken.

Personenregister

Franz Ferdinand, Erzherzog von Österreich, 187
Franz II., Kaiser von Österreich, 19
Franz I. Joseph, Kaiser von Österreich-Ungarn, 57, 91, 114, 121
Franz, Hermann, 293
Freydorf, badischer Außenminister, 115
Friedrich I., Großherzog von Baden, 83, 115, 116, 119, 120, 124, 130, 135, 137, 155, 157
Friedrich II., König von Preußen, 200, 201
Friedrich Wilhelm IV., König von Preußen, 47
Fritz, Lioba, 336
Frommel, Carl Ludwig, 5, 36, 59, 60, 63, 67, 68, 72, 77, 84, 324
Furtwängler, Wilhelm, 198
Fuß, Margot, 285, 325
Gäfgen, Brigitte, 311
Gagarin, Fürst Nikolaj, 94
Gauker, Claudia, 336
Gaulle, Général Charles de, 225, 228, 235, 237, 239, 251, 281, 282, 286, 288, 306, 324
Gautier, Théophile, 27, 107
Geerdts, Klaus, 336
Geis, Jenny, 336
Gerold, Alexandra, 336
Gerstner, Wolfgang, 321
Gerwig, Robert, 155
Giscard d'Estaing, Valéry, 288, 306
Glasenapp, Oberst von, 87
Godeffroy, Adolph, 38, 41, 42, 105
Godeffroy, Gustav, 38, 42, 45, 64
Godeffroy, Johann Cesar, 37, 39, 145
Godeffroy, Louise, 38
Goethe, Johann Wolfgang von, 11, 22, 24, 36, 44, 83, 103, 203
Gogol, Nikolaj, 28, 98
Gorbatschow, Michail, 294, 298, 299, 303
Gortschakow, Alexander, 100
Gossler, Gustav Konrad Heinrich von, 37, 64
Götschel, Udo, 336
Gounod, Charles François, 30, 96, 98, 129
Graetz, Paul, 184
Grass, Günter, 255
Greenspan, Alan, 307
Grenke, Wolfgang und Anneliese, 305
Guinot, Eugéne, 10, 28, 324
Gustav V., König von Schweden, 137
Guth, Karl, 264, 266, 283, 285, 294
Guth, Wilfried, 266, 293, 294, 296, 311, 326
Haber, Salomon von, 9, 25, 42

Haldenwang, Bankier Adolf, 71, 87, 111
Haldenwang, Christian, 59
Haller, Martin, 104
Hammer, Heinz, 336
Hecker, Friedrich, 46, 49
Heeren, Arturo de, 6, 161
Heiler, Hugo, 271, 272, 297
Heiligenthal, Dr. Hofrath und Badearzt, 155
Heine, Heinrich, 12, 95
Hellwig, Hans, 285
Hengelbrock, Thomas, 311
Herberger, Sepp, 265
Herkomer, Hubert, 183
Hermann, Rechtsanwalt, 193, 197, 198
Herr, Herta, 336
Herrhausen, Alfred, 287
Hertlein, Karin, 336
Herzog, Jacques, 112
Hess, Feldmarschall von, 80
Heuss, Theodor, 257
Hillert, Kurt, 336
Hindenburg, Reichspräsident Paul von, 192, 208, 214, 215
Hirt, G., 194
Hoffmann, Herbert, 336
Hölle, Michael, 336
Holzbauer, Wilhelm, 311
Honecker, Erich, 298
Hornung, Renate, 336
Hörth, Günter, 300, 301, 326
Hubbert, Jürgen, 293, 312
Hübsch, Heinrich, 5, 12, 21, 27, 60, 154
Hugenberg, Alfred, 215
Hugo, Victor, 27, 107
Humboldt, Alexander von, 39, 145
Hussein, Saddam, 308
Huyssen, Otto, 160
Iswart, Luise Marie, 111
Jakubeit, Johannes A. Heinz, 300, 302
Jaucourt, Emma Luise Françoise, 194, 206, 223, 233, 234
Jaucourt, François de, 206
Jaucourt, Louis de, 206
Jaucourt, Viktoria Luise de, geb. Steiner, 206
Jellinek, Emil, 173
Jelzin, Boris, 303
Johann, Erzherzog von Österreich, 48
Johann, König von Sachsen, 113
Johanna, Herzogin von Azarenza-Pignatelli, 203, 205
Johannes Paul II., Papst, 293
Jung, Joseph, 60, 63
Kalergis, Gräfin Marie von Mouchanoff, 79, 94–96
Karl Friedrich, Markgraf von Karlsruhe-Durlach, 17, 19, 20

Karl VI., Kaiser von Spanien, 18
Karl XV., König von Schweden, 51
Karl, Kronprinz von Karlsruhe, 18
Karle, Sonja, 336
Karoline Luise, Markgräfin von Baden, 17
Katharina II., Zarin von Russland, 200, 201, 203
Katzenbach, Ferdinand, 160
Katzenbach, Heinrich, 160
Keller, Norbert, 304, 305, 326
Kerenski, Kriegsminister, 209
Kern, Ernst, 285
Keynes, John Maynard, 285
Kicherer, Dagmar, 324
Kiesecker, Uwe, 336
Kilsbach, Hildegard, 311
Kleinfeld, Klaus, 312
Kleinmichel, Gräfin von, 204, 207
Klenze, Leo von, 21, 77
Kley, Max Dietrich, 312
Koenig, Général Pierre, 237, 239, 257
Kohl, Helmut, 294, 297–299, 306, 307
Köhler, Horst, 322
Konstantin, Kaiser, 273
Kopf, Joseph von, 157
Koudriaffsky, Herr und Frau, 96
Kray, Cornelia, 336
Kronenwett, Heike, 336
Kruse, Matthias, 336
Laeisz, Ferdinand, 42
Laeuger, Max, 158
Laktantius, hl., 273
Lambrecht, Adolf, 230, 231, 327
Lambsdorff, Otto Graf, 283, 294
Langhans, Karl Gotthard, 202
Lazarus, Hans, 271
Lenin, Wladimir Iljitsch Uljanow, 209
Leopold, Großherzog von Baden, 50
Leopoldowna, Anna, 200
Leupold-Reiss, Martina, 336
List, Friedrich, 12
Liszt, Franz, 95, 96, 179
Lobkowitz, Fürst, 199
Loftus, Lord Augustus William Frederick Spencer, 6, 100–102
Louis-Philippe, König von Frankreich, 25
Löwenstein-Wertheim-Freudenberg, Prinzessin Adele zu, 205
Ludendorff, Erich, 192, 208
Ludwig II., König von Bayern, 135, 153
Ludwig IV., Großherzog von Hessen, 137
Ludwig XIV., König von Frankreich, 16, 45, 85
Ludwig-Wilhelm, Markgraf von Baden-Baden, gen. Türkenlouis, 16
Magnani, Franca, 293
Mahler, Kilian, 62

Mahler, Philipp, 62
Mahrer, Philippe, 314
Maier, Reinhold, 256, 258
Maltzahn, Freiherr Carl von, 203
Mangold, Klaus, 293, 314
Manz, Franz aus Halberstung, 141
Marancourt, Léon de, 109
Marrenbach, Frank, 320
Massu, Jacques, 286, 325
Maucher, Helmut, 283, 311
Max, Prinz von Baden, 191, 209, 245
Maximilian I., König von Bayern, 34
Maximilian II., König von Bayern, 89
Maybach, Wilhelm, 173, 181, 182, 198
Mengele, Hans-Peter, 305, 325
Menschikow, Alexander Sergejewitsch, 79, 94, 96
Merck, Carl , 38, 69, 76
Merck, Carl Heinrich Johann, 6, 10, 143-165
Merck, Emma, 10, 107
Merck, Ernest, 143, 164
Merck, Ernst und Johanna, 9-165
Merck, Heinrich Johann, 36, 37
Merck, Johann, 36
Merck, Johanna, 5, 6, 9, 10, 12-15, 32, 33, 53, 59, 63, 66, 67, 70-73, 75, 76, 94, 96, 102, 103, 107, 110, 111, 114, 129, 133, 142-146, 162, 165 324
Merck, Johannes,
Merck, Johannes (Sohn von Ernst), 6, 141, 142
Merck, Maria von, 5, 90
Merck, Theodor, 69, 143, 164
Merkel, Angela, 316, 321, 322
Merkle, Hans L., 293
Metternich, Fürst, 53, 203
Metzler, Madame, 75, 76, 81
Meuron, Auguste de, 5, 64, 65, 71, 104, 109, 112, 177, 275
Meuron, Pierre de, 112
Meyerbeer, Giacomo, 96
Milberg, Harriet, 163
Milberg, Theodor Heinrich, 163
Moers, Jakob, 37
Mohrenheim, Baron Arthur Pawlowitsch von, 75, 96
Mölich-Zebhauser, Andreas, 311
Möller, Alex, 287
Montez, Lola, 62
Moritz, Alfons, 336
Moulin, Jean, 225
Moutenet, Col. François, 236, 248, 249
Müller, Gebhard, 256, 258
Müller, Lothar, 336
Münnich, Burkhard Christoph von, 199, 201
Mukianoff, Herr und Frau, 96

Mumm, Fräulein, 75
Musset, Alfred de, 27, 107
Nagel und Menz, Hofbüchsenmacher, 161, 182
Napoléon, 5, 18-20, 34, 85, 95, 116, 203, 324
Napoléon III., 9, 30, 80, 82, 115, 117, 118, 282
Nerval, Gérard de, 28, 81
Nesselrode, Dimitri Graf, 95
Neumann, Carl, 263
Niemann, Leni, 112
Nikolaus II., Zar von Russland, 209
Nowak, Winfried, 292, 296, 300, 326
Obama, Barack und Michelle, 321
Oetker, Familie, 215
Offenbach, Jacques, 103
Oppenheim, Salomon, 42, 304
Oppenheim, Simon, 42, 57, 75, 89
Orgeldinger, Sibylle, 336
Oskar II., König von Schweden und Norwegen, 136
Ostermann, Heinrich Johann Friedrich, 199
Otterstedt, Freiherr und Freifrau, 77, 79
Paderewski, Ignacy Jan, 179
Pajunk, Ingrid, 336
Papen, Franz von, 215
Paracelsus, 16
Pauline, Fürstin von Hohenzollern-Hechingen, 203
Pétain, Maréchal Philippe, 225, 254
Peter III., Zar von Russland, 201
Peter, Albert, 272
Peuker, Iris, 336
Pfusterschmid-Hardtenstein, Heinrich von, 336
Pfusterschmid-Hardtenstein, Karl Georg von, 6, 52, 55, 80, 90, 113, 114, 119, 121, 129, 136, 146, 152, 162
Pfusterschmid-Hardtenstein, Magdalena von, geb. Nagl, 53
Pfusterschmid-Hardtenstein, Maria, geb. Merck (s. auch Merck, Maria von), 93, 107, 122, 123, 137, 146, 162, 165
Pfusterschmid-Hardtenstein, Mathias von, 53
Pfusterschmid-Hardtenstein, Nikolaus von, 123, 136, 152, 165
Pichot, Mademoiselle, 208
Piëch, Ferdinand, 293
Pieroth, Elmar, 293
Pignon, Peter, 160
Pilat, Friedrich Edler von, 77
Pobuda, Emilly, 189, 193, 194
Ponteuxin, Viktor Ofenheim von, 57
Ponto, Jürgen, 289
Prodi, Romano, 293

Pückler, Gräfin Elisabeth, 207
Rastrelli, Francesco Bartolomeo, 200, 201
Rathenau, Walther, 213
Ratzinger, Kardinal Joseph, 293
Reagan, Ronald, 298
Redwitz, Gustav Adolf, 6, 166-168, 171, 175, 180, 181, 184, 186-188, 194, 195,197, 210, 224, 234, 278
Redwitz, Helene, 6, 186, 195, 198
Redwitz, Olga, 6, 186, 195, 198
Reichert, Klaus, 336
Reich-Ranicki, Marcel, 255
Reimer, Achim, 324
Reitzenstein, Sigismund von, 18, 34, 324
Rheinboldt, Heinrich, 171
Rieger, Walter, 280
Rohlffs, Johann Friedrich und Marianne, 36
Rößler, Rolf, 325
Rothschild, Salomon, 57
Rousseau, Jean-Jacques, 27
Rubinstein, Arthur, 96, 97, 161
Rudolph-Dengel, Karin, 336
Ruperti, Alexander, 75
Ruperti, Justus Carl Wilhelm, 37, 38, 44, 69, 70, 102
Ruperti, Oscar, 70, 106, 143, 164
Saur, Rudolf und Helge, 221, 295, 336
Schäffer, Fritz, 284
Schaller, Xaver, 63
Scheidemann, Philipp, 191, 209
Schell, Äbtissin Sophia, 84
Schepeler, Konsul, 79
Scherf, Rechtsanwalt, 263
Scherzinger, Elmar, 336
Scherzinger, Ev. Johannes, 166, 167, 174-180, 184, 188-190, 193-196, 275
Schewardnadse, Eduard, 299
Schiller, Friedrich, 22, 99, 103, 248
Schiller, Karl, 285, 287
Schinkel, Karl Friedrich, 21
Schlabrendorff, Fabian von, 227
Schlapper, Ernst, 7, 250, 258, 270, 274, 275, 279, 280, 281, 286
Schleyer, Hanns Martin, 7, 259-262, 265, 274, 286, 287, 289, 290
Schlicht, Günther, 285
Schliep, Eleonore, 161
Schliep, Paul, 162
Schmauder, Michael, 60, 63, 64
Schmerling, Josef Ritter von, 80
Schmidt, Gerhard, 336
Schmidt, Helmut, 287-289, 294, 297, 306
Schmidt, Reiner, 336
Schmitz, Richard, 291, 296, 326

Sach- und Ortsregister

Dank

Das 150-jährige Jubiläum des Palais Biron geht einher mit seinem 20-jährigen Bestehen als Tagungshaus der Wirtschaft. Zum Erfolg dieser Einrichtung haben Viele beigetragen. Im Kreise der ehrenamtlich engagierten Unternehmerinnen und Unternehmer waren dies die IHK-Präsidenten Hans-Georg Appenzeller, Norbert Keller und Bernd Bechtold, der 1. Vizepräsident aus Baden-Baden Richard Schmitz sowie die Vorstandsvorsitzenden der Baden-Badener Unternehmergespräche Dr. Wilfried Guth und Horst Weitzmann.

Im operativen Bereich waren tätig:

Bei der IHK Karlsruhe: Dr. Winfried Nowak (ehem. HGF), Gert Adler (Stv. Hauptgeschäftsführer), Dr. Peter Weber (ehem. Stv. HGF und Leiter Presse), Matthias Kruse (ehem. GF Außenwirtschaft), Michael Hölle (Leiter Presse, Mitgliederkommunikation), Uwe Kiesecker (Leiter Finanzen, Controlling), Helga Finck (Finanzbuchhaltung), Alfons Moritz (Leiter Facility- und Veranstaltungsmanagement), Rolf Barthold (Geschäftsführer Bildungszentrum), Herbert Hoffmann (Geschäftsführer Technologiefabrik), Claudia Gauker (Leiterin Personal), Waltraut Sucher-Engelmann (Assistentin HGF), Günter Hörth (ehem. Leiter des Tagungshauses), Sonja Karle (Leiterin Tagungshaus), Julia Erforth (ehem. Chefsekretärin), Rudolf Saur, Klaus Dieterle, Hildegard Ullrich, Bernadette Dymowski, Karin Rudolph-Dengel, Heinz Hammer, Helga Stephany und Karin Hertlein (Hausdienst).

Bei den Baden-Badener Unternehmergesprächen: Jürgen Bertsch (Geschäftsführer), Dr. Peter Zürn (ehem. Geschäftsführer), Stephanie Uhrig (Assistentin des GF) und Martina Leupold-Reiss (Finanzbuchhaltung), Lioba Fritz (Sekretariat GF), Cornelia Kray, Helge Saur und Klaus Geerdts (Mitarbeiter und Mitarbeiterinnen).

In der IHK-Hauptgeschäftsstelle Baden-Baden: Ass. Lothar Müller, Dr. Gerhard Schmidt, Dr. Klaus Reichert, Jenny Geis (ehem. Leiter/in Hauptstelle), Dr. Udo Götschel (Leiter Hauptstelle) Thomas Bruder (ehem. Leiter Industrie), Renate Hornung, Kurt Hillert, Ingrid Pajunk, Iris Peuker, Alexandra Gerold, Herta Herr, Else Stelzer, Ortrud Rika Wettstein, Heide Braune und Irmgard Velten (Sachbearbeitung und Sekretariat).

Dank gebührt auch allen, die mit Recherchen und Hinweisen zur Jubiläums-Chronik beigetragen haben: Dr. Heinrich Pfusterschmid-Hardtenstein, Dr. Andreas Förderer, Dr. Sibylle Orgeldinger, Prinz Ernst-Johann Biron, Dr. Ulrich Coenen, Heike Kronenwett, Stephanie Sprißler, Rebecca Bohn, Elmar Scherzinger sowie Reiner Schmidt und Jochen Baumgärtner vom verlag regionalkultur.